中国高速列车

发展历程篇

傅志寰　主　编
李中浩　副主编

人民交通出版社

北京

内 容 提 要

《中国高速列车》分为发展历程篇和关键技术篇两册。

本书为发展历程篇，以中国高速列车发展从无到有、引进消化吸收再创新、自主创新三个历史阶段为脉络，以高速列车核心技术发展为主线，以每个阶段代表车型为依托，讲述从"先锋号""中华之星"的初步探索，到"和谐号"的国产化积累、自主化提升，再到"复兴号"的智能化引领，不断突破技术瓶颈，实现从跟跑到并跑再到领跑的跨越发展之路，突出展示我国高速列车自主创新的研发历程与取得的重大成就。本书包含概论、从无到有——高速列车零的突破、引进消化吸收再创新——推出和谐号动车组、自主创新——打造复兴号动车组、面向未来——持续创新的高速列车技术、夯实基础——中国高速列车试验设施六章，并附有中国高速列车发展大事记。

本书适合高速列车管理部门、科研院所、高等院校、生产制造企业、运营企业等相关人员阅读。

图书在版编目（CIP）数据

中国高速列车. 发展历程篇 / 傅志寰主编. — 北京：
人民交通出版社股份有限公司, 2025.8. — ISBN 978-7-
114-20563-7

Ⅰ. U292.91

中国国家版本馆 CIP 数据核字第 2025BR8700 号

Zhongguo Gaosu Lieche——Fazhan Licheng Pian

书　　名：	中国高速列车——发展历程篇
著 作 者：	傅志寰
责任编辑：	刘　洋　何　亮　董　倩　刘捃梁　翁志新
责任校对：	赵媛媛　魏佳宁
责任印制：	张　凯
出版发行：	人民交通出版社
地　　址：	（100011）北京市朝阳区安定门外外馆斜街 3 号
网　　址：	http://www.ccpcl.com.cn
销售电话：	（010）85285857
总 经 销：	人民交通出版社发行部
经　　销：	各地新华书店
印　　刷：	北京博海升彩色印刷有限公司
开　　本：	787×1092　1/16
印　　张：	23.25
字　　数：	488 千
版　　次：	2025 年 8 月　第 1 版
印　　次：	2025 年 8 月　第 1 次印刷
书　　号：	ISBN 978-7-114-20563-7
定　　价：	170.00 元

（有印刷、装订质量问题的图书，由本社负责调换）

编　委　会

主　编：傅志寰

副主编：李中浩

顾　问：周　黎　张新宁

委　员：王勇智　吴新民　侯卫星　王悦明　吴胜权
　　　　黎国清　张卫华　梁习锋　李国顺　冯江华
　　　　李和平　赵明花　丁树奎　周　炜　魏宗燕
　　　　郭晓燕

撰稿人：第　一　章　李中浩
　　　　第　二　章　吴新民
　　　　第　三　章　侯卫星
　　　　第　四　章　王悦明　郭晓燕　李瑞淳
　　　　第　五　章　吴胜权
　　　　第　六　章　黎国清
　　　　第　七　章　张卫华

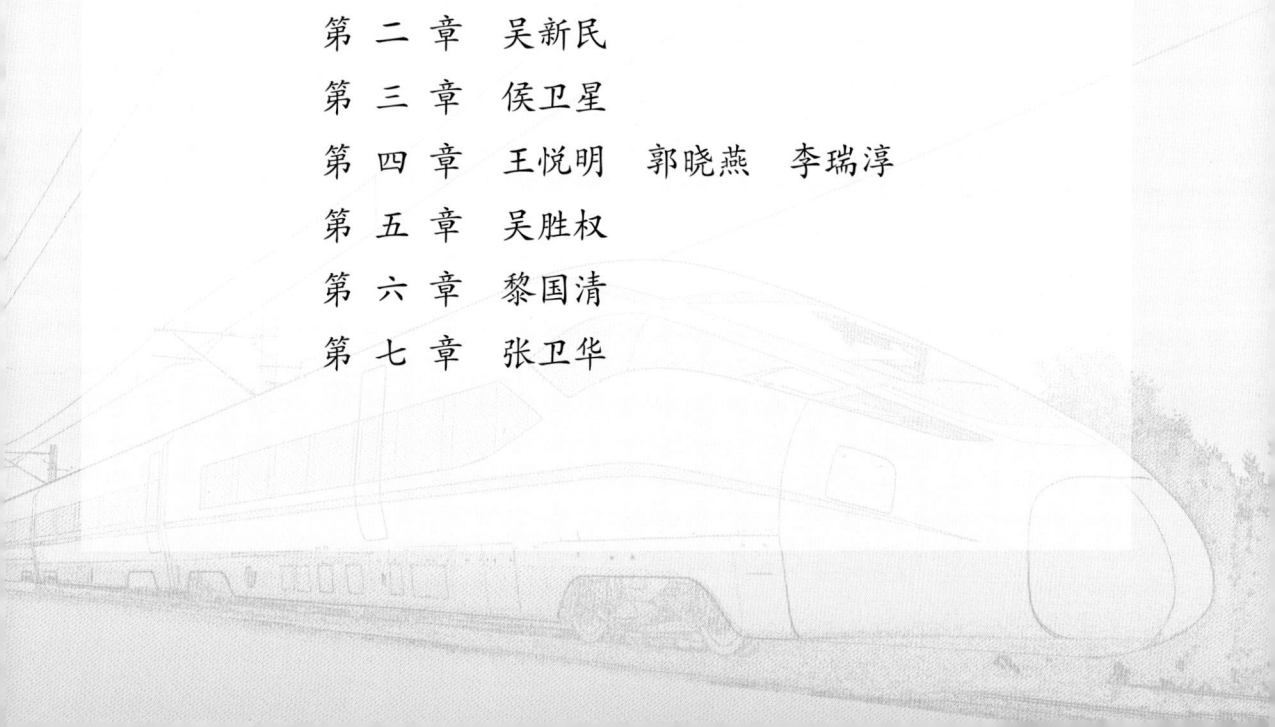

第 八 章　　梁习锋　李国顺
第 九 章　　冯江华　荣智林
第 十 章　　李和平
第十一章　　冯江华　杨卫峰
第十二章　　赵明花　董效辰　史　翔　徐　磊
第十三章　　丁树奎　丁为民　陈珍宝
第十四章　　周　炜　江　明
结　　语　　王勇智

中国高速铁路享誉全球。毋庸置疑，其最闪亮的代表非高速列车莫属。尤其是复兴号高速列车不但是中国高速铁路的亮丽标志，也是中国高端制造技术集大成之作，更是勇往直前的中国创新精神的象征。

近年来围绕中国高速列车这一热门话题，既有严肃的作品，也不乏各种演绎，然而对中国高速列车发展历程进行系统阐述的著作却为数不多。与已经面世的一些读物不同，《中国高速列车》是一部具有史书性和学术性双层定位的著作。作为"史书"，作者们坚持实事求是，力图客观地表述中国高速列车的"前世今生"。作为学术著作，本书突出了自主科技创新，既展示中国高速列车核心技术的突破，也不回避存在的不足。书中不但凸显了物质成果，又写出了铁路人和机车车辆人的奋斗精神。

习近平总书记明确指出："我国自主创新的一个成功范例就是高铁，从无到有，从引进、消化、吸收再创新到自主创新，现在已经领跑世界。"[①]这段精辟的论述不仅是对中国高铁也是对中国高速列车取得成就和发展历程的高度概括。

历史雄辩地说明，中国高速列车的发展深深植根于中国土地，是几代铁路人和机车车辆人薪火相传、锲而不舍攀登的结果。中国高速列车的涌现并不是像一些文章所说的始于技术引进，也并非"忽如一夜春风来，千树万树梨花开"那样浪漫，而是经历了漫长曲折的过程。

本书遵照习近平总书记关于中国高铁三个发展阶段的概括，系统论述了中国高速列车成长的历程。

20 世纪 90 年代至本世纪初是中国高速列车"从无到有"的第一阶段，也

[①]习近平总书记在京张高铁太子城站考察调研时的讲话，新华社，2021 年 1 月 19 日。

是最艰难的起步阶段。"九层之台起于垒土"，中国高速列车的发展始于铁路大提速。为此，我国自行研制了东风 11 型、东风 4D 型内燃机车，韶山 8 型、韶山 9 型和韶山 7E 型电力机车，25 型客车以及多种型号的电动车组。其后，为了适应中国第一条高速铁路——秦沈客运专线建设的需要，又自主研发了"先锋号"和"中华之星"动车组，实现了从 0 到 1 的历史性突破。尽管成绩斐然，但我国与发达国家相比，技术水平还有不小差距。2004 年到 2012 年是中国高速列车发展的第二阶段，重点开展了引进、消化、吸收、再创新工作。引进产品通过消化吸收实现国产化，打造成"和谐号"动车组，其后在此基础上通过再创新开发了 380 型系列高速列车。事实表明，引进先进技术和管理经验对迅速提高我国机车车辆制造水平发挥了重要作用，由此扩大形成的生产能力，支撑了中国高速铁路的发展。不过经验教训也很深刻，我们充分认识到关键核心技术是买不来的，必须立足于自立自强。从党的十八大开始，中国高速列车发展进入第三阶段。这一阶段最鲜明的特点是自主创新。本书以较大篇幅阐述了中国铁路人和机车车辆人为应对核心技术受制于人、引进车型难以兼容而导致运维困难等问题，走自主创新之路研制"复兴号"动车组的艰辛过程。

鉴于高速列车并不是孤立的，而是高速铁路的一个有机组成部分，书中除了阐释列车自身的结构和功能外，还介绍了与其密切相关的列车系统动力学、空气动力学与噪声防护、弓网关系、运行控制系统等领域的研究成果，为读者提供更为全面的信息和知识。这也是本书的一个特点。

为了增强可读性，全书穿插了几十个攻坚克难、励志创新的故事，力图做到与正文相互呼应。为起到画龙点睛之效，本书最后撰写了结语，系统地分析了中国高速列车成功经验，并强调其中最为重要的是中国共产党领导下的举国体制以及铁路人和机车车辆人自强不息的奋斗精神。

与一些出版物不同，本书的主要作者都曾是中国高速列车策划、研发、制造、试验、运营的参与者，拥有丰富的经验和很高的学术水平。他们中有科研院所的研究员、大学的教授、企业的总工和主管技术的领导干部。其中，有的参与了提速列车、"先锋号""中华之星"动车组的研制；有的经历了"和谐号"动车组的引进、消化、吸收和再创新工作；有的长期投入"复兴号"动车组的研发和试验。他们对中国高速列车的发展历程、技术创新最为了解，是最有话语权的群体之一。虽然多数作者已经退休，但是他们却以饱满的热情积极参与本书编写，其敬业精神令人敬佩。

本书在形成初稿后，还特别征求了 180 位专家的意见。几百条反馈建议弥足珍贵，对于保证文稿质量发挥了重要作用。

全书分为上下两篇。上篇以高速列车发展"从无到有""引进、消化、再创新""自主创新"三个历史阶段的纵向时间轴展开，并且追溯了铁路大提速的历史，前瞻了高速列车未来发展前景，故定名为《中国高速列车——发展历程篇》；下篇以高速列车核心技术系统的研发展开，故定名为《中国高速列车——关键技术篇》。

本书付梓得到中国国家铁路集团有限公司、中国铁道科学研究院集团有限公司、中国中车集团有限公司及其株洲电力机车研究所等单位的支持，尤其是得到人民交通出版社的鼎力支撑，特此表示衷心感谢！

最后，不得不说的是，尽管我们这些作者已经尽心尽力，但书中仍难免存在不足之处，望读者予以批评指正。

傅志寰

2025 年 3 月 1 日

目录
CONTENTS

第一章

概 论

撰稿人：李中浩

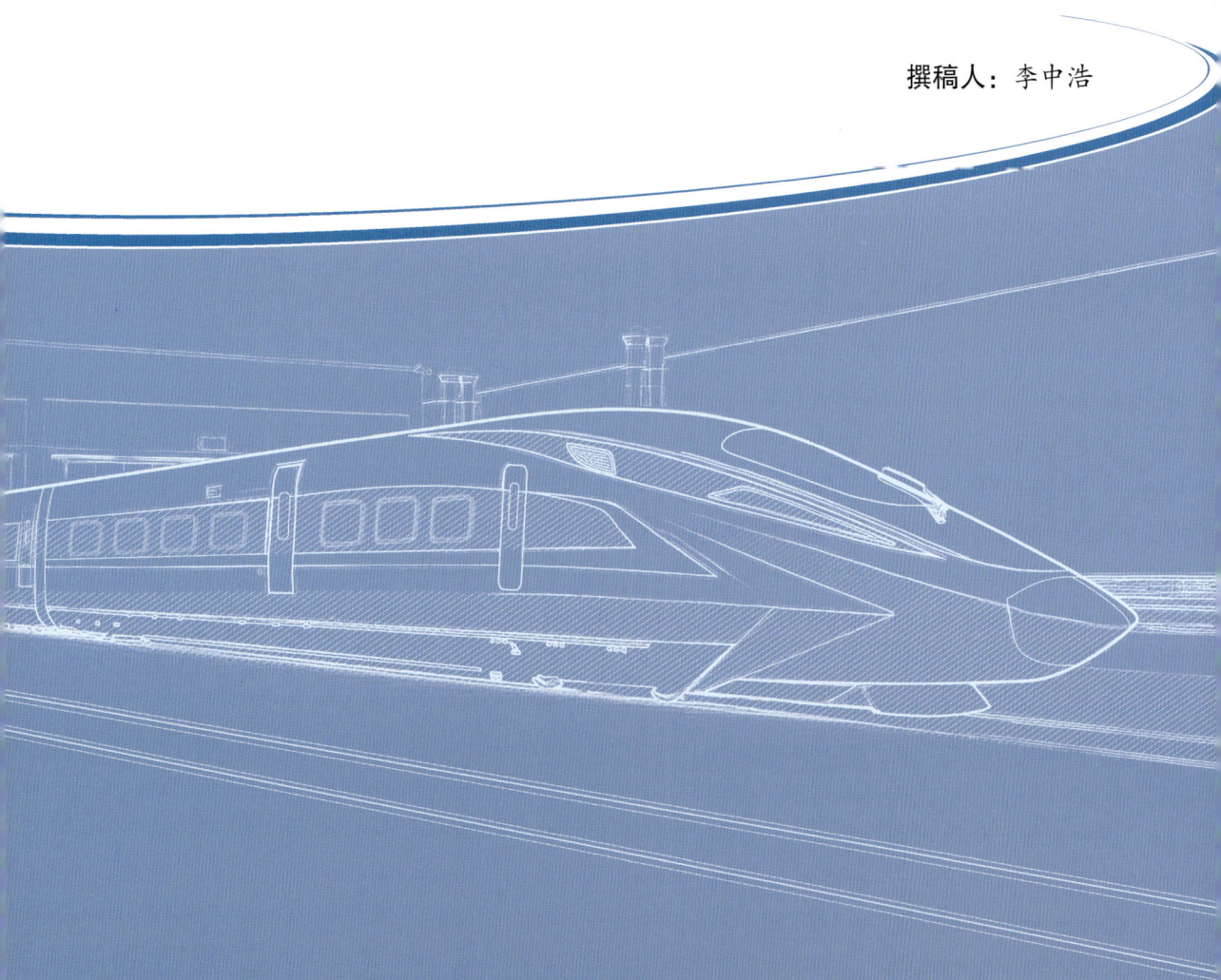

中国高速列车

　　速度是人类不懈追求的目标。世界第一条铁路自 1825 年在英国问世以来，200 年来速度提升的脚步就从未停歇。1964 年日本创造了 210km/h 的最高铁路运行速度，率先迈进了高速铁路时代。2007 年法国高速试验列车创造了 574.8km/h 的最高试验速度。2023 年中国铁路创造了两列动车组交会相对速度 891km/h 的新纪录。高速铁路的快速、便捷缩短了人们的时空距离，改变了一个国家的经济、社会形态。高速铁路由高速列车、工务工程、牵引供电、通信信号、运营调度、客运服务等多种要素组成，在诸要素中高速列车是核心要素。截至 2024 年底，中国高速铁路运营里程达到 4.8 万 km，约为全世界其他国家高速铁路运营里程总和的 2 倍；中国的高速列车驰骋在广袤的国土上，具有最完整的高速列车型谱，保有量大于 4700 标准列，约占世界高速列车保有量的 56%。

第一节　高速列车概述

一　高速铁路、高速列车的定义

"高速铁路"和"高速列车"各个国家有不同的解释，至今全世界没有一个统一的定义。

欧盟认为，"高速铁路"包括：速度达到 250km/h 及以上的新建铁路、速度等级达到 200km/h 的既有线升级铁路。国际铁路联盟（UIC）也认为，高速铁路通常情况下是指速度达到 250km/h 及以上的新建铁路，或速度达到 200km/h 的既有线改建铁路。

日本是世界上最早开始发展高速铁路的国家，日本政府在制定全国新干线铁路发展的法律时，对高速铁路的定义是：凡一条铁路的主要区段，列车最高运行速度达到 200km/h 及以上者，即可称为高速铁路。

在我国，2013 年铁道部发布的《铁路主要技术政策》中明确表述："高速铁路为新建设计开行 250km/h（含预留）及以上动车组列车，初期运行速度不小于 200km/h 的客运专线线路"。其后国务院发布的《铁路安全管理条例》中再次确认了铁道部关于高速铁路的定义。尽管广义上高速铁路还包括客货混运的铁路，但目前中国高速铁路主要提供客运服务，所以从运输组织角度高速铁路也可称之为"客运专线"。总体而言，高速铁路是各国根据自己国家的国土特征、人口分布、地理经济与科技实力等具体国情，从实际需要出发而采取的一种快速的铁路客运形式。进入高速铁路时代的各国高速列车最高运营速度一般均在 200km/h 及以上，因此人们又往往把最高运营速度在 200km/h 及以上的列车称作高速列车。

二　动力集中和动力分散高速列车

动力集中还是动力分散牵引动力形式是高速列车的顶层指标。高速列车的其他关键技术指标还有列车运行速度、牵引功率、轴重等。由于这些指标与信号、供电、轨道、桥梁、隧道等紧密相关，也与动车组列车的生产制造、运行维护、成本控制相关，所以都很重要。而这些关键技术指标又随着技术的进步、高速列车运营范围和规模的不断变化，从安全、高效、智能、绿色、经济等角度衡量主要矛盾和矛盾主要方面在不断发生转换。目前，为适应不同国情、不同地域、不同速度和不同旅客的需求，不同国家采取不同的策略，或选取动力分散形式，或选取动力集中形式，从而构成了不同国家的高速列车型谱。

1. 世界主要高速列车的列车组成和牵引模式

纵观各国高速列车的发展，列车组成和牵引模式都是随着运输需求和技术进步而持续演变发展的。

1964 年，日本建造东海道新干线高速客运专线，鉴于当时的技术水平，列车牵引系统采用交直传动，最高运营速度为 210km/h，16 辆编组的牵引总功率达到 11840kW。为适应新干线线路对轴重的限制，列车采用动力分散牵引模式，这是当时最恰当的选择。0 系动车组 16 辆车全部为动力车，每台牵引电机的功率仅为 185kW，轴重为 16t。随着技术的进步，尤其是牵引系统交流传动技术的应用，牵引电机在功率大幅度提高的同时，体积和质量都大大减小。日本首次采用交流牵引传动技术的 300 系动车组最高运营速度提升到了 270km/h；16 辆编组（10 动 6 拖）的牵引总功率达到 12000kW，牵引电机功率 300kW，轴重仅为 11.4t，大幅度降低了转向架簧下质量，改善了轮轨动力学性能。在列车速度不断提高的情况下，动力分散模式的优势愈加明显，因而后续日本新干线列车沿用了这种模式。

欧洲铁路的列车传统上采用机车牵引模式，在发展高速列车的前期，多采用动力集中牵引模式，后来也发生一些变化。

法国 1981 年的 TGV-PSE，其编组为 L + 8T + L（其中 L 为机车，T 为拖车），最初运行速度为 270km/h，整车功率 6450kW。后经改造如 TGV-R 列车 2L8T，8 台 1100kW 的牵引电机，总功率为 8800kW，可以满足 300km/h 的运营需求。对于大编组列车，则增加动力转向架。典型的车型是 TGV-TMST（命名为 Eurostar，即欧洲之星），在 2L8T 的编组条件下，为满足黏着需求保证牵引功率的发挥，将动力车后的第一辆客车的前转向架换成了动力转向架，全列车牵引电机达到 12 台，轴重为 17t，列车牵引总功率 13200kW。这个例子表明，动力集中和动力分散是相对的，实质是在继承成熟技术前提下，不断改进研发出满足运输需求的动车组列车。此后，法国在提高运营速度的基础上，也开发了采用动力分散模式的高速列车 AGV。

德国高速列车采用多种列车组成模式。1988 年德国的 ICE1 采用了动力集中形式（L + 14T + L），速度达 280km/h，动力车轴重达 19.5t，整车功率 2 × 4800kW，并采用了交流异步牵引电机。1995 年德国铁路为满足法兰克福到科隆高速新线的最大坡度达到 40‰、列车 300km/h 运营速度的要求，研发了 4 动 4 拖的 ICE3，轴重从 19.5t 降至 17t，整车功率 8000kW。

目前，各国在 300km/h 及以上速度等级的高速列车上采用动力分散的牵引模式已经成为主流。从技术角度考量，是因为轴重和黏着是一对矛盾的参数，高速列车追求低轴重，若动力过于集中了，在全天候条件下，黏着难以满足需要。各国高速铁路的发展经验为我国高速列车的列车组成、牵引模式的选择及顶层参数的制定提供了重要借鉴。

2. 我国高速列车的列车组成和牵引模式的论证

在 20 世纪 90 年代京沪高速铁路（简称京沪高铁）论证初期，分析世界高速铁路的技术状况和我国铁路各专业系统的技术水平，基于当时我国对高速铁路的要求，论证的结果是：将京沪高铁的经济运营速度目标值确定为近期 250km/h，逐步提高到 300km/h，基础设施预留 350km/h。这在当时已是世界高速铁路的一流水平。

高速铁路速度目标值的提高以及运输大定员的要求直接影响到高速列车的总体技术指标，尤其是影响到列车组成和牵引模式的选择。研究表明：高速列车采用动力集中牵引模式，在最高运营速度为 250km/h 时，对于定员为 1200 人的列车所需牵引总功率约为 10000kW，采用列车头尾动力集中推挽式牵引可以满足运输要求。动力集中模式的高速动车组具有总体成本较低等优势，而且与我国铁路传统的机车牵引方式相近，在维修应用及管理方面可以借鉴既有的经验，便于在我国应用发展，即动力集中模式对于 $200\sim250$ km/h 速度等级的列车是一个很好的选择。但动力集中模式列车的动力车轴重偏高，在 $17\sim21$ t 之间，由此也对线路、桥梁等基础设施的结构提出了相对较高的要求。

随着京沪高铁总体论证的深入，研究表明京沪高速铁路运营速度目标值选择 350km/h，在技术上是可行的，且在今后相当长的时期内将保持世界一流水平。这引起了对高速列车列车组成和牵引模式的新的思考。综合国外经验，200km/h 等级的高速列车采用动力集中动车组有更好的性价比，250km/h 速度等级的高速列车可根据列车运行组织模式、维护运行体系来决定采用哪种动车组，最高运行速度大于 300km/h 的高速列车适合采用动力分散动车组。经过多方比较，我国 250km/h 及以上速度等级的高速动车组决定采用动力分散形式。

第二节　国外高速列车概况

以日本、法国、德国为代表的高速铁路发展较早的国家，经过长期的探索、技术攻关和运用实践已形成了各具特色、相对独立的高速铁路技术体系。

高速列车是高速铁路的核心技术装备，是高新技术之集大成者。世界各国高速列车发展过程中，选择适合各自国情、路情和需求的技术路线、高速列车型谱，形成了各自的产品和产业特色，其中日本新干线系、法国 TGV 系、德国 ICE 系、庞巴迪 X 系列等高速列车最为典型。我国高速列车技术引进的原型车来自这些列车族群。

一　日本高速列车

第二次世界大战结束不久，日本铁路科技人员着手研究高速列车的技术难题——高速列车转向架振动问题，并在理论上取得重大突破，首次成功实现了转向架蛇行运动的有效控制，为其后研制新干线列车奠定基础。1964 年，东海道新干线投入运营，开通时最高运行速度达 210km/h，将东京到大阪的旅行时间由 6.5h 缩短至 3h。经过几十年的发展，日本又相继突破了铝合金车体、涡流制动、VVVF（变频调速系统）控制、再生制动、气动减阻、微气压波控制、无摇枕转向架、双层车辆等高速列车技术，形成了 00 系（包括 0 系、100 系、200 系、300 系、400 系、500 系、700 系及衍生的 N700A、N700S 系）和 E 系（E1、E2、E3、E4、E5/H5、E6、E7/W7、E8）两大系列高速列车产品，最高运营速度从最初的 210km/h 提高到 320km/h。日本建成了贯通南北的新干线高速铁路网，分别由 JR 北海道、JR 东日本、JR 东海、JR 西日本以及 JR 九州等铁路公司负责运营，高速列车制造企业主要有日本车辆、川崎重工、近畿车辆、日立、三菱重工等。截至 2024 年底，日本高速铁路运营里程约为 3400km。

二　法国高速列车

法国是世界上拥有成熟高速铁路技术的国家之一，法国 TGV 高速列车由阿尔斯通

（Alstom）公司和法国国营铁路公司（简称法铁，SNCF）联合开发，由阿尔斯通公司负责制造，法国国营铁路公司负责营运。法国 TGV 高速列车运行于巴黎邻近及法国邻国的城市，包括比利时、德国、瑞士等。截至 2024 年底，法国高速铁路总里程超过 2700km，结合既有线改造高速铁路运营里程超过 4500km。法国高速列车产品或技术曾出口到荷兰、韩国、西班牙、英国及美国等国。

法国 TGV 高速列车的研制始于 20 世纪 60 年代，最早研制的高速列车 TGV001 采用的是燃气涡轮发动机，后改为高速电动车组。TGV 高速列车采用铰接式转向架和动力集中配置方式，列车编组两端为动力车，拖车之间铰接式连接，整个动车组不可分解独立运行。TGV 高速列车转向架具有动力学性能好、高速运行稳定、利于安全等优点，而且由于转向架数量少、空气阻力小，降低了振动和噪声。1981 年，法国第一代 TGV 高速列车在巴黎—里昂的巴黎东南线投入运用，TGV-A 高速列车于 1990 年创造了 515.3km/h 当时世界铁路最高试验速度记录。为满足以巴黎为中心，辐射法国各大城市，甚至横跨欧洲国家之间高速铁路网建设发展的需要，法国随后又相继推出了多款新型的动力集中 TGV 高速列车，保留了传统的技术特点，形成了 TGV-PSE、TGV-A、TGV-Duplex 三代产品。2007 年改造后的 TGV-POS 动车组以 574.8km/h 刷新了世界铁路速度新纪录。2000 年法国阿尔斯通公司收购了意大利菲亚特铁路公司（Fiat Ferroviaria）。菲亚特铁路公司具有全球领先的摆式列车技术，其具有的 Pendolino 摆式列车技术平台先进成熟。此次收购无疑使阿尔斯通公司的高速列车技术得到了提升。

阿尔斯通公司也研发出了动力分散、永磁牵引的 AGV 产品，最高运营速度 300km/h。2020 年，阿尔斯通公司又收购了庞巴迪运输公司（Bombardier Transportation），进一步扩大铁路领域的业务规模。法国最新一代高速列车为 TGV-M 的最高设计速度为 350km/h，目前正在测试中。

三 德国 ICE 高速列车

长期以来，德国铁路（DB）一直坚持既有路网现代化改造和新建线路相结合，除了建设高速铁路里程超过 1600km，还重视既有线的改造，目前高速列车运营里程超过 6200km。如今，德国 ICE 高速列车通达德国境内多数大城市，包括汉堡、柏林、法兰克福、斯图加特等，部分列车还通达瑞士的苏黎世、奥地利的维也纳、荷兰的阿姆斯特丹。

20 世纪 80 年代，德国铁路和西门子（Siemens）公司开始研制 ICE 高速列车，1991 年 ICE1 高速列车投入运用。ICE 1 为动力集中型高速电动车组，列车编组为 2 动 14 拖，随后西门子公司又制造了 1 动 7 拖可重联的 ICE 2，ICE 1、ICE 2 最高运营速度均为 280km/h。

2000 年，德国铁路首次采用动力分散高速列车 ICE 3，列车编组为 4 动 4 拖，最高运营速度达到 320km/h。在此基础上，2001 年西门子公司研制了 Velaro E（E 代表 España，即西班牙）高速动车组，其最高运营速度可达 350km/h。2007 年，德国铁路提出了新型动车组招标需求，由此开发了新 ICE 3 和 ICE 4 型动车组。新 ICE 3 是在 ICE 3 基础上，为进一步适应跨境运输需求而研制的动力分散型高速动车组，最高运营速度可达 320km/h，可兼容德国、法国、比利时以及瑞士等国家的电压制式，于 2014 年投入运营；ICE 4 是为替换即将接近使用寿命的 ICE 1 和 ICE 2 动车组、并进一步降低成本而研制，最高运营速度 250km/h，可实现 5～14 辆灵活编组，于 2017 年起在慕尼黑—汉堡间投入运营。2018 年，西门子公司在 Velaro 平台的基础上推出了新一代 Velaro Novo 高速列车平台设计理念，能够适应 250～360km/h 不同速度等级要求。此外，德国铁路还推出了基于 ICE 3 技术平台的升级版列车 ICE 3neo，于 2023 年投入运营。

四　其他国家高速列车

1. 西班牙

由于历史原因，西班牙既有铁路采用 1668mm 宽轨，与欧洲其他国家互联互通多有不便。因此西班牙高速铁路在建设之初便选择了 1435mm 标准轨距。到 2024 年底，西班牙已建成约 3700km 的高速铁路，形成欧洲规模最大的新建高速铁路网，最高运行速度达到 300km/h。在高速列车技术方面，西班牙在引进法国、德国和意大利高速列车的同时，也在本国特色的 Talgo 列车基础上进行升级开发，创造了世界上独一无二的可变轨距高速列车。目前已经拥有 S101、S102、S103、S104、S114、S120/121、S130/730 共计 7 款高速列车，AVE、Avant 和 Alvia 三大运营品牌。西班牙本国制造商 Talgo 公司最新研制的 Talgo Avril 高速列车已于 2024 年投入运营，最高运营速度为 330km/h。

2. 瑞典

20 世纪 90 年代，瑞典铁路对斯德哥尔摩—哥德堡间的线路进行了改造，开行 210km/h 的 X2000 摆式列车。瑞典客运列车速度逐步提升到了 200～210km/h。而后瑞典国铁（SJ）又引入了 Regina（皇后号）平台动车组，主要包括 X50、X51、X52、X53、X54 等型号，编组为 2～4 节，牵引系统采用绝缘栅双极晶体管（IGBT）元件及交流电机，车体采用不锈钢材质，中部设两对宽大外摆式对开车门，对应通过台区域设轮椅升降装置满足残障人士乘车。

3. 韩国

由韩国高速列车（Korea Train EXpress）缩写而成的 KTX 是韩国高速铁路和高速列车的双重品牌。从 2004 年至今，韩国已经开通运行的高速铁路总长度超过 820km，与通过改造以后的既有线结合，KTX 高速列车的总服务里程超过 2600km，既有线最高运行速度可达到 200km/h。韩国目前投入运营的有 KTX-1、KTX-山川、KTX-Eum（也称 EMU-260）、KTX-Cheongryong（也称 EMU-320）高速列车，其中 KTX-1、KTX-山川高速列车，全采用法国 TGV 动力集中和铰接式转向架的技术体系。EMU-260 和 EMU-320 则是韩国现代 Rotem 推出的基于 HEMU-430X 试验列车的商业运营版本，采用动力分散方式。此外，韩国正在研究开发 EMU-370 高速列车，计划最高运营速度 370km/h，并计划在此基础上研发 EMU-400 高速列车、最高运营速度 400km/h。

4. 英国

作为世界铁路的诞生地，英国在高速铁路建设方面略显保守。除连接伦敦和英法海底隧道的最高运行速度为 300km/h 的 108km 的 HS1 高速铁路外，其余 1800km 铁路主要为既有线提速改造线路，既有线提速的最高运行速度为 200km/h。英国的高速列车种类繁多，包括动力集中的内燃牵引的 IC125、电力牵引的 IC225、电力摆式列车 Class390，动力分散内燃牵引液力传动的 Class180、内燃电传动的 Class220，在此基础上加上摆式功能 Class221，内电混合动力的 Class800/802，纯电力牵引的 Class800/801。用于 HS1 高速铁路线路的高速列车型号是 Class395，采用日本日立技术，DC750V 三轨和 25kV/50Hz 接触网双流制受流。目前英国正在建设 HS2 高速铁路线，开通初期最高运行速度将为 360km/h，预留运营速度为 400km/h 的条件。

5. 欧洲其他国家的高速列车

庞巴迪运输公司在 1999 年收购了瑞典安德里茨公司（Adtranz）。Adtranz 未被庞巴迪运输公司并购以前，还为挪威提供了 X2、X2000、BM73 等几款高速列车。葡萄牙、土耳其、芬兰、俄罗斯、奥地利等国高速列车由法国、德国、西班牙等高速列车制造商提供。

第三节　中国高速列车发展概况

一　关于中国高速铁路

谈论中国高速列车离不开中国高速铁路。中国高速铁路从 1999 年秦沈客运专线（简称秦沈客专）开始建设，到 2024 年底已经拥有 4.8 万 km 高速铁路，还将进一步发展到 7 万 km。高速铁路的发展深刻改变着我国的经济发展模式，缩小区域和城乡差距；改变着我国人民的出行方式，缩小时空差距，促进人才流动，推动旅游业发展；同时助力中国品牌产品出口，促进"一带一路"倡议实施。

我国高速铁路网整体规划始自 2004 年国家发展和改革委员会（简称国家发展改革委）发布的《中长期铁路网规划》。《中长期铁路网规划》规划建设 200km/h 以上的客运专线 1.2 万 km；建设高标准的四纵［北京—上海，北京—深圳，北京—哈尔滨（大连），杭州—深圳］、四横（徐州—兰州，杭州—长沙，青岛—太原，南京—成都）客运专线，同时建设覆盖环渤海地区、长江三角洲地区、珠江三角洲地区主要城镇的城际客运系统。2008 年国家对 2004 年的《中长期铁路网规划》进行了调整，明确提出主要繁忙干线要实现客货分线，建设客运专线 1.6 万 km 以上，到 2020 年基本形成布局合理、结构清晰、功能完善、衔接顺畅的铁路网络；主要技术装备达到或接近国际先进水平。

到 2015 年我国高速铁路里程已经达到 1.9 万 km。为了更好发挥铁路骨干优势作用，在深入总结 2004 年及 2008 年规划实施情况的基础上，结合发展新形势新要求，2016 年相关部门修编了《中长期铁路网规划》。

2016 年国家发展改革委、交通运输部、中国铁路总公司修编的《中长期铁路网规划》

规划期为 2016—2025 年，远期展望到 2030 年。规划到 2020 年建成高速铁路 3 万 km，到 2025 年高速铁路 3.8 万 km 左右，到 2030 年建成现代的高速铁路网；高铁连接主要城市群，基本连接省会城市和其他 50 万人口以上大中城市，形成以特大城市为中心覆盖全国，以省会城市为支点覆盖周边的高速铁路网。实现相邻大中城市间 1~4h 交通圈，城市群内 0.5~2h 交通圈。在"四纵四横"的基础上，增加客流支撑、标准适宜、发展需要的高速铁路线，部分利用时速 200km 铁路，形成以"八纵八横"主通道为骨架、区域连接线衔接、城际铁路补充的高速铁路网。因地制宜、科学确定高速铁路建设标准。高速铁路主通道规划新增项目原则采用时速 250km 及以上标准，其中沿线人口城镇稠密、经济比较发达、贯通特大城市的铁路可采用时速 350km 标准。区域铁路连接线原则采用时速 250km 及以下标准。城际铁路原则采用时速 200km 及以下标准。

中国高速铁路网将全国具有引领、辐射和集散功能的国家中心城市纳入到第一层级节点；国家中心城市以外的省会城市，作为区域中心城市，纳入到第二层级节点；城区人口 50 万以上的城市纳入到第三层级节点；人口密度相对较大且呈带状连续分布的城市及国家 5A 级旅游景区城市纳入到第四层级节点。在"八纵八横"主通道的基础上，建设高速铁路区域连接线，进一步完善路网、扩大覆盖，以实现城区人口 50 万以上的城市全覆盖，地级以上城市和国家著名旅游景区基本覆盖的目标。

2021 年中共中央、国务院发布的《国家综合立体交通网规划纲要》指出：国家铁路网包括高速铁路、普速铁路，至 2035 年高速铁路达到 7 万 km（含部分城际铁路），普速铁路达到 13 万 km（含部分市域铁路），合计达到 20 万 km。形成由八纵八横高速铁路主通道为骨干，区域性高速铁路衔接的高速铁路网；京津冀、长三角、粤港澳大湾区、成渝地区双城经济圈等重点城市群率先建成城际铁路网，其他城市群城际铁路逐步成网。研究推进超大城市间高速磁悬浮通道布局和试验线路建设。

二　中国高速列车的发展阶段

我国高速列车的发展可以分为三个阶段。

第一个阶段是从无到有的阶段。20 世纪 80 年代铁路部门就着手开展 140km/h 等级机车车辆的研制，为后续铁路大提速作了运输装备的准备。"八五""九五"期间，我国跟踪研究了国外高速动车组技术发展方向，系统开展了高速列车转向架、牵引、制动、网络、控制等关键系统技术、系统集成技术以及技术标准研究，同时为满足铁路运输需求自行研制了二十余款种类各异的早期内燃和电力动车组，"九五"末期我国成功研制 200km/h 动力分散交流传动动车组"先锋号"和 270km/h 动力集中高速动车组"中华之星"，并在秦沈客专的试验中先后创造了 292km/h 和 321.5km/h 当时我国铁路最高试验速度。通过十余年的技术攻关和创新实践，我国初步搭建了高速列车的研发、设计、制造、试验以及科研和实验平台，为后续动车组技术引进消化吸收再创新和自主创新奠定了坚实基础。

第二个阶段是引进消化吸收再创新阶段。2004—2012 年期间，根据国家"引进先进技术、联合设计生产、打造中国品牌"的总体要求，结合我国特点，从国外引进高速列车技术，实现国产化和批量生产，并将这些动车组统一命名为"和谐号"。批量生产的和谐号高速动车组投入运行后总体上是安全、稳定的，但也暴露出不完全适应中国国情和运用需求的问题。2008年，科技部和铁道部共同制定了《中国高速列车自主创新联合行动计划》，明确了新一代高速列车的设计速度为380km/h，最高运营速度为350km/h。为此铁道部组织了国内高速列车生产制造企业、研究院所、重点高校等单位，在引进消化国外技术的基础上再创新，成功研制出CRH380高速列车。与CRH2C和CRH3型等列车相比，CRH380高速列车在轮轨动力学、气动阻力、噪声控制、长时间运行、可靠性、大功率牵引和高效制动技术等方面实现了新的提升。CRH380很快实现批量生产，并于2011年京沪高铁开通时投入运行。

第三个阶段是自主创新阶段。经过早期的探索积累和随后的引进消化吸收再创新，到2012年，我国基本掌握了高速列车成套技术，形成了中国高速列车技术体系。但是依然存在着关键核心技术未完全掌握、国外技术平台不完全适应国内运行需求等问题，我国高速动车组的可靠性、安全性、经济性、维修性均存在一些需要改进的问题，而且也制约中国高速列车技术发展和"走出去"。主要表现在：一是和谐号动车组是基于国外技术平台上设计的，一些关键技术装备系统受引进技术制约。特别是最核心的牵引、制动、列车网络控制等系统基于国外引进平台开发，受国外供应商的平台约束程度仍旧较高，一旦发生较大的故障，需要外方人员诊断和处置，耗时长、费用高，存在技术和运营安全隐患。二是引进国外不同技术平台制造的动车组设计不一致。不同型号的和谐号动车组，甚至同一型号不同批次的动车组，都不能实现重联运营，各型动车组结构差异大。部件种类繁多，列车救援难度大、利用率低，运用维护成本居高不下。三是国外动车组技术不能完全适应我国的自然环境和运营环境。欧洲国家和日本的高速铁路运营里程短，气候变化小，运营环境相对稳定，而我国动车组需要长途跨线运行。一次运行可能穿越多个气候区。一天内可能经历40℃的温差变化，对动车组的密封性、机电设备和零配件、自动感知与自动控制系统提出了新的要求。四是受技术转让协议限制，高速列车走出去受到制约。外方在向我国进行技术转让时，通过协议条款对相关技术在国内除铁道部以外的第三方使用，或对外技术出口等方面做了严格限制，即使是国外一些原本不成熟的技术经过我方技术创新后得到改进提升，也仍旧限制在协议以外的场合应用。在这样的背景下，我国铁路行业深刻认识到核心技术是买不来、换不来的，必须通过自主创新，来摆脱国外的限制，只有真正掌握核心技术，才能掌握未来发展的主动权。

为全面掌握高速列车牵引、制动、网络系统等核心技术，实现动车组关键核心技术自主化的需要，铁路部门组织国内企业、科研单位、高校等优势力量，采用以需求为导向的技术路线，进行正向设计，以全面掌握关键核心技术、拥有完全自主知识产权为目标，坚持整体规划、分步实施、重点突破、稳步推进，开展中国标准动车组的研制工作。2012年开始研制时速350km中国标准动车组，在研制完成后再向250km/h速度等级动车组辐射。经过艰苦努力，各阶段工作开展顺利，达到了预期目标。2017年中国标准动车组正式命名为"复兴号"，9月在京沪高铁以时速350km投入商业运营，现已形成了复兴号动车组系列。

从 2021 年起，为落实国家"十四五"规划纲要，以更高速度、更加安全、更加绿色、更加智能的高速铁路建设运营为目标，坚持自主可控、安全高效、世界领先的发展导向，中国国家铁路集团有限公司（简称国铁集团）正式组织了 CR450 动车组研制的科技创新工程。鉴于运行时速 400km 动车组在世界范围内无先例可循，相关技术数据缺乏，国铁集团组织有关单位在总结前期积累经验基础上，开展了系列新技术的研究，2023 年 7 月在福厦线成功完成单列时速 453km、相对交会时速 891km 的试验，为 CR450 动车组研制成功打下了坚实基础。CR450 动车组样车于 2024 年 12 月在北京发布，中国高速列车技术水平全面迈入世界领先行列（更多发展历程信息可扫二维码查看）。

中国高速列车
发展历程

三　中国高速列车谱系

中国高速列车发展至今，已经形成了完善的谱系，展现了强大的系统性和适应性。一是型谱丰富多样，涵盖不同的速度等级，不同的牵引模式；二是型谱记录了中国高速列车技术成长的轨迹，如复兴号动车组实现了完全自主知识产权，每一代新车型都融入了前沿科技，如智能运维体系、永磁牵引系统等；三是针对中国庞大且差异化的客运市场，型谱细分明确。

中车长春轨道客车股份有限公司（简称中车长客股份公司）、中车青岛四方机车车辆股份有限公司（简称中车四方股份公司）、中车唐山机车车辆有限公司（简称中车唐山公司）、中车南京浦镇车辆有限公司（简称中车浦镇公司）、中车株洲电力机车有限公司（简称中车株机公司）、中车大连机车车辆有限公司（简称中车大连公司）、中车大同电力机车有限公司（简称中车大同公司）等主机企业具有生产动车组的能力。根据内部分工，复兴号系列中运行时速 350km 的 CR400 动车组由中车长客股份公司、中车四方股份公司、中车唐山公司生产，运行时速 250km 的 CR300 动车组的生产除上述三家企业外增加了中车浦镇公司，CR200 动力集中动车组的动力车生产企业为中车株机公司、中车大连公司和中车大同公司。

分析高速铁路里程和高速列车保有量的变化，10km 左右高速铁路里程约需配备 1 列高速列车（标准列-8 辆编组 1 列）。分析历年来各类动车组与发送人数、列车种类的关系见表 1-1。随着我国高速列车研制、生产能力的进步，自主化高速列车所占的比例会越来越高。分析表 1-1 中数据可以看出：

① 2012—2017 年期间，平均每年新增动车组为 375 标准列，最高峰 2015 年新增 481 标准列。其中引进、消化吸收、再创新的 CRH380 动车组与引进动车组的占比各为 50% 左右。

② 2017—2023 年期间，CRH380 动车组和引进动车组的保有量基本维持不变，增长的主要是复兴号动车组，年均增长 178 标准列，最高峰 2018 年增长 308 标准列。从高速列车高峰年增长量可以反映出我国高速列车的生产能力。至 2023 年我国铁路拥有完全自主知识产权的复兴号动车组 1138 标准列，这个比例今后还会逐年增长。

③ 从 2017 年开始，复兴号开始形成 250km/h 动车组（CR300）和 160km/h 动力集中

动车组（CR200）系列，用于城际铁路和既有线。

2012—2023 年各类动车组保有量表　　　　　　　表 1-1

年度	2012 年	2013 年	2014 年	2015 年	2016 年	2017 年
高速铁路运营里程（万 km）	0.9	1.1	1.7	1.9	2.2	2.5
动车组发送人数（亿人）	3.9	5.3	7.0	9.6	12.2	17.5
动车组旅客周转量（亿人 km）	1575	2217	3134	4041	4912	5876
引进动车组（CRH1/2/3/5 各型号动车组）	616	717	845	979	1150	1278
380 动车组（CRH380A/B/C/D 系列动车组）	464	599	881	1228	1448	1493
复兴号动车组（CR300AF/BF、CR400AF/BF 系列动车组）						72
动力集中汇总（CR200J 系列动车组）						
其他动车组（CRH3A、CRH6A、CRH6F 系列动车组）					13	113
动车组保有量-总计（组）	1080	1316	1726	2207	2611	2956
年度	2018 年	2019 年	2020 年	2021 年	2022 年	2023 年
高速铁路运营里程（万 km）	2.9	3.5	3.8	4.0	4.2	4.5
动车组发送人数（亿人）	20.5	22.9	15.6	19.22	12.75	28.98
动车组旅客周转量（亿人 km）	6872	7747	4845	6064	4386	9834
引进动车组（CRH1/2/3/5 各型号动车组）	1293	1295	1295	1295	1295	1295
CRH380 动车组（CRH380A/B/C/D 系列动车组）	1502	1505	1497	1497	1497	1497
复兴号动车组（CR300AF/BF、CR400AF/BF 系列动车组）	380	596	813	935	989	1138
动力集中汇总（CR200J 系列动车组）	46	180	180	256	299	447
其他动车组（CRH3A、CRH6A、CRH6F 系列动车组）	137	170	188	193	205	211
动车组保有量-总计（组）	3358	3746	3973	4176	4285	4588

　　经过多年发展，我国已搭建了完善的动车组谱系化产品平台。特别是形成了运行时速 350km 的 CR400、运行时速 250km 的 CR300、运行时速 160km 的 CR200 等系列化复兴号动车组产品系列。牵引动力包括动力分散式、动力集中式、内电双源动力集中式，共 14 个产品平台，42 种型号产品。其中，涵盖座车、卧铺车、餐车、综合检测等多类车种。包含 8 编、16 编、17 编等多编组形式，具有普通型、智能型、奥运型等不同配置，可适用于客运专线、客货混跑等不同线路条件和平原、高原、高寒、高风沙等不同运行环境条件，能够满足用户多样化需求。我国高速动车组谱系是世界上最完整的。

　　中国高速动车组产品系列如图 1-1 所示，展示了我国高速列车的型号及发展过程。20 世纪 90 年代初至 2004 年是从无到有阶段，我国自主研发高速列车的代表作有动力集中的中华之星和动力分散的先锋号；2004—2012 年是引进消化吸收再创新阶段，此阶段的代表车型除了四个引进平台的动车组外，还有 CRH380A 和 CRH380B；从 2012 年至今是正向设计、自主创新阶段，这阶段的代表车型有 CR400AF、CR400BF、CR450。

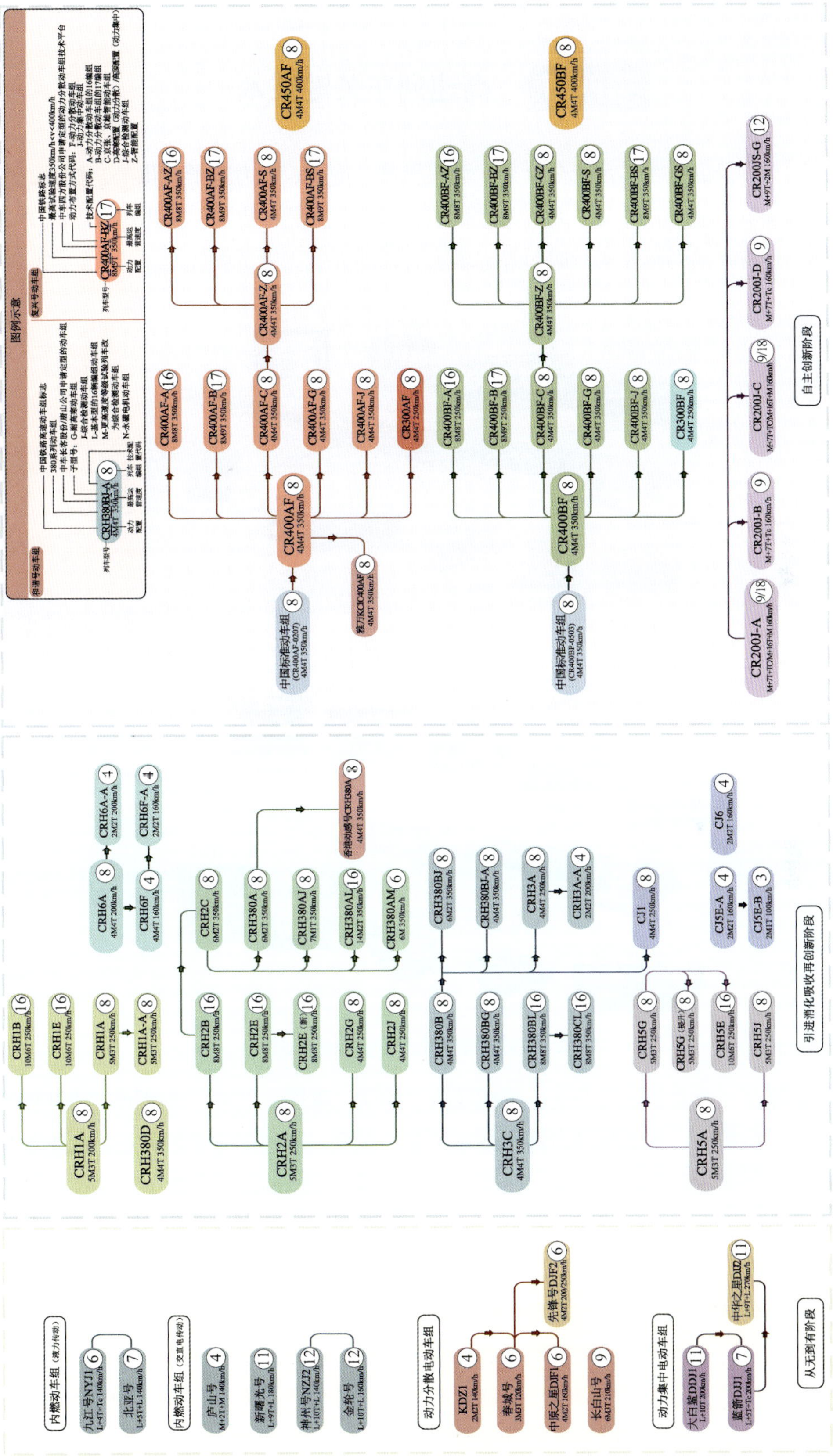

图 1-1　中国高速动车组产品系列图

第四节　高速列车关键技术

高速列车本身的技术体系十分复杂，涵盖机械、冶金、电力电子、化工、材料、信息等多个技术领域，通常归纳为"九大关键技术"和"十大配套技术"，如图1-2和图1-3所示。此外，还有高速列车在运行时与外部紧密关联的五大关键系统技术。

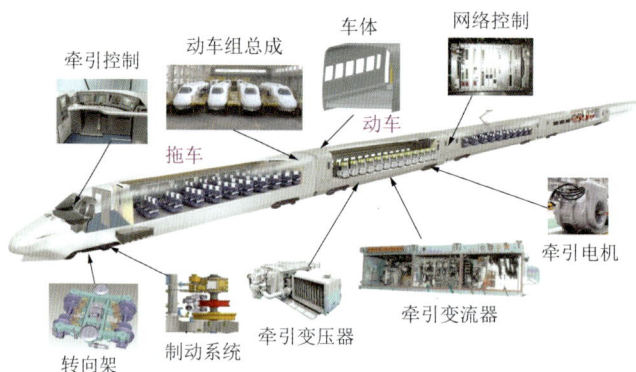

图1-2　高速列车九大关键技术示意图

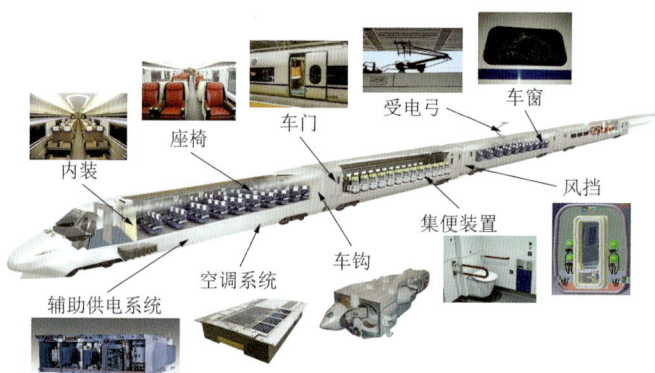

图1-3　高速列车十大配套技术示意图

高速铁路是一个复杂的大系统，包括线路、桥梁、隧道、供电、接触网、站段装备、高速列车、通信信号、客票预售预订、旅客导向、安检、信息化等诸多专业。这些专业融合成一体，使高速铁路安全、高效、便捷。高速列车是高速铁路大系统中最关键、最复杂的子系统。高速列车安全、可靠、平稳地运行，从外部看与轮轨关系、弓网关系、空气动力学、噪声防护、列车运行控制等息息相关；从内部看，涉及车体、转向架、牵引系统、制动系统、列车网络控制系统等关键技术。本书从高速列车内外关系着手，归纳了高速列车系统动力学与转向架技术、高速列车空气动力学与车体设计、高速列车牵引传动技术、高速列车制动技术、高速列车网络与控制技术、高速列车噪声防护技术与车内装备、高速列车受流技术与受电弓、高速列车运行控制技术等8个系统关键技术及相关关系。这些系统技术及相关关系虽然没有包罗万象，但是在高速列车发展过程中却是最关键的技术，实现全部的自主化尤其艰难。这 8 个系统关键技术将在《关键技术篇》中逐一阐述。

一　九大关键技术

高速列车的九大关键技术包括：动车组总成、车体、转向架、牵引变压器、牵引变流器、牵引电机、牵引控制、网络控制、制动系统。

1. 动车组总成

动车组总成是高速列车的总体设计。对动车组车体、转向架、牵引系统、制动系统和列车网络控制系统等设计参数进行选配和优化，使动车组满足牵引、制动、车辆动力学、列车空气动力学、舒适性和安全性等设计性能指标要求。解决高速列车与高速铁路相关子系统的接口关系，如车轮与轨道之间的关系、牵引传动系统与牵引供电系统之间的关系、受电弓与接触网之间的关系、气流与列车之间的流固耦合关系等，使动车组与工务工程、牵引供电、通信信号等其他专业相互配合得到优越的总体性能。动车组总成还包括软硬席车分配、座位布置、照明餐饮、内饰涂装、通风空调、上水集便、布线布管、车载设备安装、质量分配等。

2. 车体

我国高速列车车体基本都是采用薄壁筒形、大型中空铝合金型材结构。一般来说，车体要有高的结构强度、气密强度和气密性，还要有良好的气动外形。这是由于车体是载运的主体，需要考虑乘客载重、车体自重、整备质量以及车体所受到的外部载荷作用，车体空间骨架设计要具有足够的安全强度；另外，列车高速运行时，气动效应显著，通过流线外形和相关设计，以解决高速行驶或经过隧道或列车交会等所带来的空气动力学问题，如空气阻力、交会压力波、气动噪声、气动安全等，以保障车体具有良好的气动性能。

3. 转向架

我国高速列车转向架具有承载、导向、牵引、制动和减振等作用，即转向架不仅要支撑车辆的质量，且通过转向架上牵引装置驱动轮对把牵引力传递到钢轨上，充分利用轮轨黏着使高速列车沿轨道高速平稳行驶，并能通过电制动和机械制动实现列车制动减速、停车。设计时，可通过车轮踏面选型设计及对应的一系悬挂、二系悬挂的匹配实现减振，采用抑制垂向、纵向、横向、点头、侧滚、扭曲等姿态的技术，保证高速运行工况下转向架具有足够的强度和刚度以及高的运动安全性、运行稳定性和平稳性。高速转向架成功研制必须具有良好的模拟仿真计算、充分的滚振试验验证和长期的各种线路工况运行考核等三个必要条件。

4. 牵引变压器

我国高速铁路接触网采用单相 25kV/50Hz 交流供电，牵引变压器的作用是将引入高速列车的电压进行降压，达到适合变流器的输入电压；为了控制谐波，一般采用多相输出；

同时牵引变压器还要给高速列车辅助系统供电，用于列车的空调、通风、照明等，新设计的动车组辅助系统大多采用直接从牵引系统的直流环节取能的拓扑结构。动力分散高速列车牵引变压器安装在车厢的底部，单台牵引变压器的功率视其供给的牵引电机功率和辅助系统功率而定。总体而言，牵引变压器要求功率大、体积小、质量轻。此外，高速列车普遍采用四象限变流器，要求变压器具有较大的短路阻抗。

5. 牵引变流器

我国高速列车采用"交直交"传动技术，牵引变流器是"交直交"变换技术的核心部件，其作用是将恒频恒压的单相交流电转变成变频变压的三相交流电。交直侧的变流器称为四象限变流器或网侧变流器，直交侧的变流器称为电机侧变流器或逆变器。牵引变流器实现对网侧的整流和对牵引电机的变频调速控制；牵引变流器采用大功率可关断半导体器件，中间直流电压常用 1800V 和 3600V 两个等级，采用异步牵引电机时车控或架控模式居多，采用永磁同步牵引电机时常用轴控模式。高速列车可将牵引变流器与辅助变流器进行一体化集成设计，辅助变流器从中间直流回路直接取电。

6. 牵引电机

我国高速列车大部分采用三相交流异步牵引电机，与直流电机相比，它具有质量轻、功率大、结构简单、运用可靠、寿命长、维修简便的特点。最新的研究可以利用磁场的计算确定转子的位置，进而省去速度传感器，提高电机的可靠性。

我国永磁同步牵引电机经过长期的研究积累，在 CR450 高速列车研制时，已能满足对牵引电机质量和效率更严格的要求，进入了工程应用。

7. 牵引控制

高速列车牵引变流器控制系统按照列车牵引和电制动控制特性曲线对变流器进行控制。其控制要求是对电网保持友善，使网侧功率因数接近 1，并通过移相调节减少谐波分量，多列列车同时在一个供电臂工作时，电网侧的控制需抑制自激振荡现象。其控制要求是发挥高速列车的牵引、制动特性，并通过防空转、防滑行控制实现黏着利用的最优化及防止轮轨擦伤。电机侧控制策略由最初的转差频率控制发展到矢量控制，后来又发展到直接转矩控制，对力矩的控制更为精准、敏捷。

8. 网络控制

高速列车的网络分列车级网络和车辆级网络。列车级网络是实现高速列车的整车控制，连接各车辆级网络的网关、列车运行控制系统和列车旅客信息系统等，并且负责车地无线通信和网络安全；车辆级网络是实现同一车厢内各设备间信息（包括设备的反馈状态等）的相互传输。网络控制系统对于高速列车智能化和安全运行起着重要的作用，主要用于运行控制、监测，故障及寿命检测与诊断以及网络通信等。网络控制技术发展很快，我国已经发展到时间敏感控制网（Time Sensitive Networking，TSN）技术，并且实现了自主化。高速列车网络是智能运行安全管理、智能设备状态监测、智能设备生命周期管理、智能运维和智能旅客服务等应用的基础。

9. 制动系统

制动系统由风源、制动机和基础制动三部分组成。制动系统的关键是需要在任何工况下能将高速运行的列车在一定的距离内停下来，其安全性要求非常高。对制动系统的要求分调速制动、紧急制动和停放制动。列车高速运行时具有相当大的惯性能量，制动系统作用就是在轮轨黏着允许的条件下，采用制动技术，实现高速列车的可靠停车或降速。目前，我国高速列车调速制动主要以电制动为主，可减少基础制动磨耗；紧急制动采用纯空气制动，确保列车安全停车。紧急制动时的制约因素之一是基础制动盘的热负荷特性，要求在最高速度下连续 2 次紧急制动，制动盘短时温度不超过额定温度。

三　十项配套技术

十项配套技术包括：空调系统、集便装置、车门、车窗、风挡、车钩、受电弓、辅助供电系统、车内装饰材料和座椅。

1. 空调系统

空调系统主要提供制冷、供热、新风、废排、回风、压力保护、紧急通风等功能，确保车内空气清洁度、新风量、温度、湿度、微风速和应急通风量等空气指标控制在适宜范围以内，需要克服列车高速运行时的热传递、车内外压力变化、新风供给等所带来的系列挑战，解决客室范围内均匀送风、回风与废排问题，为乘客创建一个适宜的空气环境。

2. 集便装置

高速列车采用全封闭式集便系统，其功能是将便器的冲洗污物、污水等通过系列操作控制沿排污管路排入污物箱，实现集中收集。该系统可以隔绝污物箱与车内的联通，防止臭味或细菌进入客室，并在列车到站停车或进入动车检修基地后，定时对污物箱的污物进行处理，实现线路无污染排放。我国高速列车大多采用真空式集便系统。

3. 车门

我国高速列车车门包括车厢外侧的塞拉门和客室内部两端的内端门。塞拉门功能是便于乘客登乘列车，作用是将列车车厢与外界隔离，列车运行时车内保持良好的气密性；塞拉门一般除开门、关门、防挤压、安全锁闭等动作和要求外，还要结构坚固，以及具有良好的气密性和隔声隔热要求；塞拉门一般由司机室统一操作，也可以在司机允许条件下由乘客操作，特殊紧急情况下可以开启紧急装置，手动打开。内端门主要功能是保持客室形成一个相对独立的乘客乘坐封闭空间，起到一定的隔热隔声效果，为了便于乘客通行，内端门基本都采用自动感应电动式滑动门。外端门具有耐火功能，意外着火时可以隔断火势蔓延。

4. 车窗

高速列车车窗包括司机室前窗、客室侧窗等形式。前窗玻璃为司机提供足够的驾驶视野，一般前窗玻璃采用复杂曲面造型并保持一定的斜度，这是列车气动外形设计的需要；

同时为了防止飞鸟或异物侵入产生高速碰撞，前窗玻璃须具有足够的耐撞击性能以及破碎防止飞溅的要求；另外还要具有良好的隔热隔声和透光性能。高速列车车窗玻璃具有延缓人们对速度感知的作用，增强旅客乘坐舒适性的体验。

5. 风挡

高速列车风挡分为内风挡和外风挡。内风挡位于列车两节车厢之间，形成旅客往来车厢的通道，由于车厢间的伸缩和扭转运动，内风挡通常采用折叠结构和伸缩结构，常见的为双层折棚风挡；另外，为了降低车端噪声对客室的影响，内风挡要有良好的密封性和隔音性能。外风挡安装在车厢车端，采用半包或全包封闭方式，在两节车厢之间形成外形包络，主要作用是保持列车顺滑的流线外形、降低空气阻力等；由于两节车厢之间存在相对运动，外风挡还需要具有良好的抗扭转、挤压和摩擦性能，通常采用橡胶风挡。

6. 车钩

车钩用于实现高速列车车辆间的连接以及连挂、救援、回送时和其他列车或机车之间的连接，并在列车起动、加速、制动以及意外碰撞时吸收冲击和碰撞能量。车钩类型包括全自动车钩、半自动车钩、半永久车钩和过渡车钩等。车钩因为需求不同，头车、中间车会采用不同类型，救援时列车备有过渡车钩以实现与救援机车之间的连接。中国标准动车组（复兴号）要求不同厂家生产的相同速度等级的高速列车可以以最高运营速度重联运行，所以列车头尾部的自动车钩应具有机械、电气、网络等的连接功能。

7. 受电弓

高速列车受电弓安装在车顶，列车停运停放、无电检修作业等情形时，将受电弓降下，脱离与接触网接触；列车投入使用需通电时，将受电弓升起，保持与接触网接触。

高速列车通常采用的单臂受电弓由弓头、框架、气阀板和驱动机构等构成。受电弓以滑板数量区分有单滑板和双滑板受电弓，以控制方式区分有主动控制和非主动控制受电弓。滑板类型有碳滑板和浸金属碳滑板。受电弓的设计与特性对弓网系统的运行质量具有举足轻重的作用。

受电弓需要具有高速稳定受流性能，良好的受流质量依赖于弓网系统的动态稳定和跟随性，以及弓网之间的机械接触和电气接触状态，保证弓网间有良好的接触；还要考虑结构强度、气动噪声、风致振动、主动跟随控制等安全运行性能要求。低阻力高速受电弓成为近年来研究的重点，在 CR450 动车组上已经取得了突破；受电弓的碳滑板是易损易耗件，高速运行碳滑板经受的冲击力和磨损更大，是影响运行成本的关键零部件，近年来科研攻关也已经取得成果，在逐步推广应用中。

8. 辅助供电系统

辅助供电系统给空气压缩机、冷却通风机、油泵/水泵电机、空调系统、采暖设备、照明设备、旅客服务设备、应急通风装置、诊断监控设备和维修用电等设备供电。高速列车辅助供电系统的发展趋势是主辅一体化，即辅助变流器从牵引变流器中间直流环节取电与牵引变流器进行一体化设计。辅助变流器的发展趋势是直-直变换高频化，采用 SiC（碳化硅）功率器件及非晶合金变压器以提升效率，降低体积和质量。

9. 车内装饰材料

"内装"是列车车厢内部装饰的简称，内装不仅仅指地板、墙板、顶板等装饰件，通常将车厢内乘客界面结构、设备等都纳入内装范畴，如行李架、灯带、窗帘等。内装通常十分注重基于人机工程的人性化设计理念，充分考虑人的行为动作、客室空间运用、结构造型、美工色彩和灯光效果等需求，并采取减振、隔声、降噪等措施，通过结构的轻量化、模块化以及材料的环保与防火设计，保障列车的轻量化及旅客乘坐的舒适性。中国高速列车内装采用虚拟现实（VR）设计，大大提高了设计效率，增加了客户满意度。

10. 座椅

客室座椅是提供旅客乘坐舒适性的重要设施，旅客在车厢内旅行的大部分时间都是在座椅上度过的，因此，座椅对于乘客来说十分重要。座椅构造充分考虑人机工程学的相关参数，缓解乘客乘坐疲劳。高速列车根据多样化和个性化需求，车厢设置不同配置座椅，常见的有一等车座椅、二等车座椅和 VIP 商务车座椅。高速列车座椅大多具有旋转功能，可以始终保持旅客面朝列车行驶方向乘坐，以适应乘客乘坐习惯和保障舒适性。

三　五大外部关联系统关键技术

九大关键技术和十大配套技术是高速列车从研发、制造角度分解的关键部件和技术。然而，高速列车不是孤立的整体，从高速列车运营角度还涉及高速列车与高速铁路关联的五大关键系统技术，即高速列车系统动力学与转向架技术、高速列车空气动力学与车体设计、高速列车噪声防护技术、高速列车弓网关系与受流技术、高速列车运行控制系统等。一些关键部件如转向架、车体、受电弓、车门、车窗、风挡、空调、车载列控装置等与这五大系统关系紧密相关，一起描述更为清晰。

1. 高速列车系统动力学与转向架技术

高速列车系统动力学包括：通过轮轨关系产生了车-线耦合动力学，如果是高架线路，又扩展成车-线-桥耦合动力学；考虑车辆的牵引与制动以及多节车辆编组，就有了列车系统（纵向）动力学；受电弓与接触网耦合也就有了弓网耦合动力学；列车高速运行时产生气动力，就有了列车空气动力学。转向架是高速列车的走行部件，转向架的品质决定了高速列车是否可以安全、平稳和可靠运行。列车系统动力学关乎高速列车的动力学性能。通过动力学研究来确定车轮踏面选型、转向架悬挂刚度和阻尼参数等，如果说转向架是高速列车的"腿"，则系统动力学是转向架的"魂"，而转向架基本结构是转向架的"根"。转向架基本结构由构架、轮对、轴箱、一系悬挂、二系悬挂、驱动装置（动力转向架）、基础制动装置等部件组成。考虑到模块化设计和零部件的统型，除牵引、制动系统外，动力转向架与非动力转向架的大部分零部件应实现简统化。

2. 高速列车空气动力学与车体设计

我国的列车空气动力学从无到有，经历了艰苦的发展过程，1990 年至今，伴随着中国高速铁路的研究与发展，我国自主开展了高速铁路空气动力学系统研究，建立了理论体系、设计体系、评估体系、防护体系、平台体系。高速列车空气动力学主要涉及列车周围流场特性、列车气动减阻技术、列车气动降噪技术、列车通风技术、列车交会空气动力学、列车/隧道空气动力学、列车/气候环境空气动力学、列车/人体空气动力学等领域。研究高速列车空气动力学的主要目的是减小气动阻力、提高安全舒适性及减小列车对环境的影响。

高速列车的车体是除了转向架以外所有装备的承载体。车体除了对强度、刚度、质量有要求以外，为了降低高速运行时的空气阻力与头型、设备安装形态均有紧密关联，在车体上安装的门窗、风挡、空调、照明、通风、座椅、集便装置、广播、旅客导向等系统是旅客乘车体验的主要载体，此外牵引系统、制动系统、受电弓、高压电气等设备都要安装在车体上，车体的隔音、隔热、轻量化等措施都要通过车体设计来实现，车体设计某种程度上是高速列车的总成。车体轻量化、减少列车高速行驶时的空气阻力是高速列车车体设计的关键。

3. 高速列车噪声防护技术

高速列车的噪声防护随着列车速度的提高，逐渐成为高速列车研制的主要矛盾。噪声防护的研究包括噪声源和噪声的防护。噪声的来源包括轮轨噪声、受电弓受流噪声、列车头部气动噪声以及列车侧面摩擦噪声等。噪声的防护包括噪声源的识别、抑制、传输通道阻断和噪声的隔离。

高速列车的噪声分室内噪声和室外噪声。室内噪声的噪声源还有室内空调与通风等，室内噪声的防护涉及车厢内的主要部件，包括塞拉门、客室门、车窗、风挡等，这些部件对于外部噪声的隔离起到关键的作用。空调及通风降噪的重点在风道的设计和采用新型空调装置。在整个高速列车中，各个部位的噪声是不同的，总体上，列车头部、列车端部、受电弓下部、转向架上部的噪声高于客室中部。高速列车运行时对外辐射噪声直接影响沿线居民的生活质量，被社会广泛关注。对外辐射噪声的控制，一方面列车本身要采取降噪措施；另一方面要在铁路工程建设中采取必要的防护措施。

4. 高速列车弓网关系和受流技术

弓网受流系统是高速列车的动力之源，它主要由接触网和受电弓组成。接触网与受电弓之间保持良好的滑动接触，各项参数的相互匹配和优化，能提高电能传输效率，减少能量损耗，确保电能可靠传输，是高速列车安全、稳定、高效运行的关键。

高速列车在运行过程中，受电弓与接触网之间的接触状态变化更为剧烈，耦合关系更为复杂。受电弓需要具有更好的跟随性和速度适配性，接触网需要具有更好的波动传播特性和平顺性，以减少弓网燃弧及磨耗，提高电能传输质量，保证列车运行安全。

我国轨道交通高速化进程中几次重要的弓网试验，有力推动了我国接触网技术的发展。我国高速列车受电弓技术经历了艰辛的创新过程，已进入了世界先进行列。

5. 高速列车运行控制技术

列车运行控制系统（简称列控系统）是根据列车在线路上运行的客观条件和实际情况，对列车运行速度及牵引、制动方式等状态进行监督、控制的技术装备，用以保证行车安全，同时也能提高行车效率。系统包括地面与车载两部分，地面设备提供监控列车所需要的允许速度、行车许可等基础数据；车载设备将地面传来的信息进行处理，形成列车速度控制数据及列车制动曲线，监控列车安全运行。

2002 年，铁道部在借鉴国外经验的基础上，本着设备兼容、互联互通和技术发展的原则，确定了发展高速、先进、适用和可持续发展的中国列车运行控制系统（Chinese Train Control System，CTCS）的目标。2004 年，铁道部颁布了《CTCS 技术规范总则》，确定中国高速铁路 350km/h 速度等级采用 CTCS-3 级列车运行控制系统，速度 250km/h 及以下速度等级采用 CTCS-2 级列车运行控制系统。

CTCS 车载子系统又称为列车自动防护（Automatic Train Protection，ATP）子系统，由无线通信车载设备、应答器接收模块、测速测距模块、设备维护记录单元、车载安全计算机、人机接口和运行管理记录单元等组成。无线通信车载设备作为系统信息传输平台完成车-地间大容量的信息交换。应答器接收模块完成点式信息的接收与处理。测速测距模块实时检测列车运行速度并计算列车走行距离。设备维护记录单元对接收信息、系统状态和控制动作等进行记录。车载安全计算机对列车运行控制信息进行综合处理，生成目标距离模式曲线，控制列车按命令运行。人机接口是车载设备与列车乘务员交互的接口。运行管理记录单元规范司机驾驶，并记录与运行管理相关的数据。

参 考 文 献

[1] 中国铁道科学研究院. 欧盟及 UIC 对高速铁路的定义[Z]. 2023.

[2] 杨中平. 新干线纵横谈[M]. 2 版. 北京：中国铁道出版社，2012.

[3] 铁道部. 铁路主要技术政策[Z]. 2013.

[4] 孙翔. 世界各国的高速铁路[M]. 成都：西南交通大学出版社，1992.

[5] 铁道部科学研究院机辆所译文集编委会. 国外高速列车译文集（1～8）[Z]. 1995.

[6] 国家发展和改革委员会. 中长期铁路网规划[Z]. 2016.

[7] 中共中央 国务院. 国家综合立体交通网规划纲要[Z]. 2021.

[8] 罗春晓. 中国高速动车组巡览[M]. 北京：中国铁道出版社，2022.

[9] 姚诗煌. 高铁经济[M]. 上海：上海科学技术文献出版社，2019.

[10] 梁建英，杨中平，张济民. 高速列车[M]. 上海：上海科学技术文献出版社，2019.

第二章

从无到有
—— 高速列车零的突破

撰稿人：吴新民

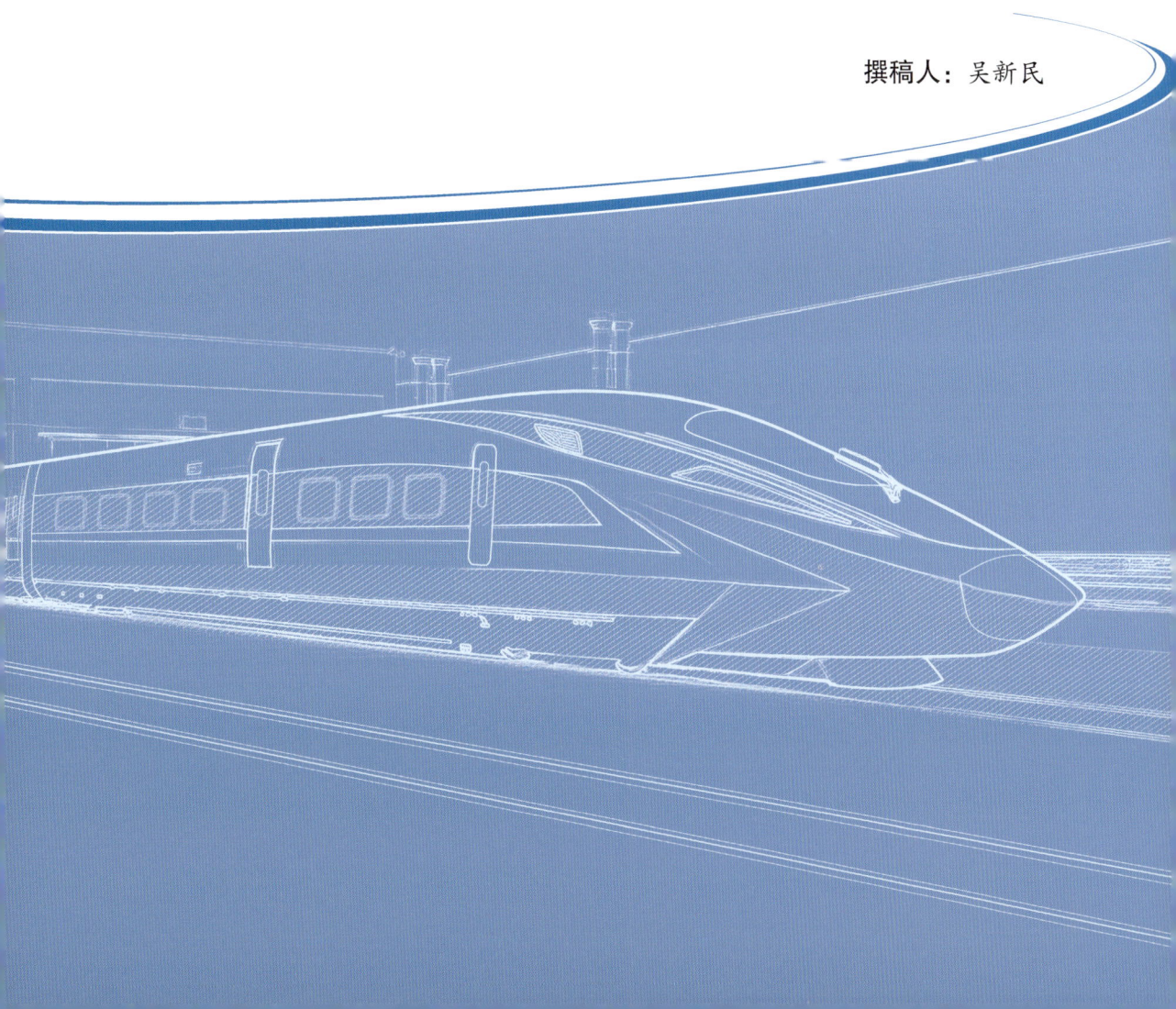

中国高速列车
发展历程篇

　　提高列车速度是中国铁路人长期追求的目标，我国从"七五"开始立项攻关，自主研发的机车车辆支撑了从广深准高速到既有线全面大提速的实施和发展。

　　在研发和批量制造、运用提速机车车辆的同时，"八五""九五"期间我国铁路开始了全方位、系统性高速列车科技攻关，几十项国家重点科技攻关项目、一百多项铁道部科技计划课题，支撑了高速列车各项关键核心技术的研发攻关与创新突破，从高速列车总体到轻量化铝合金车体、高速转向架、交流牵引传动系统、列车微机控制和网络系统、微机控制直通式电空制动系统等。通过十年科技攻关，我国系统性突破了高速列车关键核心技术，基本掌握了高速列车整车、系统、部件的设计、制造、试验和检测评估方法。汇聚大量科技攻关成果，我国成功研制了动力分散型"先锋号"和动力集中型"中华之星"高速动车组，在秦沈客运专线（简称秦沈客专）进行了全面的试验检测和应用考核，标志着中国高速列车实现零的突破。

　　十年科技攻关还助力我国建立了较为完整的高速列车安全运行及系统科学检测的评价体系，发展了高速轮轨动力学、空气动力学和弓网关系理论，制定了多项技术标准和相关规范，为中国高速列车的后续发展奠定了良好基础。

第一节　中国高速铁路的前奏

一　制定技术政策，实施旅客列车提速

1990 年中国铁路运营里程仅 53378km，改革开放促使市场经济快速发展，人员流动极大活跃，客货运输的巨大需求与铁路运能的不足形成了极大的矛盾。人们对铁路运输提出了不但要"走得了"也要"走得好"的要求。

20 世纪 80 年代我国铁路机车车辆尚处于较低的技术水平，蒸汽机车依然是运输的主要动力。1982 年投入运用的内燃机车中，约有 1000 辆为 20 世纪 60 年代生产的老式东风和东风 2、3 型，约 4000 辆 22 型客车车辆，因故障多，需进行一系列改造。受到运输组织、基础设施和机车车辆技术的限制，当时我国铁路旅客列车的旅行速度仅仅为 42.1km/h。面对巨大的社会和市场竞争压力，铁道部明确将提高旅客列车运营速度作为发展方向，1983 年和 1988 年的《铁路主要技术政策》提出了提高旅客列车运营速度的目标，将旅客列车实际最高运营速度从不足 100km/h 提高到 120km/h，部分区段提高到 140km/h。为实现铁路提速的目标，研制新型机车车辆成为摆在铁路部门面前的迫切任务。

二　提速机车车辆研制

1. 从东风 9 型到东风 11 型准高速机车的研制

（1）东风 9 型内燃机车的研制

为推动铁路扩能和提速技术的发展，国家"七五"重点科技攻关项目计划立项开展铁路客运技术装备研究，铁道部于 1987 年 3 月下发了《关于下达大功率客运电力、内燃机车研制标书的通知》，要求研制新型大功率客运内燃机车，机车要能满足铁路旅客运输远期发展需要，适应旅客列车扩编到 20 辆，并进一步提高运营速度，以北京为中心的几条主要干线上开行特快列车，在 1500km 范围内做到朝发夕至或夕发朝至。

戚墅堰机车车辆厂（简称戚墅堰厂）通过竞标承担了新型提速内燃机车的研制任务。1988 年 10 月 8 日铁道部下发了《关于下达东风 9 型客运内燃机车设计任务书的通知》，要求新研制的提速内燃机车标称功率 3040kW，满足最高运营速度 140km/h、牵引 20 辆编组旅客列车的需求。

为满足设计任务书的要求，戚墅堰厂联合各参研单位开展了全面的科技攻关，首次开发了满足机车提速要求的电机全悬挂空心轴传动转向架，减小了簧下质量，大大提高了机车的动力学性能；提升了柴油机功率，研究设计了相应牵引主发电机的新结构，实现了轻量化；研制了整体承载车体结构；首次采用了机车微机控制装置，安装了高性能恒功励磁和防空转、防滑系统，并具有多重保护功能。

东风 9-0001 号机车于 1990 年 11 月出厂，在铁科院环行铁道试验基地开展了我国铁路首次提速综合试验。12 月 29 日，机车牵引 20 辆客车最高试验速度达到 145km/h，创当时中国铁路列车运行的最高速度。东风 9 型机车试验检测的各项参数也达到设计任务书要求，并具备进一步提速的潜能。

（2）东风 11 型准高速内燃机车的研制

为了实现广深线 160km/h 的运营目标，铁道部决定在东风 9 型机车的基础上开展准高速机车设计和研制，1990 年 12 月下发了《关于下达广深线准高速铁路科研攻关及试验计划的通知》，戚墅堰厂承担"八五"国家重点科技攻关项目——东风 11 型准高速内燃机车的研制。铁道部科技司于 1991 年 3 月正式下达了东风 11 型准高速内燃机车设计任务书，明确了攻关目标是完成两台功率为 3040kW 的六轴东风 11 型准高速大功率内燃机车（简称东风 11 型机车）研制，满足广深铁路客运列车最高运行速度 160km/h、牵引旅客列车运行时间为 1h 左右要求，确保 1994 年广深铁路开行第一列 160km/h 旅客列车总目标的实现。任务书要求 1995 年完成机车型式试验和样车鉴定。

戚墅堰厂根据设计任务书要求，在东风 9 型内燃机车的基础上开展了东风 11 型机车的设计，装用 16V280ZJA 型柴油机，对转向架结构悬挂参数进行了提速优化设计，并同步提高机车整体可靠性。

为进一步验证 160km/h 内燃机车性能优化设计的结果，戚墅堰厂对东风 9 型 0002 号内燃机车动力学性能及牵引齿轮传动比等进行了优化改造。1991 年 7 月，该车在大连内燃机车研究所定置试验台最高试验速度达到 169km/h，各项性能指标良好，具备了上线运行试验的条件。

1992 年 3～6 月，东风 9 型 0002 号内燃机车和 5 辆新型客车编组，在铁科院环行铁道试验基地开展广深线准高速科技攻关项目综合试验，最高试验速度达到 163km/h，这是我国铁路列车速度首次超过 160km/h，各项检测指标满足规范要求，为我国东风 11 型机车的研制奠定了基础。环行铁道试验基地综合试验同时检测了列车 160km/h 运行工况下线路、道岔、桥梁和信号等方面的实测数据，成为广深线准高速线路改造设计的科学依据。

1993 年 1 月东风 11 型机车竣工出厂，完成冷却能力（高温试验）等性能检测后，于 1994 年 3～6 月在环行铁道试验基地开展了东风 11 型机车牵引新型 25.5m 单层客车和浦镇厂双层客车的准高速列车的综合试验，检验了东风 11 型机车的牵引特性、动力学性能、制动和起动加速性能，试验取得的参数为广深线列车编组和运行图编制提供了依据。试验检测了最高速度（170km/h）和超速（180km/h）运行工况下的机车车辆及各种基础设施的参数，获得了提速后轮轨动力学性能状况的数据，为 160km/h 线路基础参数的制定和结构设计提供了依据。

1994 年 11 月，东风 11 型机车在广深线完成了动力学性能、制动及牵引热工性能等试验，通过了铁道部组织的安全评估。1994 年 12 月，广深准高速铁路建成通车，东风 11 型机车牵引 25Z 型客车车辆的准高速列车投入运营，最高运营速度达到 165km/h。广深线的开通运营，是我国铁路提速发展的重要里程碑，标志着我国铁路进入到准高速时代。在我国铁路随后的既有线大提速中，东风 11 型准高速内燃机车（图 2-1）担当了主力车型，运营范围扩展到全路各主要干线。戚墅堰厂共生产东风 11 型机车 459 台，为 1997 年开始的全路大提速做出了重要贡献。

图 2-1　东风 11 型准高速内燃机车

　　东风 11 型机车获 1996 年铁道部科学技术进步奖特等奖。1997 年 12 月随准高速旅客列车项目获 1997 年度国家科技进步奖一等奖。

　　为实现中国铁路第五次大提速的目标，2003 年 8 月，铁道部运输局下达东风 11G 型内燃机车设计任务书，要求戚墅堰厂在东风 11 型机车的基础上研制长交路连续运行的双机重联内燃机车，满足旅客列车 DC600V 供电需求，在轻量化、外形流线型设计、单司机操纵和微机控制系统方面进行大幅度优化设计。戚墅堰厂共计生产制造了 184 台东风 11G 型内燃机车，该机型成为国内唯一能牵引 20 辆客车、运营速度达到 160km/h 的内燃机车。

　　东风 11 型机车最具代表性的技术有两项。一是 280 型大功率柴油机。该柴油机的研发经历了十余年艰辛的努力，凝聚了戚墅堰厂及合作伙伴大量的心血和智慧，其研制成功为我国大功率提速内燃机车的发展发挥了重要作用。因柴油机技术与高速列车发展关联度相对较小，在此不再详细阐述，读者可扫描二维码查阅相关内容。二是轮对空心轴转向架。东风 11 型机车轮对空心轴技术为高速列车转向架设计开创了先河。

280 型大功率柴油机

　　（3）提速机车轮对空心轴转向架技术攻关

　　转向架是影响机车轮轨动力学的主要结构，也是提速机车科技攻关最重要的核心部件。1986 年 12 月，戚墅堰厂承担了东风 9 型提速内燃机车的研制任务，为满足机车提速要求，戚墅堰厂对国外 200km/h 等级的机车转向架进行了深入研究，联合西南交通大学（简称西南交大）、铁科院、上海铁道学院（后并入同济大学）、株洲电力机车研究所（简称株洲所）

等进行了大量的动力学性能计算和对比,分析了转向架各零部件质量、牵引电机悬挂方式、总体结构的复杂程度及国内制造的可行性,最终确定采用电机架悬式转向架方案。该方案为双级六连杆驱动的轮对空心轴式结构,如图 2-2 所示,传动系统主要由架悬牵引电机及驱动装置、转向架的二系弹簧悬挂系统和基础制动系统等组成。新型空心轴转向架单轴的簧下质量仅为 2500kg,有利于提高动力学性能。

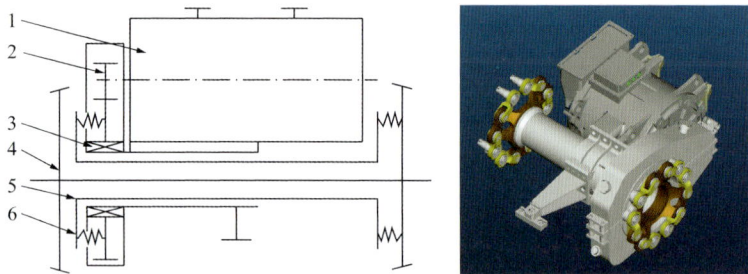

图 2-2　轮对空心轴结构

1-牵引电机;2-牵引齿轮;3-轴承;4-轮对;5-空心轴;6-弹性元件

轮对空心轴驱动装置各零部件的工作环境较恶劣,受力情况也较复杂,且多个零件的结构由空间曲面组成,形状特殊,为保证新型结构的可靠性,戚墅堰厂对主要承载部件中连杆、传动盘和空心轴等主要零件进行了有限元计算分析,确保其强度满足运行要求。

在完成转向架总体方案设计的基础上,戚墅堰厂对工厂的制造设备、工装及工艺等进行了研究和优化改进,提升了生产制造能力,保证了转向架按照设计要求完成制造。转向架采用了大静挠度二系悬挂系统,二系悬挂采用"瓦片"式橡胶垫与高柔度螺旋弹簧串联组合的结构,降低了弹簧的工作应力,使机车具有良好的运行平稳性、横向稳定性及动力学性能,如图 2-3 所示。

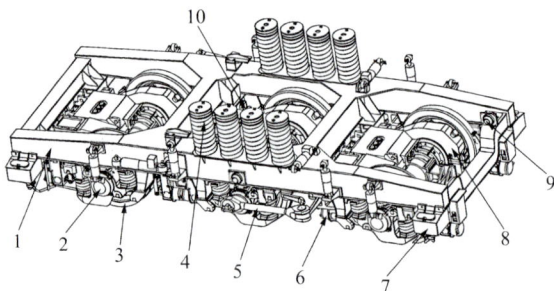

图 2-3　东风 11 型内燃机车转向架

1-构架;2-轴箱;3-轮对;4-旁承;5-牵引杆装置;6-基础制动装置;7-砂箱;8-电机悬挂装置;9-附件;10-手制动装置

东风 11 型机车首次采用了两级空气制动模式,能满足准高速列车制动距离的要求。新研制的独立作用式单元制动器(QB-2 型)能实现双侧双闸瓦制动,单元制动器质量轻、体积小、调整精度高,更可靠。

1990 年 12 月,装有轮对空心轴式电机架悬转向架的东风 9 型机车开始进行多次线路运行综合试验，并根据广深准高速列车的要求，经优化后装在东风 11 型机车上，1994 年进行第二次综合试验的最高试验速度达到 184km/h，各项指标达到并超过了设计任务书规定，保证了广深准高速铁路按期开通运营。

轮对空心轴式电机架悬转向架安装在东风 11 型机车取得成功，1996 年 2 月通过铁道部科技成果鉴定：该转向架的成功，使我国机车转向架的设计、制造和试验技术上了一个新台阶，填补了架悬式转向架的空白，并达到了同类机车转向架的国际先进水平。轮对空心轴式电机架悬转向架在国内提速机车上推广应用，东风 4D、SS8、SS9、SS7D/E 等型提速机车均采用此转向架。轮对空心轴式电机架悬转向架成为我国提速机车转向架唯一的结构模式，为既有线提速作出了重要贡献。

2. 东风 4D 型客运内燃机车研制

为满足铁路既有线提速需要，大连机车厂（简称大连厂）于 1996 年在既有东风 4 型机车的基础上，研制了东风 4D 型干线客运提速机车，装有 16V240ZJD 型柴油机，机车标称功率 2425kW，最高运营速度 145km/h。为提高机车的动力学性能，2000 年改变了转向架架构，采用了六连杆驱动的轮对空心轴式结构，最高运营速度提高到 160km/h。东风 4D 型客运内燃机车（图 2-4）适合在更多不同的线路运营，成为全路应用批量最大的提速内燃机车。

图 2-4　东风 4D 型客运内燃机车

3. SS8 型、SS9 型客运电力机车研制

广深线准高速铁路于 1997 年末完成了电气化改造。为实现广深线准高速列车的电力牵引，铁道部在前期立项开展了提速电力机车的研制。

1987 年铁道部下达 SS5 型客运电力机车的研发任务，同时被列为国家"七五"科技发展重大项目，由株洲电力机车厂（简称株机厂）、株洲电力机车研究所（简称株洲所）、四方车辆研究所（简称四方所）和铁科院等单位承担。1988 年铁道部下达了客运电力机车设计任务书，要求该机车满足牵引 20 辆客车、最高运营速度 140km/h、持续功率 3200kW 要求，从而提高电力牵引区段客运能力。1990年，第一辆SS5型电力机车样车完成研制，SS5型电力机车采用电机空心轴传动、轻量化车体等14项新技术，轴式B_0-B_0，轴重21.5t，持续功率3200kW，最高运营速度140km/h。在机车检测试验中由于电机空心轴扭转刚度太小，出现黏滑振动等现象，部分部件也暴露出质量问题，未能投入批量生产。

为满足广深线电气化后以160km/h速度牵引14辆编组准高速客运列车的需要，1991年铁道部下发《关于下达广深线准高速SS8型电力机车设计任务书》，该项目列入了国家"八五"重点科技攻关项目计划，由株机厂和株洲所联合承担研发任务。1994年两辆SS8型电力机车样车研制完成，机车持续功率为3200kW，SS8型电力机车采用了DF11型机车上成熟应用的电机全悬挂空心轴传动架构。SS8型样车于1995年开始应用于牵引旅客列车。为满足主要干线大编组旅客列车牵引的需要，1996年SS8型电力机车轴功率进一步提高到900kW，机车持续功率达到3600kW。

1997年2月2日，SS8型电力机车通过铁道部科技成果鉴定，投入批量生产及广深准高速铁路运营，在1997年开始的第一次大提速中，SS8型电力机车承担京广线郑武段提速旅客列车牵引任务，成为当时中国电气化干线铁路牵引提速旅客列车的主型电力机车。

随着SS8型电力机车牵引提速列车的范围不断扩大，铁道部1998年科研计划立项研制SS9型电力机车，满足山区大坡道牵引大编组旅客列车的要求。SS9型电力机车是在SS8型电力机车成熟技术的基础上，采用C_0-C_0轴式，持续功率4800kW，最高运营速度170km/h，2001年开始批量生产，满足了大编组长交路牵引的需求，成为我国铁路既有线提速主型电力机车。SS8型、SS9型电力机车如图2-5所示。

图2-5　SS8型、SS9型电力机车

4. SS7D/E型客运电力机车研制

我国铁路既有线路况复杂，山区存在大量小曲线区段，为适应这些区段的提速需求，大同机车厂（简称大同厂）研制了轴式为B_0-B_0-B_0的SS7D型电力机车。随后根据运输需要，在SS7D型机车和东风4D型机车基础上开发了轴式为C_0-C_0的SS7E型电力机车，SS7D/E型电力机车（图2-6）均采用了六连杆驱动的轮对空心轴式转向架，牵引功率4800kW，最高运营速度170km/h。

图 2-6 SS7D/E 型电力机车

5. 25 型客车研制

（1）提速客车车辆的研制

改革开放促进了国民经济的快速发展，迫切需要对旅客列车扩能、提速并提高舒适性，1957年定型的 22 型客车（构造速度 120km/h）难以满足乘客日益提高的需求。1983 年铁道部颁布的《铁路主要技术政策》提出研制和发展增容、节能及舒适的新型客车和空调旅客列车，干线旅客列车的最高运行速度由 100km/h 逐步提高到 120km/h，为此，迫切需要研发新型客车车辆。

《1978—1985 年全国铁路科学技术发展规划》第一次明确提出加速车辆现代化的进程，完成构造速度为 160km/h，采用空调装置等新技术、新材料、新工艺的轻型干线客车。1980年长春客车厂（简称长客厂）、四方机车车辆厂（简称四方厂）、浦镇车辆厂（简称浦镇厂）根据铁道部下达的任务，分别开展了 25 型硬座、软卧、硬卧和餐车的研制。25 型客车的速度提高到 140～160km/h，车体长为 25.5m，采用无中梁低合金钢、耐候钢的轻量化结构体。206 型和 209 型转向架制动采用 GL3、104 型阀，并开展了列车集中供电、电热采暖及分装式空调机设计。25 型客车采用了大批新技术，大幅提升了我国铁路客车水平。

根据 1986 年铁路科研计划，浦镇厂承担了空调双层客车的研制任务，项目被国家科委列入"七五"国家重点科技攻关计划。25 型双层客车采用了 209PK 型转向架，发电车采用了 209P 型转向架；车辆制动采用 104 型分配阀和带空重车调整阀的空气制动装置；列车采用发电车集中供电、电热采暖和单元式空调机组，1992 年进行了优化改造，加装了电子防滑器，在沪宁线以最高速度 140km/h 投入运营。采用大量新技术的双层客车的成功研制并投入运营，是我国铁路 25 型客车提速的起点，为新型客车的设计、制造积累了宝贵的经验，被国家计委确定为 1989 年国家级新产品，1992 年获国家科学技术进步奖一等奖。

1987 年铁道部国际招标采购 168 辆客车车辆，要求车长 25.5m，采用集中供电，安装空调系统。1988 年长客厂、浦镇厂、唐山机车车辆厂（简称唐山厂）联合设计研制了新型25A 型客车。25A 型客车车体采用无中梁耐候钢薄壁筒形整体承载焊接结构，全车广泛采用冷轧型材防腐预处理；转向架为 206G/P 型和改进的 209P 型，构造速度提高到 140km/h；制动系统采用 104 型制动机、双向闸瓦间隙自动调整器及内径 356mm 密封式制动缸；车钩缓冲装置采用 15C 型车钩和 G1 型缓冲器；列车采用集中供电、电热采暖及单元式空调机组。1990 年 4 月，25A 型各类车辆完成了研制及线路运行试验，批量配属北京铁路局、郑州铁路局投入运营，使我国铁路客车制造和运营提高到一个新水平。

为满足广深准高速铁路客运需求，1991 年铁路科技计划立项研制 160km/h 准高速空调旅客列车，项目列入国家"八五"科技攻关计划，长客厂、四方厂分别完成了一列单层客车的研制，浦镇厂完成了一列双层客车的研制。第一批 25Z 型准高速客车于 1994 年投入广深线准高速运营，是我国首批运营速度达到 160km/h 的旅客列车。该项目 1997 年获国家科学技术进步奖一等奖。

准高速客车的研制成功并投入运营，为中国铁路随后的既有线大面积提速奠定了技术基础，1995 年铁道部作出战略决策，将繁忙干线的旅客列车最高运营速度提高到 140～160km/h。1996 年长客厂、唐山厂、四方厂和浦镇厂共同承担了满足既有线提速要求的 25K 型客车研制，客车构造速度提高到 160km/h，并于 1997 年批量生产投入运用，为京沪、京广和京哈三大干线第一次铁路大提速的成功提供了可靠的移动装备。

（2）提速客车车辆相关技术的科技攻关

25 型提速客车研发的成功，在关键技术及部件上取得了一大批创新成果，主要有：

① 提速转向架。

转向架是列车提速的关键部件，从 20 世纪 70 年代开始，四方厂和浦镇厂先后研制了 206 型和 209 型转向架，转向架构架由传统的铸钢构架逐步改为焊接构架，其构造速度为 140km/h。1986 年铁道部立项，四方所主持专题开展铁路客车转向架承载构件载荷谱研究，并按标准 UIC515-4 对构架进行疲劳试验。1987 年四方所开展了两个型号转向架的简统方案研究，1988 年后简统化的 206G 型和 209T 型转向架首先在新生产的 22 型客车上推广使用。

1989 年铁路科学技术发展计划立项，四方所承担研究 206 型、209 型客车转向架进一步提速到 160km/h 运行的可行性，开展了 160km/h 工况下转向架蛇行运动稳定性滚动试验、振动试验、制动性能试验等，考核了主要零部件的可靠性，提出 206 型和 209 型转向架在 160km/h 速度下长期运行的可行性报告。

浦镇厂于 1996 年设计制造了 25K 型快速空调双层客车，采用 209HS 型转向架。该转向架为全旁承承载，在一系和二系悬挂中均采用无磨耗橡胶件结构，提高了转向架的运行可靠性。该转向架在环行铁道试验基地的最高试验速度达到 187km/h，动力学性能优异，满足了我国 160km/h 客车车辆的装车需求，标志着我们完全掌握了提速转向架的研发技术。

② 制动系统。

为满足准高速列车 1400m 制动距离和舒适性要求，铁道部于 1990 年下达了准高速客车用电空制动机研制任务，铁科院机辆所及四方所共同承担了课题研究工作，1992 年分别研制成功双层客车装 104 型分配阀加电空制动系统、普通客车装 F8 型分配阀加电空制动系统。104 型客车制动机紧急制动波速仅 200m/s，仅可适用于 13 辆编组旅客列车。经过运用考核及改进，紧急制动波速提高到 250m/s，满足了旅客列车大编组和提速的需要。这两种电空制动方案于 1992 年通过铁道部的技术审查，在广深准高速列车及以后各型号提速客车上应用。

1993 年，第一批准高速列车及以后提速车上推广运用铁科院研制的高强度铸铁制动盘。1996 年，戚墅堰机车车辆工艺所（简称戚墅堰所）研制成功蠕铁制动盘，在提速车上推广运用。盘形制动装置的摩擦系数大、制动力大，可承担较高的制动功率，有效保证列车提速后的紧急制动距离满足规范要求，成为提速车辆不可缺少的关键部件。为适应盘形制动的应用，铁科院和四方所分别研制了单元制动缸。

防滑器是旅客列车提速不可缺少的关键装置，铁科院和四方所早在 1985 年就开始研究微机控制的电子防滑器，1992 年通过了铁道部技术审查。1996 年铁科院研制成功 TFX1 型微处理器控制的电子防滑器，1998 年通过了铁道部技术成果鉴定，从根本上解决了客车制动过程中轮对擦伤问题，被广泛应用于提速客车。

③ DC600V 客车供电。

20 世纪 80 年代，我国铁路开发了 25 型空调客车，由柴油发电机组为列车集中供电，供电制式为 3NAC380V/220V、50Hz。随着我国铁路电气化运营范围不断扩大，铁道部"九五"期间立项研究接触网通过电力机车向客车供电技术。四方所承担了 1997 年铁道部科研项目"DC600V 旅客列车供电系统研制"，2004 年，采用电力机车集中供电、客车分散变流的 DC600V 客车供电系统投入批量生产应用，解决了电气化铁路客车供电的问题，也为此后的动力集中动车组辅助供电系统提供了技术支撑，形成了我国目前客车及动力集中动车组供电的统一制式，由此颁布了铁道行业标准《旅客列车 DC600V 供电系统技术条件》（TB/T 3063—2002），2016 年升级为国家标准《旅客列车 DC600V 供电系统》（GB/T 32587—2016）。

④ 列车安全网络监测系统。

为提高旅客列车提速对安全监测的要求，1985 年，由上海铁路局等单位研制的客车轴温报警装置通过了部级鉴定，并在主要干线旅客列车上推广应用。1995 年，四方所和铁科院机辆所根据铁道部科研计划开展了客车运行安全检测系统的研发，将一辆客车上各自独立的制动控制系统、轴温及电子防滑控制系统、空调控制系统等组成完整的控制系统，接入整个列车的控制、诊断、监测网络系统（LonWorks 网），在此基础上逐步发展形成了 6A 系统。该系统完成研制并通过了型式试验，在提速列车大面积推广，提高了列车运行安全性。

⑤ 提速客车车辆关键零部件。

为提高 25 型客车车辆的性能，我国相继开发了一批相关的关键零部件。

四方所 1994 年完成了铁道高速客车新型空气弹簧悬挂系统的研究课题，并在广深线准高速客车车辆（25Z 型）成功投入应用，而后在提速客车车辆及动车组上推广，形成了较强的研发和产业化能力，为高速列车空气弹簧的研制和应用奠定基础。

钩缓装置是提速和扩大列车编组后减小纵向冲动的关键部件，四方所在铁道部科研计划"高速客车重要部件的预研究"项目中，完成了密接式车钩研究，2000 年首先在先锋号动车组应用，随后在 25 型客车推广应用。在此基础上研发了适合高速列车的密接式车钩，在中国标准动车组（350km/h 复兴号）装车应用。

6. 早期国产动车组研制

为适应城市间快速客运需求，我国铁路早在 1978 年就开展了 KDZ1 型动力分散电动车组研制工作，由长客厂、株洲所、铁科院机辆所等联合研制。动车组样车为 2 动 2 拖，构造速度 140km/h，采用交直流传动方式，1983 年完成设计，1988 年总装下线，如图 2-7 所示，这是我国动力分散动车组的先驱。1989 年 3 月，动车组送铁科院环行铁道试验基地进行型式试验，测试数据均达到设计指标。由于当时我国电气化铁路只建于山区，跑不上速度，优势难以发挥，加之载客过小，最终没有投入商业运行。

数年以后，铁路客运市场迅猛发展，电力、内燃动车组呈现爆发式增长。1998 年 5 月，南昌铁路局与唐山厂签订商业合同，合作研制了 NJZ 型双层交直流传动内燃动车组，该动车组为 2 动 2 拖，牵引功率为 2×660kW，最高运营速度为 120km/h，命名为"庐山号"，在南昌—九江间运营。

随后，四方厂和长客厂等单位相继研制了"九江号""北亚号"等同类型的内燃动车组。1999 年 4 月长客厂、株洲所等联合为昆明铁路局研制了 KDZ1A 型动力分散交直流传动电动车组。该动车组由 KDZ1 型派生而来，为昆明世界园艺博览会的配套工程，命名为"春城号"（图 2-8）。春城号电动车组采用 1 动 1 拖为独立动力单元，共 3 单元编组（后期又扩编）。动力单元所拥有的牵行制动系统、功率等级和有关动力分散机电结构与 KDZ1 型完全相同。该动车组于 1999 年昆明世界园艺博览会开幕前如期投入运营，随后在昆明铁路局持续运营长达 10 年，全运营里程约 69 万 km。

图 2-7 KDZ1 型中国首台动力分散
交直流传动电动车组

图 2-8 春城号电动车组

为探索将机车车辆运营速度进一步提高到 200km/h 的可行性，在京广线试验后，铁道部 1997 年铁路科技研究开发计划立项，由长客厂、株机厂、四方厂、浦镇厂和唐山厂联合开展 200km/h 旅客列车研制，项目列入"九五"国家重点科技攻关计划。该动车组以韶山 8 型电力机车及 25T 型客车技术为基础，1 动 6 拖，牵引持续功率 4000kW，定员 424 人，动车组定型为 DDJ1（俗称"大白鲨"）。该动车组 1999 年 7 月在广深线开展了综合试验，最高试验速度达 223.2km/h。由于试验中发现高速区动力车横向平稳性指标超限，因此需对其动力学性能进行改造。在改造完成之前，为确保行车安全，局部路况不良地段限速 160km/h，直线区段限速 180km/h。DDJ1 型电力动车组 1999 年 9 月在广深铁路以 180km/h 的最高运营速度载客试营运，每天担当 2 对来往深圳与广州东的广深城际列车。由于列车投入商业运营后故障率较高，2002 年中停运。

为提高既有线动车组的性能与可靠性，满足大运能的需求，1998 年铁道部科技攻关项目计划立项开展准高速内燃动车组研制，戚墅堰厂、浦镇厂与上海铁路局联合研发 180km/h 内燃动车组。动车组定型为 NZJ1 型，取名"新曙光"。动车组为 2 动 9 拖，采用推挽式重联牵引、12V280ZJ 柴油机、A1A 轮对空心轴传动转向架、微机重联系统及密接式车钩、DC600V 供电、双管供风等新技术，并由长沙铁道学院（2000 年与其他高校合并组建中南大学）设计了流线型头型，拖车为双层客车，定员 1142 人。1999 年 8 月，新曙光竣工出厂，通过了型式试验后，最高试验速度达到 199.4km/h。同年 10 月，新曙光动车组在上海—杭州、上海—南京间投入运营。为满足 2008 年北京奥运会的需求，以新曙光动车组技术为基础，研发了北京到八达岭的 S2 线动车组，至今仍在运营。

1999 年，株机厂、长客厂、株洲所与广州铁路（集团）公司签订合同，联合研制 200km/h 交流传动电动旅客列车组。该动车组的动力车在 200km/h 的 DJ 型交流传动电力机车基础上，采用了从 Adtranz 公司采购的全套交流传动牵引系统和 MITRAC 分布式微机控制系统、较大的长细比流线型头形、轻量化鼓形车体以及"八五"科技攻关成果双空心轴动力车转向架等，动力车和拖车车体采用了统一的断面轮廓。动车组编组为 1 动 6 拖，牵引持续功率 4000kW，定员 424 人。首列动车组于同年 9 月下线，在广深线进行了动力学性能等型式试验和线路综合试验，最高试验速度为 235.6km/h，定型为 DJJ1 型，命名为"蓝箭"。蓝箭动车组总共生产了 8 列，在广深线投入运营，随后针对运营中暴露出的设计缺陷，进行了较大的结构改造。

2000 年 7 月，大连厂、长客厂和四方厂联合为北京铁路局研制了双层内燃电传动动车组，定型为 NZJ2 型，命名为"神州号"。神州号为动力集中式，采用推挽式重联牵引设计，2 动 10 拖，持续功率 2×2740kW，最高运营速度为 180km/h。在秦沈客专第一阶段综合试验中，神州号最高速度达到 210km/h，表现出良好的动力学性能。

2000 年 7 月，中国南车集团旗下株机厂、四方厂和株洲所等单位与郑州铁路局签订采购合同，采用交流传动技术开发 160km/h 动力分散型电动车组。2001 年 9 月，动力分散型交流传动电动车组研制成功，定型 DJF1 型，命名为"中原之星"。中原之星初始为 4 动 2 拖×2 单元，后期扩编为 8 动 6 拖 14 辆编组，采用自主研发的 IGBT 牵引变流器组成交直交电传动系统，持续功率 3200kW（后期为 2×3200kW），最高运营速度为 160km/h，装用高柔性空气弹簧的无摇枕动力、非动力转向架，如图 2-9 所示。中原之星在进行了各种型式试验、安全评估试验并验收合格后，于 2001 年 11 月正式投入郑州至武汉间运营，直至

2007年6月停止运行。中原之星是中国第一列采用自主研发交流传动系统的动力分散电动车组，是我国交流牵引传动技术的重大突破，具有里程碑意义。

图 2-9　中原之星动力分散交直交传动电动车组

　　2003年长春轨道客车股份有限公司（简称长客股份）自主研发了动力分散型交直交电动车组，2005年3月通过铁道部科技司组织的评审，命名为"长白山"（DJF3型）。长白山动车组为9辆编组，2动1拖为一个单元，牵引总功率为6360kW，设计速度为210km/h，牵引传动系统采用了庞巴迪运输公司在欧洲城际轨道交通中成熟运用的交流传动系统和装置，车载控制网络系统采用了基于TCN标准的MITRAC分布式网络控制系统，制动系统采用了克诺尔公司成熟的微机控制模拟式直通电空制动机、风源及基础制动装置。该动车组采用轻量化鼓形断面铝合金车体、流线型前端、无摇枕结构高性能轻量化转向架。长白山动车组于2005年4月参加了京秦线提速200km/h列车交会综合试验，同年5月参加了遂渝线200km/h提速综合试验，2007年在沈大线投入载客运营。

　　当时有些铁路局与机车车辆企业还合作开发了不少型号动车组。通过"七五"开始的铁路提速机车车辆科技攻关，我国完成了从准高速到提速的各类机车车辆的自主研制和应用，保证了铁路大提速的实施，取得了很好的社会效益和经济效益。提速机车车辆的研发成功，使我国在提速机车车辆研制的理论、设计、制造、试验验证等方面能力与水平得到较大提高。早期动车组的研发和应用为我国动车组的发展积累了经验，也得到不少教训，为此后我国动车组技术的研发和应用提供了借鉴。

第二节　高速列车技术科研攻关

一、"八五""九五"科技攻关高速列车项目及成果

1. "八五"科技攻关项目

中国铁路与世界先进水平存在巨大差距，促使我们尽快开展高速铁路的科技攻关。为

此，铁道部从 1991 年起在科研计划中开始立项进行高速铁路科技攻关，项目涉及高速列车总体及其转向架、轻量化车体、牵引及制动系统、列车网络及控制系统、空气动力学等核心技术研究和关键部件的研制。

1990 年铁道部向国务院提交了《关于"八五"期间开展高速铁路技术攻关的报告》，得到国家相关各部委的大力支持，1993 年国家重点科技（攻关）计划中启动"高速铁路运输新技术研究"项目，其中"高速铁路基础关键技术研究"课题设有高速列车研究专题。

（1）"高速列车牵引动力关键部件的研究"专题

该专题由西南交大牵头，参加研究的单位有大同厂、铁科院、长沙铁道学院、上海铁道学院、株机厂、戚墅堰厂、四方厂、株洲所、戚墅堰所、大连所、四方所。

该专题主要研究内容：①高速列车动力车外形流线化的研究；②高速列车动力车车体轻型化研究；③高速列车动力车转向架研究；④高速列车动力车交流异步电机研究。西南交大对世界各国高速铁路进行了充分的研究，提出了专题研究目标。

（2）"高速客车主要部件的研究"专题

该专题由长客厂牵头，参加研究的单位有长沙铁道学院、铁科院，主要研究内容：

① 高速客车轻量化车体的研究：研制出一辆高速客车铝合金焊接结构车体，能满足客车运行条件下的强度和刚度要求，铝合金结构车体 < 9t。

② 高速客车转向架的研究：试制出两台高速客车转向架，最高运行速度 250km/h，每台转向架自重≤6.4t。滚动试验台试验速度达到 300～350km/h。

③ 高速旅客列车空气动力学研究：提出高速客车气动外形的优化设计方案，减少高速客车在车速 250km/h 时的运行空气阻力，减少列车会车及通过隧道时压力冲击。

④ 高速列车制动技术研究：提出符合我国高速列车制动技术要求的方案，完成微机控制的电空制动系统的研制；进行轻量化盘形制动装置、磁轨制动装置及涡流制动的研究；采用微处理机控制的防滑器，完成室内各项性能试验。列车初速度 250km/h 时，在平直道上的紧急制动距离为 2700m，并满足列车总重 800t、总长 380m 的要求。

与国家重点科技攻关项目配套，铁道部科研计划中同时立项对高速列车微机控制、检测和诊断系统、高速弓-网关系及受流技术、高速客车空调通风系统结构形式及其主要技术参数、高速客车新型空气弹簧悬挂系统、高速机车和客车轮轴结构、高速机车牵引齿轮优化设计等关键技术开展科研攻关。

"八五"科研项目开启了中国高速列车核心技术攻关的进程，拉开了我国高速列车关键系统和部件研制开发的序幕，迈出了我国高速列车技术创新的第一步。

2. "九五"高速列车科研计划

早在 20 世纪 90 年代初，在世界银行第七批贷款中列入了"京沪高速铁路主要技术条件及成本效益分析"软课题，1995 年铁道部科技发展计划中相应立项开展"京沪高速铁路主要技术条件研究（CETE）"。铁科院对世界各国高速铁路技术进行分析研究，从京沪高速铁路（简称京沪高铁）运量预测、速度目标值及列车开行方案、工务工程、机车车辆、信号与控制等方面的顶层技术条件与参数、技术方案比较与成本效益分析等方面开展了全面的论证，提出了京沪高铁系统的总体目标及参数，成为各子系统深入研究的总体要求。课题提出了京沪高铁速度目标值，运营初期最高运行速度应为 250km/h，高速列车定员为 1200人，这也成为我国高速列车研发的主要顶层指标。

高速列车是高速铁路总体大系统的重要组成部分，列车自身又是机电一体多学科的集成系统，为使高速列车的研制满足我国高速铁路总体系统的要求，加强高速列车核心部件（子系统）的协调和系统性，指导核心部件的研制，国家"九五"科技攻关重点项目中首先安排开展了"高速列车技术条件的研究"，从高速列车技术与高速铁路系统总体及应用环境的关系、高速列车总体对核心部件的要求及部件的顶层技术指标、列车部件及子系统之间的相互关系、高速列车部件设计与检验的相关规范与标准等方面进行了全面的研究，为我国高速列车总体的设计及部件的科研攻关制定了顶层指标、技术要求、技术规范和试验检验规范。

除了开展高速列车总体技术条件研究外，国家"九五"科技重点攻关项目还安排了更多高速列车核心部件研制的科技攻关课题（表 2-1），涉及转向架、牵引及制动系统、列车网络及控制系统、司机室及操纵台布置等方案设计、研制及试验。

国家"九五"科技重点攻关项目 表 2-1

序号	专题合同编号	专题名称（"九五"计划编号）	起止时间	承担单位
1	95J01	高速列车技术条件的研究（95-411-01-01）	1995—1997 年	铁科院等
2	95J05-A	高速万向轴式动力车转向架的预研究（方案一）（95-411-01-02）	1995—1997 年	西南交大
3	95J05-B	高速万向轴式动力车转向架的预研究（方案二）（95-411-01-02）	1995—1997 年	铁科院
4	95J15	高速试验型铰接式转向架及与车体连接结构的研究（95-411-01-03）	1995—1997 年	上海铁大[①]
5	95J09	高速列车控制、诊断、监测系统的预研究（95-411-01-04）	1995—1998 年	株洲所
6	95J10	高速旅客信息系统的预研制（95-411-01-05）	1995—1998 年	西南交大
7	95J12	高速列车制动系统关键部件的研制（95-411-01-06）	1995—1997 年	铁科院
8	95J14	高速列车司机室及操纵台布置的研究（95-411-01-07）	1995—1996 年	北方交大[②]
9	增补	高速试验列车交直交传动系统的前期试验研究（95-411-01-00）	1995—1996 年	北方交大

注：① "上海铁大"全称为"上海铁道大学"，后并入同济大学。

② "北方交大"全称为"北方交通大学"，后更名为"北京交通大学"。

随着京沪高铁总体方案论证的深入，以及世界高速铁路技术的快速发展，铁道部高速铁路总体组深入研究了京沪高铁速度目标值及其对能耗、线路平纵断面标准及线路基础设施的影响，从经济性及社会效益等方面进行了综合评判，从世界高速铁路技术发展的趋势和我国高速铁路长远发展的角度考虑，论证了提高京沪高铁速度目标值的可行性。在全面论证的基础上，铁道部决定将京沪高铁的速度目标值进一步提升。中国国际工程咨询公司在《关于报送京沪高速铁路项目建议书评估报告的函》中明确，京沪高铁高速列车的最高设计速度为300km/h，基础设施预留为350km/h。

为满足高速铁路速度 300km/h 及以上的目标值，结合我国运输大客流量对列车定员1200 人/列的要求，经过对各国高速列车技术特点的深入分析，铁道部科技司组织开展了动力分散高速列车技术的研究，项目列入"九五"国家重点科技攻关计划。由于动力分散模式与动力集中模式的动车组从总体设计到核心部件的技术存在很大的差异，铁道部科研计划立项首先进行了动力分散高速动车组总体技术条件的研究和编制，对动力分散结构和性能具有特殊要求的关键部件—动力车转向架、牵引变压器和异步牵引电机开展预研和试制。

"九五"期间铁道部科研计划中安排了大量高速列车技术的科研项目，内容涵盖了高速列车核心技术的各个方面，并对重要的核心部件进行了多方案的研究、试制与试验，初步提出了高速列车总体设计方案，制定了各子系统技术方案及顶层指标参数，完成了高速列车轻量化车体及转向架、GTO 牵引交流器试验及工程化研制、微机控制网络系统、制动系统、钩缓装置等关键部件样机的研制及相关试验，编制了相关技术规范，完善了高速列车整车及关键部件试验检验方法和检测手段。

"九五"科技攻关在高速列车相关理论研究方面，明确了高速列车在高速铁路系统工程中的定位及顶层技术要求，开展了高速列车轮轨动力性能的理论与试验、高速试验列车外形设计及模型风洞试验、高速列车撞击动力学及耐冲击车体结构的仿真、高速列车人机工程学、车体及转向架结构疲劳计算及寿命预测等研究，为我国高速列车的设计提供理论依据。

"九五"科研项目开启了我国高速列车技术全面科研攻关的时代，攻克了高速列车各项核心技术，为自主研制高速列车奠定了基础。

"八五""九五"期间我国围绕高速列车相关核心技术完成了一百多项科研课题的攻关，取得了一大批具备投入应用条件的成果，高速列车核心技术实现了从无到有，为后续自主研发打下了基础。汇聚大量科技攻关成果，我国成功研制了动力集中高速动车组"中华之星"和动力分散高速动车组"先锋号"，并在秦沈客专的高速试验中通过了检验，实现了零的突破，标志着我国具备了高速列车的自主研制能力。

二　高速列车总体技术研究

20 世纪 90 年代，我国在高速列车技术方面处于研究起步阶段，在机车车辆及各部件和系统的计算、设计、制造及试验等方面，既有的相关标准和规范难以满足高速列车的要求，必须研发满足中国高速铁路发展要求的高速列车，填补这个空白。

为此，在国家"九五"科技攻关重点项目中首先安排开展了"高速列车技术条件的研究"，课题包括了 17 个子课题（表 2-2），国内从事机车车辆研究制造的产学研各单位联合开展了课题研究工作。

高速列车技术条件的研究　　　　表 2-2

序号	铁道部合同编号	课（专）题名称	起止时间	承担单位
1	95J01-A	高速列车总体技术条件的研究及各项技术条件的协调	1995—1996 年	铁科院
2	95J01-B	高速列车控制、监测、诊断系统技术条件	1995 年	株洲所
3	95J01-C	高速列车旅客信息系统技术条件	1995 年	西南交大
4	95J01-D	高速列车客车车电系统及车辆连接技术要求	1995 年	四方所
5	95J01-E	高速列车制动系统技术要求	1995 年	铁科院
6	95J01-F	高速列车供水、采暖、卫生、密封等技术要求	1995 年	四方所
7	95J01-G	高速列车万向轴传动方式动力车技术条件	1995—1996 年	株机厂
8	95J01-H	高速列车空心轴传动方式动力车技术条件	1995—1996 年	大同厂
9	95J01-I	高速列车铰接式客车技术条件	1995—1996 年	四方厂
10	95J01-J	高速列车铝合金车体客车技术条件及主要参数	1995—1996 年	长客厂
11	95101-K	高速列车接触网及牵引供电系统技术条件	1995—1996 年	铁科院
12	95J01-L	高速列车动力车强度及动力学规范研究	1995 年	铁科院
13	95J01-M	高速列车客车强度及动力学规范研究	1995 年	铁科院
14	95J01-N	高速列车机车车辆限界的研究	1995—1996 年	铁科院
15	95J01-R	高速试验列车动力车电传动及其控制系统技术条件	1995—1996 年	株洲所、铁科院
16	95J01-O	高速列车接触网检测车技术条件的研究	1995 年	铁科院
17	95J01-P	高速列车牵引、制动、动力学性能试验技术条件的研究	1995 年	铁科院

该课题研究完成了我国首个《高速试验列车技术条件》的编制，包括列车总体及各个子系统的技术条件，提出了我国"高速试验列车设计任务建议书"，完成了高速试验列车总体方案设计。根据我国高速铁路总体系统的发展要求，研究制定了我国高速列车及其关键部件的顶层技术参数，为高速列车深入研发和关键部件的研制奠定了基础。课题提出的设计任务书和总体方案成为动力集中高速列车核心技术攻关及部件研制的依据，课题首次构建了高速列车技术条件编制的框架，为后续高速列车技术条件编制提供了参考。

课题研究制定了我国高速列车相关的规范和标准，例如《高速铁路机车车辆限界暂行规定》《时速 200 公里及以上速度级铁道车辆强度设计及试验鉴定暂行规定》《高速试验列车客车强度及动力学性能规范》《高速列车动力车强度及动力学规范》《高速列车空气动力学性能计算和试验鉴定暂行规定》《时速 200 公里及以上速度级动车组自动过分相装置技术规范》等，这些规范和标准为研制工作提供了依据，为制定或修订我国高速列车相关技术标准打下了基础。

在开展高速列车相关规范和标准研究制定的同时，课题重点加强了关键系统和重要部件的研究、开发和试制试验工作。

三 高速列车动力转向架研制

1. 高速双空心轴动力转向架的研制

早在 20 世纪 80 年代，西南交大就开展了世界高速铁路技术的跟踪和研究。1992 年西南交大承担了铁道部科研项目"高速动力转向架的研究"。1993 年在"八五"国家重点科技攻关计划中立项开展"高速列车牵引动力关键部件研究"，"高速列车动力车转向架研究"专题是其中最重要的攻关内容之一。1993 年 12 月西南交大与大同厂联合完成了高速动力车转向架施工设计工作，其中包括株洲所的牵引电机设计和戚墅堰所的牵引传动齿轮箱设计，1995 年 12 月底，我国首个高速动力车转向架完成研制。

高速动力车转向架的设计原则中很重要的是减小簧下质量，降低轮轨间的动作用力，在对国外高速转向架技术研究分析的基础上，借鉴我国准高速机车及德国高速列车的经验，专题组采用了驱动制动单元体悬的双空心轴结构方案，将驱动及制动相关装置，包括牵引电机、传动齿轮箱、托架、基础制动装置及空心轴传动装置作为一个整体单元，从而达到轻量化、减小簧下质量和转动惯量的要求。

一系悬挂借鉴了德国 ICE 1 型高速动车转向架的一系结构方案，采用单根螺旋钢圆弹簧＋橡胶垫＋垂向液压减振器；二系悬挂为高柔度螺旋圆弹簧配橡胶垫；车体和构架之间并设有垂向减振器、横向减振器和抗蛇行减振器的组合。该动力车转向架的车轮在我国首次采用了轻型结构的直幅板式整体辗钢轮，为降低轮对质量，车轴采用了内孔直径为 80mm 的空心车轴，并根据我国轮廓及线路状况，按照磨耗型踏面的原则设计了高速动力车 GDM 型踏面。轴箱采用单侧长拉杆的无磨损定位，其特点是纵向刚度较大，有利于发挥牵引力，横向刚度较小，有利于运动补偿。转向架采用优异的双空心轴总体结构，通过模拟计算优化了悬挂系统各项参数，大大提高了转向架的高速轮轨动力学性能。

转向架构架是承载车体及各部件的关键部件，双空心轴动力车转向架构架采用钢板箱型焊接，中间无横梁的"口"字框形结构，侧架为两根中部下凹的鱼腹形箱梁，端架为等截面箱梁，牵引端的端梁为中间下凹结构，并加强了结构强度，以满足牵引和制动力的作用，另一端采用直端梁。大同厂为研制完全新型结构的转向架，在构架选材、复杂机构的焊接工艺及热处理等方面开展了科技攻关，克服了既有制造装备的不足，完成了转向架的研制。为检验转向架结构的可靠性，1995 年 5 月转向架构架的疲劳试验在西南交大完成，其结构强度满足试验大纲要求。

1995 年 11 月在西南交大牵引动力实验室开始了轮对双空心轴动力转向架的滚动振动试验台动力学性能试验，测定转向架初始设计参数条件下的动力学性能，并试验探讨转向架主要悬挂参数变化对动力学性能的影响规律。试验根据模拟计算的结果，制定了 23 种方案、64 种试验工况，检验了动力车在 300km/h 的滚动高速运行稳定性，经过参数检测和优化，转向架运行稳定，无失稳现象，其动力学性能达到预期目标。

1997 年铁道部科技研究开发计划课题"高速试验机车车辆主要参数优化及滚振动试验台动力学特性实验研究"启动。该课题通过大量的动力学理论模拟计算，进一步深入分析和优化了相关参数，转向架在滚动振动试验台最高试验速度达到 330km/h，纯滚动试验速度达到 350km/h，转向架性能各项指标满足优化后设计要求，我国首次成功研制的高速动力车转向架具备装车应用的条件。

轮对双空心轴动力车转向架，先后在株机厂研制的我国第一台 200km/h 交流传动 DJ 型电力机车和"蓝箭"动车组装车，在广深铁路通过了动力学性能试验，验证了轮对双空心轴动力车转向架装车后优异的动力学性能，满足 200km/h 的运营要求。

2001 年，铁道部立项开展首个具有完全自主知识产权的 DJ2 型交流传动电力机车（奥星）研制，DJ2 型交流传动电力机车安装了同类双空心轴动力车转向架，在广深铁路通过了型式试验，最高试验速度达到 240km/h，动力学性能优异。

"八五"以来在双空心轴动力车转向架方面取得的成功，为此后 270km/h 高速动车组（中华之星）的研制，提供了核心部件支撑，我国在高速动力转向架理论分析、动力学模拟计算、台架试验与优化、结构设计和研制各方面都取得了显著的进步，为我国高速列车的发展打下了坚实的基础。

2. 万向轴传动动力转向架的研制

法国 TGV 高速列车的动力车转向架采用了牵引电机体悬的万向轴传动结构，这是成功应用的典范之一，1990 年 5 月在大西洋线曾经创造了列车试验速度 515.3km/h 的世界纪录。为探讨和掌握不同传动模式转向架的特性，铁道部于 1995 年立项开展"高速万向轴式动力车转向架的预研究（方案一、方案二）"，项目列入国家"九五"科技攻关项目计划，西南交大和铁科院机辆所分别承担了两个方案转向架的设计和研制。

西南交大与大同厂联合完成了万向轴式动力车转向架（方案一）的设计和研制，2001 年 8～9 月在西南交大牵引动力国家重点实验室的滚动振动试验台上完成了动力学性能测定和参数优化试验，试验得到以下结论："该动力车具有良好的稳定性能，在纯滚动试验速度达到 350km/h 和加轨道不平顺激扰情况下试验速度达到 300km/h 时没有出现失稳。该动力车的稳定性能完全满足 300km/h 的运行要求。"该项目的开展使我们对万向轴式转向架高速动力车结构及动力学性能有了更深刻的理解，为我国高速列车的选型提供了依据。

3. 牵引传动高速齿轮箱的研制

在"八五"国家重点科技攻关计划"高速列车牵引动力关键部件研究"课题中，牵引传动齿轮箱是科研攻关的重点部件之一。我国传统的机车牵引传动齿轮箱大多采用钢板焊接结构，体积大而重，密封性差，难以满足高速动力车转向架对齿轮箱结构轻量化和小型化的更高要求。高速牵引动力的传动既要大幅度提高牵引力矩，又要满足高速转动工况下齿轮传动带来的齿轮啮合强度、润滑、温升、密封和降噪等性能要求，无论在理论计算和设计，还是制造材料及工艺方面我国都没有先例。1995年铁道部立项开展"高速动力车传动齿轮和传动齿轮箱的研究"，戚墅堰所承担了我国高速齿轮箱的研制任务，开展了高速齿轮箱研制的全面攻关。

箱体是齿轮箱各零部件承载的主要结构，承受着非常复杂的交变应力，在结构的设计方面必须保证高可靠性，齿轮箱质量直接影响到转向架的簧下质量，为满足高速列车轻量化要求，戚墅堰所研究采用了铝合金铸造结构箱体，研制了适合高速齿轮箱箱体铸造的新型高强度铸铝合金GZLAlSi7MgA，采用低压铸造工艺，使箱体的强度和延伸率能稳定地达到设计要求。项目首次制订了铸造铝合金齿轮箱X射线无损检测规范和检测评级规范，确保箱体铸造质量。在箱体完成样机研制后，铁科院机辆所与戚墅堰所合作开展了箱体结构强度及加载变形的地面模拟试验，完成了高速齿轮箱箱体结构的应力分布状况检测和强度分析，为箱体结构的优化提供了可靠的数据。

密封结构是高速传动齿轮箱设计的又一难点，科研团队设计了间隙密封和带有甩油环的机械式迷宫密封的联合密封形式，采用具有泵吸作用的流体动力密封机构和机械式迷宫密封相结合的密封技术，成功解决了高速齿轮箱漏油难题，齿轮箱的密封在各项严苛的试验中通过了考核。

由于高速齿轮箱运转的发热量大，而铝合金的热膨胀系数为钢的2倍左右，为了防止温度变化导致轴承游隙变化较大，致轴承失效，轴承座采用了钢制、厚壁大刚度设计；轴承和齿轮均采用齿轮飞溅润滑，为了确保有足够的润滑油进入轴承，在轴承座上方还开有轴承润滑油集油槽、进油孔，集油槽的油由导油孔导入圆锥滚子轴承的小端，润滑轴承后从回油孔流回齿轮箱。

高速齿轮副的齿轮型面设计及啮合计算是齿轮箱研制的又一难点，直接影响到齿轮的强度、传动效率和噪声，为保证牵引动力传动的性能和要求，通过充分的计算确保高速牵引传动齿轮具有高的弯曲强度、高的接触强度及高的抗胶合强度，并满足质量轻，噪声低、运行平稳的要求。针对高速重载牵引齿轮的主要失效形式，齿轮设计时充分考虑了提高抗胶合强度，降低初始啮合的动载荷，减小齿向偏载和噪声，并通过对结构变形、加工和组装工艺等分析，对齿轮渐开线的齿高方向及齿宽方向进行合理的啮合修形。

为进行齿轮箱系统的检验与优化，戚墅堰所建立了我国首个大功率液压动态加载式封闭功率流齿轮箱综合试验台，完成了大量性能试验、耐久试验及可靠性研究，积累的大量实验数据成为高速齿轮箱设计、研制和检验的科学依据。

通过长期的科研攻关，戚墅堰所掌握了高速动车组齿轮箱设计理论和方法，建立起我国高速齿轮传动系统设计、制造及工艺、台架检验等试验规范和标准，制定了无损检测评级相关规范，由此形成了铁道行业标准《机车、动车用驱动齿轮箱》（TB/T 3134—2006），为我国高速列车牵引齿轮箱的研发打下良好的基础，并形成了产业化能力。从先锋号、中华之星到复兴号，我国自主研发的高速牵引齿轮箱技术持续不断发展。

四　非动力高速转向架研制

1. 高速客车转向架研制

按照"八五"国家科技重点攻关项目要求，长客厂牵头开展了高速客车转向架的研究，在对国内外转向架技术调研分析的基础上，客车转向架的设计方案在国内首次采用了无摇枕结构型式。一系采用钢簧、分体式轴箱结构、转臂式橡胶节点无磨耗定位轴箱；二系采用空气弹簧，侧梁内室组成空簧的附加空气室，构架采用 16MnR 钢材焊接结构，侧梁为 U 形箱梁，横梁采用厚壁无缝钢管，构架自重仅为 0.85t。该方案结构简单，易维修，具有良好的动力学性能。

北方交大对该转向架构架完成了强度计算，铁道部产品质量监督检验中心车辆检验站（设在四方所）于 1999 年 6 月，对转向架构架进行了静强度和疲劳强度试验，参照《客车转向架结构强度试验方法》（UIC515—4）疲劳试验的垂向和横向载荷循环数都达到 $6×10^6$ 次，此后又加强进行了 1000 万次疲劳试验，静强度和疲劳强度都满足规范要求。

新研制的高速客车转向架在西南交大牵引动力国家重点实验室的滚动振动试验台上前后开展了两次试验研究。第一试验时间为 1997 年，共进行了 16 种方案的试验研究，试验初期的蛇行失稳临界速度仅 120km/h，通过测定一系刚度、减振器阻尼实际参数，对一系节点参数、牵引拉杆及抗摇头刚度等参数进行了优化和结构改进，最终完成了 300km/h 试验。通过参数的进一步优化，第二次试验最高速度达到 350km/h，转向架动力学性能满足设计要求。

长客厂以该转向架技术为基础，研制了 25Z 型客车的 CW-200 转向架，1998 年在郑武线开展列车 240km/h 运行试验，最高试验速度达到 240km/h，动力学性能各项指标满足国家标准要求，优于既有的各型转向架。CW-200 无摇枕转向架在我国客车转向架的研制历史上取得了新的突破。安装 CW-200 转向架的 RZ225Z10622 客车在广深线投入载客运营，通过 15 万 km 运营考核，为我国高速列车拖车转向架的发展奠定了基础。

2. 铰接式高速客车转向架及与车体连接结构研究

TGV 高速列车采用了与众不同的铰接技术，即将相邻车体铰接，并将中间的转向架移动到车体铰接处，这样的布置增强了列车的整体性，提高了列车的运行平稳性和稳定性，并创造了世界铁路运行速度的最高纪录。

考虑到与世界各国合作开展高速列车研制的可能性，铁道部科技发展计划立项开展TGV 模式的铰接式高速列车的关键技术研究，"高速试验型铰接式转向架及与车体连接结构的研究""铰接式高速客车车体预研究"项目列入"九五"国家重点科技项目（攻关）计划。上海铁道大学为项目设计研究主持单位，四方厂为研制主持单位。四方所主持了滚动、振动试验研究，项目由产学研多单位组成联合设计组，完成了铰接客车车组（包括转向架和车体）的研制、列车台架滚动振动试验研究，研制的高速铰接客车车组在四方所滚动试验台上完成了高速稳定性试验，最高试验速度达到 393.7km/h。

五　轻量化车体研制及试验

高速列车对轻量化提出了更高的要求，既有的钢结构车辆难以满足，为此，车体的设计者始终在探讨采用铝合金材料和结构的可行性。高速列车铝合金车体在初期沿用了钢质车体的板梁结构，如日本 300 系列车车体，虽然能减轻结构的质量，但制造工艺繁杂。20 世纪 80 年代，德国铝业开始发展大型挤压铝型材，型材总长度达到车体长度，车体纵向整长的焊缝减少了焊接点，强度、密封性及可靠性方面都得到极大的提高，挤压铝型材在 ICE 1 型车辆上取得了成功。但在全新的大型挤压铝型材焊接车体的结构设计和制造等方面提出了更高的新要求，对我国而言这都是空白。

长客厂承担了"八五"国家重点科技攻关项目"高速客车车体铝合金结构的研制"专题，通过充分研究两种铝合金结构特点，研判了轻量化车体技术的发展趋势，决定采用难度大而有发展前景的新型挤压成型铝型材结构。专题组从零点开始科技攻关，研究了新型车体铝合金结构特点，进行了车体铝合金结构强度、刚度和模态分析计算，最终完成了挤压成型铝合金车体方案的设计。铝合金车体制造的关键是焊接，课题组进行了铝合金车体焊接工艺研究，进行了铝合金材料选择及焊接性能分析，对焊接及整体组焊工艺进行反复的试验研究，最终制造出我国首个铝合金客车车体。

专题组与四方所参照《高速试验列车客车强度及动力学规范》的规定，完成了高速铝合金车体的静强度和刚度等试验，各项指标满足设计要求，为我国高速列车铝合金车体的发展奠定了基础。

六　交流传动牵引系统研究开发

我国在 20 世纪 70 年代开始研究机车牵引交流传动技术，铁科院和株洲所分别完成了小功率变流机组的研制。20 世纪 90 年代初，为了追赶发达国家交流牵引电传动技术的发展，铁道部加大力度支持对该技术领域全面的科技攻关。

1991 年铁道部立项开展"交直交传动电力机车研制"，项目列入"八五"国家重点科技攻关计划，1996 年株机厂与株洲所联合完成了 AC4000 交流传动电力机车（原型车）的试制，机车牵引功率为 4000kW，最高运营速度为 120km/h，样机开展了相关的科研试验，但由于牵引电机控制理论和工程化等方面欠缺，机车未能完成鉴定试验。项目的开展加深了科研团队对机车交流传动系统的全面认识，也反映出我们对大功率交流牵引传动技术的掌握尚有差距，明确了进一步开展关键核心技术科研攻关的方向。

1997 年铁道部立项开展交流传动内燃机车的研制，四方厂牵头，联合株洲所、永济电机厂（简称永济厂）和大连内燃机车研究所（简称大连所）完成了 NJ1 型交流传动内燃调车机车的研制。NJ1 型交流传动内燃调车机车采用架控、交直交电传动系统，配套的是引进的 IPM 牵引变流器，标称功率 1050kW，最大运营速度 80km/h，最大起动牵引力 470kN。

NJ1 型交流传动内燃调车机车是我国成功研制的首辆交流传动机车，在完成了型式试验和运行考核后投入小批量生产和应用。它的研制成功揭开了我国内燃机车向交流传动过渡的新篇章，获得了 2003 年度中国铁道学会科学技术奖一等奖。在此基础上，戚墅堰厂与株洲所合作完成了 5800 马力（1 马力≈735W）交流传动内燃机车 DF8CJ 样机研制，通过了型式试验。机车选用了 Adtranz 的 IGBT 变流器及其控制系统，轮周最大起动牵引力达到 605kN（半磨耗），满足我国铁路干线 5000t 货运列车牵引的需求。

为发展我国的交流传动电力机车，株机厂与株洲所联合完成了 DJ 型电力机车的研制。该机车为 B_0-B_0 轴式，最高运营速度为 200km/h，交流传动牵引系统（包括牵引电机）采购了 Adtranz 公司制造的 IPM 水冷牵引变流器，持续功率 4800kW。DJ 型电力机车于 2000 年在广深铁路投入运用。通过 DJ 型电力机车的研制，我国对交流传动系统的技术有了更多的认识，尤其是 Adtranz 公司制造的水冷变流机组和大功率牵引电机方面的先进技术，对我国自主研发变流器及机车交流传动系统有很大的启示。

尽管我国在内燃和电力交流传动机车的研发方面完成了多种机型的研制，但牵引交流传动系统都是采购国外的，牵引电机控制等核心技术依然由国外厂商垄断。为此，铁道部科研计划立项开展"交直交电传动微机控制系统及其模块化研究"，株洲所承担了该课题，在牵引系统的控制理论和算法、工作逻辑、系统保护及工程化等核心技术方面开展全面的攻关，在牵引电机控制理论及应用软件开发、DCU（牵引传动控制单元）工程化方面取得了突破，掌握了直接转矩控制技术，实现了高性能控制策略和模块化微机控制，经大量地面试验验证，具备了装车应用条件，从而打破了国外厂商对该技术的封锁和垄断。同时铁道部立项全面开展了大功率水冷变流机组研究，采用高纯水冷却变流机组技术，大幅度提高了冷却效率，降低了牵引变流器的体积和质量，自主研制的交流传动牵引系统具备了装车条件，如图 2-10 所示。

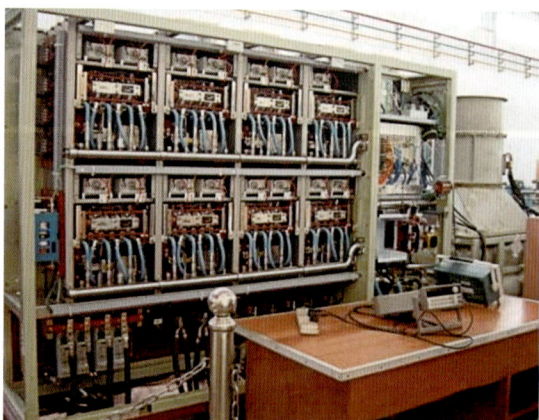

图 2-10　交流传动牵引系统水冷变流机组

为检验交流传动部件科研成果应用的系统性，1999 年铁道部立项开展交直交电力机车样车研制。2001 年首次装有我国自主研制的单轴 1200kW 交流传动系统、具有完全自主技术的交流传动 DJ2 型电力机车（奥星）竣工，在广深线试验最高速度达到 240km/h，牵引性能各项指标达到设计要求，标志着我国大功率机车交流牵引传动技术取得实质性突破，这是我国交流牵引传动技术发展进步的重要里程碑，同样的机组为 270km/h 高速动车组（中华之星）的研制提供了交流牵引动力系统。

七 车载微机与网络控制系统研究开发

高速列车是集机电一体的复杂系统，微机控制车载网络系统则是高速列车的"中枢神经"，也是技术发展变化最快的领域，这也就成为外商保密和封锁的技术。为实现在该领域的自主发展，我国早在"九五"国家科技攻关项目中就开始进行了高速列车车载网络系统技术研究，株洲所在跟踪国际最新技术发展的同时，确定了我国车载网络系统的发展方向，按照 TCN 网络控制模式开展攻关，制定了《高速列车技术条件的研究——控制、监测、诊断系统技术条件》。在先锋号动车组的研制中，株洲所与上海铁道大学联合，首次完成了列车控制和车辆控制分级的网络拓扑结构的设计，成功将车载微机控制系统和各监控设备相连接，实现对列车的控制、监测与诊断，以及人机交互。

1999 年，先锋号动车组实现了 TCN 车载微机控制网络系统的应用。在中华之星的研制过程中，株洲所在列车总线通信技术方面又开展了深入的研究，进一步提高了该系统的控制性能，使列车控制性能在先锋号的基础上得到了提升，并通过中央控制单元（Central Control Unit，CCU）的双热备确保系统运行的安全可靠。

八 微机控制制动系统研究开发

制动系统是列车高速运行重要的安全保障，高速列车的制动系统要求具备极高的可靠性、精准的控制性以及智能的系统监测、诊断及处理功能，早在"八五""九五"国家重点科研攻关计划中就立项开始制动系统研究。研究团队首先针对高速列车制动的特殊性和更高的要求，通过理论分析和计算，制定了制动系统的顶层技术要求、参数和系统技术条件，为高速列车制动的微机控制系统和基础制动部件研制提供依据。"九五"期间，上海铁道大学和铁科院机辆所完成了微机控制直通式电空制动系统的软硬件研发，实现了列车制动力的灵活调节和精确控制，动力制动优先，并与空气制动有机匹配，具备故障检测和诊断、处理功能，确保制动系统的可靠工作。随着 ATP 及 ATC 列控技术的发展，微机控制直通式电空制动系统实现了更为有效的模式曲线控制的机电一体化的列车运行速度控制系统。

列车制动能量随速度的二次方增长，对制动摩擦副承受摩擦功及可靠性提出了极高的要求。经过持续的科研攻关，科研团队研制了新型的轮装、轴装制动盘，研发了粉末冶金闸片，实现了摩擦系数稳定，满足高速列车制动大热容量的要求，提高了基础制动装置的可靠性和耐磨耗性能。

列车高速运行时必须防止制动过程中轮轨的滑行，保证列车运行安全，通过多年的攻关，团队提出了新的防滑控制理念，研发了高速防滑器，充分利用各种工况下的黏着系数，在避免轮轨擦伤的同时，使制动距离保持在规范要求的范围内。

高速列车制动系统的科研成果首先在先锋号动力分散动车组装车应用成功，在中华之星动车组的研发中，根据动力集中进行了优化，在秦沈客专的综合试验中，两列车的制动性能各项检测参数满足技术条件要求。该成果在我国城市轨道交通列车得到广泛推广应用，打破了国外垄断的局面。

九 高速列车空气动力学及外形设计研究

20世纪80年代，我国铁路列车运行速度长期停留在100km/h以下，对列车空气动力学性能关注甚少。随着广深线准高速列车的开行，空气动力学方面的更多问题摆在面前，列车头型及阻力、会车压力波、车内压力变化及限值、横向风的速度限值、线间距、隧道截面、车站避让距离等诸多问题有待研究。长沙铁道学院在"八五"国家重点科技攻关项目"高速客车主要部件的研究"中开始了我国高速列车气动外形的研究，完成了高速风洞试验模型的设计，1994年首次在8m×6m×15m的风洞内完成了1:10的高速列车模型风洞试验，研究了横向风对高速列车运行安全影响。在"九五"期间，长沙铁道学院又承担了国家重点科技攻关项目"高速列车交会及进入隧道模拟试验和数值模拟计算"、铁道部科技发展计划项目"高速列车空气动力性能及外形、气动性能技术要求的研究"。通过大量的模拟计算与风洞模型试验，项目团队提出了我国高速列车外形对列车运行气动性能的影响因素及设计方案。

为研究列车交会以及列车与周围环境之间的相对运动，长沙铁道学院研制建造了列车气动性能动模型试验装置，深入开展列车交会空气压力波、列车通过隧道时的瞬态压力变化及微气压波等研究，建立了相关的理论和模拟计算方法，开发了计算软件，为高速列车的外形设计提供了有力的工具。

在多年科研攻关的基础上，我国完成了先锋号、中华之星等动车组流线型头车外形的设计，在秦沈客专综合试验中完成了实测检测，达到预期的设计要求，为我国高速铁路相关参数的制定提供了科学依据。

故事

我国第一款高速列车外形设计软件诞生过程
——中华之星动车组外形设计软件

高速列车外形设计需满足与高速列车运行速度相适应的空气动力性能要求，还必须考虑到结构及制造工艺能否实现，同时要求列车头部和整列车造型美观等，可见外形设计需考虑的因素较为复杂。早期为实现高速列车流线型头部外形设计，长沙铁道学院研究团队尝试在二维坐标纸上，用人工绘制不同间隔投影线，再拼接成三维图形的方法，不仅时间长，而且精度难以保证。

当国家立项开展270km/h高速列车（中华之星）研制后，研究团队开始考虑用计算机来实现高速列车头部外形设计，并逐渐扩展，形成包括板梁设计、板梁数控加工等系列成套软件。

高速列车头部外形设计软件，能根据空气动力性能要求，按照人的意志自由设计三维曲面流线型车体形状，并具有设计、修改、检查功能；高速列车头部板梁设计软件，结构设计采用板梁组成网格状结构，让流线型外形与承载结构合为一体，避免出现扭曲梁问题，同时还具有良好的制造与装配工艺性；高速列车头部板梁数控加工软件，可针对不同的数控切割设备，开发相应的数控加工程序，以解决高速列车头部板梁结构骨架的制造问题。

软件开发成功后，很快就应用于中华之星动车组流线型列车车体设计、制造中，产品生成时间由原来几个月（含设计和加工时间）缩短到几天。

科研团队的创新成果"列车空气动力性能研究及外形、结构设计方法"获得2001年国家科技进步奖二等奖，在我国提速机车、提速动车组、高速电动车组及其他流线型列车外形设计及加工中得到全面应用的同时，也为我国高速列车空气动力学的深入研究培养了人才。

十　高速列车试验检验技术及评估体系的建立及试验

在高速列车的科研攻关过程中，大量的新技术、新装备、新材料投入应用，必须建立起完整的试验检验装备，组织科研检测队伍，采用严谨的检测方法，制定科学的检测标准和规范，由此建立起我国高速列车的科学评价体系，这样的体系在"八五""九五"期间与科研攻关项目一起不断创建和完善，确保了秦沈客专综合试验的圆满成功。

1. 高速列车整车型式试验和科学检验体系

铁科院在长期的动力学检测方面积累了丰富的经验，随着速度不断提高的准高速和既有线提速列车的试验检测，在监测数据量大增、数据处理实时性要求不断提高的状况下，试验检测团队在传感器和数据采集系统方面采用了最新的设备，优化了连续测量测力轮对测试技术、专用集流环装置、实时测试系统，研发了制动数据采集处理系统及相应软件、线路工况自动采集系统，以及基于网络技术的分散式测量系统及同步控制技术，实现了分散采集和集中控制处理；对自主研发的动力学数据采集处理系统及相应的系统数据处理软件DAS不断进行更新，满足了测点多、数据采集量大和实时性提高的要求，检测系统总体达到世界先进水平。在秦沈客专综合试验前，铁科院根据铁道部科研计划项目"秦沈客运专线综合性能试验前期研究"要求，开展了检测技术及装备的科研攻关。随着列车速度的不断提高，确保试验列车的运行安全成为首要任务，车辆动力学性能检测系统成为列车试验运行安全的重要检测手段，保证了试验的安全高效。

随着大量最新的科研成果和装备在高速列车上应用，动力集中和动力分散牵引模式高速列车的研发，需要有科学的评价方法和软硬件性能不断提升的检测装备。综合性能试验内容全面，涉及的知识领域广，包括了动力学与安全性能、轮轨关系、牵引与制动特性、阻力特性、弓网系统、供电、列车空气动力学、线路与桥梁响应等。检测团队通过攻关提出的试验方法、制定的安全评估标准、建立的测试技术及测试系统先进可靠，测试数据能科学全面评价电动车组各项性能指标，为高速列车综合试验提供了良好的测试手段。

科学的评价体系需要相应的规范和标准，我国铁路列车长期处于低速运行，既有的标准远远滞后于提速的发展。为此，科研团队在综合试验前认真研究世界各国铁路标准，根据中国铁路及高速铁路的实际状况以及科研攻关取得的成果，不断完善和优化相应的规范和标准，检测团队制定了高速试验的检测项点和评判指标，为试验的运行安全和后期评价提供了判据，试验取得的大量实测数据成为中国高速铁路标准制定的依据。

秦沈客专综合试验是我国第一次开展的大规模列车高速运行综合检测，检测团队顺利完成了各项任务，为建立我国高速铁路运行试验检测与评价体系打下坚实的基础。我国高速列车检测评价体系总体达到世界先进水平，在我国铁路列车速度纪录不断突破 200km/h、300km/h、400km/h 的过程中，科学的检测体系为高速铁路运行试验的安全可靠和科学评价提供了保障。高速列车运行综合性能试验检测系统如图 2-11 所示。

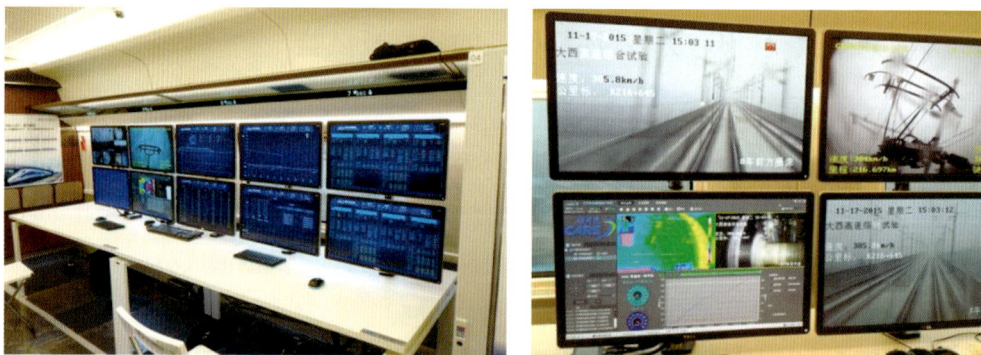

图 2-11　高速列车运行综合性能试验检测系统

2. 高速列车轮轨动力学性能试验台

牵引动力国家重点实验室依托单位是西南交大，分别于 2003 年和 2008 年两次被评为优秀国家重点实验室。实验室拥有世界上最先进的机车车辆滚动振动试验台。

我国首个机车车辆滚动振动试验台于 1993 年在西南交大落成，1994 年开始接受国家项目试验和研究任务，1996 年通过国家验收，1999 年获得国家科技进步奖一等奖。西南交大科研团队在新型机车车辆和高速列车研制和基础研究试验过程中，完成了台架试验方法和监测手段的创新：

①应用随机波再现技术，开发了符合我国铁路线路状况的轨道不平顺谱反演技术。

②高维强非线性系统稳定性理论同整车全参数模拟试验相结合，创造出机车车辆试验判稳新方法。

③利用试验台加装真实轮对的轮轨试验装置，在国内外首次采用全尺寸模型来研究轮轨关系，成为世界上第一个实现轨道轮滚动和垂向、横向激振及左右轨道轮差速的整车试验台，满足车辆曲线通过试验检验的要求，试验台的最高运行速度达到 600km/h，形成了我国机车车辆动力学性能完整的试验评定和研究平台。

在"八五""九五"期间，牵引动力国家重点实验室完成了大量各类型号高速转向架、新型机车车辆和动车组的试验检验。牵引动力国家重点实验室根据我国机车车辆研制过程的特点以及自身在设计、分析和试验方面的优势，围绕机车车辆动力学性能提出了设计-分析-试验的闭环研究体系，使结构设计和动力学参数设计实现统一，优化机车车辆的动力学性能，并实现了新型机车车辆装备线路高速试验前动力学多方案参数的检验与优化，减小了线上高速运行的风险。机车车辆滚动振动试验台已成为我国铁路机车车辆开发和轮轨关系试验研究不可替代的大型装备，我国研制的高速列车都在此完成了上线运行前的试验检验。中华之星动力车台架试验如图 2-12 所示。

图 2-12　中华之星动力车台架试验

3. 高速列车结构强度及寿命评价

高速列车采用了大量的新结构、新材料、新工艺，各部件的可靠性成为设计制造的重点，尤其是随着列车速度的提高，动载作用下结构疲劳强度的设计和评判、结构寿命的预测成为关注的焦点。由于高速列车的转向架等都采用焊接结构，焊接部位也是结构疲劳可靠性的薄弱环节，北方交大长期致力于车辆结构疲劳强度与断裂的研究，在"九五"期间主持了铁道部科研计划课题"提速机车车辆转向架构架疲劳寿命及可靠性研究"，针对我国机车车辆转向架等结构的材料和焊接特点，通过大量的试验研究，首次制定了我国铁路机车车辆不同焊接结构的 P-S-N 曲线和 Goodman 疲劳限值图；开展了车辆运行动应力的实测，由此提取了提速线路应力谱；建立了焊接构架疲劳寿命及可靠性预测模型，编制了机车车辆转向架应力谱数据处理及频谱分析软件系统，为我国机车车辆焊接结构的评估提供了实用的方法。为准确评估动载荷工况下结构的可靠性和疲劳寿命，团队进一步研究了裂纹萌生、发展和部件失效过程和机理，研究了非线性疲劳累积损伤法则、多轴应力状态循环计数方法，提出了不同材质、焊接接头形式、结构部件损伤累计统计方法等；提出了一整套完善的等效应力计算、使用寿命预测、数据分析、数据统计、测试、复杂结构动应力布片等理论体系和试验方法，采用等效应力幅的评估方法，完成了 CW-200 等一批提速和高速转向架结构动应力实车运行的检测，逐步建立了完整的疲劳强度和结构可靠性评估体系。

为深入研究和预测结构的疲劳寿命，团队还完善了多种试验设备和仿真平台，借助这些先进的试验装备及评估平台，能够对评估结果进行试验和数值验证，进一步丰富和完善结构可靠性评估体系。

在 2002 年秦沈客专综合试验中，北方交大团队开展了中华之星动车组疲劳强度及可靠性计算分析，完成了焊接转向架在高速运行中的动应力实测及可靠性评估，提出了该高速转向架运行疲劳寿命的评定意见。

4. 高速列车空气动力学动模型试验台

我国铁路列车长期低速运行，对列车空气动力学性能的影响关注甚少，随着广深准高速铁路的开通和既有线大提速列车的运营，空气动力学性能带来的问题凸显。首先需要解决的问题是列车交会中的车辆可靠性，大量的试验数据要求开展客车车辆的可靠性评估及改造，但缺乏相应的设计评判标准和依据。

随着列车速度的提高，空气动力学带来的问题越来越多，如列车的外形设计与空气阻力、升力、列车交会压力波幅值的关系，空气压力波导致的车内气压变化对旅客舒适度的影响，运行区段的线间距、隧道截面、横向风等外部条件的影响等，为此在高速列车的研发各个阶段都需要开展相应的验证与评估。

在高速列车设计阶段，通过理论计算对外形方案等进行评价，在理论研究的基础上，开展模型试验，对计算进行验证，对列车外形多方案进行比较。通过风洞试验，对列车运行空气阻力、升力进行评估。通过动模型对列车交会及隧道运行性能进行模拟试验检测。

列车线路运行试验需检验高速列车性能的最终结果，列车的空气动力学性能成为型式试验不可缺少的内容，压力波直接传递到车内导致空气压力的变化，从而影响到旅客乘坐的舒适度，经过长期的研究，我国制定出高速列车车内压力波动评判的标准。

列车空气动力学动模型试验台通过了铁道部的技术鉴定，成为我国高速列车空气动力学性能研究不可缺少的装备，为高速列车外形的设计和验证提供了重要的技术手段。

经过十多年一百多个项目的科技攻关，我国全面掌握了高速列车总体及核心技术的设计、制造和试验验证技术，制定了相关的技术规范，建立和完善了科学的检验手段，为高速列车的自主研制打下了基础。

第三节　先锋号动力分散高速动车组的研制

一　高速列车总体技术研究

铁道部在 20 世纪 90 年代组织进行高速列车的技术研究，根据我国高速铁路的总体技术及发展模式，对于 250km/h 等级的高速列车，推荐采用动力集中的方案。

随着京沪高铁总体论证的深入，以及世界高速铁路技术的快速发展，我国对于速度目标值提升展开了全面研究，论证确定了 300km/h 及以上速度等级的高速列车采用动力分散牵引模式更为合理，并由此开展了相关技术的科研攻关。

列车速度目标值的提高和大定员的要求对高速列车的顶层技术指标及牵引模式的制定提出了新的论证要求。大定员前提下进一步提高列车运营速度，对列车最直接的影响首先是要求提升牵引功率及牵引性能。当速度目标值提高到 300km/h 以上时，对大编组列车的牵引总功率将提升到 12000kW 及以上，在轴重受限的条件下，动力集中模式受轮轨黏着利用限制，难以满足牵引功率大幅度提升的要求，对于 300km/h 及以上速度级的高速列车而言，动力分散模式无疑成为较为合理的选择。

铁道部组团考察了国外动力分散高速动车组技术及应用之后，综合分析国内外高速铁路长远发展的前景和目标，决定开展 300km/h 及以上速度的高速列车动力分散牵引模式研究。与我国铁路传统的机车牵引及动力集中动车组相比，我们对动力分散牵引模式的研究不如动力集中充分，因此，铁道部加强了对动力分散高速列车相关关键技术研究与攻关的组织协调。

1996 年 4 月铁道部科技司在京召开了"200km/h 电动车组技术条件及关键部件预研究"协调会，组织进行动力分散动车组关键技术的预研究，为京沪高速列车的决策提供依据。首先集中精力开展动力分散列车总体方案及顶层技术指标、动力分散特有的关键部件和难点方面的科研攻关，列车的最高试验速度定为 250km/h。1996 年铁道部科研计划正式立项开展"200km/h 电动车组技术条件及关键部件的预研究"，项目包含 4 个课题：①调研国外动力分散电动车组现状及发展趋势，提出 200km/h 动力分散方式电动车组的总体技术条件；②对动力分散式动力转向架进行预研究；③采用先进的计算机辅助设计方法，对动力分散式动车组的异步牵引电机进行预研究；④利用有限元理论对变压器的电场、温度场、强度等方面进行设计，进行高阻抗/轻量化牵引变压器的预研究。根据科研计划，铁科院牵头，与主机厂浦镇厂及各关键部件研制单位共同研究动力分散动车组的总体技术条件，提出总体技术方案；铁科院与浦镇厂、长客厂合作完成动力转向架方案设计及制造，戚墅堰所对动力转向架牵引传动齿轮箱和联轴节进行研制；北方交大牵头与株洲所完成异步牵引电机研制；上海铁道大学牵头与大同厂完成牵引变压器研制。科研项目研发的目标是产品化，完成样机制造及相关试验，为实际动车组的研制提供技术和部件。

在完成了大量前期论证和预研究的基础上，1997 年 9 月，铁道部向国家计委报送了"关于报送国家重点科技项目（攻关）计划《200km/h 电动旅客列车组的研制》及《200km/h 动力分散交流传动电动车组的研制》可行性研究报告的函"，1997 年 12 月，国家计委批复同意项目列入"九五"国家重点科技攻关计划，明确了项目目标是"完成一列由 2 个单元（每个单元为动-拖-动 3 辆车）、全列共 6 辆车组成的交流传动电动车组的试制，2000 年完成试制列车的运行试验。列车运营速度为 200km/h，最高试验速度达 250km/h"。后来，200km/h 动力分散交流传动电动车组被命名为"先锋号"。

项目组内部按照列车运营速度 250km/h 开展设计，鉴于高速动力分散动车组的研制在国内尚属首次，为统一协调各研制单位的技术接口及进度，成立了由浦镇厂、铁科院及上海铁道大学等单位专家组成的总师组。该项目相关课题及承担单位见表 2-3。

200km/h 动力分散交流传动电动车组（先锋号）的研制　　　　表 2-3

项目编号	项目名称	起止时间	主持单位
97-417-02	200km/h 动力分散交流传动电动车组的研制	1998—2000 年	铁道部
97-417-02-01	200km/h 电动车组总体技术条件研究	1998—1999 年	铁科院
97-417-02-02	200km/h 电动车组动力转向架的研制	1998—1999 年	铁科院
97-417-02-03	200km/h 电动车组异步牵引电机的研制	1998—1999 年	北方交大
97-417-02-04	200km/h 电动车组牵引变压器的研制	1998—1999 年	上海铁大
97-417-02-05	200km/h 电动车组总体研制	1998—1999 年	浦镇厂
97-417-02-06	200km/h 电动车组非动力转向架的研制	1998—1999 年	铁科院
97-417-02-07	200km/h 电动车组控制系统的研制	1998—1999 年	株洲所
97-417-02-08	200km/h 电动车组制动系统的研制	1998—1999 年	上海铁大
97-417-02-09	200km/h 电动车组交直交传动系统及其控制系统的研制	1998—1999 年	铁科院
97-417-02-10	200km/h 电动车组辅助系统的研制	1998—1999 年	永济厂
97-417-02-11	200km/h 电动车组主电路及其部件的研制	1998—1999 年	大同厂
97-417-02-12	动力分散电动车组试验	1999—2000 年	铁科院
增补项目	200km/h 电动车组 IPM 变流系统的研究	1998—1999 年	浦镇厂

二　高速动力分散列车总体设计

由于动力分散动车组与我国高速铁路初期论证的动力集中模式存在重大技术差别，编制动力分散总体技术条件和方案显得尤为重要，这也是指导列车各子系统及部件研制必要的前提条件。在前期高速列车标准体系研究的基础上，项目组根据动力分散牵引模式的特点，研究了相应的技术条件、规范和标准。

与动力集中模式相比，动力转向架的总体布置及其牵引动力传动方式等结构有着根本性的差异，尤其是动力分散电机的架悬结构、牵引传动齿轮箱及联轴节、轻量化牵引电机、空心车轴及轮装制动盘等结构及部件等技术，在我国存在大量的技术空白，有必要在保证动力学性能的前提下，通过前期预研究制定动力转向架总体方案，完成关键部件的设计制造与试验。动力分散动车组由于牵引电机数量增加，电机特性的一致性直接影响到列车牵引总功率的正常发挥，架悬牵引电机的体积和质量又受到很大的限制，前期研究的目标是根据转向架结构要求，完成交流传动牵引电机的设计制造，并完成电机牵引性能的综合试验。

牵引变压器的轻量化是涉及动车组最大轴重的关键部件，动力分散动车组将牵引变压器安装在车辆地板下，对体积（尤其是高度）的限制以及散热系统的更高要求与确保大功率牵引的需要成为突出的矛盾，也是前期研究的又一重点。

为使高速动车组能充分利用动力制动反馈电能，减少列车制动过程中系统基础制动装置的磨耗，必须研发相应的微机控制制动系统，弥补我国机车车辆技术的这一空白点。铁道部决定首先针对我们最薄弱的环节开展顶层技术方案和参数的研究，指导相关核心部件的研制，并完善动车组总体技术方案。

项目组对动力分散动车组关键部件——制动系统、转向架及其传动装置、车体结构、牵引电机、牵引变压器、交流传动牵引系统等方案与顶层主要参数进行了全面论证和系统协调，就我国高速动力分散动车组的技术发展方向及总体技术提出设想，首先完成了高速动力分散动车组技术条件编制，为高速动力分散动车组的总体方案设计提供了重要的依据。

根据总体技术条件，项目组提出了 200km/h 动力分散动车组（先锋号）主要技术方案及顶层指标，动车组采用 2 动 1 拖为一个单元的基本模式，牵引电机功率为 300kW，牵引功率满足列车以 250km/h 速度运行要求，样车由 2 个单元组成，可根据需要扩编成 3 个或 4 个单元。车体尺寸及限界符合京沪高铁前期研究确定的要求，电动车组最大轴重 ≤ 15t，动力车转向架与拖车转向架主要结构参数保持一致，采用微机控制制动系统及新型基础制动装置，牵引变压器和牵引变流器分别安装在拖车与动车车体下方，质量与限制尺寸符合总体技术条件要求，列车辅助系统参考 25 型提速列车成功应用的 DC600V 供电系统。项目组以此完成了总体技术条件的制定和技术方案的设计，并提出了有待深入研究的问题和核心技术攻关内容。

总体技术方案发挥了动力分散电动车组的优点，充分利用了车辆地板以下的空间，将牵引动力、辅助系统及制动系统等设备分散安装在车辆下部。通过对列车总体在系统匹配、设备布置、参数合理选择和优化的研究，最终确定的总体技术方案使列车空间总体利用率即每延米的载客量得到提高，电动车组人均占有空间（车长）158.4m/424 人 = 0.37m/人，人均占有车辆自重 307t/424 人 = 0.724t/人。

因各类设施安装在车辆底部，对部件的外形尺寸和连接结构等方面提出了新的要求。

从总体上衡量，对各类部件提出适合我国制造条件的技术要求，是加强电动车组整体系统性的关键。除了列车总体的系统性外，动力分散电动车组总体设计的另一个关键在于列车和车辆质量的均匀合理分配及车辆结构的轻量化，使轴重控制在规定的范围内。

列车总体技术方案研究了悬挂在车辆底架上各电器部件的合理分配和布局。对高、中、低压线路以及通信信号线等布线采用隔离、接地、绞接、屏蔽等综合手段解决由于牵引变流器的输入和输出电流高次谐波产生的电磁干扰，还优化设计了 25kV 高压电经客车车厢引入高压设备的接入方案以及牵引系统高压电在列车中的传输及连接装置。

动车组每个动力单元由 3 节车辆组成，包括 2 节动车和 1 节拖车。动车组样车（先锋号）由 2 个单元 6 节编组而成。两端为有司机室的头车。运行时由前方司机室实施控制。1 个单元编组形式如图 2-13 所示，主要技术参数见表 2-4。

图 2-13　先锋号动车组单元组成

先锋号动车组主要技术参数　　　　　　　　　　　　表 2-4

序号	项目	指标	数值
1	速度	运行速度（km/h）	200
		最高试验速度（km/h）	250
2	定员	全列车（人）	424
3	功率	单元牵引功率（kW）	2400
		每动轴轴功率（kW）	300
4	电动车组运行稳定性指标	最大横向力（kN）	$\leqslant 67$
		脱轨系数	$\leqslant 0.8$
		轮重减载率	$\leqslant 0.6$
5	电动车组运行平稳性指标	—	$\leqslant 2.5$
6	紧急制动距离	初速度为 200km/h（m）	$\leqslant 1800$
		初速度为 250km/h（m）	$\leqslant 2700$
7	轴重	质量（t）	$\leqslant 15$
8	客室内噪声	200km/h 时［dB（A）］	$\leqslant 68$

三　车体

我国铁路在研制 25 型准高速和提速客车车辆过程中积累了丰富的车体设计、制造经验，动力分散动车组对车体提出了更高的要求，既需要进一步轻量化，又要能承受车上旅客和车下设备的载荷及高速运行时空气压力波，并满足密封和降噪方面的要求。车体的外形设计影响到列车的空气动力学性能，在头型、风挡、门窗等设计方面都必须满足空气动力学的要求。为此，项目组对先锋号动车组车体开展了大量的基础研究，开发了新结构，采用了大量新材料、新工艺。

20世纪90年代国内尚无合适的挤压成型铝合金型材供货，先锋号动车组车体在既有生产条件下，沿用了传统耐候钢焊接薄壁筒形整体承载结构，车体底架下部的设备舱采用铝合金材料。根据设备舱内主变流器、逆变器、制动系统风缸、空压机、充电机、电池箱、水箱等设备的相关要求，相应部位设置了百叶窗通风口、检查门。

主机厂浦镇厂与上海铁道大学和长沙铁道学院对拖车和带司机室头（尾）车的钢结构技术设计方案进行了车体钢结构强度和刚度的计算，通过模块化与集成化的结构设计和优化、新材料和新工艺的应用，车体钢结构自重仅11.44t，达到了预定的轻量化目标，使我国钢结构车体轻量化提升到一个新的技术水平。

根据先锋号电动车组总体技术条件要求，并参照《高速试验列车客车强度及动力学性能规范》的相关规定，车体钢结构完成制造后由四方所进行了全面的检测，试验验证了静强度和刚度满足要求。为避免高速车体振动的固有频率对轮轨动力学性能产生不利影响，项目组开展了车体钢结构模态试验，检测了车体的固有振动特性、阻尼比、模态振型，验证了新型车体满足动车组总体技术条件的要求。

为满足旅客舒适性对车体的密封要求，项目组在设计车体、风挡、车窗和车辆侧门等部位以及大部件间的连接方式方面加强了密封措施；并通过全面满焊磨平结合等方法使气密性达到设计要求，为提高钢结构车体的密封性开创了新的途径。车体在国内首次开展了气密性试验检测，车内压力由3600Pa降至1350Pa的时间不短于18s，完全满足总体技术条件要求。

高速列车的侧门必须保证高速运行中具有可靠的安全性、良好的密封性、隔热性、降噪性和运行平稳性。南京康尼机电股份有限公司为先锋号动车组研制了MS800CP自动外塞拉门，采用了高刚度铝合金三明治复合结构、主锁、拉钩、辅助塞紧机构五点式高可靠锁闭、塞拉门双唇高气密、直接粘接式高强度双层中空玻璃降噪隔热以及符合车形空气动力学要求的翻转脚蹬等一系列新技术。先锋号动车组自动外塞拉门的成功研制填补了国内该领域的空白，为后来复兴号高速列车采用自主化研制车门打下了良好的基础。

先锋号动车组在国内首次采用了粘接工艺安装的固定车窗，具有良好的承受气压波能力，车窗外部的平整有利于减阻，粘接工艺安装的车窗密封性能满足车辆气密性要求，该技术在我国后续研制的高速动车组上得到广泛的推广应用。

动车组车辆连接部采用密接式风挡，具有高气密性，可防止风、雨、雪、沙尘及噪声侵入。

先锋号动车组车辆间采用四方所研制的密接式车钩缓冲装置，带有风管连接。车钩缓冲装置连接相邻车辆，具有牵引和缓冲作用，密接式车钩连挂后纵向间隙小于1.5mm，对提高列车运行平稳性、降低车钩零部件的磨耗和噪声均起到重要作用。司机室前端采用小间隙 15 号高强度车钩和 G1 型缓冲器，在前端车钩处采用可拆卸的复合材料盖板，以便调车时与普通机车、客车连挂。其他车端均采用密接式车钩和新型配套缓冲器。

气动外形是影响列车空气动力学性能的关键因素，列车气动外形优化设计的主要目标是改善列车空气动力性能。长沙铁道学院按照总体技术条件开展了先锋号高速动车组气动外形设计、动车组交会及空气动力学试验研究，提出了适用于 250km/h 速度等级的高速动车组气动性能数值模拟方法，构建了高速动车组气动外形与气动特性的理论关系，研发了三维自由曲面造型软件，创新了高速动车组风洞、动模型和实车试验技术体系，完成了先锋号外形设计，如图 2-14 所示。

(a) 先锋号气动外形模型试验   (b) 先锋号气动外形

图 2-14　先锋号动车组气动外形

先锋号动车组头部流线型长度为 4m，在运行速度相同的情况下，相比钝形列车，气动阻力减小约 50%，交会压力波减小约 22%，列车风速减小约 53%。在广深线和秦沈客专实车试验证明，先锋号动车组与提速列车、中华之星高速列车交会产生的空气压力波幅值在允许范围之内。先锋号动车组气密性达到了高速列车车内压力变化和旅客乘坐舒适性的技术要求。

先锋号动车组车体的成功研制使我国在车体轻量化、密封性、可靠性等方面达到先进水平，为我国高速列车的发展提供了技术支撑和经验。

四　动力分散高速转向架

转向架是确保机车车辆高速动力学性能及安全性的最重要部件，虽然提速机车车辆的成功研发取得了大量成果，但既有转向架局部改进无法满足 200km/h 以上动力分散动车组的技术要求。动力分散动车组转向架需要兼顾列车的牵引性和乘客的高舒适性，尤其是动力转向架在总体结构及承载方式等方面具有更多的特殊性，由此对转向架提出了更高要求，需要开展全新的研制。1997 年铁道部科研计划预先安排了 200km/h 动力分散列车动力转向架的研制，铁科院牵头与主机厂联合，根据动力分散高速动车组转向架技术特点和要求，从转向架总体结构出发，对转向架构架结构、一系悬挂与轴箱定位结构、二系悬挂与牵引装置结构、牵引电机安装方式进行了系统分析，同时对轮轴驱动系统结构以及齿轮箱材料与结构、联轴器结构型式、车轴和车轮材料与结构等进行了系统研究，完成了车辆动力学及相关部件运动学的仿真分析、构架等各关键部件的有限元强度分析计算，完成了转向架及重要系统和部件的试验台验证试验，在各专业机构的联合协作下，最终确定了转向架的总体方案，完成了新型转向架的设计、研制和试验。

结合转向架技术发展趋势，转向架采用了无摇枕结构形式、H 形焊接构架、牵引电机架悬式安装方式、整体转臂式轴箱定位装置、轮盘或轴盘式单元基础制动装置、上进气式自由膜式大挠度空气弹簧二系悬挂装置、适应无摇枕结构动力转向架的单拉杆牵引装置（非动力转向架采用适应安装三组轴装制动盘的双拉杆牵引装置）、抗蛇行减振器、挤压厚壁钢管内加工和表面感应淬火空心车轴、200km/h 直辐板全加工整体辗钢车轮、轮装/轴装整体锻钢制动盘、轻量化的铝合金齿轮箱以及适应电机全悬挂要求的鼓形齿轮联轴器等，其中大多数结构和零部件是国内自主研发并首次应用。

基于理论研究和仿真分析等工作，课题组先后完成了 200km/h 速度等级的电动车组（先锋号）的动、拖车转向架设计。理论分析及试验验证表明，动力分散式电动车组动、拖车转向架具有良好的运动稳定性、运动平稳性、曲线通过能力及低的轮轨动作用力，结构具有足够的强度和刚度，简单可靠，维修量小。动力分散动车转向架与拖车转向架总体结构分别如图 2-15、图 2-16 所示，主要结构参数见表 2-5。

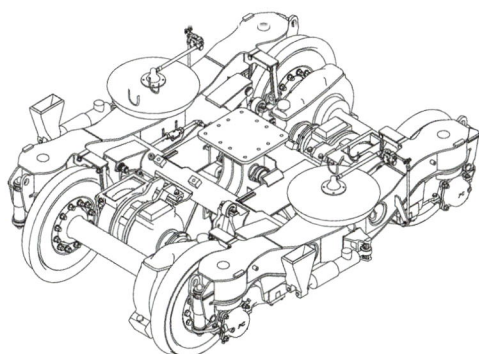

图 2-15　动力分散动车转向架　　　　图 2-16　动力分散拖车转向架

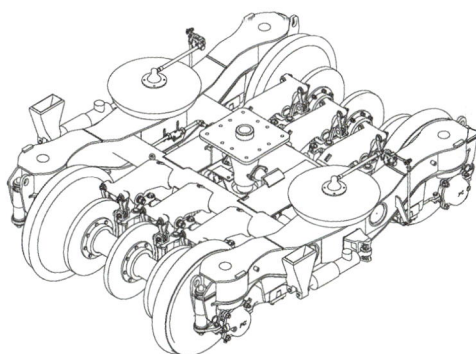

转向架主要结构参数　　　　　　　　　　　　　　　　　表 2-5

项目	数值
最高试验速度	250km/h
最高运营速度	200km/h
轨距	1435mm
轴式	B_0-B_0
轴重	15t
每轴簧下质量	≤2.2t

续上表

项目	数值
轮对内侧距	1353mm
轴距	2500mm
轮径	915mm/845mm（新轮/磨耗到限）
空气弹簧横向中心距	2050mm
空气弹簧上平面自重下高度	1050mm
牵引点高度	330mm
传动比	73/23
转向架总重（不含电机）	7.2t

高速动车组转向架的动力学性能直接影响动车组的运行稳定性和平稳性，课题组在技术设计和施工设计过程中开展了多方案动力学性能计算、仿真分析及参数优化等研究工作，根据优化方案确定了转向架结构参数和悬挂参数。

在动力学仿真分析中，建立了动车组系统数学模型。首先考虑车辆是由轮对、构架、车体等组成的多刚体模型，多刚体间通过一系悬挂、二系悬挂、电机吊挂、轴箱定位装置、牵引装置等环节进行连接，对于每个刚体，均考虑了横向位移、垂向位移、侧滚角和偏转角4个自由度，此外还对车体和转向架考虑了点头角自由度；其次在考虑车钩连接作用力及运行阻力基础上建立了列车动力学模型。

动力学分析中包括了非线性横向稳定性分析、轴重转移分析、单不平顺作用下敏感波长分析、复合不平顺作用下动态曲线通过分析、在波长为桥梁跨度的激励作用下动力学性能分析、线路扭曲条件下动力学性能分析、几何曲线通过分析、动车柔性系数分析、在规定的不平顺功率谱作用下动车平稳性指标分析，同时还考虑了部分车轮在半磨耗状态各悬挂参数发生变化时转向架运行性能对动车组平稳性与稳定性的影响。

动力学分析还对一、二系各弹簧和橡胶节点以及各减振器设置进行了优化，分析了轴箱定位转臂长度、转臂节点橡胶刚度及节点几何位置等的变化对电动车组动力学性能的影响，研究分析了转向架二系横向减振器在采用半主动控制下车辆动力学性能对比，从而对转向架结构进行了进一步优化。

2000年6月，浦镇厂和长客厂分别完成了首台动力转向架和首台非动力转向架的制造，送西南交大牵引动力国家重点实验室滚动振动试验台进行动力学性能检测试验。为全面科学评判转向架动力学性能，实验室采用正交试验方法制定了16套不同工况的试验方案，对转向架的蛇行失稳临界速度、轨道不平顺输入下的车体平稳性指标及最大加速度、主要零部件的动荷特性进行了检测，并首次进行了悬挂系统多种故障工况下的动力学性能检测，掌握了转向架结构设计参数中二系横向减振器和抗蛇行减振器的安装位置及性能参数对动力学性能影响的规律，这一评判方法为我国后续高速列车转向架的优化设计提供了很好的经验。滚动振动试验台的最高试验速度达到 350km/h。台架试验全面检测验证了转向架设计参数的合理性，检验报告表明：转向架在滚动振动试验台上测量的动力学性能指标符合《铁道车辆动力学性能评定和试验鉴定规范》（GB 5599—85）的要求，铁科院联合浦镇厂、长客厂研制的 200km/h 电动车组转向架能满足线路 200km/h 的运行要求。

转向架构架是各部件的安装基础，它既要承载车体的全部质量又要传递运行中的制动力、牵引力及侧向力等。转向架上的各大系统部件均通过构架进行悬挂，在设计中需要首先考虑结构的总体布置和各部件的安装方式，并完成不同工况下的受力分析及试验验证，充分保证构架具有足够的强度和刚度。

总体技术条件对轴重给出了明确的限制，因此构架设计在满足强度和刚度要求的前提下还必须满足轻量化的要求。转向架构架选用了 16MnR 低合金结构钢，采用坡口打底及 TG 重熔法，确保每一条焊缝的焊接质量，通过研究优化热处理工艺，改进材料和工艺措施，有效提高了构架的疲劳强度，确保构架具有更高的可靠性。1999 年 10 月，国内首次在铁科院疲劳试验台采用当时最严苛的考核标准，完成了静/动强度试验、（$6 \times 10^6 + 2 \times 10^6$）疲劳强度试验，其中 2×10^6 次提高试验载荷的疲劳强度试验，采用更严苛的工况考核了构架的疲劳强度。试验结果良好，达到设计规定的要求。

车轴的可靠性直接关系到动车组高速运行的安全，作为簧下质量，还是影响车辆动力学性能的重要因素。课题组在国内首次成功研制了高速动车组用空心车轴，采用了自主研发的新型挤压厚壁钢管及其内孔深加工、轮座表面感应淬火等工艺，经过对结构设计及各类材质性能和加工工艺的对比分析，采用挤压厚壁钢管 38CrMoAL 材质作为车轴毛坯，超过 2m 长度的车轴其 $\phi80mm$ 内孔采用高精度的深孔加工技术，保证其高质量内孔表面，以提高车轴的疲劳强度；此外采用了局部表面感应淬火或镀钼技术，提高轮座部分的疲劳强度。通过多项技术攻关，对车轴进行的理论分析和性能测试表明，其技术指标达到预期目标，质量较同类型实心车轴减轻了 20%，减小了转向架的簧下质量，保证了空心车轴质量和可靠性满足技术条件的要求，填补了国内空心车轴的空白。

四方所与马钢合作为先锋号动车组研制了 200km/h 新型车轮。对动力车根据轮装制动盘的安装要求，研制了整体辗钢直辐板车轮，非动力车采用国内首次研发的新型 S 形辐板车轮，并设计了新型磨耗型车轮踏面外形。在动车组车轮上首次针对表面镀钼或淬火硬度的轮座采用定位式注油压装及反压试验验证等，完成了注油压装新工艺及工装的研制，由于动、拖车是整体制动盘，采用必要的工艺装备才能确保车轮的压装和制动盘组装达到设计要求，以及高速转向架对轮对的静、动不平衡量小于 50g·m 限度的要求。为我国高速客车车轮研制奠定了基础。

动力分散动车组转向架的成功研制，保证了先锋号动车组具备优良的动力学性能。相关试验数据表明，我国首列动力分散高速动车组（先锋号）的动力学性能达到国际同类动车组的先进水平。

五 牵引传动齿轮箱和联轴节

动力分散动车组的牵引电机安装在转向架构架上，通过联轴节将牵引电机扭矩传递到齿轮箱，而且要适应构架与轮对的三个方向位移，并由此驱动轮对。从转向架动力学性能的角度要求，齿轮箱、联轴节及轮对本身必须轻量化，从而减小簧下质量。此外，联轴节的设计，应当满足在轮对与构架之间产生三方向动态位移的工况下，实现牵引动力的正常传递，这些与机车和动力集中模式的牵引传动装置结构完全不同。

戚墅堰所从 1990 年开始进行高速列车牵引齿轮箱的科技攻关，在"八五""九五"国家重点科技攻关计划中，完成了轮对双空心轴式高速动力车转向架的研制，掌握了高速齿轮箱的密封设计和高速齿轮的润滑技术。在齿轮传动理论研究、齿轮齿形设计及啮合计算、箱体结构设计、齿轮和箱体的制造及工艺方面积累了技术经验，并建立了大功率液压动态加载式封闭功率流齿轮箱综合试验台，开展了大量齿轮箱性能试验及可靠性研究，积累了大量试验数据，并制定了高速齿轮箱检验的相关规程。

先锋号动车组为动力分散牵引模式，在齿轮箱质量和体积方面提出了更高的要求。箱体采用上下分箱结构，分箱面不通过轴线，而是位于箱体上部。齿轮箱上下箱体均采用仿圆形设计，既达到了箱体轻量化的目标，又提高了齿轮的搅油效果，有利于轴承和齿轮的润滑。箱体底部和外侧设置加强筋，有利于增大散热面积，提高了箱体的刚性，增强了抗飞石等异物击打能力。箱底的加强筋延伸至吊挂座，提高了吊挂座的强度和刚度。为提高螺栓连接强度，箱体上的螺纹孔均安装了钢丝螺套。

齿轮箱箱体承受着复杂的交变载荷，戚墅堰所在箱体材料和工艺方面开展了大量的研究，采用高强度铝合金低压铸造工艺，通过工艺优化，成功研制出高强度 GZLAlSi7MgA 合金，它具有良好的铸造性能，从而保证了箱体的致密性。箱体全部进行 X 射线探伤，确保排除缩孔、疏松、气孔、夹渣等缺陷，使箱体制造达到设计指标，满足高速列车的技术条件要求。

高速齿轮副的合理设计是保证牵引动力可靠传递和齿轮箱寿命的关键，课题组针对高速牵引齿轮的主要失效形式，开展了提高齿轮副抗胶合强度、降低初始啮合的动载荷、减小齿向偏载以及降低噪声的系统研究，开展了齿轮弯曲强度、接触强度和胶合强度计算，优化了齿轮齿形设计，并进行了啮合修形，达到改善承载能力和降低噪声的目的。

通过对齿轮材料和热处理工艺的研究，小齿轮材质选用 20CrNi2MoA，大齿轮选用 12CrNi3A，采用低碳合金钢渗碳硬化工艺，齿面硬度为 58～62HRC。轮齿采用喷丸强化工艺，通过提高齿轮设计和制造精度，采用斜齿轮大重合度，有效提升齿轮啮合平稳性和传动效率，降低齿轮效率损失、发热和齿轮传动噪声，确保齿轮箱满足质量轻、噪声低、运行平稳的要求。

高速牵引传动齿轮箱的密封是设计的又一难点。齿轮箱的轴承和齿轮均采用齿轮飞溅润滑，轴承座结构的集油槽、进油孔设计保证轴承有足够的润滑油进入。小齿轮轴和车轴贯通部的密封均采用机械式迷宫密封形式。齿轮箱箱体的铝合金的热膨胀系数约为钢材的 2 倍，为了防止温度变化导致轴承游隙变化造成的故障，齿轮箱轴承座采用了钢制、厚壁大刚度设计。在结构设计上的一系列措施确保齿轮箱在高速运转时的密封和轴承润滑。

齿轮箱完成样机设计制造后，进行了多项地面台架试验，检测的温升及噪声等参数达到预期目标，如图 2-17 所示。而后安装于转向架上在株洲所进行了 200km/h 和 250km/h 台架温升试验，最高温度均低于 110℃，在西南交大滚动振动试验台的转向架试验最高速度达到 350km/h，齿轮箱密封情况良好，没有渗漏情况，符合装车应用要求。先锋号动车组在铁科院环行铁道试验基地、广深线、秦沈客专的型式试验中，最高速度达到 292.0km/h，齿轮箱各项指标满足设计要求，填补了我国高速列车的一大空白。

图 2-17 动力分散动力车牵引传动齿轮箱台架试验

动力分散式高速列车转向架的牵引传动装置具有特殊性，牵引电机安装在转向架构架上，齿轮箱一端支承在车轴上，另一端通过吊杆悬挂于转向架构架上。在这种情况下就需要传动装置将电机的输出扭矩传递到车轴的牵引齿轮并驱动轮对。由于线路的不平直和通过曲线时构架与轮对间存在垂向、纵向和轴向的位移，联轴节必须适应在上述相对运动中稳定地传递电机扭矩。

经过综合分析，选取了鼓形齿联轴节方案。为补偿两轴间的轴向位移、径向位移、角位移，鼓形齿联轴节内齿和外齿之间有一定的齿侧间隙，将外齿轮的齿顶加工成合适曲面，齿面加工成合适的鼓形，内齿轮的齿宽较大。为进一步改善齿轮的接触情况，提高承载能力，延长使用寿命，齿圈中注有一定量的润滑油，并设有迷宫式油封和橡胶密封。鼓形齿联轴节在垂向与纵向位移为 ±12.5mm、轴向位移为 ±10mm 范围内能正常传递扭矩，相对于转向架一系弹簧挠度的变化以及相对于轮对的横向、纵向振动产生的两根轴的相互位移有足够的自由度，如图 2-18 所示。

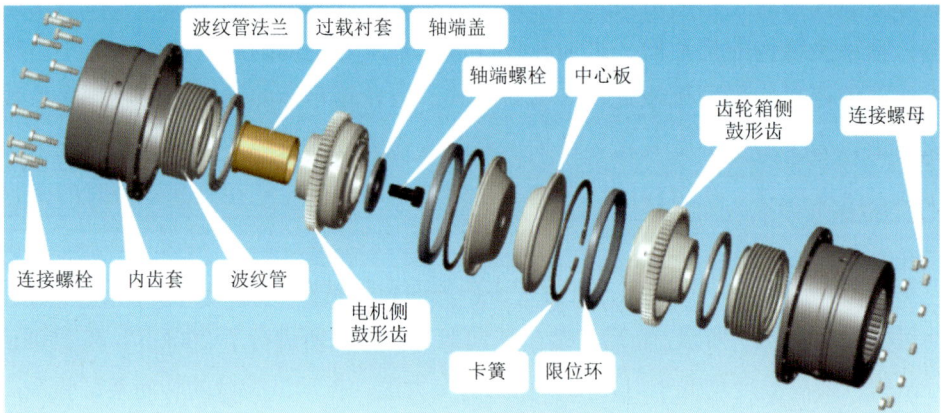

图 2-18　鼓形齿联轴节

联轴节与齿轮箱组合开展了各项试验，满足先锋号动车组运行中架悬牵引电机轴与齿轮箱轴轴线各种位移要求，工作可靠。先锋号齿轮箱及联轴节的研制属国内首创，为我国高速动车组牵引动力传动系统发展奠定了基础。

六　牵引电传动系统

项目组完成了 4 动 2 拖 ×2 动力分散配置方式的主电路设计，一个动力单元的牵引传动系统主电路拓扑结构如图 2-19 所示。其中，牵引变流器网侧采用移相控制的两重四象限变流器，电机侧采用一个 PWM 牵引逆变器，向 4 台并联的 300kW 牵引电机供电。经仿真计算，确定了系统主要电气设备（牵引变压器、牵引变流器、牵引电机等）的技术参数、性能指标及相互间的匹配参数。

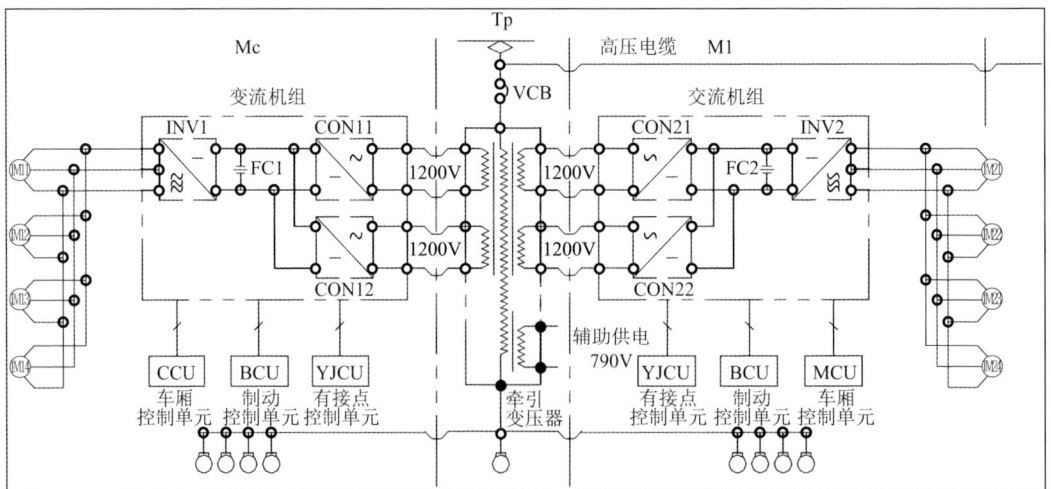

图 2-19　牵引传动系统主电路拓扑结构（一个单元）

先锋号电动车组牵引变流器采用国外采购与国内自主研制"两条腿走路"方案，装车先采用国外采购方案，两个方案的牵引性能、控制特性以及机械、电气、控制接口相同，可实现互换。

项目组按照先锋号动车组技术条件要求向日本三菱公司定制了牵引变流器。先锋号动车组的研制人员和三菱公司设计人员进行了多次深入讨论，确定了牵引变流器牵引性能、控制模式、通信接口等技术要求和方案，三菱公司依此完成了设计制造。该变流器采用3300V/1200A 的 IPM 元件、热管风冷、三电平电路，中间电压 2600V，无二次谐波滤波回路，输出功率 1200kW。在单台变流器试验中测得功率因数大于 0.98，Jp 值约 1.5A，效率为 0.97。

自主设计研制的大功率卧式结构牵引变流器采用 4500V/3000A 的 GTO 元件、两电平电路、带有二次滤波回路，新型△形吸收回路、强迫油循环冷却等，2000 年经地面交流传动系统组合试验检测，主要性能指标达到设计要求，但没有进一步装车验证。

动车组的牵引控制设计了两种模式，恒速控制模式优先，0～10 级牵引力控制模式备用。正常情况下牵引控制单元 TCU 同时接收到两种控制模式指令，按照恒速指令优先的原则执行；若微机控制网络通信故障，TCU 只接收到 0～10 级牵引力指令，则按 0～10 级牵引力指令执行，以确保列车运行安全。再生制动控制则根据同一动车上的制动控制单元 BCU 发出的指令，由牵引控制单元 TCU 执行，并将实际产生的电制动力反馈给同一动车上的 BCU。

2000 年 5 月到 7 月，在株洲所试验站进行了先锋号电动车组交直交牵引传动系统地面综合试验。牵引变压器、牵引变流机组、动力转向架（牵引电机）等通过型式试验后，在滚动台进行了整个牵引系统的联调和地面综合试验，按照运用工况模拟试验检测了系统牵引速度特性曲线及不同速度下的牵引力。试验对交直交牵引系统各主要部件的技术性能、相互间的匹配关系及整个传动系统的综合性能进行了验证及调整，各个部件的技术参数达到系统要求，整个牵引传动系统达到装车要求。

七 牵引电机

交流传动动力分散高速动车组对异步牵引电机的性能及转差率等方面提出了更高的要求，由北方交大、株洲所和永济厂组成的课题组开展了电机结构、有色金属材料和绝缘新材料的特性及结构等各方面大量的基础研究。为满足动力分散动车组牵引电机轻量化及转差率等性能一致性要求，课题组专题开展了电机转子铜材及其对电机性能影响的基础研究，掌握了铜材特性的影响规律，开发了电机转子导条专用铜合金，使牵引电机转差率控制在2% 以内；研制了聚酰亚胺薄膜新型耐电绝缘结构和耐电晕云母，使电机的绝缘等级提高到C 级（200℃）；采用瓷套轴承，即轴承外圈上有瓷套绝缘，以防轴电流通过；电机功率为

300kW，对应列车速度 250km/h 时的电机转速为 4743r/min，采用铝合金电机端盖以减轻自重，电机自重仅为 380kg。图 2-20 是国内首个自主设计并成功在高速动车组装车运用的交流异步牵引电机，为我国后续高速列车异步牵引电机的发展打下了良好基础。牵引电机各项参数按 IEC 标准规定开展了检测，进行了工频温升试验，其持续电流可由设计值 108A 提高到 125A，提高了 15.7%，起动转矩、恒功特性达到设计要求，填补了我国高速列车交流传动牵引电机的空白。

图 2-20　国内首个投入高速动车组应用的交流异步牵引电机

　　该牵引电机在铁科院环行铁道试验基地开展的大电流和持续运行试验、秦沈客专综合试验、运行考核和运营中工作稳定可靠，各项负荷分配均匀，启动电流、电机功率、温升都符合设计任务书要求。通过研究，该课题建立了逆变器供电电机设计理论及设计程序，为我国铁路牵引交流传动电机的设计与研制打下了良好的基础。

八　大功率轻量化牵引变压器

　　动力分散电动车组的牵引变压器与电力机车的牵引变压器在技术要求上存在较大差异，由于电动车组的变压器悬挂在车辆底部，因此对结构尺寸、质量、冷却方案及参数等各方面都提出了更高的要求。为此，上海铁道大学经过大量的理论计算分析，提出了适合我国技术状况的方案，在组织国内变压器专业厂家等单位专家的审查后，初步完成了变压器的技术设计。

　　该牵引变压器在国内首次采用分裂绕组交错结构，该结构使各绕组相对独立，互不干扰，工作稳定。变压器设计的短路阻抗为 $\Delta UR = 30\%$，考虑到项目组自主研发的变流器要求，同时还设计安装了一个辅助回路用的平波电抗器，重约 800kg，牵引变压器总体质量为 6.1t，如图 2-21 所示。该变压器由大同厂制造，并在保定天威变压器公司完成了型式试验，各项指标达到装车要求。

图 2-21 先锋号动车组牵引变压器

九 微机控制直通电空制动系统

先锋号动车组采用了当时先进的微机控制直通电空制动系统。上海铁道大学根据先锋号动车组动力分散交流传动的技术特点，对相关制动系统的技术发展进行了研究，提出了先锋号动车组制动系统必须具备下列新功能：

①优先发挥动力制动的能力，协调列车各种制动方式间制动力的平缓过渡、无缝切换，实现安全、节能、环保的列车制动过程。

②实现列车制动力的无级可调和精确控制。

③制动系统不但可由司机控制，而且可满足列控系统（ATP/ATC）的控制要求。

④制动系统应具有故障诊断和适当的应急自动处理能力，确保列车运行安全可靠。

⑤制动系统应具有一定的普适性。即不同车型列车（最高车速、自重/载客量等参数不同）采用该制动系统时，不必通过调整零部件的方式即可实现。

课题组根据高速动车组总体技术条件和制动系统新功能的要求，首次提出了微机控制直通电空制动系统方案，该方案具有如下显著优势：

①制动力控制精度高。系统极大地提高了信号传输和处理速度，有利于控制电磁阀快速动作，防滑过程中可实现黏着的充分利用，缩短制动距离。

②充分发挥交流传动牵引系统的动力制动能力。通过微机控制可以实现动力制动优先，并经过运算实现整列车动力制动力和空气制动力的有机匹配，充分发挥动力制动能力。

③智能化程度高。可以实现制动系统的故障检测和诊断功能，既能实现关键故障的应急处理，避免引起更严重后果；又能储存和上传故障信息，以便维修人员及时处理。

④兼容性强。该制动控制系统可通过对软件进行相应修改应用到不同车型上，而无需更换硬件。

根据 200km/h 动力分散型电动车组（先锋号）的制动要求，对系统制动指令产生与传输、制动控制和基础制动三大核心技术进行了论证和方案设计，最终完成了列车制动系统总体方案，如图 2-22 所示。

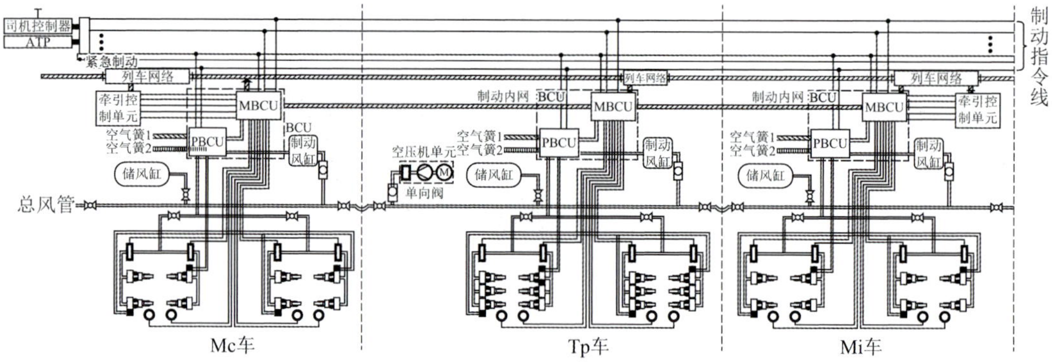

图 2-22　制动系统方案简图

　　列车制动过程中的防滑是防止擦轮的重要功能。先锋号制动系统研制首次提出了主动防滑和被动防滑的理念，形成了四道防滑防线。第一道防线是采用速度-黏着控制。根据黏着极限随速度的变化规律，将制动力控制在理论黏着限制的范围内，既能得到足够的制动力，又减小了发生滑行的可能性。第二道防线是在紧急制动时，适当降低头车的制动力，并通过其他车补足头车所降低的制动力。第三道防线是避免动力制动和空气制动叠加所导致的过制动。第四道防线是一旦制动力过大出现滑行趋势时，系统采用电子防滑器防滑。先锋号动车组以主动防滑为主的理念成功应用于制动系统的研制中，在动车组后续高速试验和运营过程中从未出现轮对滑行、擦伤事故，从而被普遍推广到国产高速列车和地铁车辆制动系统中。

　　先锋号动车组制动系统作为国内首套自主知识产权的微机控制直通电空制动系统，在设计理念上进行了重要创新，具有新一代制动系统的代际特征：

　　① 采用微机控制作为新一代制动系统的核心部件。

　　微机控制直通电空制动系统采用了微机制动控制单元（Microcomputer Brake Control Unit，MBCU），提升了列车运行的安全性，并使列车实施自动驾驶成为可能，助力我国列车制动系统迈入了微机控制时代。

　　② 首次提出以"防"为主的多防线主动防滑控制理念并成功应用。

　　先锋号动车组制动系统在设计之初就提出了防滑必须采用从"防"开始、以"防"为主的主动防滑控制理念。在系统中采用了速度-黏着控制技术、紧急制动适当降低头车制动力等主动防滑措施，保证了设计制动减速度的实现；同时采用电子防滑器来避免低黏着线路上车轮擦伤事故。

　　先锋号转向架上每轴设有一个防滑电磁阀，并在轴端设有一个防滑速度传感器。它们与微机制动控制单元中的防滑检测控制功能块构成气制动防滑系统。电制动与气制动的防滑分别控制，电制动防滑控制由牵引控制单元负责。

　　摩擦制动的实质是将列车运行的动能转化成基础制动装置的热能并消散到大气当中。列车制动能量和制动功率（单位时间内转移的制动能量）分别随速度的平方和速度的三次方增加。先锋号最高设计试验速度为 250km/h，相比于准高速列车（速度 160km/h）的制动能量和制动功率分别增加 2.4 倍和 3.8 倍。这意味着应用在准高速列车上的铸铁制动盘及其配对的合成闸片将无法满足使用要求，否则会因为巨大的热量累积导致制动盘和闸片出现热裂纹、热磨损以及摩擦系数不稳定等问题，严重的甚至导致合成闸片出现熔融。经计算研究,确定采用高强度合金锻钢制动盘以及粉末冶金闸片作为基础制动装置的摩擦副。

动力分散动车组的动力车由于转向架上装有牵引传动齿轮箱等，没有空间安装轴装制动盘。为此，铁科院在国内首次成功研制了轮装制动盘及对应的粉末冶金闸片，采用轮装盘形制动方式，选用了抗拉强度 $\sigma_b \geqslant 1000MPa$、延伸率 $\delta \geqslant 12\%$ 的合金锻钢材料，通过了试验台的模拟试验，其可靠性和制动性能均达到了国外先进水平，获得了国家发明专利。动力车每轴安装两套轮装盘形制动装置，每套轮装盘形制动装置由车轮辐板两侧安装的 2 个高强度合金钢制动盘、1 个制动缸、1 套夹钳及粉末冶金闸片组成。国内首次研制了由合金锻钢制动盘和粉末冶金闸片组成的基础制动装置，在台架进行了 1∶1 试验，具备承受高速机械负荷和热负荷的可靠性，其摩擦副的平均摩擦系数 μ 在车速 250km/h 时为 0.32，在车速 200km/h 时为 0.33，满足制动性能的要求。在秦沈客专实车制动试验中，列车最高试验速度达到 292km/h，基础制动装置结构安全可靠。列车初速度为 220km/h 时的备用制动紧急制动距离小于 1900m，制动盘最高温度不超过 400℃，具备长期工作的可靠性。先锋号动车组大热容量的制动盘及对应的粉末冶金闸片开创了高速列车制动摩擦副的新局面。拖车采用的是轴盘式盘形制动装置，每轴设 3 套轴盘式盘形制动装置，制动盘采用高强度合金钢，闸片采用粉末冶金材料。

先锋号动车组在国内率先研制成功高速列车合金锻钢制动盘，摩擦系数稳定，耐磨性、散热性好，解决了高速列车遇到的一项关键问题，填补了国内空白，为我国高速列车制动摩擦副技术研究积累了经验。

为满足动车组在 12‰坡道上的停放要求，在动车转向架上设有停放制动缸。每轴设 1 个停放制动缸，同一转向架上 2 个停放制动缸呈对角线布置。为节省空间，停放制动缸与盘形制动缸设计成一体。

为保证制动系统的性能和可靠性，上海铁道大学制动技术研究中心新建了 6 辆车编组 1∶1 模拟试验台，开展了大量列车制动控制系统和基础制动装置试验。2000 年 9 月，铁道部组织专家在同济大学对 200km/h 电动车组制动系统进行了现场测试及技术评审，认为该系统具备装车条件。先锋号动车组微机控制直通电空制动系统的研制成功为我国高速列车制动系统的自主研制打下了基础。

十 列车控制及网络系统

20 世纪 80 年代末我国开始研究电力机车通信网络技术，株洲所联合上海铁道学院开发出了我国第一套电力机车微机控制装置，在 SS4 型、SS8 型电力机车上成功应用。铁科院和四方所对客车车门、空调、制动、轴温及电子防滑监测等集中控制的信息系统开展了前期研究。上述机车车辆的车载网络技术研究与实践为先锋号网络控制系统的研制奠定了技术基础。

20 世纪 90 年代，国际、国内存在多种互不兼容的现场总线，在"九五"国家科技攻关项目中，株洲所进行了高速列车车载网络系统技术研究，提出了我国车载网络系统按照 TCN 网络控制模式开展攻关，制定了"高速列车技术条件的研究——控制、监测、诊断系统技术条件"。先锋号列车网络控制系统方案采用符合 IEC 61375 标准（即通常所称的 TCN 网络）的列车通信网络，实现对列车的控制、监测与诊断，以及人机交互。该系统的研制成功为我国高速列车网络系统发展奠定了基础。

先锋号动车组由 2 个完全相同的牵引单元组成。每个牵引单元由 1 辆带司机室的动车 Mc、1 辆带牵引变压器的拖车 Tp 和 1 辆动车 M 组成。列车控制、监测与诊断系统的主要任务是利用所建立的列车通信网络和必要的直通线（硬连线）把列车的各车及各可控部分有机地连接，实现列车的控制、监视与诊断功能。列车控制系统的网络拓扑结构如图 2-23 所示。

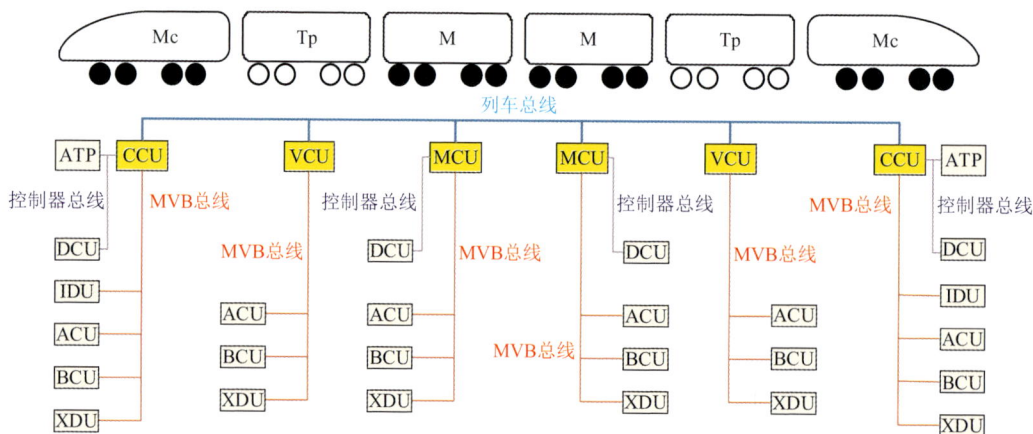

图 2-23　列车控制系统的网络拓扑结构

ACU-辅助系统控制单元；IDU-智能显示器；ATP-列车自动防护设备；MCU-动车控制单元；BCU-制动控制单元；CCU-中央控制单元；VCU-车辆控制单元；DCU-传动控制单元；XDU-轴温、车门和空调监视与控制单元

这是一个车载分布式计算机网络系统，系统分为列车控制级、车辆控制级和功能控制级三级，并通过两个网络（列车网、车辆网）连接组成树状系统，把分布在各车辆中的各个控制、监测的计算机联网，由列车上的主控计算机对列车实施控制、监测、诊断。主控计算机向全列车发出指令，协调全系统的工作，对分布在列车中各个动车上的牵引动力设备实现控制。

列车网络由列车总线和车辆总线组成。列车总线采用两根双绞线构成冗余结构，下挂 6 个车辆节点。列车总线和车辆总线除传输恒速控制指令外，还传输状态监测和故障诊断信息。制动相关指令、非常制动指令、牵引力控制指令、0～10 级牵引力指令、受电弓升降指令等重要的指令由硬线传递直通各车辆，以确保动车组的安全性和稳定运行。

列车总线采用屏蔽的双绞线，其传输率为 19.2kb/s。信号采用 FSK 调制，"0"调制为 149kHz，"1"调制为 179kHz，具有列车初运行功能和连接器接触处脱氧化功能。车辆总线在本机箱内采用双绞线，导出机箱外采用光纤，其传输率为 1.5Mb/s。车辆总线是符合 IEC 61375 标准的多功能车辆总线（MVB）。控制器总线采用三绞屏蔽电缆，其传输率为 62.5kb/s。

制动控制由 BCU 统一协调实施，即电气制动和空气制动指令均由 BCU 发出（恒速控制除外），为此同一动车的制动控制单元和变流器控制单元之间设有单独的通信联系，同一单元相邻的动车和拖车制动控制单元之间也有单独的通信联系。

考虑到先锋号动车组上首次使用国产列车通信网络，特别是遵循网络故障导向安全的设计原则，动车组控制系统由微机网络控制系统和有结点控制电路两部分组成，实现动车组的控制、监测和诊断功能。全列车设有结点控制电路及车载计算机网络相结合的控制系统，当微机网络控制系统正常时，充分发挥微机网络控制系统传输、监测、显示和控制功能；当微机网络控制系统发生故障时，有结点电路控制自动导向，通过贯穿全列车的重联线，实现牵引、制动、辅助系统控制等功能，仍能确保列车的正常运行。

采用微机网络控制系统和有结点控制电路相结合的列车控制系统，确保了列车的安全运行，为微机网络控制系统的应用、探索和发展提供了平台，使微机网络控制系统在运行中不断地得到改进和提高，为后续高速动车组微机网络控制系统的发展提供了技术支撑。

先锋号动车组控制系统的研究开发由株洲所牵头，上海铁道大学、浦镇厂、永济厂、四方所等单位联合攻关。在前期完成了技术条件编制及控制系统总体技术方案与电子柜体设计后，株洲所完成了 CCU/MCU/VCU、IDU 的开发及牵引变流器、ATP 的网络接口协议；上海铁道大学完成 BCU、XDU 的开发；永济厂完成了 ACU 的开发。为保证整个系统的可靠运行，装车之前，课题组在株洲所开展了整列车网络控制系统 1:1 试验，测试、验证了列车级和车辆级网络通信与控制的功能和性能。浦镇厂根据项目组提出的技术要求完成了系统装车及布线设计，采用了一系列技术措施，抑制电磁骚扰源，消除和减弱电磁骚扰耦合，降低敏感设备对电磁骚扰响应的敏感性，实现了可靠的电磁兼容设计，确保所有的电器设备都能可靠、安全地运行。

先锋号电动车组的控制系统是我国首列动力分散交流传动电动车组完备的列车通信与控制系统，在地面综合试验、出厂试验和环行段运行试验中工作可靠；列车调试、维护支持的优越性也初见端倪。该系统的研制成功为后续动车组及地铁列车等的列车网络控制系统开发打下了良好基础。

先锋号动车组网络控制系统主要的技术创新：

① 先锋号动车组开创了我国列车分布式网络控制系统应用的先河。在先锋号动车组上，自主研制的较为完备的分层次、分布式列车网络控制系统首次得到成功应用，为我国后续动车组、地铁列车等分布式网络控制系统的开发应用进行了有益的探索。

② 先锋号动车组列车通信网络系统的研发从一开始就明确以 TCN 国际标准为目标，顺应了国际技术发展的方向，也引领了国内后续技术发展的方向；把国际基础标准转换成中国标准，为我国铁路走出去在列车网络控制专业领域打下了良好的基础。先锋号当时使用的 MVB 技术在此后 20 年的时间里一直都是国际、国内列车通信网络技术的主流方向。

③ 先锋号动车组网络控制系统的成功运用为我国轨道交通行业培养、锻炼了一批专注于列车网络控制研究的专业团队和专业人才。研究团队的很多成员已经成为我国该领域的技术骨干，在后续中国标准动车组（复兴号）的研发中发挥了重要的骨干作用。

先锋号动车组首次将微机控制车载网络系统成功应用于动力分散高速动车组上，为我国列车的分布式控制和列车控制网络的发展开创了前进的道路，奠定了良好的基础。

十一 先锋号综合试验及运行考核

2000 年 12 月，先锋号动车组在浦镇厂完成总装，并进行了各系统的装车联调联试，经过半年的静态、动态调试后，动车组送铁科院环行铁道试验基地进行列车运行综合性能检测和型式试验。

1. 环行铁道试验基地综合研究试验

2001 年 7 月～9 月，先锋号动车组在铁科院环行铁道试验基地进行了综合试验，完成了动车组牵引及制动性能、功率因数及谐波、列车控制系统及故障导向安全、动力学性能、弓网受流特性、牵引供电、噪声及车辆空调系统及性能等型式试验。

鉴于动力分散动车组的牵引系统具有更多的特殊性，为此，先锋号动车组在铁科院环行铁道试验基地重点开展了一系列专项试验，以 SS8 型电力机车为陪试负载，对牵引系统进行了牵引电机最大电流持续 12min 考核，开展了牵引系统持续功率 2h 连续运行性能及温升检验，严苛的试验表明，牵引系统各项指标满足设计任务书要求。综合试验对动车组还首次开展了列车提速性能的全面试验，对牵引系统全动力、1/4 动力丧失和 1/2 动力丧失工况下的起动加速度和系统牵引特性进行了检测，为动车组的运营提供依据，这些检测工况现已经成为我国高速列车型式试验检测的必须项点。

先锋号动车组的制动系统和列车控制系统设计都遵循了故障导向安全的准则，为检验设计逻辑的准确性和系统可靠性，环行铁道试验基地综合试验大纲中首次拟定了相关的故障模拟检测项点，通过模拟列车总线、车辆总线、控制器总线断开故障，以及 CCU、ACU、BCU 等网络节点失电故障，检测网络系统的容错保护以及功能切换逻辑的准确性，确保系统的安全性。

综合试验检测结果表明，在环行铁道试验基地运行条件的试验工况下先锋号动车组各项指标满足设计任务书要求，可以赴广深线开展更高速度运行的各项试验。

先锋号动车组在环行铁道试验基地的综合试验不仅检验了动车组的性能，还开展动力分散动车组系统科学检验方法和评判标准的探索，为后续我国高速列车试验检验积累了经验。

2. 广深线试验及载客试运营

先锋号动车组 2001 年 10 月底到达广深线，开展了实际运营线路的综合性能试验，全面完成了动车组牵引性能、动力学、列车制动性能和弓网受流性能各项检测，进行了列车交会空气动力学状况检测。最高试验速度达到 249.6km/h，各项指标达到设计任务书要求。

2002 年 3 月～6 月，先锋号动车组在广深线进行了载客试运营，累计运营里程超过 6 万 km，输送旅客约 15 万人次，后来为配合秦沈客专综合试验而结束了广深线运营。

线路运营考核进一步检验了先锋号动车组在各种线路工况下实际运营的综合性能，加深了技术人员对动力分散动车组特性的认识。针对广深线运营中牵引电机轴承多次出现的故障，设计人员深入分析了牵引传动机械系统在实际线路中的运行工况，以及安装在转向架构架的电机与齿轮箱之间的位移和受力状况，优化了电机轴承的轴向力计算、选型和联轴节的鼓形齿型，解决了电机轴承故障问题，提高了动车组运行的可靠性。

3. 秦沈客专综合试验

2002 年 9 月，先锋号动车组在秦沈客专进行的第二次综合性能试验中，完成了动车组高速动力学性能、弓网关系及受流、牵引及制动性能、列车交会等试验，配合其他各专业还进行了曲线运行性能、无砟轨道、道岔、桥梁、路基及路桥过渡段、噪声振动、安全退避距离、接触网支柱稳定性以及通信、信号和车载列控装置等试验。最高试验速度达 292km/h，如图 2-24 所示。

图 2-24　先锋号动车组在秦沈客运专线

秦沈客专综合试验得出如下结论：

（1）先锋号动车组动力车动力学性能

运行安全性：先锋号动车组动力车下行以 270km/h 以下试验速度，上行以 290km/h 以下试验速度在直线和曲线线路上运行，以 200km/h 以下试验速度通过正向道岔以及以 160km/h 以下试验速度通过侧线道岔，脱轨系数、轮重减载率、轮轴横向力、转向架构架横向振动加速度等运行安全性各参数满足试验大纲规定的评定标准要求。

运行平稳性：先锋号动车组动力车下行以 270km/h 以下试验速度，上行以 290km/h 以下试验速度运行时，车体垂向和横向平稳性指标等动力车运行平稳性各参数满足试验大纲规定的评定标准要求。

（2）动车组拖车动力学性能测试

先锋号动车组拖车动力学试验结果表明，该车满足试验大纲规定的运行安全性和运行平稳性指标，达到设计任务书要求，可以在秦沈客专上进行运用考验。

（3）动车组牵引及制动性能测试

试验对动车组全功率及 3/4、1/2 功率情况下的牵引特性进行了测试，根据多次试验数据，动车组起动加速度（0~100km/h）为 0.43m/s²，优于设计要求的加速度 0.42m/s²。

动车组制动性能试验结果见表 2-6。动车组的制动性能及牵引特性都达到设计任务书要求。

动车组制动性能试验结果   表 2-6

初速度 （km/h）	复合制动 （m）	纯空气制动		
		制动距离（m）		制动盘最高温度（℃）
160	787.7	773（实测）	1400（技规要求）	248
200	1279.6	1294（实测）	2000（设计要求）	356
220	1582.6	1850（实测）	—	—

4. 应用考核

2004 年 2 月 20 日至 12 月 30 日，先锋号动车组在秦沈客专皇姑屯—山海关间进行运行试验（不载客）考核，沈阳铁路局安排每天 2 个往返，共运行 508 个往返，每个往返 771km，每日运行约 1600km。运行速度：皇姑屯—锦州南为 160km/h，锦州南—山海关为 200km/h，共安全运行 230 多天，累计运行 391668km，其中以 160km/h 速度运行 223210km，以 200km/h 速度运行 168458km，上线率 98.8%，总体安全可靠，具备投入运营的条件。2005 年 3 月先锋号回厂检修，累计运行 54 万 km。

先锋号动车组的成功研制，实现了一批关键技术的突破，为我国动力分散交流传动高速列车的发展奠定了良好的基础。

第四节 中华之星动力集中高速动车组的研制

"八五""九五"科研攻关项目取得了大批成果，高速列车各个核心部件及子系统完成研制并通过了相关试验检验，具备工程化应用条件，以科研成果为基础，铁道部组织完成了高速列车总体技术方案的设计，动力集中高速列车研制的条件已经成熟。

一　国家产业化计划立项论证

2000 年铁道部向国家计委递交了《关于报送"250km/h 等级高速列车产业化"项目建议书的函》，申请国家立项研制高速列车，并实现产业化。2000 年 8 月国家计委下达了《国家计委关于 250 公里/小时等级高速列车产业化项目建议书的批复》，同意将 250km/h 等级高速列车产业化项目列入国家高技术产业发展项目计划。

铁道部组织完成了可行性报告的编写，报告指出，我国花了近 10 年的时间开展了高速铁路以及高速列车主要关键部件研究，取得了许多阶段性的成果，对高速列车也开展了技术条件、总体技术参数、技术方案等大量的前期研究工作。通过上述阶段成果的集成，研制 270km/h 高速列车是可行的。报告附录中包括了《250km/h 等级高速列车设计任务建议书》及列车总体、动力车及拖车、转向架、车体等部件和系统技术设计图，并对产业化能力及实施措施进行了说明。2000 年 12 月国家计委经与铁道部会商，将列车速度 250km/h 等级明确定为最高运营速度 270km/h，下达了《国家计委关于 270 公里/小时高速列车产业化项目可行性研究报告的批复》，270km/h 高速列车正式开始研制，"八五""九五"以来各个科研攻关团队都参加了研制工作（表 2-7）。后来，270km/h 高速列车被命名为"中华之星"。

国家高技术产业发展项目"270km/h 高速列车产业化"　　表 2-7

序号	课（专）题名称	起止时间	主持单位	参加单位
1	270km/h 高速列车总体设计及列车综合试验	2000—2003 年		
1.1	270km/h 高速列车总体设计	2000—2002 年	中国南车、中国北车	项目所有参加单位
1.2	270km/h 高速列车环线及正线试验	2000—2003 年	铁科院	项目所有参加单位
2	270km/h 空心轴传动动力车的研制	2000—2003 年		
2.1	270km/h 空心轴传动动力车的设计及制造	2000—2003 年	大同厂、株机厂	各专题单位
2.2	高速列车空气动力学性能计算、试验及头车外形设计	2000—2003 年	中南大学	大同厂、株机厂、长客厂、四方厂、29 基地
2.3	交流传动系统设计及部件研制	2000—2003 年	株洲所	大同厂、株机厂、铁科院
2.4	空心轴传动高速动力转向架的设计及动力车、客车台架试验	2000—2003 年	西南交大	大同厂、株机厂、长客厂、四方厂
2.5	高速牵引传动齿轮箱的设计及研制	2000—2003 年	戚墅堰所	西南交大、大同厂、株机厂
2.6	270km/h 高速列车制动系统设计及研制	2000—2003 年	铁科院	大同厂、株机厂、长客厂、四方厂
2.7	270km/h 高速列车微机控制及网络系统设计及研制	2000—2003 年	株洲所	大同厂、株机厂、长客厂、四方厂

序号	课（专）题名称	起止时间	主持单位	参加单位
3	270km/h 高速列车客车的研制	2000—2003 年		
3.1	铝合金高速列车拖车设计及研制（2 节一等车、2 节二等车）	2000—2003 年	长客厂	四方厂、西南铝厂、625所、铁科院、四方所、北方交大
3.2	钢结构高速客车设计及研制（1 节一等车、3节二等车、1 节带中央控制室的酒吧车）	2000—2003 年	四方厂	长客厂、四方所、铁科院、中南大学、同济大学
3.3	高速客车供电系统及钩缓、风挡等部件设计、研制	2000—2003 年	四方所	长客厂、四方厂、株洲所

　　2001 年 4 月铁道部下发了《关于下达〈270 公里/小时高速列车设计任务书〉的通知》，据此，各研制单位根据设计任务书优化了相关的设计方案，2001 年 8 月列车设计通过了铁道部组织的专家组审查，进入研制阶段。

　　为加强有关研制单位在施工设计和制造中的协同，铁道部在整个研制过程中加强协调，组织成立了中国南车、中国北车联合总体设计组。

二　总体方案设计

　　铁道部早在国家高技术产业发展项目立项前，根据"八五""九五"科研攻关的成果，组织完成了高速列车总体方案的设计。根据最高试验速度超过 300km/h 的目标及牵引计算结果，确定了 270km/h 高速动车组（中华之星）编组为 2 动 9 拖，其中铝合金客车 4 辆，钢结构客车 5 辆，平衡速度为 311km/h，300km/h 的剩余加速度为 0.017m/s²，单节动力车牵引、电制动特性曲线如图 2-25 所示。列车可根据运能需要增加拖车数量，扩编编组为 2 动 12 拖，定员约为 1000 人，250km/h 的剩余加速度为 0.051m/s²，满足秦沈客专 200～250km/h 的运输需求。

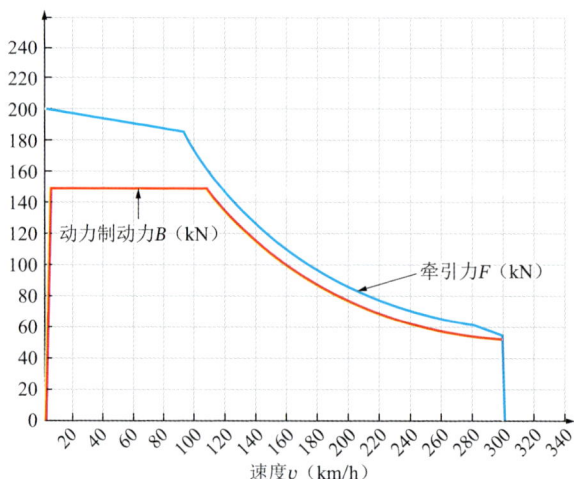

图 2-25　270km/h 高速动车组（中华之星）牵引、电制动特性曲线（单节动力车）

故事

刘友梅与中华之星

说起中国高速列车的源头，就不得不提到当年国家计委立项研制的中华之星高速动车组和它的总设计师刘友梅院士。

2002 年 11 月 27 日，中华之星在秦沈客专创造了当时中国铁路的最高速度 321.5km/h，成为我国高速铁路史上不可撼动的里程碑。为研制中华之星高速动车组倾注智慧和心血的总设计师刘友梅院士，是创造中国高速列车及中国铁路第一速的关键人物。

刘友梅 1961 年从上海交通大学电力机车专业毕业后，被分配到我国电力机车摇篮——株洲电力机车厂工作。经过多年历练后被任命为该厂的总工程师。从普通货运机车到重载货运机车，从普速客运机车到高速列车，从直流传动技术到交流传动技术，他把一生奉献给了中国铁路电力牵引事业。长期以来刘友梅院士不懈耕耘，开发了许多新产品和新技术，其中突出的代表是中华之星的研制。

中华之星高速动车组 2000 年 8 月由国家计委批准立项研发，刘友梅院士接受上级任命，担当起中华之星总设计师的重任。这一任命是众望所归，因为在此之前他领导的团队已为我国铁路大提速研制了韶山 8、韶山 9 型电力机车和大白鲨、蓝箭等电动车组。其中经过改造后的韶山 8 型电力机车牵引列车在铁科院环行铁道试验基地创造了 212.6km/h 纪录，使我国铁路首次进入高速领域。与此同时，他还主持研制了我国第一台大功率交流传动电力机车（AC4000），实现了我国牵引动力升级换代的新突破。

然而，与速度 160～200km/h 的提速机车和动车组相比，中华之星设计速度高达 270km/h，对牵引、制动、安全、平稳性的要求截然不同，涉及列车功率、列车动力学、空气动力学、噪声防护、网络控制、安全制动等关键技术，而当时我国在这些领域的技术积累远远达不到要求。面对诸多难题，刘友梅院士矢志不移，在铁道部和中国铁路机车车辆工业总公司的领导下，组织有关企业、高校和研究院所开展了两年的系列攻关。攻关的成果是关键核心技术实现历史性突破，自主研发了大功率交流传动技术、轻量化的车辆结构、低阻力的列车头型、性能良好的转向架、可靠的制动系统和独特的列车控制网络结构，并在此基础上完成全车设计和制造。

中华之星出厂后，在铁科院环行铁道试验基地和秦沈客专开展了一系列试验和试运行，达到了设计任务书的要求。

在中华之星长达五年的设计、生产、试验、试运行期间，刘友梅院士寝食难安，经常深入到研究设计现场，与团队成员共同破解一个又一个技术难题。许多人还记得，在秦沈客专试验的寒冬腊月，迎着风雪第一个走上铁道的总是刘友梅院士；在中华之星冲击 300km/h 速度的前夕，面对不可预知的安全风险，夜深之时他在脑海里对每一个细节过了一遍又一遍，生怕有失。然而试验并不总是顺利的，由于秦沈客专通车急需，中华之星调试时间不足，在试验初期暴露出一些缺陷。尽管其后经改进的列车性能良好，但作为总设计师的刘友梅院士所承受的压力可想而知。

不得不说的是，2004 年中华之星实现 50 万 km 考核后，铁路高层有人以试验初期出现的故障为由对该列车加以全盘否定。刘友梅院士在重压之下，毫不退缩，据理力争。他两次致信国务院领导同志，对如何处理好引进与自主创新的关系提出了建议，他坚持自主创新的拳拳赤子之心跃然纸上。他的意见得到国务院重视，纳入了有关文件中。

60 多年来，刘友梅院士为实现中国铁路牵引动力现代化全力以赴，为中国铁路迈入"高速时代"做出了重要贡献。由他领衔的科技项目获国家科技进步奖一等奖和其他奖项。为了表彰他的贡献，国家授予他"全国劳动模范""全国优秀科技工作者"等光荣称号。

三 轻量化车体设计制造

1. 铝合金车体的研制

长客厂在"八五"期间，承担了国家重点科技攻关项目"高速客车车体铝合金结构的研制"专题，完成了我国首个挤压成型铝合金车体的设计，开展了铝合金车体焊接工艺研究，研制成功我国首个新型挤压成型铝型材结构车体，为我国高速列车铝合金车体的研制打下了基础。

在"八五"国家重点科技项目成果的基础上，2001 年长客厂根据 270km/h 高速动车组（中华之星）的技术条件，开展了国产挤压型材的铝合金车体结构优化计算、强度刚度及模态分析计算，完成了轻量化大断面铝合金挤压型材焊接的整体承载结构设计，型材间用连续纵向焊缝连接，不设纵梁、横梁、立柱及弯梁。并对铝合金材料焊接性能进行分析，对铝合金型材的焊接工艺做了进一步的优化提升。车体按照空气动力学性能要求设计了鼓形断面，并充分利用了高速列车技术条件提出的限界，在我国铁路首次设计制造了 3300mm 宽铝合金车体，如图 2-26 和图 2-27 所示。

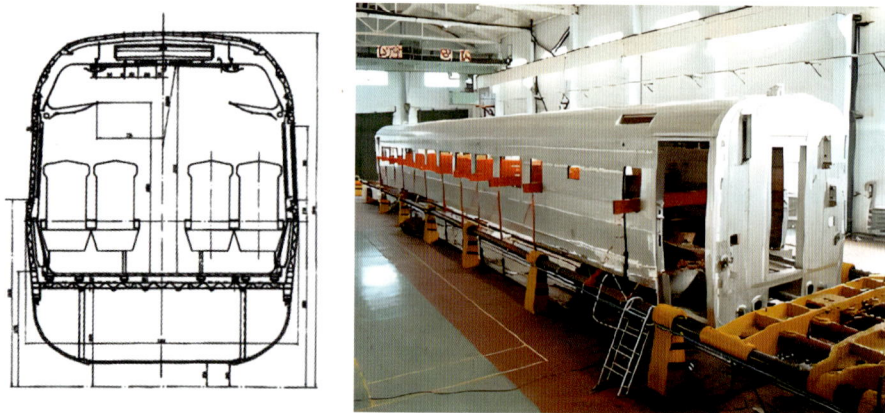

图 2-26　270km/h 高速动车组（中华之星）铝合金拖车车体截面及强度试验

图 2-27　270km/h 高速动车组（中华之星）铝合金拖车

长客厂与四方所对铝合金车体结构强度、刚度试验与评定方法进行了研究，按照《高速试验列车客车强度及动力学规范》的规定，参照既有客车车体试验方法，完成了高速铝合金车体的静强度和刚度等试验，各项指标满足 270km/h 高速动车组（中华之星）设计要求。

270km/h 高速动车组（中华之星）完成研制后，铝合金车体成果在国内得到推广，促进了我国轨道车辆铝合金结构的发展。长客厂在国内首次批量制造生产铝合金车体，由此开创了我国轨道车辆铝合金车体结构的先河。

2. 钢结构车体架的研制

当时国内铝合金挤压型材的生产制造尚处于起步阶段，四方厂也还没有铝合金焊接制造设备，因此采用了钢结构车体。在动车组的拖车钢车体研制中采用了整体承载半不锈钢结构，骨架采用高耐候钢及低合金钢板，车顶、侧墙和地板等蒙皮材料采用进口 N4003 铁素体不锈钢板。部件连接采用通长密封焊缝，提高了车体钢结构的密封性。车体钢结构的设计质量为 11.0t，达到了技术条件对车体轻量化的要求。

四　高速转向架（动力车、拖车）

根据"八五"以来的科研成果，中华之星高速动车组选用了双空心轴动力车转向架和高速客车无摇枕转向架。

1. 动力车转向架的研制

根据"八五"国家重点科技攻关计划项目要求，西南交大与大同厂、戚墅堰所、株洲所、铁科院机辆所共同承担了"高速列车动力车转向架研究"专题，完成了双空心轴动力车转向架的设计和研制，中华之星动力车直接采用了该专题的科研成果，并进行了优化。

双空心轴动力车转向架构架采用鱼腹形侧梁、变截面等强度设计，在保证足够强度和刚度的同时，进行了轻量化设计，如图 2-28 所示。一系悬挂装置采用螺旋压缩圆弹簧加橡胶垫结构，二系悬挂采用高圆弹簧，两端加橡胶垫，每侧二系弹簧并联垂向、横向液压减振器和抗蛇行液压减振器；车轮采用轻量化结构的直辐板整体碾钢轮，根据我国铁路

60kg/m 轨廓设计了 GDM 踏面，通过动力学计算，优化了相关参数，其临界速度达到 450km/h 以上；转向架牵引制动单元包括牵引电机、齿轮箱和安装制动盘的外空心轴，一端安装在车体上，另一端安装在构架横梁上，形成全悬挂结构，减小簧下质量，有利于动力学性能的提高；齿轮箱为带有中间介轮的一级减速传动结构，箱体采用高强度铝合金铸造、三体组合结构，有利于安装和检修，经过结构强度计算和优化实现轻量化设计，齿轮箱质量小于 645kg；车轴采用了内孔直径为 80mm 的空心车轴，其材料为 35CrMoA 合金钢，计算疲劳强度大于相关标准要求，图 2-29 所示。

图 2-28 中华之星高速动车组动力转向架

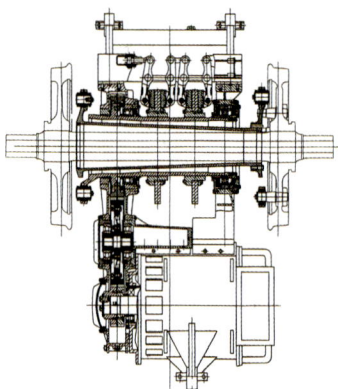

图 2-29 中华之星高速动车组牵引制动单元及铝合金高速齿轮箱箱体

2001 年 6 月，西南交大与大同厂、株机厂联合完成了双空心轴动力车转向架的设计和制造。2002 年 9 月，中华之星高速动车组动力车在西南交大牵引动力国家重点实验室滚动振动试验台完成了高速试验，纯滚动试验运行速度达到 400km/h，激振试验运行速度达到 330km/h，没有出现蛇行。垂向和横向平稳性指标小于 2.75，达到优级。2002 年 11 月，中华之星高速动车组调至秦沈客专参加综合试验，完成了列车的全部型式试验。11 月 27 日，中华之星以 2 辆动力车和 3 辆客车的短编组在新建的秦沈客专试验段运行，最高试验速度达到 321.5km/h，创造了当时的中国铁路第一速度。运行安全性各项测试参数都能满足试验大纲中所确定的限度值要求。而且在多数工况下，都有一定的安全裕量。平稳性测试参数总体能够满足试验大纲中限度值的要求。其中，车体横向振动加速度和横向平稳性指标较优。

2. 拖车转向架的研制

（1）铝合金拖车转向架（CW-300）

2001 年，长客厂在"八五"科研成果的基础上完成了中华之星动车组铝质拖车的 CW-300 转向架设计和制造，在西南交大牵引动力国家重点实验室滚动振动试验台再次对铝合金拖车 CW-300 转向架进行了 2 个方案的滚振试验比选，最终完成了铝合金拖车 CW-300 转向架设计优化，如图 2-30 所示。

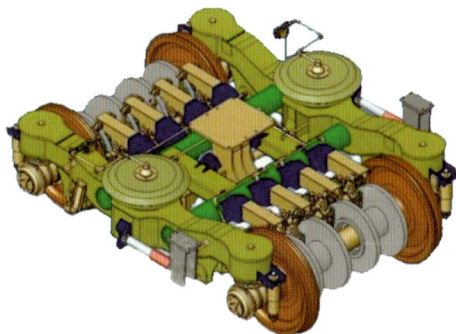

图 2-30　中华之星高速动车组铝合金拖车转向架（CW-300）

（2）钢结构拖车转向架（SW-300）

四方厂为中华之星动车组钢结构拖车设计了 SW-300 转向架，转向架与车体的安装接口与 CW-300 转向架相同，可以互换，如图 2-31 所示。该转向架采用无摇枕结构，构架为 H 形焊接结构，侧梁采用钢板焊接组成，横梁为无缝钢管，侧梁内腔兼做空气弹簧附加气室，借鉴了前期铰接式高速客车转向架研制成果，提高了结构的可靠性及轻量化，构架设计质量不超过 1300kg。

图 2-31　中华之星高速动车组钢结构拖车转向架（SW-300）

SW-300 转向架二系中央悬挂装置采用了小刚度大变位空气弹簧及相配套的高度控制阀、差压阀和抗侧滚扭杆装置，并设计了垂向、横向油压减振器和抗蛇行减振器。悬挂系统参数是影响转向架高速运行动力学性能的关键，四方厂通过与铁科院、西南交大和同济大学的合作，完成了多方案模拟计算，优化了相关参数，其临界速度满足 300km/h 运行的要求，大柔度的空气弹簧有利于提高运行平稳性，满足相关标准的要求。

五　交流牵引传动系统

大功率交流牵引传动系统是我国铁路长期科研攻关的重点核心技术，中华之星动车组采用交直交牵引传动系统。系统由两重四象限变流器、中间直流电压环节、牵引逆变器、并联的异步电机及传动控制装置组成，主电路结构采用转向架控制的两电平电路，如图 2-32 所示。

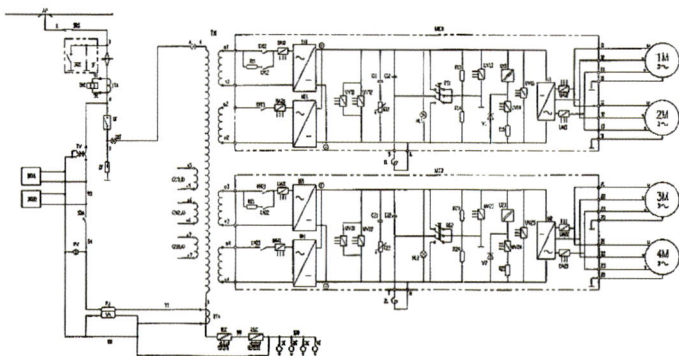

图 2-32　中华之星高速动车组交直交牵引系统

交流牵引传动系统的牵引控制单元（TCU）根据列车控制指令进行牵引/电制动和防空转/滑行的控制，逆变器采用了直接力矩控制方式，实现对三相异步牵引电机的控制。变流器在株洲所与铁科院机辆所共同开发的 2800kVA GTO 油冷机组的基础上，用 44% 乙二醇加 56% 水的冷却介质代替了冷却油，大大提高了冷却效果，减小了体积和质量。交流牵引电机借助先锋号牵引电机成熟的应用经验，采用了异步电机专用铜合金及耐电晕 200 级绝缘材料，提高了转速和功率，电机恒功功率为 1225kW，采用铸铝端盖等轻量化设计，电机总质量小于 2150kg。

故事

高速列车牵引控制技术攻关

交流牵引传动控制是轨道列车的核心技术之一，攻关的难点涉及相关控制理论、应用算法、工作逻辑、系统保护等关键核心技术。为了突破西方少数国家的技术封锁，追赶世界先进水平，20 世纪 90 年代初，株洲所组建了一支由冯江华等年轻科技人员组成的研发团队，开始了攻关进程。

经过艰难的探索，研发团队实现了转矩精准控制、磁链轨迹优化、电压指令计算收敛方法、功率闭环快速动态弱磁控制等一系列自主创新技术成果，为我国自主研制高速列车奠定了基础。研发团队因在高速列车牵引控制技术方面的积累，接到了铁道部下达的动力集中高速动车组（中华之星）牵引传动控制的研制任务。

四象限变流器电路性能优越，研制中华之星高速动车组这一技术不可或缺。研发团队决定采用基于数字信号处理器（DSP）为载体的先进算法。然而在高压大功率牵引系统中，即使毫秒级的控制误差，也可能造成较大的电流波动，甚至会引发过流故障，因此必须确保控制精度。研发团队经过近半年的艰苦摸索和不断试验，最终完成了四象限变流器DSP控制软件的编制工作，很好地满足了控制精度要求。

机车车辆轮轨之间的黏着力是驱动列车运行的动力，黏着利用控制是业界公认的一大技术难题。2000年，研发团队凭借株洲所长期的技术积淀，提出了多个应用场景适应性解决方案。经过多次试验，不断优化解决方案，最终闯关成功。此后团队一鼓作气，开发出一套逻辑控制与保护技术，以此保障交流牵引传动系统的较高可靠性，并研发出国内首个DCU平台（传动控制单元），其架构、算力、体积等均达到同时期国外同类先进产品的水平。

2002年11月，装有自主研制的牵引传动控制系统的中华之星来到秦沈客专，准备冲击300km/h以上的试验速度。但在刚开始进行的试运行中，跳弓现象频繁发生，引发交流过流，甚至偶发列车冲动，影响了冲高试验。团队不敢懈怠，连续工作，终于找到故障发生的共性规律，跳弓等问题迎刃而解。中华之星高速试验任务在多方共同努力下顺利完成，标志着我国自主研发的高速列车牵引控制技术攻关取得了实质性突破。

六　列车网络控制系统

1999年，先锋号动车组首次实现了TCN车载微机控制网络系统的应用。在此基础上，株洲所在中华之星高速动车组的列车总线通信技术方面又开展了深入研究，进一步提高产品的控制性能，满足列车级控制的技术要求，将软件处理的实时性提升了10倍，软、硬件升级后的网络平台能够全面满足列车级网络通信高速率和控制的高实时性要求，使得中华之星高速动车组的列车总线通信速率比先锋号提升了50倍，列车级控制功能在先锋号的基础上得到了扩展和提升，并通过中央控制单元CCU的双热备确保系统运行的安全可靠。中华之星高速动车组列车网络控制系统由列车总线WTB、车辆总线MVB和第三方设备总线RS-232、RS-485组成，实现了对拖车各个主要环节的监控与信息交换。研制中对WTB网关/VCU（车辆控制单元）等采用了一体化机箱，设计紧凑，节省空间，便于维护。四方所负责完成了动车组拖车网络控制系统的设计和供电控制器、集中控制器等设备研制。供电控制器和集中控制器的 I/O 输出在国内首次采用 MOS 功率半导体无触点代替了有触点继电器，实现了长寿命免维护。国内首次采用空调控制器（AIR）和逆变器（INV）配合实现了变频空调节能控制，相关设备都通过了型式试验；编制了拖车网络控制系统的功能规范和通信协议，开发了相关软件，通过大量的地面试验，完成了通信一致性测试和集成测试。拖车网络控制系统在中华之星高速动车组装车后完成了静态和动态调试，各项功能达到设计要求。

中华之星高速动车组列车网络控制系统的成功应用，标志着我国全面掌握了高速列车微机控制网络系统技术，彻底打破了外商垄断的局面。"八五""九五"车载微机控制网络系统的研发成果为复兴号高速动车组的研制打下了良好的基础。

七　微机控制直通电空制动系统

铁道部在"八五""九五"国家重点科技攻关项目中，组织开展了多项微机控制制动系统的研究，完成了相关核心部件的研制，开展了大量台架试验，为整体系统的研制奠定了基础。铁科院在前期研究取得的阶段成果基础上，完成了中华之星高速动车组制动系统研制，系统包括微机直通电空制动、基础制动、防滑器及备用空气制动四个部分。

微机直通电空制动系统采用编码开关指令直接传送方式，提高了传送的可靠性，并首次开发了制动逻辑控制单元（PLC），实现制动指令的传递、换端操作的联锁控制、ATP 指令优先响应的控制及备用空气制动的响应控制等功能，与传统采用继电器的方法相比，功能更全、可靠性更高，制动系统的安全保护进一步完善。

中华之星高速动车组采用空电联合制动，优先充分利用电制动力，以减轻摩擦制动力承担制动负荷过高的问题。由于电制动力的发挥与轮轨黏着有关，在黏着制动力的利用方面，动力集中动车组要比动力分散动车组困难许多，必须要有良好的电制动力防滑功能作保障，才有可能实现空电联合制动时充分利用电制动力的目的。研制团队在设计动力车最大气制动力不超过湿轨黏着制动力的同时，从黏着控制上加强电制动力防滑功能，防止动力车车轮擦伤的风险，使空电联合制动得到了正常运用。中华之星高速动车组制动特性曲线如图 2-33 所示。

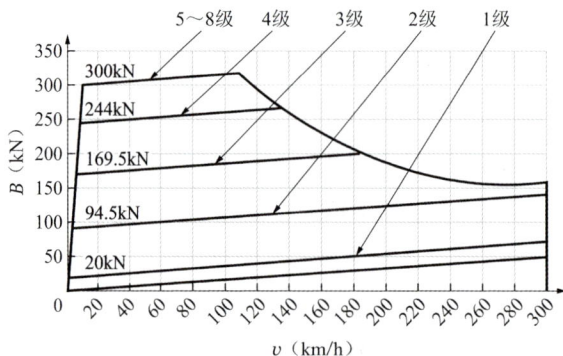

图 2-33　中华之星高速动车组制动特性曲线

基础制动装置由合金锻钢制动盘、单元/复合制动缸、粉末冶金闸片组成，在设计中除了充分考虑因制动功率过高导致制动盘热损伤、闸片摩擦性能热衰减及耐磨性差等因素外，还考虑了适当降低动力车制动负荷，做到全列车制动力的合理分担。为提高制动盘的耐热强度，不仅要提高材料的热强度性能，还要从结构设计上来改善热应力状态，保证良好的耐磨性和散热性，270km/h速度制动时制动盘的温度不超过500℃，各项指标优于设计要求。

八　中华之星动车组试验及运行考核

1. 滚振试验台试验

2002年8月～9月，由株机厂、大同厂、长客厂、四方厂研制的中华之星高速动车组的动力车、拖车分别在西南交大滚动振动试验台完成了动力学性能试验。最高试验速度达到400km/h，动力车加激振的最高试验速度达到330km/h，拖车达到350km/h，均未出现蛇行失稳，其临界速度满足设计要求。试验中除了对正常工况下的动力学性能进行检测外，还模拟悬挂部件故障工况进行了试验，对抗蛇行减振器、一系垂向减振器、二系横向减振器失效工况的动力学性能进行了检验。试验检验结果表明，动力车在原车参数条件下，具有较高的运动稳定性，在330km/h激扰情况下没有出现蛇行失稳，平稳性指标小于2.75，达到优级，符合设计要求。拖车在优化参数条件下，具有较高的运动稳定性，在350km/h激扰情况下没有出现蛇行失稳，平稳性指标小于2.5，达到优级，符合设计要求，可满足300km/h线路运行。各研制车辆具备编组成列上线进行高速试验的条件。

2. 线路综合试验

2002年9月，各厂研制的车辆到达铁科院环行铁道试验基地，开始列车编组及联调，并进行180km/h以下速度多项必要的性能试验，由于秦沈客专综合试验计划安排得比较紧迫，列车在环行铁道试验基地开展了必要的性能调试，部分试验项目留在了秦沈客专综合试验后进行。

（1）秦沈客专试验概况

中华之星高速动车组2002年11月开始在秦沈客专进行综合试验（图2-34），经过调试首先完成了300km/h以下动力学性能检测。11月26日，动车组拆编为2动3拖。11月27日在山绥段最高速度达到321.5km/h，创造了中国铁路列车运行速度的新纪录。11月28日动力车B轴承故障返厂检修。12月2日～6日以DJ2型机车代替动力车B，开展了秦沈客专全线（山海关—皇姑屯）拉通试验，在绥沈段列车最高速度达到251.7km/h。12月8日动力车B修复后，动车组恢复2动9拖编组。12月13日国内各路记者登车观摩了列车运行试验并做了采访，山海关—葫芦岛北的最高试验速度达到300.2km/h。12月19日～20日中华之星继续完成多项试验，在开展动力学试验的同时，还完成了高速弓网受流性能、列车交会空气动力学性能等试验检测。12月24日～27日，按计划完成了牵引及制动性能试验。中华之星各项测试指标符合试验大纲的标准，列车性能达到设计任务书要求。

中华之星秦沈客专300km/h运行试验

图 2-34　中华之星高速动车组在秦沈客运专线进行综合试验

2003 年 1 月 12 日和 14 日，中华之星高速动车组进行了北京—沈阳全线运行试验，全程运行 4.5h（中停山海关 9min），为秦沈客专全线开通运营提供了运行图必要的技术参数。

（2）试验结果

① 动力车动力学性能试验。

高速列车的动力学性能是安全运行的最重要因素，在秦沈客专的综合性能试验中，首先安排了三个阶段开展列车高速运行动力学性能试验检测。

中华之星动力学第一阶段试验在山海关铺轨基地（K21）—绥中北站（K88）之间进行，该区间包括线路的直线段、曲线段和道岔，最小曲线半径为 3000m；K30 至 K75 区段最小曲线半径为 5500m，外轨超高 55mm，该曲线允许通过速度 270km/h；K45 至 K60 区段允许速度大于 300km/h，持续运行 15km，最高速度 320km/h 持续运行 6.5km，在 38 号道岔区直向通过的最高速度 250km/h。

第二阶段试验在秦沈客专全程运行，在绥沈段的最高运行速度为 250km/h，试验全程检测的脱轨系数在 0.3～0.4 之间，减载率在 0.40～0.55 之间，但受特定点线路影响具有一定的波动。

第三阶段试验在北京站—沈阳站之间，京秦线按照 160km/h 提速线路运行，在秦沈客专山绥段速度超过 250km/h，其余区段速度为 220km/h。在秦沈客专区段的动力学性能检测参数优于京秦线提速区段。

中华之星在秦沈客专综合试验测试数据表明，其动力车动力学性能优良，符合高速列车技术条件要求，满足 250km/h 运行安全需求。

② 拖车动力学性能。

测试数据表明，拖车的安全性指标——车辆的脱轨系数均小于 0.8 的安全限度；一些车辆的轮重减载率超过 0.8，但基本是单峰，没有出现连续两个超过 0.8 的现象；一些车辆的轮轴横向力大于第一限值 43kN，但均小于 60kN 的提速限度，且这些个别大值与线路相关。平稳性指标：一些拖车的平稳性指标的最大值已经超过 3.0，但平均值在 2.75 左右，未达到新车 2.5 以下的优级标准；平稳性指标超标值重复出现在一些固定的公里标区段，反映出平稳性指标与线路状况有比较密切的关系，尤其是竖曲线与圆曲线（R5500）重叠区段对平稳性指标有明显的不利影响。经过对相关区段线路的调整，动力学各项指标得到改善，总体达到了设计任务书要求。

各车辆在 200km/h 以下通过道岔的各项动力学指标均满足试验大纲的要求，上下行线路车辆的各动力学指标相当。

③ 弓网受流性能。

秦沈客专高速试验段（K41 至 K63）的接触网为 300km/h 速度级，采用镁铜导线，最高试验速度为 321.5km/h，前期试验中火花普遍较大，受流状态不良。试验后期对其中 2 个锚段张力进行调整，调整后张力配置改为 25kN（接触导线）+ 15kN（承力索），受流性能良好。试验为我国 300km/h 等级高速铁路牵引供电接触网结构形式及参数的设计提供了依据。

④ 牵引及制动性能试验。

动车组牵引及制动性能试验主要在山海关—绥中北区间进行。制动试验的列车初速度为 200km/h、250km/h、270km/h 各等级，根据制动性能测试结果，初速度 250km/h 的紧急制动距离为 2450m，初速度 270km/h 的紧急制动距离为 2800m，均优于原定设计值。

动车组技术条件要求列车起动加速度为 0.44m/s^2（0～93km/h），实测起动加速度为 0.46m/s^2（0～110km/h），优于设计要求。

动车组的制动性能及牵引特性都满足设计任务书要求。秦沈客专综合试验第一次测得我国高速列车牵引、制动的实际性能参数，对前期的理论研究和设计计算进行了检测验证，也成为该领域技术进一步发展的依据。

⑤ 列车交会试验。

在秦沈客专山绥段高速试验中，长沙铁道学院开展了中华之星高速动车组与先锋号动车组及 SS9 型电力机车牵引 25 型旅客列车的交会试验，检测列车及交会的空气动力学性能。根据试验数据推算出秦沈客专运营中列车交会的速度限值，中华之星高速动车组以 250km/h 速度与 25 型旅客列车 160km/h 速度交会，25 型旅客列车承受的压力波幅值为 1250Pa（按十节编组推算）；中华之星高速动车组以 250km/h 速度与先锋号动车组 250km/h 速度交会，中华之星高速动车组和先锋号动车组承受的压力波幅值分别为 1478Pa 和 1210Pa。试验为秦沈客专开通运营后各型旅客列车车辆运行的气动安全性提出了要求，对列车高速交会的空气动力性能进行了检测，大量的实测数据为我国后期高速铁路的发展提供了可靠的依据。

⑥ 结构动应力检测。

在秦沈客专综合试验中，北方交大开展了中华之星钢结构拖车 SW-300 转向架在高速运行中动应力的检测，并采用 Miner 法则和 NASA 建议的焊接接头 S-N 曲线，计算了 SW-300 转向架运用 1200 万 km 条件下，构架和车体上疲劳控制部位各测点的等效应力幅和实测疲劳控制部位动应力较大测点的等效应力幅。研究团队在我国首次开展了焊接构架疲劳寿命评定，根据检测数据给出了结论，SW-300 转向架焊接构架具有足够的疲劳寿命，可以满足1200 万 km 安全运用要求。

秦沈客专综合试验以科学精准的检测方法和程序，全面完成了中华之星高速动车组高速运行性能的主要参数测试，动车组各项指标达到设计任务书要求，满足 270km/h 运营要求。

（3）应用考核

中华之星高速动车组完成秦沈客专综合试验后，沈阳铁路局根据铁道部要求安排运行考核，沈阳铁路局的考核分为三个阶段，具体情况见表 2-8 和表 2-9。

中华之星动车组各阶段运行情况汇总　　　　　　　　　　表 2-8

序号	时间	开行对数	上线率
1	2003 年 1 月 10 日～6 月 30 日	166	97%
2	2003 年 7 月 1 日～12 月 15 日	243	100%
3	2004 年 2 月 20 日～12 月 23 日	301	99%

列车运行故障情况　　　　　　　　　　表 2-9

序号	列车运行阶段	运行里程（km）	动车故障件数	故障率（件/10 万 km）	机故件数	机故率（件/10 万 km）	拖车故障件数
1	联调试验	12.4 万	28	22.58	6	4.84	8
2	试运行考核	18.2 万	26	14.28	3	1.65	5
3	运行考核	23 万	11	4.78	1	0.43	5

根据国家 270km/h 高速列车产业化项目进度计划，中华之星高速动车组应于 2002 年底完成样车总装落成，2003 年 6 月前完成环行铁道试验基地调试及基础试验工作，2003 年底完成正线试验。由于铁道部根据秦沈客专综合试验进度，要求中华之星高速动车组提前下线出厂，2002 年底前完成试验，在环行铁道试验基地调试及基础试验工作未能充分开展，在综合试验中暴露出动车组的稳定性较差，尤其是网络控制系统及各子系统的软件缺少在地面的系统综合调试，边试验边整改，因此在综合试验初期故障率较高。经过在秦沈客专试验中的调整和改进，列车故障率大大降低，可以满足运营要求。

秦沈客专综合试验后中华之星高速动车组正式配属沈阳铁路局，于 2005 年 8 月 1 日在秦沈客专投入载客运营，车次为 L517/8 次，其最高运营速度限制为 160km/h。2006 年 8 月 2 日因故停运，载客运营超过 29 万 km。

综上所述，先锋号动力分散型动车组和中华之星动力集中型动车组是"八五""九五"以来我国高速列车领域技术攻关的成果集成。两列动车组的研制成功，表明我国在高速列车领域实现了关键核心技术的系统性突破，完成了中国高速列车从无到有的历史跨越，为我国高速列车的技术发展及产业化奠定了基础。

① 高速列车系统集成技术取得突破。依托国家"八五""九五"科技攻关重点项目，我国深入开展高速列车技术条件研究和编制，先后完成先锋号和中华之星动车组研制，试验数据和考核结果表明，所研制的高速动车组总体设计合理，性能指标良好，达到了设计任务书要求，全面完成了国家重点科技攻关计划任务。

② 车体结构和轻量化技术取得突破。先锋号动车组采用车体轻量化设计，车体结构及新型侧门、车窗、风挡等部件确保了列车密封性能在国内首次达到高速列车密封技术要求。中华之星高速动车组首次采用铝合金车体结构，开创了我国高速铁路车辆轻量化铝合金车体的先河。

③ 高速转向架技术取得突破。所研发的动力分散型和动力集中型高速转向架结构合理，一、二系悬挂结构简洁可靠，簧下质量小，动力学性能优良。

④ 交流异步牵引传动技术取得突破。虽然先锋号采用了国外配套的牵引变流器及其控制系统，但自主研制的轻量化牵引变压器和高性能交流异步牵引电机技术指标达到国际水平。中华之星装用了完全自主研发的 GTO 水冷变流器、大功率异步牵引电机及微机直接力矩控制系统组成的牵引电传动系统，打破了国外的技术封锁，迈出了我国高速列车交流牵引传动技术自主化、产业化的关键一步。

⑤ 列车网络控制技术取得突破。我国从"九五"开始对高速列车车载网络控制系统进行技术攻关，跟踪国际最新技术发展，确定了我国车载网络系统采用 TCN 模式，在此基础上，自主完成了微机控制分布式列车网络系统研制，在先锋号和中华之星动车组上成功装车应用，形成了我国高速列车网络控制系统技术平台。

⑥ 微机控制直通电空制动技术取得突破。自主完成了微机控制直通电空制动系统研制，在先锋号首次成功进行装车应用，继而在中华之星研发中进行了优化升级。微机控制直通电空制动系统的成功研制打破了国外垄断局面。

⑦ 列车空气动力学研究及外形设计取得突破。开展了高速列车的外形设计、风洞试验、动模型试验、数值计算及气动性能评估，创建了我国高速铁路空气动力学的分析理论，支撑了先锋号、中华之星动车组的外形设计，并在秦沈客专综合试验中成功通过了列车高速实测检验。

⑧ 多项关键配套技术取得突破。高速列车的一批关键配套技术，如基础制动盘片、铝合金传动齿轮箱、密接式钩缓装置、空气弹簧、塞拉门等取得突破，并在先锋号、中华之星动车组上成功装车应用，实现了新的突破。

⑨ 高速列车试验和评价体系取得突破。伴随着我国高速列车的科研攻关过程，建立起较为完备的试验评价体系和专业检测队伍，制定了相应的检测标准和规范，确保了我国高速列车研发设计、试验检测和考核评估工作的顺利进行。

⑩ 我国高速列车产业链供应链初步形成。通过先锋号、中华之星动车组研制，带动了我国原有机车车辆工业存量和新材料、新技术、新工艺、新器件等增量的发展，初步建立

了我国高速列车产业链供应链，为后续高速列车引进、消化、吸收及创新发展打下了良好的产业化基础。

从"七五"铁路提速机车车辆的研制，到"八五""九五"全方位、系统性开展高速列车科研攻关，通过十多年的不懈探索和艰苦努力，我国取得了一系列突破性的科技攻关成果，高速列车技术发展迈出了从无到有的关键一步，初步建立了中国自主的高速列车研发设计、生产制造、试验检验等相关规范和体系，基本掌握了高速列车整车、系统、部件等相关核心技术，成功研制了动力分散型先锋号高速动车组和动力集中型中华之星高速动车组，并具备了一定的产业化能力。但由于当时我国高速列车技术发展尚处于起步阶段，技术体系尚未完善，核心技术仍欠成熟，供应链产业链刚刚建立，加之运用考核时间较短、经验积累不足，因而前期研发的高速列车在技术成熟度、质量可靠性等方面与国际先进水平相比存在不小差距，当然这也是复杂新产品、新技术研发过程中必须经历的过程。通过这十余年从无到有的艰辛探索、研发攻关、技术突破，为后续高速列车的技术引进、消化吸收和再创新，以及复兴号高速动车组的全面自主创新，奠定了技术、人才、经验等方面的良好基础。

参 考 文 献

[1] 何克强. 东风 11 型内燃机车[J]. 内燃机车, 1994(8).

[2] 陈笃, 滕雷昌, 薛良君. 机车用 16V280ZJB 型柴油机的开发与研制[J]. 机车车辆, 2003, 23(1).

[3] 葛来薰. 准高速机车架悬式转向架设计制造和试验[J]. 内燃机车, 1998(3).

[4] 铁道部科学研究院. 200km/h 电动旅客列车组环行线及广深线试验研究报告[R]. 2000.

[5] 孙翔. 世界各国的高速铁路[M]. 成都: 西南交通大学出版社, 1992.

[6] 铁道部. 京沪高速铁路主要技术条件及成本效益分析——世界银行第七批贷款项目 CETE-2 研究报告[R]. 1997.

[7] 铁道部科学研究院机辆所译文集编委会. 国外高速列车译文集（1～8）[G]. 1995.

[8] 钱立新. 世界高速铁路技术[M]. 北京: 中国铁道出版社, 2003.

[9] 铁道科学研究院高速铁路技术研究总体组. 高速铁路技术[M]. 北京: 中国铁道出版社, 2005.

[10] 张卫华. 高速列车耦合大系统动力学理论与实践[M]. 北京: 科学出版社, 2013.

[11] 田红旗. 列车空气动力学[M]. 北京: 中国铁道出版社, 2007.

[12] 铁道部科学研究院. 高速试验列车技术条件[R]. 1996.

[13] 西南交通大学牵引动力国家重点实验室. 万向轴式转向架高速动力车试验研究报告[R]. 2001.

[14] 杨国桢. 试验型铰接式高速客车转向架及与车体连接结构的研究——"九五"国家重点科技项目（攻关）计划项目研究总结报告[R]. 2000.

[15]　ALEXANDER KOEWIUS. Aluminium-Schienenfahrzeuge, [M]. Darmstadt: Hestra-Verlag, 1992.

[16]　周翊民, 李中浩. 中国交流传动机车的发展[J]. 中国铁路, 1995(7).

[17]　冯晓云, 冯江华. 高速列车电力牵引传动与控制[M]. 北京: 中国铁道出版社, 2021.

[18]　吴萌岭, 田春, 袁泽旺, 等, 上海铁大制动微机控制直通电空制动系统的诞生——先锋号动车组制动系统研发过程[J]. 城市轨道交通研究, 2024, 27(6).

[19]　林祜亭, 李和平. 270km/h 高速列车制动系统研制总结报告[R]. 2005.

[20]　田红旗, 梁习锋, 许平. 列车空气动力性能研究及外形、结构设计方法[J]. 中国铁道科学, 2002, 23(5).

[21]　铁道部. 高速列车气动特性及撞击安全动模型试验系统[R]. 2003.

[22]　李学峰, 王悦明. "中华之星"交流传动电动车组及其综合试验技术[J]. 铁道机车车辆, 2003, 23.

[23]　倪纯双, 王悦明. 基于网络技术的分布式数据采集系统的实现[J]. 铁道机车车辆, 2003, 23(5).

[24]　倪纯双, 王悦明, 等. 机车车辆动力学试验数据分析处理软件 DASO[J]. 中国铁道科学, 2004, 25(1).

[25]　铁道部. 铁道机车车辆动力学研究应用体系[R]. 2005.

[26]　铁道部. 提高机车车辆转向架构架疲劳寿命及可靠性研究[R]. 1999.

[27]　铁道部. 高速列车气动特性及撞击安全动模型试验系统[R]. 2003.

[28]　铁道部科学研究院. 我国高速列车技术方案及主要参数的论证[R]. 1995.

[29]　中国铁道科学研究院. 京沪高速铁路总体技术方案深化研究[R]. 2004.

[30]　楚永萍, 唐永明, 黄振飞. 先锋号电动车组转向架结构性能简析[J]. 铁道机车车辆, 2004(8).

[31]　西南交通大学牵引动力国家重点实验室. 200km/h 电动车组动力转向架动力学性能及方案优化试验台试验报告[R]. 2000.

[32]　西南交通大学牵引动力国家重点实验室. 200km/h 电动车组非动力转向架动力学性能及方案优化试验台试验报告[R]. 2000.

[33]　路向阳, 张元林, 谢维达, 等. "先锋号"电动车组控制系统[J]. 机车电传动, 2002(3).

[34]　奚国华, 路向阳, 夏寅. 我国列车通信网络的实践与开发探讨[J]. 机车电传动, 2002(1).

[35]　王悦明. 200km/h 动力分散交流传动动车组综合性能试验报告[R]. 2001.

[36]　王悦明. 秦沈客运专线第二次综合试验第一阶段试验机车车辆试验研究分报告[R]. 2002.

[37]　沈阳铁路局. "先锋号"动车组线路运行试验报告[R]. 2005.

[38]　臧其吉. 京沪高速铁路高速列车选型与技术方案[R]. 2001.

[39]　铁道部科学研究院. 300km/h 电动车组总体技术方案论证报告[R]. 2002.

[40]　铁道部科学研究院. 京沪高速铁路高速列车招标技术文件[R]. 2002.

[41]　铁道部. "270km/h 高速列车产业化"——国家高技术产业化发展项目可行性研究报告[R]. 2000.

[42]　西南交通大学牵引动力国家重点实验室. 270km/h 高速动力车试验台试验研究报告[R]. 2002.

[43]　中国铁道科学研究院. 270km/h 高速列车线路综合性能试验研究报告[R]. 2003.

[44]　西南交通大学牵引动力国家重点实验室. CW-300 型高速客车试验台试验研究报告[R]. 2002.

[45]　西南交通大学牵引动力国家重点实验室. SW-300 型高速客车试验台试验研究报告[R]. 2002.

[46]　中国铁道科学研究院. 270km/h 高速列车制动系统研制总结报告[R]. 2005.

[47]　沈阳铁路局. "中华之星"动车组线路运行试验报告[R]. 2005.

第三章

引进消化吸收再创新
—— 推出和谐号动车组

撰稿人：侯卫星

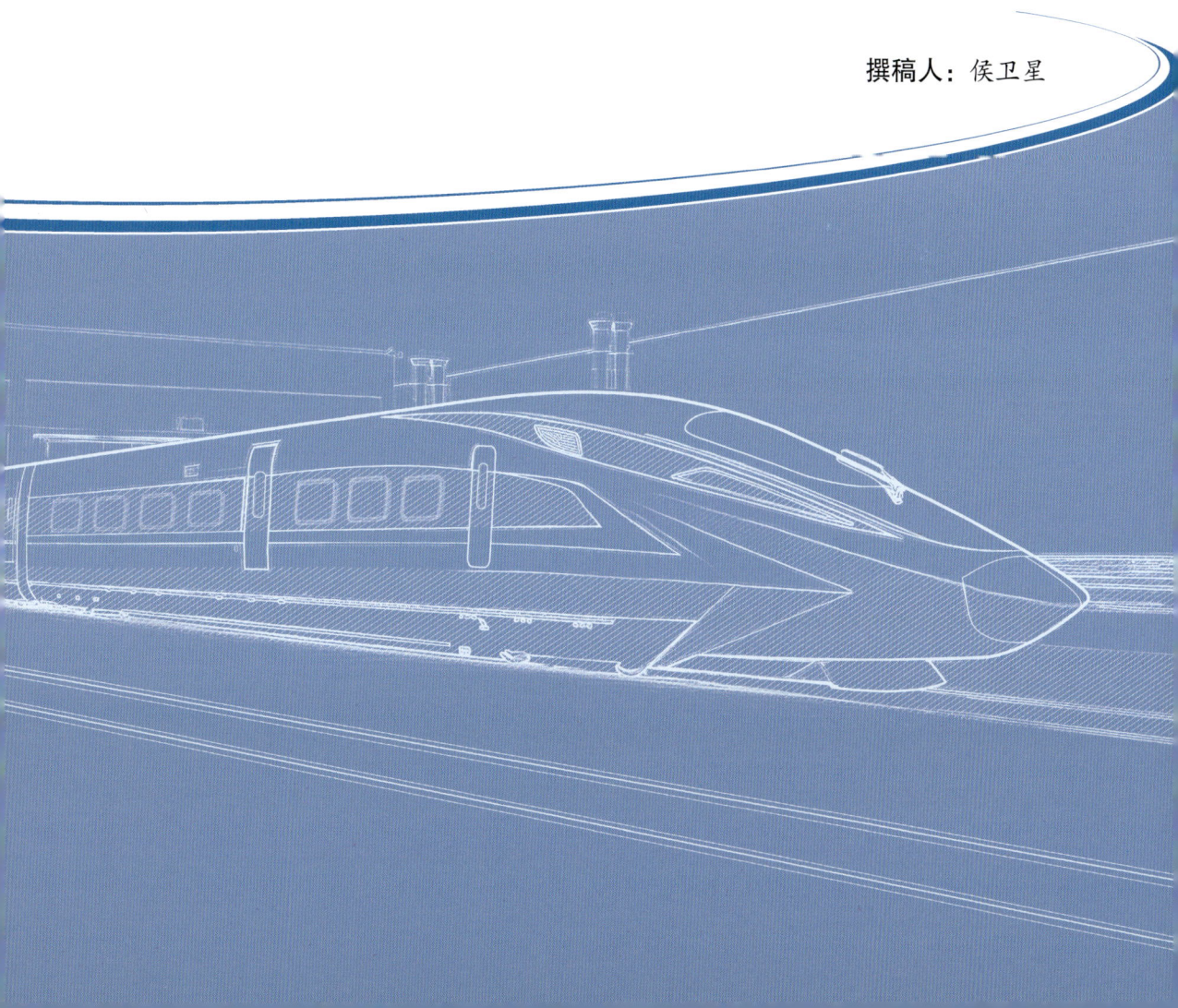

中国高速列车

改革开放以来，我国经济快速发展，客货运输量急剧增长，铁路承担了繁重的运输任务。为努力适应国民经济发展的需要，自 1997 年至 2004 年，我国铁路经过不断的技术改造，进行了五次大面积提速，积累了规模化运营 140km/h～160km/h 提速列车的成功经验。同时，铁道部组织开展了十余年的高速铁路技术预研，对国外高速铁路发展的成功经验进行了比较全面的了解，在高速列车基本理论、整车集成、关键系统、重要材料及零部件等关键核心技术上进行了有益的探索，研制了"中华之星"和"先锋号"高速动车组，加深了对高速列车技术的认识，取得了一系列突破性成果，一大批年轻的工程技术人员得到了锻炼。同时，为了提高铁路机车车辆制造能力，在铁道部的支持下，机车车辆工业"九五"期间对重点企业（包括后来承担动车组制造的主要企业）进行了技术改造投入，引进了当时世界上先进的制造装备，具备了可满足高速列车制造的基本条件。

尽管如此，由于当时我国高速列车技术发展尚处于起步阶段，核心技术仍欠成熟，经验积累不足，因而研发的高速列车与国外发达国家存在较大差距。为了适应我国高速铁路的发展，引进国外先进技术，提高机车车辆制造水平和能力成为当时重要的选择。

2004 年 1 月，国务院常务会议讨论通过《中长期铁路网规划》，为中国铁路发展描绘了宏伟的蓝图。同年 4 月，国务院召开关于铁路机车车辆和装备现代化会议，专题研究铁路客运装备快速发展和如何实现现代化的问题，形成《研究铁路机车车辆装备有关问题的会议纪要》。会议决定，要在更高的起点上实现中国铁路的创新，明确"引进先进技术、联合设计生产、打造中国品牌"总体要求，同时提出妥善处理好引进技术与扶持国内既有品牌的关系。

2004 年 7 月，国家发展改革委与铁道部联合印发《时速 200 公里动车组引进与国产化实施方案》。铁道部在国家有关部委的支持下，按照"先进、成熟、经济、实用、可靠"的方针，全面组织实施 200km/h 及以上动车组技术引进消化吸收再创新。通过动车组采购项目，国内动车组制造企业分别与国外合作方川崎重工业株式会社（简称川崎重工）、阿尔斯通运输股份有限公司（简称阿尔斯通）、庞巴迪运输瑞典有限公司（简称庞巴迪）和德国西门子公司（简称西门子）联合设计生产，引进了四种先进、成熟的动车组技术，在较短的时间内，完成了首批和谐号动车组的批量制造并得到成功运用。

在和谐号动车组的引进过程中，中国铁路始终坚持不断深化对引进技术的消化吸收再创新，充分发挥我国新型举国体制的优势，紧紧抓住高速铁路发展的难得机遇，利用我国工业门类齐全和综合实力较强的优势，特别是机车车辆制造良好的基础，形成了以中国北车、中国南车（2015 年 6 月合并为中国中车）动车组制造企业为主机厂的 200km/h 和 300km/h 两个速度级动车组批量制造平台。同时，主要依靠自己的力量持续优化，相继开发了长编组、高寒、卧铺等多种和谐号动车组产品，以满足高速铁路旅客运输需要；在铁道部和科技部的组织下，以满足京沪高铁需要为落脚点，开展了高速列车关键技术攻关，研制了运行速度 350km/h 的 CRH380A 和 CRH380B 两个平台的高速动车组，形成了和谐号 CRH 动车组产品系列。和谐号 CRH 动车组系列产品有 20 多个型号，总数超过 2500 标准列。

和谐号动车组的批量制造和成功运用，有力地支撑了我国高速铁路的快速发展。同时，对提升我国高速列车自主创新能力起到了积极作用。

第一节　技术引进与首批和谐号动车组

为满足中国铁路第六次大提速和未来高速铁路发展的需要，2004 年和 2005 年铁道部两次组织铁路动车组采购，引进了川崎重工、阿尔斯通、庞巴迪和西门子的高速列车技术。国内企业通过消化吸收引进技术，基于已有基础，按照高标准，在较短的时间内实现了和谐号动车组的批量制造，主要零部件实现了本土化生产，并从 2007 年开始陆续投入运用。首批和谐号动车组的制造和运用取得了许多宝贵的经验，为后续和谐号动车组系列产品的开发打下了基础。

一　技术引进基本情况

1. 动车组采购项目

2004 年，铁道部组织时速 200km 铁路动车组项目招标，并委托中技国际招标公司和中招国际招标公司发布《时速 200 公里铁路动车组项目招标文件》，采购 160 列 200km/h 速度级动车组，同时引进技术。要求投标人是具备铁路动车组制造能力，并获得拥有 200km/h 速度级动车组设计制造技术的国外企业技术支持的中国制造企业（含中外合资企业）。

投标人国内制造企业南车四方机车车辆股份有限公司（简称四方股份）及其国外合作方川崎重工中标，2004 年 10 月，买方郑州铁路局及买方代理中技国际招标公司与卖方四方股份及川崎重工，按照提供 3 列整车进口和 6 列散件进口国内组装铁路动车组和服务，签订《时速 200 公里铁路动车组进口采购合同》；按照提供 51 列国内制造铁路动车组和服务，签订《时速 200 公里铁路动车组国内制造采购合同》，共采购 60 列 200km/h 速度级动车组，车型后定为 CRH2A。

投标人国内制造企业长春轨道客车股份有限公司（简称长客股份）及其国外合作方阿尔斯通中标，2004 年 10 月，买方北京铁路局及买方代理中技国际招标公司与卖方长客股份及阿尔斯通，按照提供 3 列整车进口和 6 列散件进口国内组装铁路动车组和服务，签订《时速 200 公里铁路动车组进口采购合同》；按照提供 51 列国内制造铁路动车组和服务，签订《时速 200 公里铁路动车组国内制造采购合同》，共采购 60 列 200km/h 速度级动车组，车型后定为 CRH5A。

投标人中外合资企业青岛四方庞巴迪鲍尔铁路运输设备有限公司（简称 BSP，2008 年 12 月，BSP 更名为青岛四方庞巴迪铁路运输设备有限公司，简称 BST）及其国外合作方庞巴迪中标，2004 年 10 月，买方广州铁路（集团）公司及买方代理中技国际招标公司与卖方 BSP 及庞巴迪，按照提供 20 列国内制造铁路动车组和服务，签订《时速 200 公里铁路动车组采购合同》，随后又加购 20 列，共采购 40 列 200km/h 速度级动车组，车型后定为 CRH1A。

2005 年，铁道部以与 2004 年同样的招标方式，组织时速 300km 铁路动车组项目招标，并委托中技国际招标公司和中招国际招标公司发布《2005 年动车组项目采购文件》，采购 120 列 300km/h 速度级动车组，同时引进技术或对已经引进的 200km/h 速度级动车组技术进行升级。

投标人国内制造企业中国北车唐山机车车辆厂（2007 年 7 月，更名为唐山轨道客车有限责任公司，简称唐车公司）及其国外合作方西门子中标，2005 年 11 月，买方上海铁路局及买方代理中技国际招标公司与卖方唐车公司及西门子，按照提供 3 列整车进口铁路动车组和服务，签订《时速 300 公里铁路动车组进口采购合同》；按照提供 57 列国内制造铁路动车组和服务，签订《时速 300 公里铁路动车组国内制造采购合同》，共采购 60 列 300km/h 速度级动车组，车型后定为 CRH3C。

投标人国内制造企业四方股份中标，2005 年 12 月，买方武汉铁路局及买方代理中技国际招标公司与卖方四方股份，按照提供 60 列国内制造铁路动车组和服务，签订《时速 300 公里铁路动车组采购合同》，采购 60 列 300km/h 速度级动车组，车型后定为 CRH2C（原称 CRH2-300）。同时，约定四方股份与川崎重工合作，川崎重工向四方股份提供设计、制造 300km/h 速度级动车组需要补充的技术，协助对已经引进的 200km/h 速度级动车组进行技术升级。

《时速 200 公里铁路动车组项目招标文件》和《2005 年动车组项目采购文件》统称为《动车组采购招标文件》，以上各动车组采购合同统称为《铁路动车组采购合同》。

技术引进和国产化方案是签订《铁路动车组采购合同》的前提，也是合同的重要内容。

2. 技术引进实施方案

在签订时速 200km 和时速 300km 动车组各《铁路动车组采购合同》的同时，铁道部分别组织签订《技术转让协议》，落实技术引进和国产化方案。

技术受让方为铁道部，技术受让方代理人为中技国际招标公司，实际技术受让方分别为国内中标企业四方股份、长客股份、唐车公司和 BSP，技术转让方分别为国内中标企业的国外合作伙伴川崎重工、阿尔斯通、西门子和庞巴迪。

各《技术转让协议》均由铁道部、中技国际招标公司与相应的国内中标企业及其国外合作伙伴共同签订。在要求动车组和零部件的设计、制造技术转让的前提下，确定技术引进具体项目。将动车组总成、车体、转向架、牵引变压器、牵引变流器、牵引电机、牵引控制系统、列车网络控制系统及制动系统等九大关键技术列为技术引进的重点项目。

对于国外合作伙伴非自有技术，需要其他外国企业作为技术转让方的，或需要国内中标企业之外的国内企业作为实际受让方的，由国内中标企业和其国外合作伙伴确定技术转让关系及合作方式，并按引进技术项目分别签订《技术转让补充协议》。

除以上注明的企业简称外，中标企业形成的技术平台，即四方股份/川崎重工平台、长客股份/阿尔斯通平台和唐车公司/西门子平台，以下分别简称为四方/川崎平台、长客/阿尔斯通平台和唐车/西门子平台，企业简称已为人熟知的直接采用企业简称，其他企业一般采用企业全称。

各中标企业平台九大关键技术引进项目、转让方、实际受让方及引进方式见表3-1～表3-3。

四方/川崎平台九大关键技术的技术转让　　　　　　　　　　　　表 3-1

序号	引进项目	转让方	实际受让方	引进方式
1	动车组总成	川崎重工	四方股份	技术转让
2	车体			
3	转向架			
4	牵引变压器	三菱电机	南车电机	
		日立	同车公司	
5	牵引变流器	三菱电机	株洲时代电气	
		日立	日立永济	合资
	辅助变流器	三菱电机	株洲时代电气	
6	牵引电机	三菱电机	南车电机	技术转让
		日立	日立永济	
7	牵引控制系统	三菱电机	株洲时代电气	
8	列车网络控制系统			
9	制动系统	纳博特斯克	浦镇海泰	

长客/阿尔斯通平台九大关键技术的技术转让　　　　　　　　　表 3-2

序号	引进项目	转让方	实际受让方	引进方式
1	动车组总成	阿尔斯通	长客股份	技术转让
2	车体			
3	转向架			
4	牵引变压器	ABB	同车公司	合资
5	牵引/辅助变流器	阿尔斯通	永济厂	技术转让
6	牵引电机			
7	牵引控制系统		四方所	
8	列车网络控制系统			
9	制动系统	克诺尔	铁科院机辆所	
		日立	日立永济	

唐车/西门子平台九大关键技术的技术转让 　　　　　　表 3-3

序号	引进项目	转让方	实际受让方	引进方式
1	动车组总成	西门子	唐车公司	技术转让
2	车体			
3	转向架		长客股份	
4	牵引变压器	ABB	同车公司	合资
5	牵引变流器	西门子	铁科院机辆所	技术转让
6	牵引电机		永济厂	
7	牵引控制系统		铁科院机辆所	
8	列车网络控制系统			
9	制动系统	克诺尔		

　　BSP 的技术转让实际上是庞巴迪内部的技术转移，除动车组总成、车体、转向架的技术向 BSP 转移外，其他关键技术只向在中国境内注册的庞巴迪或其他国外企业的合资企业进行转移，没有制动系统的技术转让和国产化内容，技术转让方不提供设计技术。

　　除九大关键技术外，包括空调系统、车钩及缓冲装置、塞拉门、车窗、集便装置、受电弓、风挡、座椅、车内电气及车内装饰等在内的十项主要配套技术的引进项目，由中标的国内制造企业和国外合作方牵头，分别负责推荐中外配套企业，确定国产化方案，构建动车组主要配套零部件的本土化产业链。

　　各中标企业平台十项主要配套技术引进项目、转让方、受让方及引进方式见表 3-4～表 3-6。

四方/川崎平台十项主要配套技术的技术转让 　　　　　　表 3-4

序号	引进项目	转让方	受让方	引进方式
1	空调系统	日立	日立永济	合资
		三菱电机	石家庄国祥	技术转让
2	车钩及缓冲装置	日本住友	戚墅堰所	
3	车门	日本横滨制机	青岛欧特美	
4	车窗	日本 ALNA 公司	青岛科林铁路设备有限公司	
5	卫生间及集便装置	日本 TESIKA 株式会社	青岛亚通达	
		日本雅喜路复合材料株式会社	青岛铁路玻璃钢厂	
6	受电弓	德国 STEMMANN	北京赛德	
7	风挡装置	日本株式会社成田制作所	青岛宏达青田交通设备有限公司	
8	座椅	日本小系工业株式会社	上海坦达	

续上表

序号	引进项目	转让方	受让方	引进方式
9	辅助供电	日本小糸工业株式会社	常州小糸今创交通设备有限公司	合资
10	车内装饰	川崎重工	今创集团	技术转让

长客/阿尔斯通平台十项主要配套技术的技术转让　　　　表 3-5

序号	引进项目		转让方	受让方	引进方式
1	空调系统		西班牙美莱克	常州新誉轨道交通科技有限公司	技术转让
2	车钩及缓冲装置		瑞典 DELLNER	四方所	
3	塞拉门		克诺尔	IFE-威奥轨道车辆门系统（青岛）有限公司	合资
4	车窗		意大利 SESSAKLEIN	长客工业公司门窗厂	技术转让
5	集便装置	整体卫生间	巴林 BFG	长春嘉林合资公司	合资
		真空集便系统	德国 EVAC	无锡万里	
6	受电弓		德国 STEMMANN	北京赛德	
7	风挡		德国 HUBNER	常州虎伯拉今创交通设备有限公司	
8	座椅		法国 ANTOLIN	上海坦达	
9	车内电气	照明系统	意大利 ELLAMP	长客电器厂	技术转让
		电气柜	意大利 SIECAB 和 SATEP	四方所	
		PIS 系统	意大利 REVIND	四方所	
10	车内装饰		意大利 RAIL	长客股份	

唐车/西门子平台十项主要配套技术的技术转让　　　　表 3-6

序号	引进项目		转让方	受让方	引进方式
1	空调系统		西班牙美莱克	江苏常牵美莱克空调系统有限公司	技术转让
2	车钩及缓冲装置		德国 VOITH	上海福伊特夏固今创车钩技术有限公司	合资
3	塞拉门		克诺尔	IFE-威奥轨道车辆门系统（青岛）有限公司	
4	车窗		西班牙圣戈班	长客门窗厂	技术转让
5	集便装置		德国 EVAC	无锡金鑫集团有限公司	
6	受电弓		奥地利 MWW	株洲九方电器设备有限公司	
7	风挡		德国 HUBNER	常州虎伯拉今创交通设备有限公司	合资
8	座椅		日本小糸工业株式会社	上海坦达	
9	车内电气	电气柜	西门子	四方所	技术转让
		PIS 系统	FOCON	四方所	
10	车内装饰	墙板，顶板	瑞士 ROMAY	青岛罗美威奥新材料制造有限公司	合资
		行李架	匈牙利 Jamu	青岛欧特美	技术转让

对于一些重要、专业化要求高，但价格占比不是很高，且形成国内制造能力需较大投入和较长周期的零部件如轴承、车轮、车轴等，铁道部没有要求在短期内进行国产化。

3. 引进内容与实施情况

按照《动车组采购招标文件》的要求，针对动车组的关键技术，特别是九大关键技术，技术引进应包括以下范围。

设计技术：产品执行的各种设计标准，专有设计计算分析软件，设计原理，系统集成和系统参数选择原则，设计控制程序及方法，产品图纸及技术条件。

制造技术：制造工艺文件，制造标准（包括企业标准），质量控制方法，外购件采用的技术规范，调试文件。

制造工艺装备：工艺装备图纸及其制造调试要求，关键制造设备清单和技术规范。

检测试验调试技术：检测试验调试规则和标准，检测试验调试方法，检测试验调试设备和软件的清单及技术规范。

技术支持：设计、工艺、质量控制以及施工人员的技术指导和培训。

技术转让方应向受让方和实际受让方就动车组和零部件的设计、制造进行技术转让。在此前提下，将动车组总成、车体、转向架、牵引变压器、牵引变流器、牵引电机、牵引控制系统、列车网络控制系统以及制动系统等九大关键技术作为技术转让的核心内容，安排相关引进项目的实施进度。

针对时速 200km 和时速 300km 动车组各采购项目具体情况，中外双方进行了多轮磋商和谈判，签订的《铁路动车组采购合同》和《技术转让协议》（包括《技术转让补充协议》）基本覆盖了《动车组采购招标文件》规定的技术转让范围和内容，明确了转让技术的具体方案和实施计划，但是受多种因素制约，转让的技术大都限于动车组制造和运维的应用层面，深层次的设计技术涉及很少，更没有包含关键核心技术。

动车组技术引进过程中，长客/阿尔斯通平台、四方/川崎平台和唐车/西门子平台的实施情况，及三菱电机向株洲时代电气转让牵引变流器技术情况简介如下。

1）长客/阿尔斯通平台实施情况

阿尔斯通向长客股份转让 200km/h 速度级动车组的整车、主要系统及零部件的设计、制造技术，具体包括技术资料、技术培训和技术支持三个方面。

一是技术资料，包括设计类文件、工艺类文件、质量类文件和采购类文件。

设计类文件包括设计图纸、技术规格书、计算报告、标准件目录、RAMS 规格书、EMC 规格书、欧洲和国际标准清单、试验程序、试验用软件清单、试验用软件、试验用标准清单等。

工艺类文件包括制造工艺装备技术、检测试验调试技术、规则和标准。制造工艺装备技术包括工装和工具清单、工装图纸及工具文件、装配工艺文件、电气准备文件、车体及转向架用油漆、胶黏剂的材料技术要求及施工工艺文件；检测试验调试技术、规则和标准包括检测、试验、调试需要的调试规则、标准，检测、试验、调试需要的工艺方法等。

质量类文件包括项目质量管理类文件、车体质量控制与检验类文件、转向架质量控制与检验类文件、总装配质量控制与检验类文件。质量管理类文件包括项目质量手册、项目质量管理程序文件、项目管理计划、项目质量计划、项目质量控制计划、检查卡片、检查指导文件、特殊过程文件、质量标准文件等。

采购类文件包括采购技术规范、采购管理文件。采购技术规范包括部件采购技术规范、通用技术规范、功能技术规范，涵盖了 A、B 类关键部件及部分重要 C 类件。

二是技术培训，包括设计技术培训、工艺技术培训、质量培训和采购培训。

设计技术培训包括动车组总体设计培训、铝合金车体设计培训、内装设备培训、设备布置培训、高压/中压/低压功能原理图和布线培训、空调系统培训、制动系统培训、牵引控制及列车网络控制系统培训、卫生间及集便系统培训、内装及吧台培训、管路培训、单车调试和整列调试培训以及相关的其他调试培训等。

工艺技术培训包括车体大部件组成技术培训、内装装配工序培训、内装及质量控制培训等。

质量培训包括车体质量控制培训、转向架质量控制培训、总装配质量控制培训。

采购培训包括采购学综述、设计、工业化、质量方面知识、SAP（企业资源管理软件）系统、阿尔斯通采购组织机构、动车组采购清单、供应链、采购方法学、物流学等。

三是技术支持，包括设计技术支持和工艺技术支持。

设计技术支持包括对设计文件、技术变更和型式试验等技术支持。

工艺技术支持包括技术支持专家在开始每道工序前，对工艺文件、图纸、工装、工具进行检查，在施工过程中进行现场支持、给工人及技术人员讲解操作方法，有利于工人掌握正确的工艺方法，符合技术转让的工艺程序。

2）四方/川崎平台实施情况

四方股份根据自身特点，策划了"技术资料转让、人员培训、技术服务、技术认可"技术引进实施计划。

川崎重工转让的动车组设计技术和制造技术主要有以下内容：

设计技术方面包括，一是动车组总成设计相关技术标准，及使用的软件工具清单；二是设计原理、系统集成和参数匹配技术，包括空气动力学、车辆动力学、隔音降噪、气密性、限界、制动性能、供电容量、可靠性等相关集成技术，头型、牵引传动、制动、辅助供电、网络控制、旅客信息和给水卫生等系统设计，各系统的故障检测、诊断和保护基本原理，牵引、制动、网络、辅助供电、司机室、旅客信息、空调采暖、给水卫生和门窗等系统设计图纸，以及涂装和布线技术条件等；三是试验数据分析方法，包括原型车的噪声、强度等测试结果分析说明；四是外方的设计流程、设计质量的控制措施及方法。

制造技术方面，以动车组总成为例，转让技术有总成制造技术、工艺设计和工艺装备检测试验调试技术。其中转让的总成制造技术包括涂装、电线电缆下料及装配、管路下料加工及装配、车内结构安装、车内设备安装、车外设备安装、车下设备安装、气密试验、密封试验、落车、称重及列车调试试验等技术，提供了相关的组装工艺文件、质量控制文件、布线图、下料图，以及调试试验文件等。为了提高动车组产品制造效率，"原汁原味"引进了组装生产线的工位布局、装配公差控制、黏合和密封连接、管路加工组装、单车功能验证等组装技术以及列车静态和动态调试技术。

同时，在产品形成的不同阶段，围绕引进原型车的设计、制造、调试、试验、运用等技术实施人员培训。

3）唐车/西门子平台实施情况

西门子向唐车公司转让了 300km/h 速度级动车组车体的设计和车体制造技术。

西门子提供了设计标准、软件、设计图纸、技术要求等技术文件，铝合金车体生产所需要的总成、侧墙、底架、车顶、端墙、司机室等大部件图纸，铝合金切割、下料、成型、焊接、加工、检验、修正以及铆接、粘接等工艺文件，焊接工艺规范、变形控制、缺陷检测、缺陷修正等过程控制文件，重要零部件及大部件焊接探伤涉及的作业指导文件等，尽管存在部分图纸缺失的问题，总的来说车体制造技术转让的资料是比较完整的，但是提供的文件资料涉及设计技术原理和设计过程的极为有限。

西门子按照合同要求实施各类培训和现场技术支持，唐车公司通过对引进技术消化、各类人员岗位培训、进行生产工艺调整等，掌握了铝合金车体制造工艺、质量控制方法和测试调试技术，培养了一批铝合金焊接技术人才，实现了 CRH3C 型动车组的国内制造。

4）三菱电机向株洲时代电气转让技术情况

三菱电机向株洲时代电气转让的牵引变流器技术主要为制造技术，包括变流器部件和整机的制造工艺、工艺装备、检测试验调试以及技术支持，但是不包括核心设计技术和软件。

制造技术转让的内容涵盖制造工艺文件、制造标准、质量控制方法、外购件采购技术规范、调试文件、工艺装配图纸及其制造调试要求等。

检测试验调试技术转让包括检测调试标准、方法和设备，涉及部件调试及整机调试，但不包括调试软件和相关技术规范。

三菱电机为株洲时代电气提供的技术支持包括，系统设计、工艺、质量控制等培训，以及在制造、试验、维修和检查等不同阶段的技术指导。

为吸收消化三菱电机的转让技术，株洲时代电气分阶段派人员赴日本学习并进行现场培训，内容覆盖产品原理、设计、生产制造工艺、调试及试验、运维服务等环节。

技术引进初期，牵引变流器由三菱电机整机原装进口供货；第二阶段，三菱电机提供关键零部件和原材料，株洲时代电气依据转让的生产图纸和工艺文件进行生产，并得到日方人员现场指导；第三阶段，株洲时代电气开始国产化非关键零部件的开发，并转化、验证三菱电机的技术资料；2009 年，株洲时代电气通过对转让图纸的消化吸收，开始使用国产化图纸指导生产，并实现大部分零部件的国产化。

为保证技术转让后产品在中国市场的应用和各方的权益，动车组技术引进时各项目的《技术转让协议》还进行了相关规定，主要内容如下：

对动车组及零部件采购、转让技术改进及后续使用等规定，技术转让方不得限制实际技术受让方在中国境内外自主采购为动车组制造或进行技术服务所需的零部件；技术转让方应同意实际技术受让方对转让技术进行改进，该改进完全归实际技术受让方所有，并由实际技术受让方负责；技术转让方不得禁止技术受让方和实际技术受让方在本协议终止后继续使用转让技术及其改进。

对转让技术许可、分许可和使用等规定，技术转让方同意向技术受让方和实际技术受让方授予在中国境内使用转让技术设计、制造以及使用、销售、进口动车组和零部件的非独占的、不可转让的许可；技术受让方和实际技术受让方对转让技术在没有得到技术转让方的书面认可下，不得违反协议规定向任何第三方进行分许可；不得违反协议规定使第三方非为执行本协议目的使用。

《技术转让协议》的这些规定，虽然为引进技术在中国境内的应用提供了一定的保证，但同时进行了限定，明确转让技术的应用和许可范围是在中国境内，并且对非为执行本协议目的使用设置了障碍，这不仅限制了引进技术在中国高速列车自主创新中的应用，而且制约了采用引进技术中国制造的高速列车产品的"走出去"。

通过铁路动车组采购、引进国外先进技术是为了实现国内企业高速列车设计和制造能力的提升。按照采购合同要求，实现动车组国内批量制造、提供合格动车组产品，是买卖双方共同的目标，也是中外各方的利益所在。因此，从技术引进的实施情况看，外方转让的制造技术比较完整，合同和协议的执行也比较顺利，为实现动车组的国内制造提供了支撑，特别是主机厂和骨干企业的生产能力、管理水平、人员素质等都得到了显著的提高。而外方转让设计技术提供的资料则主要以满足生产需要为目的，包括部分设计基本原理、计算分析报告、生产图纸、技术标准及试验检测方法等。对于涉及企业核心竞争力的深层次设计技术，尤其是国外企业独有的动车组和零部件设计技术诀窍、核心软件原理和重要代码、仿真计算方法、关键参数选取、试验数据资源、特殊材料及工艺等关键核心技术，国外企业往往作为技术秘密严加控制，不可能轻易转让，指望通过采购引进获得这类技术是不现实的。

二 技术引进原型车介绍

技术引进原型车 E2-1000、SM3、Velaro E 和 Regina 型动车组的技术概况如下。

1. E2-1000 型动车组

E2-1000 型动车组由日本川崎重工制造，设计速度 315km/h，最高运营速度 275km/h，动车组为 10 辆编组。E2-1000 型动车组代表了当时日本新干线高速动车组的最新技术。

图 3-1 为 E2-1000 型动车组，表 3-7 为 E2-1000 型动车组主要技术特征。

图 3-1　E2-1000 型动车组

E2-1000 型动车组主要技术特征　　　　　　　　　　表 3-7

项目	技术特征
环境温度	−25～+40℃
轨距	1435mm
供电制式	AC25kV/50Hz
最高运营速度	275km/h
编组型式	10 辆编组，8 动 2 拖
定员	814 人
牵引总功率	9600kW
轮周牵引功率	9360kW
轴重	≤ 14t
车辆宽度	3380mm
轮对内侧距	1360mm
车轮直径	860mm
踏面形式	新干线圆弧磨耗型踏面
紧急制动距离	制动初速度 200km/h 时 ≤ 2000m
车体	采用大型中空铝型材； 薄壁筒形整体承载结构； 强度满足《铁路车辆车体结构的静载荷试验方法》（JIS E7105—1989）
转向架	两轴无摇枕结构，H 形焊接构架； 双拉板式轴箱定位； 一系悬挂为双圈螺旋钢弹簧＋垂向减振器＋拉板式定位； 二系悬挂为空气弹簧四点支撑＋高度阀＋差压阀，设横向、抗蛇行减振器； 牵引电机架悬安装
牵引系统	交-直-交牵引传动，3 个动力单元； 牵引变流采用 IGBT 水冷，VVVF，沸腾冷却强制风冷； 异步牵引电机
制动系统	微机控制的电空直通式制动，再生制动优先； 具有常用制动，紧急制动，快速制动，辅助制动，耐雪制动功能； 能量回收率 90% 以上

项目	技术特征
网络控制系统	链接资源计算机网络（ARCNET）双环冗余光纤环网通信
车钩及缓冲装置	柴田式
设计寿命	20 年

2. SM3 型动车组

SM3 型动车组是阿尔斯通为芬兰研制的 Pendolino 动车组系列产品之一，属于摆式列车，最高运营速度为 220km/h，短编组为 6 辆，长编组最大 18 辆（3×6）。为适应寒冷环境（−40～+40℃）动车组进行了一系列特殊设计。

图 3-2 为 SM3 型动车组，表 3-8 为 SM3 型动车组主要技术特征。

图 3-2　SM3 型动车组

SM3 型动车组主要技术特征　　　　表 3-8

项目	技术特征
环境温度	−40～+40℃
轨距	1524mm
供电制式	AC25kV/50Hz
最高运营速度	220km/h
编组型式	6 辆编组，2 动 1 拖 1 拖 2 动
定员	325 人 + 2 残疾人
牵引总功率	4400kW
轮周牵引功率	4000kW
轴重	平均轴重 15.2t，最大 16.5t
车辆宽度	3200mm
轮对内侧距	1445mm
车轮直径	890mm

项目	技术特征
踏面形式	S1002 或 XP55
紧急制动距离	制动初速度 200km/h 时 ≤ 1600m
车体	采用大型中空铝型材； 薄壁筒形整体承载结构； 强度满足《铁路设备　铁路车辆车体结构要求》（EN 12663：2000）和《客车车体及其零部件的载荷》（UIC 566—1990）标准
转向架	摆式转向架； H 形焊接构架，带摇枕； 拉杆式轴箱定位； 一系悬挂为钢弹簧＋减振器＋拉杆式定位； 二系悬挂为高圆弹簧＋橡胶垫； 牵引电机体悬安装
牵引系统	交-直-交牵引传动，2 个动力单元； 牵引变流采用 GTO，VVVF； 牵引电机为三相异步，六电极，自通风型电机
制动系统	微机控制的电空直通式制动，再生制动优先； 具有常用制动、紧急制动、停车制动、再生制动功能； 能量回收率 90%以上
网络控制系统	基于 TCN 标准，采用列车总线（WTB）和多功能车辆总线（MVB），按照"远程 I/O"概念设计的分布式计算机通信网络控制技术
车钩及缓冲装置	10 型
设计寿命	30 年

3. Velaro E 型动车组

Velaro E 型动车组是西门子在 ICE 3 型动车组的基础上为西班牙铁路研制的，最高运营速度为 350km/h，动车组为 8 辆编组。Velaro E 型动车组是欧洲最先进的高速动车组之一。

图 3-3 为 Velaro E 型动车组，表 3-9 为 Velaro E 型动车组主要技术特征。

图 3-3　Velaro E 型动车组

Velaro E 型动车组主要技术特征　　　　　　　　　　　表 3-9

项目	技术特征
环境温度	−25～＋40℃
轨距	1435mm
供电制式	AC25kV/50Hz
最高运营速度	350km/h
编组型式	8 辆编组，4 动 4 拖
定员	404 人
牵引总功率	8992kW
轮周牵引功率	8800kW
轴重	≤ 17t
车辆宽度	2950mm
轮对内侧距	1360mm
车轮直径	920/830mm（动车）、920/860mm（拖车）
踏面形式	S1002
紧急制动距离	制动初速度 300km/h 时 ≤ 3700m
车体	采用大型中空铝型材； 薄壁筒形整体承载结构； 强度满足《铁路设备　铁路车辆车体结构要求》（EN 12663：2000）
转向架	H 形焊接构架； 转臂式定位； 一系悬挂为钢弹簧＋减振器； 二系悬挂为空气弹簧； 牵引电机架悬安装
牵引系统	交-直-交牵引传动，2 个动力单元； 牵引变流采用 IGBT 水冷，VVVF； 牵引电机为异步牵引电机
制动系统	直通式与自动式空气制动（救援和空气制动）相结合的空气制动系统，并设有 7200kW 电阻制动； 具有紧急制动、常用制动、备用的自动式空气制动
网络控制系统	TCN 网络
车钩及缓冲装置	端部车钩：10 型；中间车钩：半永久车钩
设计寿命	30 年

4. Regina 型动车组

Regina 型动车组由庞巴迪制造，用于瑞典国家铁路和地方铁路通勤客运，最高运营速度为 200km/h。动车组采用以人为本的环保设计理念，90%以上的材料可以再生循环利用。Regina 型动车组适用中、短途城际运输，是理想的城际运输工具。

图 3-4 为 Regina 型动车组，表 3-10 为 Regina 型动车组主要技术特征。

图 3-4　Regina 型动车组

Regina 型动车组主要技术特征　　　　　　　　　　　　　　　表 3-10

项目	技术特征
环境温度	−40～+40℃
轨距	1435mm
供电制式	AC15kV/16$\frac{2}{3}$Hz
最高运营速度	200km/h
编组型式	2 辆编组，1 动 1 动
定员	169 人（两节编组）
牵引总功率	1590kW
轴重	18.5t
车辆宽度	3450mm
轮对内侧距	1360mm
车轮直径	840/760mm
踏面形式	符合《铁路应用设施　轮对和转向架、车轮、踏面轮廓》（EN 13715—2006）
紧急制动减速度	1.07m/s²
车体	不锈钢
转向架	H 形焊接构架，无摇枕转向架
牵引系统	交-直-交牵引传动，IGBT 水循环风冷 VVVF，265kW 交流牵引电机
制动系统	微机控制的电空联合制动，基础制动采用盘形制动及磁轨制动
网络控制系统	分布式拓扑结构
车钩及缓冲装置	两端全自动车钩 + 车间半永久车钩
设计寿命	25 年

三　首批和谐号动车组介绍

1. 动车组的联合设计

动车组联合设计是技术引进的重要环节。联合设计主要是为满足中方用户需求对原型车开展的调整性、适应性设计，所设计的动车组采用中国品牌，外方对转让技术总负责。动车组的设计方案、设计计算、设计图纸、试验大纲和主要零部件选型应获得买方（铁道部）的批准。

动车组采购文件中《200km/h 速度级动车组技术条件》和《300km/h 速度级动车组技术条件》明确了动车组运用的线路、牵引供电、列车运行控制等条件，需要遵循的基本原则和技术标准，以及应该具有的基本特征和主要技术参数。部分典型条款摘录如下：

① 动车组的限界应满足《标准轨距铁路机车车辆限界》（GB 146.1—1983）、《标准轨距铁路建筑限界》（GB 146.2—1983）和《客运专线机车车辆限界暂行规定》要求，并适应中国高速铁路建筑接近限界基本尺寸及轮廓；

② 采用单相 AC25kV/50Hz 牵引供电，接触导线高度 5300～6500mm；

③ 列车运行控制使用我国的列车运行监控记录装置（LKJ）、中国列车运行控制系统（Chinese Train Control System，CTCS）信号系统、ZPW2000 轨道电路；

④ 动车组为动力分散式交流传动电动车组；

⑤ 动车组编组标准列车辆数为 8 辆；

⑥ 最大静轴重 ≤ 17t；

⑦ 动车组制动采用微机控制的电空联合制动模式，电制动优先；

⑧ 轮对内侧距按我国标准 1353mm；

⑨ 为适应救援，配备可与 15 号车钩连挂的过渡车钩，中心高度为 880mm；

⑩ 平直道上纯空气紧急制动时的制动距离为：制动初速度 300km/h 时 ≤ 3700m；制动初速度 200km/h 时 ≤ 2000m；制动初速度 160km/h 时 ≤ 1400m。

在标准应用方面，强调尽量采用中国国家标准（GB 标准）和铁道行业标准（TB 标准）；采纳的国际组织标准主要包括：国际铁路联盟标准（UIC 标准），国际电工委员会标准（IEC 标准），国际标准化组织标准（ISO 标准）等；借鉴的国外标准主要有：欧洲标准（EN 标准）和日本工业标准（JIS 标准），以及国外企业标准等。为满足动车组设计要求，铁道部还组织制定了相关技术规范：

①《200km/h 及以上速度级动车组动力学性能试验鉴定方法及评定标准》；

②《200km/h 及以上速度级铁道车辆强度设计及试验鉴定暂行规定》；

③《200km/h 及以上速度级列车密封设计及试验鉴定暂行规定》；

④《高速列车空气动力学性能计算和试验鉴定暂行规定》等。

四方/川崎平台、长客/阿尔斯通平台、唐车/西门子平台在联合设计过程中，均进行了多次设计联络，完成了成套的设计方案、计算报告、设计图纸、工艺文件等，在充分应用引进原型车技术的基础上，进行了优化、调整和改进。

动车组均为 8 辆编组，符合中国铁路限界，并对车辆宽度、车轮踏面、车内布置、牵引供电和列车运行控制等进行了适应性调整。

按照中国铁路提出的技术条件，完成了两个速度级四种和谐号动车组的联合设计，包括 200km/h 速度级 CRH2A、CRH5A 和 CRH1A，300km/h 速度级 CRH3C。

2. CRH2A 和 CRH2C 型动车组

CRH2A 型动车组由四方股份批量制造，最高运营速度为 200～250km/h，4 动 4 拖，8 辆编组，牵引电机功率 300kW 与原型车一致，牵引总功率 4800kW，轮周牵引功率 4680kW，与 E2-1000 原型车比较，降低了速度指标，调整了列车编组和牵引动力配置；保留了铝合金车体结构、交-直-交牵引传动，微机控制的直通式电空制动和 ARCNET 双环冗余光纤环网通信网络控制等；基于原型车的 DT206 型（动车）和 TR7004B 型（拖车）小轴重无摇枕转向架，轮对内侧距由 1360mm 改为 1353mm，车轮轮辋厚度由 125mm 改为 135mm，车轮踏面由新干线踏面改为 LMA 型车轮踏面，轮对轴箱轴承由稀油润滑圆柱滚子轴承改为更符合我国国情的脂润滑圆锥滚子轴承，轴箱定位由拉板式改为结构更稳定、可靠及便于维护的转臂式，图 3-5 为转向架轴箱定位比较。受电弓更换为 DSA250 受电弓，以满足最高运营速度 250km/h、受电弓最高提升高度 3m（包括绝缘件）、接触网网高 6.45m 等要求；增设饮水机和餐饮区，车内布置作适应性调整。动车组可实现 2 列（16 辆）重联运行。

(a) 拉板式　　　　　　　　　　　　　　(b) 转臂式

图 3-5　转向架轴箱定位比较

CRH2C 型动车组的研制由四方股份主导，川崎重工提供技术支持。川崎重工提供了动力学计算，并与四方股份联合进行转向架开发，将 200km/h 速度级的 CRH2A 型动车组提升到 300km/h 速度级，是动车组技术引进消化吸收再创新的一次积极尝试。

CRH2C 型动车组第一阶段，将 CRH2A 的动力配置由 4 动 4 拖调整为 6 动 2 拖，牵引电机功率改为 322kW，牵引总功率亦增加到 7728kW，轮周牵引功率为 7534kW，列车使用 DSA350 型高速受电弓，以及在受电弓两旁加装挡板等，列车最高运营速度为 310km/h，最高试验速度为 392km/h，目前实际最高运营速度为 300km/h。列车装有两副受电弓，曾运用于京津城际铁路（简称京津城际）和武广高速铁路（简称武广高铁），可两组重联运行。首列 CRH2C 型动车组出厂后，四方股份和铁科院对动车组进行了为期 7 个月的试验测试和试运营考验，由 2008 年初到同年 6 月底，相继完成了环行线、秦沈客专及京津城际的各项性能试验、型式试验、线路试验，试验期间共进行了涵盖牵引性能、动力学性能、弓网受流、空气动力学等 17 大项 200 余个试验项目。

CRH2C 型动车组第二阶段，在第一阶段基础上进行改进，采用了 YQ-365 型交流牵引电动机，牵引电机功率增加至 365kW，牵引总功率提升至 8760kW，轮周牵引功率为 8541kW，传动比也作了相应修改，列车最高运营速度提高至 350km/h，最高试验速度达 410km/h，目前实际最高运营速度为 300km/h。车体铝合金结构和隔音减振降噪技术借鉴了 CRH3 动车组的设计，改善车体在高速运行时的共振和气动变形问题，并且对转向架二系悬挂进行改进，加装了一个抗蛇行减振器，以解决 CRH2C 型动车组第一阶段所存在的垂向和横向振动问题。另外，列车加强了降低阻力的设计，例如，受电弓的两侧挡板改为立体围护整流罩，以及减少头车车顶的信号天线等。在车厢内部设计方面，内饰面料部分模仿了 CRH3 动车组的木质暖色调，并大量使用 LED 光源。

值得一提的是，CRH2C 型第二阶段最后一列动车组作为 CRH380A 型动车组的试验实体样车，为 CRH380 高速列车的研发提供了有力的支撑。

CRH2A 与 CRH2C 型动车组和原型车 E2-1000 型动车组比较主要变化见表 3-11。

CRH2A 与 CRH2C 型动车组和原型车 E2-1000 型动车组比较主要变化 表 3-11

项目	型号	
	CRH2A/CRH2C	E2-1000
列车编组	4 动 4 拖/6 动 2 拖	8 动 2 拖
定员（人）	610	814
牵引总功率（kW）	4800/7728（8760）	9600
轮周牵引功率（kW）	4680/7534（8541）	9360
转向架	轴箱转臂式定位	双拉板式定位
	LMA 踏面	新干线踏面
	轮对内侧距 1353mm	轮对内侧距 1360mm
	脂润滑自密封圆锥滚子轴承	稀油润滑圆柱滚子轴承
受电弓	DSA250/DSA350	原装受电弓
最高运营速度（km/h）	250/310（350）	275
饮水机	有	无

图 3-6 为 CRH2A 型动车组。

图 3-6　CRH2A 型动车组

3. CRH5A 型动车组

CRH5A 型动车组由长客股份批量制造，最高运营速度为 250km/h，列车为 5 动 3 拖，8 辆编组，牵引总功率 5640kW，轮周牵引功率 5500kW。CRH5 型动车组是 CRH 动车组系列产品中对原型车改动幅度较大的一款车，与 SM3 原型车相比，根据国内需求，调整了列车编组、牵引动力配置、制动系统、空调机组及客室布置；用变流功率元件 IGBT 替换了GTO；车体保留了铝合金焊接结构和原型车车体宽度 3200mm，头型升级为流线型头型；将原型车 1524mm 的宽轨摆式转向架，改为 1435mm 的准轨非摆式转向架，去除了摆式机构；二系悬挂采用空气弹簧替换原钢弹簧，轮对内侧距由 1445mm 改为 1353mm，选用 XP55车轮踏面，CRH5A 型动车组动力车和非动力车转向架如图 3-7 所示；网络控制分为列车总线（WTB）和车辆总线（MVB）两级，实现与牵引、制动、空调、塞拉门等各个子系统之间的通信；另外，在车辆总线中还应用 CAN 总线执行与充电机、卫生间和热轴检测等子系统的通信。

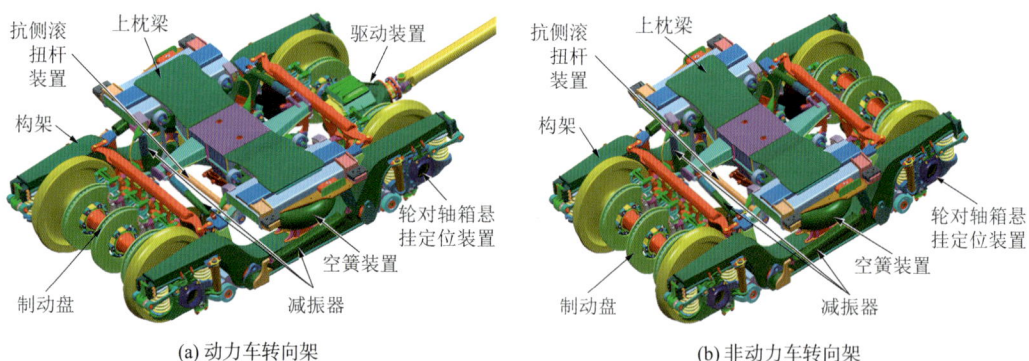

(a) 动力车转向架　　　　　　　　　　　　(b) 非动力车转向架

图 3-7　CRH5A 型动车组动力车和非动力车转向架

需要指出的是，由于 CRH5A 型动车组与原型车相比变化较大，又因各种原因未能进行充分试验验证和运行考核，动车组投入运营后，故障频发，使得长客股份等单位不得不花费大量人力、物力和精力，依靠自己的力量进行较长时间的技术攻关和质量整改。长客股份联合四方所开展了列车网络控制系统的协同攻坚，最终开发了自主化的列车网络控制系统软硬件产品，解决了运用急需。

CRH5A 型动车组与原型车 SM3 型动车组比较主要变化见表 3-12。

CRH5A 型动车组与原型车 SM3 型动车组比较主要变化　表 3-12

项目	型号	
	CRH5A	SM3
环境温度（℃）	−25～+40	−40～+40
轨距（mm）	1435	1524
编组数量（辆）	8	6
列车编组	5 动 3 拖	4 动 2 拖
定员（人）	622	287
转向架型式	非摆式	摆式
二系悬挂	空气弹簧	钢弹簧
牵引变流器	IGBT	GTO
牵引总功率（kW）	5640	4400
轮周牵引功率（kW）	5500	4000
电机冷却	强迫风冷	自然风冷
控制电压（V）	DC24	DC110
制动系统	直通式 + 备用	直通式
空调机组	单元式	分体式
卫生间设置	一等车 1 个座式和 1 个蹲式 二等车 2 个蹲式	每车 1 个座式
饮水机	有	无
司机室布置	单司机操作模式	双司机操作模式
适应站台高度（mm）	500～1250	500～760
座椅排布方式	一等车 2 + 2 二等车 2 + 3	一等车 2 + 1 二等车 2 + 2

图 3-8 为 CRH5A 型动车组。

图 3-8　CRH5A 型动车组

4. CRH3C 型动车组

CRH3C 型动车组由唐车公司批量制造，最高运营速度曾达 350km/h，目前实际最高运营速度 300km/h，保留了原型车列车 4 动 4 拖，8 辆编组和牵引动力配置方式，牵引总功率 8992kW，轮周牵引功率 8800kW。由于中国高速铁路限界、运用环境和需求与欧洲铁路不同，CRH3C 型动车组与原型车 Velaro E 相比，进行了一系列适应性改进，车体加宽到 3257mm（原型车为 2950mm），增加了车内空间和定员，为适应站台高度等调整了车体结构；转向架保留原型车 SF500 型高速转向架的基本结构、最大轴重、轴距等主要技术参数，针对车体宽度的变化，加宽了联系枕梁宽度，对减振器、齿轮箱传动比和悬挂装置进行了适应性调整，齿轮传动比由原型车的 2.61 改为 2.79，轮对内侧距由 1360mm 改为 1353mm，车轮踏面由欧洲铁路的 S1002 型踏面调整为 S1002CN 型踏面，图 3-9 为 CRH3C 型动车组转向架；保留原型车牵引变流器模块化结构，功率模块采用 IGBT 半导体元件；辅助供电系统与原型车不同，设有 4 个辅助变流器，通过牵引变流器的中间直流侧取电，逆变后通过星-三角变压器及滤波器为三相交流母线供电，同时列车充电机通过三相交流母线供电，再将其转换为 DC110V 供全列车直流负载使用；再生制动最大功率 8000kW。

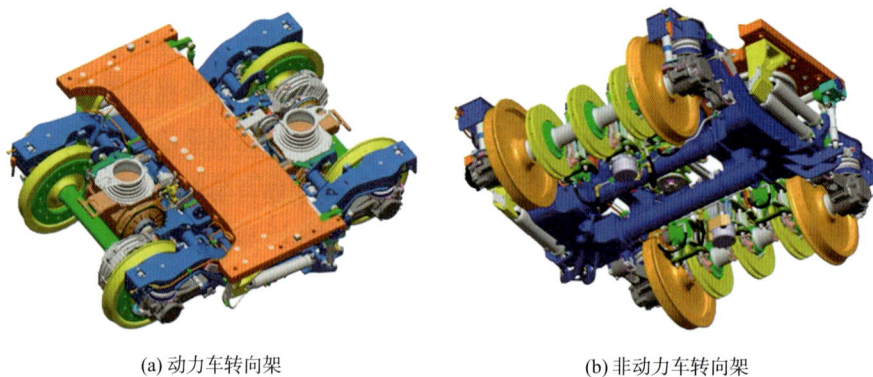

(a) 动力车转向架   (b) 非动力车转向架

图 3-9　CRH3C 型动车组动力车和非动力车转向架

CRH3C 型动车组与原型车 Velaro E 型动车组比较主要变化见表 3-13。

CRH3C 型动车组与原型车 Velaro E 型动车组比较主要变化　　　　表 3-13

项目	型号	
	CRH3C	Velaro E
质量（t）	473	425
定员（人）	556	404
中间车辆长度（mm）	24825	24775
车体宽度（mm）	3257	2950
适应站台高度（mm）	1250	550 和 760
制动电阻	无	有
压缩空气单元（个/列）	2	3

续上表

项目	型号	
	CRH3C	Velaro E
齿轮传动比	2.7931	2.606
中间车钩高度（mm）	约895	约600
过渡车钩高度（mm）	880	无
辅助变流器（kVA）	单辅 2×160，双辅 2×320	2×924

图 3-10 为 CRH3C 型动车组。

图 3-10　CRH3C 型动车组

5. CRH1A 型动车组

CRH1A 型动车组由 BSP 批量制造，最高运营速度为 200km/h，列车为 5 动 3 拖，8 辆编组，牵引总功率 5300kW，轮周牵引功率 4000kW。与原型车 Regina 比较，保留了不锈钢焊接结构车体，车体宽度由 3450mm 改为 3328mm，在 AM96 转向架基础上，轮对内侧距由 1360mm 改为 1353mm，车轮踏面采用中国铁路的 LMA 型踏面，改进了空调通风系统。

CRH1A 型动车组与原型车 Regina 型动车组比较主要变化见表 3-14。

CRH1A 型动车组与原型车 Regina 型动车组比较主要变化　　　表 3-14

项目	型号	
	CRH1A	Regina
车辆数（辆）	8	2～4
供电电源	25kV/50Hz	15kV/$16\frac{2}{3}$Hz
变压器	每辆拖车一个变压器，向两动车供电	每辆动车一个变压器，向本车供电
轴重（t）	16	18.5
车体宽度（mm）	3328	3450
地板距轨面高度（mm）	1250	1150
入口低地板	无台阶	635 与客室地板形成台阶
轮径（新/旧）（mm）	915/835	840/760
车体外表面涂装	涂装	无涂装
前端车钩	防护罩自动车钩	外露可见的固定车钩

续上表

项目	型号	
	CRH1A	Regina
空调型式	车上车下分体式	中型紧凑单元
轮椅升降装置	无	有
外门	每车每侧一套单扇门	每车每侧两套双扇对开门
厕所	蹲式和座式/轮椅座式	座式和轮椅座式
吧台	有	无

图 3-11 为 CRH1A 型动车组。

图 3-11　CRH1A 型动车组

CRH2A、CRH2C、CRH5A、CRH3C 和 CRH1A 型动车组牵引特性曲线如图 3-12 所示，主要技术特征见表 3-15。

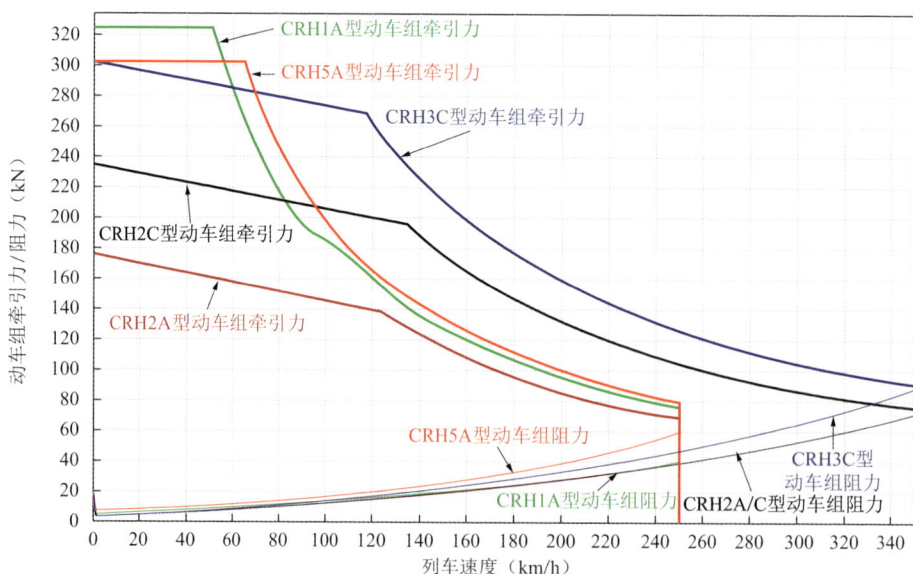

图 3-12　CRH2A、CRH2C、CRH5A、CRH3C 和 CRH1A 型动车组牵引特性曲线

CRH2A、CRH2C、CRH5A、CRH3C 和 CRH1A 型动车组主要技术特征　表 3-15

项目	型号			
	CRH1A	CRH2A/CRH2C	CRH3C	CRH5A
编组型式	8 辆编组，可两列编组连挂运行			
动力配置	2×（2动1拖）+（1动1拖）	4动4拖/6动2拖	4动4拖	（3动1拖）+（2动2拖）
车种	一等车、二等车、酒吧座车合造车			
定员（人）	668	610	556	622
运营速度（km/h）	200	200/310（350）	300	200
试验速度（km/h）	250	250/350（380）	330	250
牵引总功率（kW）	5300	4800/7728（8760）	8992	5640
轮周牵引功率（kW）	4000	4680/7534（8541）	8800	5500
车体型式	不锈钢车体		大型中空型材铝合金车体	
转向架	H 形无摇枕、转臂式定位、空气弹簧			
轴重（t）	≤16.5	≤14	≤17	≤17（动）/16（拖）
受流电压制式	AC25kV/50Hz			
牵引电机功率（kW）	265	300（365）	562	550
制动形式	直通式电空制动 + 再生制动			
辅助供电制式	3 相 AC380V 50Hz DC110V	单相 AC100V、AC220V、AC400V、DC100V	3 相 AC440V 60Hz DC110V	3 相 AC380V 50Hz DC24V
列车网络控制系统	车载分布式计算机网络系统			

CRH2A、CRH2C、CRH5A、CRH3C 和 CRH1A 型动车组是我国首次批量制造并投入运用的动车组，也是 CRH2、CRH5、CRH3 和 CRH1 动车组技术平台的基础车型。

四 首批和谐号动车组的制造

1. 动车组的制造过程

首批 200km/h 速度级和谐号动车组型号为：CRH1A、CRH2A 和 CRH5A。

按照合同要求，各 3 列整车进口 CRH2A 和 CRH5A 型动车组在川崎重工和阿尔斯通制造；各 6 列散件进口国内组装动车组由川崎重工和阿尔斯通提供散件，再由四方股份和长客股份组装；各 51 列国内制造动车组在四方股份和长客股份制造，并于 2007 年底完成交付。BSP 在国内制造的 40 列 CRH1A 型动车组同时完成交付。

首批 300km/h 速度级和谐号动车组型号为：CRH3C 和 CRH2C。

按照合同要求，3 列整车进口 CRH3C 型动车组在西门子制造，57 列国内制造动车组在唐车公司完成，60 列国内制造 CRH2C 型动车组在四方股份制造。首列国内制造 CRH2C 型和 CRH3C 型动车组分别于 2007 年 12 月和 2008 年 4 月竣工下线，并陆续完成交付。

没有铁路机车车辆工业的现代化，就没有铁路运输的现代化。新中国成立以来，我国铁路机车车辆工业始终受到党和国家的高度重视，并长期在铁道部的领导下，经过几代人的艰苦奋斗，不断发展壮大。尤其是"九五"期间铁道部对铁路机车车辆工业实施重点投入，采取"择优扶强，重点投入"的方针，包括长客厂、四方厂、唐山厂等在内的重点企业引进了一流的加工制造设备。同时，株洲所、四方所、戚墅堰所等机车车辆工业系统的科研单位也新增或改造了用于高速列车试验检测、产品开发的设备。此外，经过长期的努力，国内已经形成动车组制造良好的综合配套基础，比如，车体关键材料中空铝合金型材、牵引变流装置、制动系统、门窗、座椅、内装等都具备较强的研发生产能力。这些为动车组技术引进消化吸收、顺利实现国内批量制造、打造中国动车组品牌创造了有利条件。

为全面消化引进的动车组制造技术，实现首批和谐号动车组国内批量制造，各动车组主机厂充分利用已有生产条件，在较短的时间内搭建了铝合金车体、转向架、车体涂装、总装调试等生产线，建立了物流中心，初步形成了本土化产业链。图 3-13～图 3-16 为各主机厂搭建的动车组生产线。

图 3-13　四方股份动车组总装调试线　　图 3-14　长客股份动车组总装调试线

图 3-15　唐车公司动车组铝合金车体焊接生产线　　图 3-16　BSP 动车组底架线缆预组装台位

同时，组织开展产品设计、工艺技术、生产管理、产品检验、质量控制及生产操作等人员培训，包括现场和实际操作培训。以经国外专家培训的人员为骨干，以点带面，进行

各类技能和持证上岗全面培训，以保证动车组国内制造的人力资源。

2. 主要零部件的本土化

首批和谐号动车组生产过程中，强调动车组主要零部件使用原型车技术和品牌，并进行本土化生产。

通过九大关键技术和十项配套技术引进，在较短的时间内，扩大了动车组主要零部件生产能力，初步形成了国内动车组零部件供应链的本土化，满足了动车组批量制造的需要。

株洲时代电气（株洲所）、纵横机电（铁科院机辆所）、四方所、戚墅堰所、永济厂、浦镇海泰等国内动车组重要零部件研发制造骨干企业，通过引进技术，实现了牵引变压器、牵引变流器、辅助变流器、牵引电机、牵引控制系统、制动系统、列车网络控制系统、车钩缓冲装置、受电弓等关键产品的本土化生产，技术研发和制造能力得到了提高。

以今创集团、青岛威奥、青岛欧特美、上海坦达、无锡万里、北京赛德、江苏铁锚、石家庄国祥等为代表的国内企业，在引进国外技术的基础上，实现了空调系统、塞拉门、车窗、玻璃、集便装置、风挡、座椅、车内电气及车内装饰等系统及配件的本土化生产，国内一批与国际接轨的动车组零部件生产企业脱颖而出。

图 3-17～图 3-24 为部分动车组零部件生产现场。

图 3-17　株洲所牵引变流产品制造现场

图 3-18　纵横机电制动产品试验区

图 3-19　四方所电气柜生产制造现场

图 3-20　浦镇海泰制动产品制造现场

图 3-21　永济厂动车组电机总装线

图 3-22　今创集团内装生产现场

图 3-23　青岛威奥风挡生产现场

图 3-24　上海坦达座椅生产现场

3. 动车组产品试验检测

动车组产品试验检测是投入运用前的必要环节。强调执行中国国家标准（GB 标准）和铁道行业标准（TB 标准），并根据实际情况，按照铁道部规定的程序确认需要借鉴、等同、等效采用的国际标准、国外标准和相关企业标准。

CRH2A 和 CRH2C 型动车组主要涉及日本工业标准（JIS 标准），CRH5A、CRH3C、

CRH1A 型动车组主要涉及欧洲标准（EN 标准）、国际铁路联盟标准（UIC 标准）、国际电工委员会标准（IEC 标准）、国际标准化组织标准（ISO 标准）等。

首批和谐号动车组制造过程中，铁道部制定了《高速动车组整车试验规范》，按照技术引进要求，整车进口的动车组零部件和单车试验在国外进行，散件进口国内组装的动车组及后续国内制造的动车组各类试验在国内进行。

图 3-25～图 3-27 为部分国内试验情况。

图 3-25　四方所 CRH2A 型动车组热工试验

图 3-26　西南交大滚动振动试验　　　　图 3-27　铁科院线路联调联试试验

五　首批和谐号动车组的运用

2007 年 4 月 18 日，中国铁路实施第六次大面积提速，是对在京哈、京沪、京广、陇海、浙赣、胶济、武九、广深线等既有干线实施的 200km/h 速度级的提速，有条件的线路列车运行速度可达 250km/h。实现了 200km/h 提速线路延展里程一次达到 6003km，140 对 200km/h 以上的 CRH1A、CRH2A、CRH5A 型和谐号动车组首次批量投入运用。其中，CRH1A 型动车组主要运用于广州铁路（集团）公司的广深线；首批 10 组 CRH2A 型动车组于 2007 年春运期间在沪杭线及沪宁线间投入载客试运营。

2008 年 8 月 1 日北京奥运会召开前夕,京津城际开通运营,首批 300km/h 级的 CRH3C 型和 CRH2C 型和谐号动车组投入运用,最高运营速度达到 350km/h。

首批和谐号动车组在投入运用后,经历了中国铁路的运用考验,总体上运用安全平稳,没有出现由于设计原因造成的结构性故障,验证了引进技术的先进、成熟、可靠性和联合设计的效果。运用中出现的问题主要集中在动车组与列车运行控制、牵引供电及旅客界面等匹配和适应性方面,以及列车系统调整后网络控制方面。其中,CRH2A 型动车组出现过蓄电池控制回路高压冲击,道岔区重联运行接地回流不畅,CRH3C 型动车组出现过常用制动失效、低速过分相高压锁闭、齿轮箱温度传感器误报,CRH5A 型动车组出现过列车软件不完善、空调系统故障等问题。这些问题主要通过国内各单位的通力协作,深入消化吸收再创新,均得到了及时解决。

第二节 提高制造运维能力,适应高速铁路发展

技术引进让我们开阔了眼界,少走了弯路,促进了国内动车组批量制造和运用能力的形成,然而,中国高速列车的发展仍面临着不小的挑战。首先,国内企业动车组制造能力不足,不迅速提高产业化能力,无法满足我国高速铁路快速发展的需要;其次,首批和谐号动车组投入运用后,存在一定的"水土不服"问题,且车型单一,满足不了我国高速铁路旅客运输的要求;三是,主要零部件在技术上依赖国外,核心部件和元器件等依靠进口,且供货渠道单一,成本居高不下;四是,动车组运用检修基地尚在建设中,运维支撑能力需要尽快加强完善。解决好这些问题,已成为适应我国高速铁路快速、健康发展的重要前提。

一 打造动车组制造基地

2006 年,国内年产动车组能力仅为 178 标准列,当时预计随后高峰时动车组年需求量将超过 300 标准列,制造能力明显不足。为改变这一现状,主机厂进行了扩能改造,加大了员工培训力度,促进生产和管理人员水平提高,努力打造世界一流的动车组制造基地。

1. 主机厂扩能改造情况

动车组主机厂长客股份、四方股份和唐车公司以建设 200km/h 和 300km/h 两个速度级动车组制造基地为目标,结合企业实际,制定具体产能提升改造方案。

长客股份在生产制造动车组整车和转向架的不同阶段进行了多次技术改造,并新建了动车组制造基地。制造 CRH5A 型动车组时,在车体制造扩能改造方面,调整了原有工艺布局,增加龙门铝合金自动焊机、车体总组成自动焊接系统、5 轴加工中心、3 + 2 轴加工中心等设备。在转向架制造扩能改造方面,扩建改造了厂房,增加焊接机械手、数控镗铣床、卧式加工中心、3D 测量机、轮对探伤机和车轴车削中心等设备,轮对动平衡及跑合、转向架静载及电气等试验台。在总装配及列车试验扩能改造方面,更新了涂装生产线并增加喷砂设备、中央吸尘打磨系统、喷漆室等设备,新建单车调试、单元调试和整列调试厂房以及调试试验线。

动车组制造基地建成车体、涂装、预组装、总组装、单车调试、列车调试等生产线各2条，转向架装配生产线1条。

图3-28为长客股份动车组制造基地鸟瞰图，图3-29为转向架装配生产线。

图3-28　长客股份动车组制造基地鸟瞰图

图3-29　长客股份转向架装配生产线

四方股份在2009年启动"时速350公里高速动车组产业化建设项目"，在地方政府的支持下，针对动车组制造进行设备投入，调整优化车体、转向架、涂装、总装、试验调试的工艺布局。在车体制造扩能改造方面，铝合金车体焊接厂房配置了车顶、底架、侧墙、车体总成等自动焊接设备及工装，完善了恒温恒湿通风除尘系统。在转向架制造扩能改造方面，对转向架组装关键设备进行优化升级，研制了转向架综合试验台、数控轮对压装机、轴承自动压装机等专业核心装备。在总装能力提升方面，增加了气垫运输车、抬车机、铝合金喷砂及底漆喷涂等设备。

图3-30为四方股份扩能改造后的厂区平面图，图3-31为车体生产线。

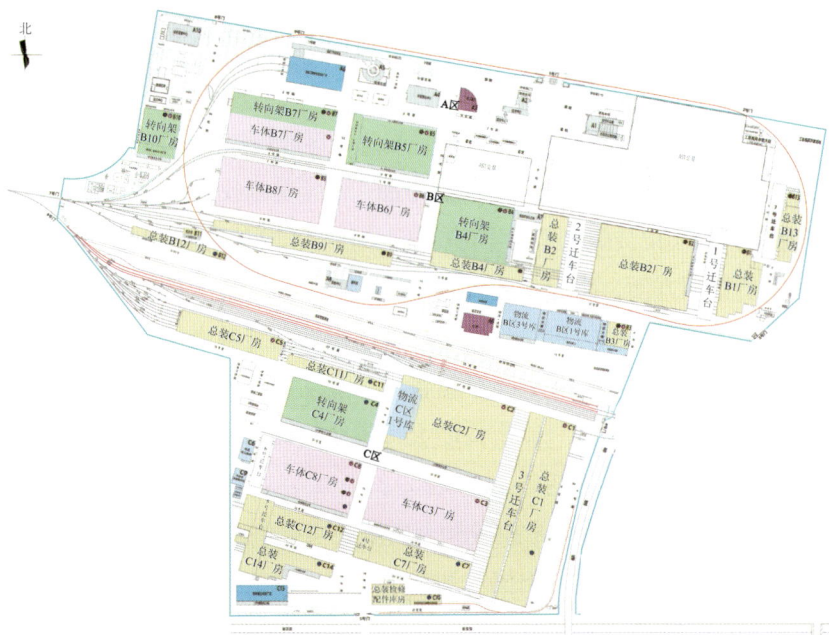

图3-30　四方股份动车组制造基地平面图

唐车公司为实现月产 4 标准列 CRH3C 动车组的需求，调整和优化车体制造、总装调试和辅助系统工艺流程，改扩建生产厂房，新增了加工、焊接、下料、检测、调试等设备，同时建立了物流仓储中心。在车体制造扩能改造方面，新建铝合金车体焊接、补焊、车体涂装厂房，完善通风除尘和温湿度系统，生产线配备焊接机器人、可翻转柔性工装、五轴联动数控加工中心等设备。

图 3-31 四方股份动车组铝合金车体车间

图 3-32 为唐车公司扩能改造后的工厂平面布置图，图 3-33 为总装调试生产线。

图 3-32 唐车公司动车组制造基地平面布置图

图 3-33 唐车公司动车组总装调试线

2. 生产人员的技能培训

动车组各类生产人员的技能培训是保障高速列车制造能力升级的重要环节，人的因素是促进我国高速列车技术不断发展的第一要素，大国工匠是支撑我国高速列车实现产业化的中坚力量。

长客股份人员培训方面，阿尔斯通在国外现场为长客股份提供了制造技术人员培训。长客股份在国内组织了多种形式的接力培训，以点带面，制定奖励政策，调动培训人员的积极性，提高了生产和管理人员岗位技能，全面实行持证上岗，为动车组制造提供了高素质人员保障。

四方股份人员培训方面，组织工艺人员、检验人员、管理人员和操作工人在川崎重工兵库工场进行了技术培训。四方股份建立了培训体系，制定各岗位标准，设立培训中心、各分厂培训基地、焊接培训实验室。动车组各工序开工前，均进行岗位培训，培训合格后持技能证、岗位作业证上岗。同时制定技能大师带徒培训制度，极大提高了职工素质，为制造一流产品奠定了坚实的人才基础。

唐车公司人员培训方面，西门子在国外为唐车公司提供人员培训，培训重点包括设计、工艺、管理、技术操作四大类别，出国培训学成归国人员继续对同类人员进行接力培训，带动了一大批企业生产和管理人员素质的提高。

图 3-34 为唐车公司生产人员的技能培训现场。

图 3-34 唐车公司生产人员的技能培训

故事

大 国 工 匠

大国工匠在中国高速铁路发展中具有不可替代的意义。他们不仅是技术的专家，更是精神的传承者和创新的引领者。通过他们的努力，中国高速铁路不仅在技术和质量上达到了世界领先水平，也在社会上树立了敢为人先、追求卓越、攻坚克难、精益求精的良好形象。

"中国高铁第一女焊工"孙斌斌

孙斌斌出身于铁路世家，祖孙三代都供职于唐车公司。祖父曾亲手打造了"毛泽东号"火车头上的毛主席半身铜像；父亲是铆工，一干数十年；作为家中的"铁三代"，孙斌斌更是青出于蓝而胜于蓝。她是中国铁路首位荣获"国际焊接教师"资格的中国女性，被誉为"中国高铁第一女焊工"。

2005 年，唐车公司引进了 300km/h 的高速动车组，这些动车组的车体由铝镁合金材质组件焊接而成。由于焊接熔点低，焊接技术要求很高，为了尽快掌握高难度焊接工艺和技术，2006 年 2 月，唐车公司选派了包括孙斌斌在内的 12 名技术骨干前往德国深造。

出国学习的过程中，一次意外的挫折让孙斌斌印象深刻。尽管自己拥有 7 年的碳钢车电焊工作经验，但在一次铝合金板焊接训练中却出现了意想不到的失败。当时本以为圆满地完成了自己的作品，焊缝处外观挺好看，却被德国老师看出问题。接着按老师的提议，两人"比试了一下"。孙斌斌的作品中在焊缝断面处出现一条黑线，这是焊接缺陷的明显标志；而老师的焊缝断面则完全呈现白色，熔合得十分牢固。这次经历让孙斌斌深刻认识到，焊缝表面的美观并不代表内在的完美。如果车体焊缝出现未熔合缺陷，后果将不堪设想。

回国后，孙斌斌担任了教学培训任务。她不仅传授技术，更注重培养学员的责任意识。她常说："焊品如人品，要表里如一。"如今，她的学生已经桃李满园，特别是她所带的高级班学员个个技术精湛，涵盖了薄板、厚板、角焊缝、对接等 16 个焊接项目，并培训特殊焊合技术，如 HV、HY 等不规则焊合形式，这些技术在高速铁路主要部件的焊接中得到了广泛应用。

"高铁焊接大师"李万君

李万君，1987 年进入长客厂工作，如今是长客股份首席操作师，被誉为"高铁焊接大师"。以他的名字命名的工作室被国家人事部授予"李万君国家技能大师工作室"。

转向架是高速动车组制造中的关键部件，其中转向架环口的焊接是一大难题。试制初期，因焊接段数多，焊接接头极易出现不熔合等严重质量问题，一时陷入转向架生产的瓶颈。关键时刻，李万君凭着一股子钻劲，摸索出了"环口焊接七步操作法"，成型好，质量高，实现了批量生产的重大突破。这项令国外专家十分惊讶的"绝活"，被纳入转向架生产工艺当中。

2005 年，我国从西门子引进了 300km/h 高速动车组制造技术，其中包括动车组转向架焊接技术。李万君在转向架焊接技术的引进消化、实现本土化方面发挥了高技能人才的特殊作用，做出了突出贡献。

2010 年，长客股份组建了李万君大师工作室，工作室组织集中培训班 400 余次，培训焊工 1 万余人次，考取各种国际、国内焊工资质证书 4000 余项，满足了高速动车组、城铁车、出口车等 20 多种车型生产的需要。

2015 年初，长客股份开始试制生产我国自主研发、具有完全自主知识产权的中国标准动车组。其中，转向架侧梁扭杆座的空间曲线焊缝，必须以零缺陷通过射线探伤检查。为此，李万君带领团队经过无数次攻关、测试，总结出"一枪三焊"操作法，终于攻克了焊接路上的这只拦路虎。

李万君在转向架焊接岗位上先后参与了我国几十种城铁车、动车组转向架的首件试制焊接工作，总结并制定了 30 多种转向架焊接规范及操作方法，技术攻关 150 多项，其中 27 项获得国家专利。他说，我们高速铁路工人最大的梦想就是看到中国高速列车走向世界！

高速列车转向架装配大师郭锐

高速列车飞速奔跑，离不开一个核心部件——"转向架"，它相当于列车的"腿脚"。中华技能大奖获得者、四方股份首席钳工技师郭锐，正是动车组转向架装配制造领域的"大国工匠"。

从"和谐号"到"复兴号"，郭锐经手了从 200km/h 到 350km/h 多个速度等级、十余种型号高速动车组转向架的装配制造。从他的团队手中装配出的高速动车组转向架超过 1600 列，动车组安全运行超过 60 亿 km，相当于绕地球赤道 15 万圈。

复兴号动车组试制时，转向架装配遭遇了瓶颈，由于转向架采用全新分体式轴箱设计，装配精度要求之高前所未有。轴箱内孔公差须控制在 0.04mm 之内；螺栓的紧固次序组合和每个螺栓紧固的力度都直接影响装配精度。郭锐带领团队制定出 90 种方案奋力攻关。一组组试，一点点调，经过反复验证，终于找出了最佳方案。

动车组上齿轮箱车轴游隙测量是个老大难。游隙过小，车轴易发热甚至燃轴；游隙过大，则加剧冲击振动降低使用寿命。留给游隙调整的空间只有 0.02mm。用老的测量方法费时费力，而且误差大。郭锐团队通过反复琢磨、试验，发明了"动车组齿轮箱车轴游隙'C'型测量工装"，被誉为"神器"，有了它，不但缩短了整整一倍测量时间，而且精度更高。

郭锐深耕一线 25 年，用苦干加巧干练就了一身过硬的专业技能。他主持完成了《轨道交通车辆转向架装配技术创新与应用》等成果 40 余项，先后独创《动车组转向架四点等高支撑调整作业先进操作法》等"绝招绝技"10 余项，取得国家专利 18 项。

3.动车组制造能力的提高

通过实施扩能改造，建设动车组制造基地，各主机厂动车组制造能力得到显著提高，截至 2011 年底，年产动车组能力长客股份 200 标准列，四方股份 200 标准列，唐车公司 50 标准列，共计达到 450 标准列。同时，长客股份、四方股份和唐车公司围绕高速列车系统集成技术、车体技术、转向架技术，建设了高速列车整车系统集成、整车滚动振动、车体气密疲劳强度、转向架参数选择、产品可靠性等相关试验设施，努力搭建动车组产品研发创新平台。

二　推进动车组零部件自主化

1.关键零部件的自主研发

虽然在首批和谐号动车组生产过程中，主要零部件初步实现了本土化生产，但是，主要零部件在关键技术上仍然依赖国外，使用国外品牌。动车组制造和运用中一度出现零部件技术缺乏主动权、供货渠道单一、成本居高不下等突出问题。这些问题不仅直接影响到动车组的运用，而且制约了动车组技术的可持续发展。坚持自主创新，高起点，高标准，加强动车组关键零部件的自主研发，通过消化吸收再创新，努力打造中国品牌，构建体系完整、自主可控的产业链才是中国高速列车技术可持续发展的根本保障。

株洲所、铁科院机辆所、四方所、戚墅堰所、浦镇海泰、永济厂等单位发挥自身技术优势，在实现动车组主要零部件本土化的同时，建立和完善了牵引系统、制动系统、网络控制、减振装置、车钩缓冲装置、受电弓、牵引电机、齿轮箱等专业性强的重要系统以及零部件研发设计平台和科研试验手段，在本土化的基础上，扎实推进自主研发和对等替代，坚定地向自主化迈进。

株洲所长期从事交流牵引传动系统和网络控制系统等核心技术研发，掌握了大功率 IGBT 水冷变流器、牵引控制单元、网络控制系统等关键核心技术和产业化制造技术，牵引及辅助传动系统、列车网络控制系统等产品的自主化程度不断提高，自主化的产品陆续在 CRH2 和 CRH380 平台动车组上得到应用。图 3-35 为株洲所牵引及辅助变流器生产线现场。

铁科院机辆所重点研发制动、牵引、减振、安全、试验技术等并形成产业化，其制造的 CRH3 平台动车组牵引变流、网络控制和制动装置，随着自主化程度的提高，其产品在和谐号动车组技术改进和新型动车组研制中发挥了重要作用。图 3-36 为铁科院机辆所制动试验室。

图 3-35　株洲所牵引及辅助变流器生产线现场

图 3-36　铁科院机辆所制动试验室

四方所研制了 CRH5 动车组车钩缓冲装置，以及 CRH1、CRH2、CRH5 和 CRH3 动车组空气弹簧及橡胶金属减振件，完成了网络控制全系统逻辑应用软件自主化，具备了 RIOM 模块级底层软件独立开发能力，实现了对引进 CPU 模块等元器件的对等替代，自主研制的网络控制系统在 CRH5 系列动车组上批量装车应用。图 3-37 为四方所钩缓装置智能生产现场，图 3-38 为四方所空气弹簧试验台。

图 3-37　四方所钩缓装置智能生产现场

图 3-38　四方所空气弹簧试验台

戚墅堰所突破了动车组齿轮传动系统设计、仿真技术和多目标总体设计优化配置技术，成功解决了镁铝轻合金、高强度齿轮用钢等关键基础材料的开发以及低压铸造工艺、双频感应淬火热处理工艺等多项技术难题；制定了全国首个高速动车组齿轮传动系统行业标准，建成了集产品技术标准、知识产权管理、专利信息创新于一体的标准专利体系；完成了动车组齿轮传动系统的全面自主研制，实现了进口产品替代。图 3-39 为戚墅堰所动车组齿轮箱恒温组装间，图 3-40 为戚墅堰所研制的 CRH380A 动车组齿轮箱。

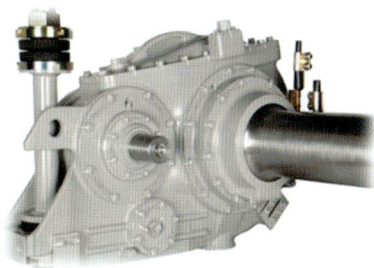

图 3-39　戚墅堰所动车组齿轮箱恒温组装间　　图 3-40　戚墅堰所研制的 CRH380A 动车组齿轮箱

浦镇海泰通过技术引进，具备了制动系统产品集成和组装试验的能力；通过再创新和自主研发，具备了动车组制动系统电子控制单元软硬件、气动控制单元、风源装置等核心部件的开发和系统集成能力。其自主研发的和谐号动车组对等替代电子制动控制单元、风源装置，完成装车运用考核。

永济厂通过对引进技术的消化吸收和再创新，拥有了较强的高速动车组、大功率机车牵引电机和牵引及辅助变流器制造和产品研发能力，不仅在轨道交通领域满足了牵引电传动产品升级换代的需求，而且将有关技术和能力向风电、油田、矿山等新领域延伸。

南车电机在引进消化吸收技术和自主创新过程中，不断提升自身在牵引变压器和牵引电机方面的技术能力和制造水平，高性能、高质量的产品很好地满足了我国高速列车和大功率电力机车不断发展的需要。

北京赛德通过引进德国 STEMMANN 公司受电弓技术和消化吸收国外车载高压电器技术，已具备高速动车组、大功率电力机车受电弓和车载高压电器生产和研发能力，其受电弓和高压电器产品已在我国高速列车和电力机车上广泛应用。图 3-41 为北京赛德受电弓产品生产现场。

图 3-41　北京赛德受电弓产品生产现场

2. 构建材料零部件供应链

高速动车组产业链长，涉及领域广，技术复杂，许多重要材料和零部件不仅是动车组产业链中的重要环节，也是社会化程度较高的市场产品。因此，必须充分利用国家工业基础，运用市场机制，发挥社会力量作用，构建以国内配套为主、安全可控的材料零部件供应链。

国内已有多家企业可以生产车体中空铝型材，如西南铝业（集团）有限责任公司、柯鲁斯（天津）铝工业型材有限公司、龙口市丛林铝材有限公司、吉林麦达斯铝业有限公司等。龙口市丛林铝材有限公司中空铝型材生产现场如图 3-42 所示。

图 3-42 龙口市丛林铝材有限公司中空铝型材生产现场

今创集团主要产品有高速动车组内饰装备系列，车用电源控制、电气控制、照明、箱体、风挡、座椅、门机构系列，司机室操纵台，车载视频及旅客信息系统等共 10 多个系列、1000 余种。

青岛威奥是国内动车组模块化内饰装备系列与零部件配套产品最丰富的企业之一。

上海坦达引进日本小糸和法国安通林技术，建成上海、长春、青岛、唐山 4 个生产基地，年生产新造座椅可满足 500 列标准编组动车组用量。

无锡万里是以轨道车辆真空卫生系统为主营业务的公司。2005 年从德国 EVAC 引进给水卫生系统技术，为动车组配套给水卫生系统。

江苏铁锚是国内动车组车窗玻璃主要制造厂家之一，不仅为轨道交通装备提供车窗玻璃，也为汽车、军用车辆、飞机等提供玻璃，具有完善的生产和试验手段。图 3-43 为江苏铁锚玻璃的生产现场。

图 3-43 江苏铁锚玻璃生产现场

推进关键系统和主要零部件的自主化，构建完整可控的供应链，是动车组可持续发展的重要保障。在推动供应链构建和发展过程中，必须坚持以我为主，把握好引进技术与自主创新的关系，坚持引进国外先进技术与国内自主研发相结合"两条腿走路"，促进实现关键系统和主要零部件的本土化、国产化和自主化，降低运用维修成本，确保供应链安全可控。此外，引进技术还可以提高自主研发的起点，补齐动车组的"短板"，实现在更高起点、更高水平上的自主创新。

三　和谐号动车组四个技术平台

为满足高速铁路客运需求，以 CRH1A、CRH2A、CRH5A、CRH3C 和 CRH2C 型动车组为基础车型，通过引进消化吸收再创新，主要依靠国内自己的力量，借鉴联合设计动车组积累的经验，我国铁路又相继组织研制了多种不同型号高速动车组。依托通过升级的动车组制造基地和以国内企业为主的材料和零配件供应链，生产制造了一批包括 16 辆长编组、高寒、卧铺等动车组新产品，并成功投入运用，形成了和谐号 CRH 动车组产品系列，构建了 CRH1、CRH2、CRH3 和 CRH5 动车组技术平台。和谐号 CRH 动车组系列产品在总体集成、铝合金/不锈钢轻量化车体、无摇枕高速转向架、大功率交流牵引传动系统、微机控制电空制动系统和列车网络控制系统等方面，体现了当时我国铁路机车车辆制造先进成果。

1. CRH2 动车组技术平台

CRH2 动车组技术平台各型产品由四方股份消化吸收川崎重工 E2-1000 型动车组技术设计生产，包括 CRH2A、CRH2B、CRH2E、CRH2G 和 CRH2C 型动车组，以及 CRH6A、CRH6F 型城际动车组等型号。2013 年，四方股份在 CRH2A 型动车组基础上对车型、定员、旅客服务、司机操作等方面进行了变更，如取消一等包厢、取消司机专用车门、由双司机驾驶模式改为单司机驾驶模式等，最终形成统型 CRH2A 型动车组。CRH2B、CRH2E 型动车组是在 CRH2A 型动车组基础上扩编至 16 辆编组的座车和卧铺动车组，并加装了半主动减振器、车端减振器，对空调通风系统也进行了改进。

CRH2C 型动车组是 2005 年铁道部组织招标采购的 300km/h 速度级动车组，由四方股份主导，川崎重工提供技术支持，在 CRH2A 型动车组基础上通过技术升级将动车组速度提升为 300～350km/h。

基于 CRH2A 型动车组，四方股份还自主研制了 CRH2G 型高寒动车组，以及 CRH6A 和 CRH6F 型城际动车组。CRH2G 型动车组可在−40～+40℃极端气候条件下正常运营，最高运营速度 250km/h，转向架采用高寒适应性设计，车下设备舱采用密封结构，空调系统采用防风沙和空气过滤设计等；CRH6A 型城际动车组最高运营速度 200km/h，CRH6F 型城际动车组最高运营速度 160km/h。

CRH2A、CRH2C、CRH2G、CRH6A 型动车组如图 3-44 所示。

(a) CRH2A 型动车组

(b) CRH2C 型动车组

(c) CRH2G 型动车组

(d) CRH6A 型动车组

图 3-44　CRH2A、CRH2C、CRH2G、CRH6A 型动车组

2. CRH3 动车组技术平台

CRH3 动车组技术平台各型产品由唐车公司和长客股份消化吸收西门子 Velaro E 型动车组技术设计生产，包括 CRH3C 型动车组和 CRH3A（原称 CJ1）、CJ2 型城际动车组等型号。

CRH3C 型动车组最高运营速度曾达 350km/h，由唐车公司生产。2009 年 8～12 月，武广客运专线联调联试时，CRH3C 型动车组完成了型式试验和研究性试验，两列 CRH3C 型动车组重联最高试验速度达到 394.2km/h，创下了当时商业运营动车组重联线路运行最高试验速度纪录。

CRH3A（原称 CJ1）和 CJ2 型城际动车组，最高运营速度 250km/h，由长客股份和唐山公司研制。CRH3C、CRH3A、CJ2 型动车组如图 3-45 所示。

(a) CRH3C 型动车组

(b) CRH3A 型动车组

(c) CJ2 型动车组

图 3-45　CRH3C、CRH3A、CJ2 型动车组

3. CRH5 动车组技术平台

CRH5 动车组技术平台各型产品由长客股份消化吸收阿尔斯通 SM3 型动车组技术设计生产，目前有 CRH5A、CRH5G 和 CRH5E 等型号。CRH5G 型动车组是在 CRH5A 型动车组基础上，根据兰新高速铁路（简称兰新高铁）、哈大高速铁路（简称哈大高铁）等典型高寒风沙地区的运用条件，进行适应性优化设计而研制的高寒动车组。CRH5E 型动车组为 10 动 6 拖长编组高寒卧铺动车组，可适应−40℃的运营条件。CRH5A、CRH5G 和 CRH5E 型动车组如图 3-46 所示。

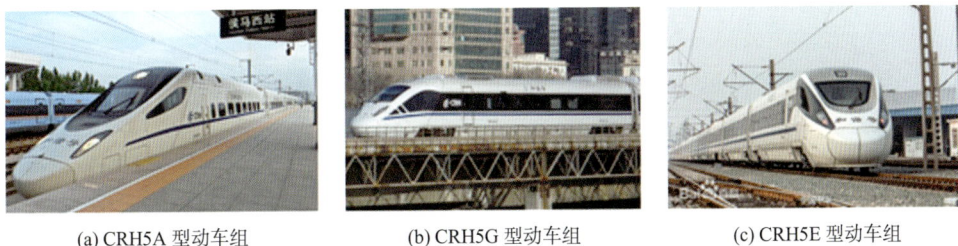

(a) CRH5A 型动车组　　(b) CRH5G 型动车组　　(c) CRH5E 型动车组

图 3-46　CRH5A、CRH5G 和 CRH5E 型动车组

4. CRH1 动车组技术平台

CRH1 动车组技术平台各型产品由 BST（2008 年 12 月，原 BSP 更名为青岛四方庞巴迪铁路运输设备有限公司，简称 BST）设计生产，包括 CRH1A、CRH1A-A、CRH1B、CRH1E 等型号。首批采购的 CRH1A 型动车组最高运营速度 200km/h，也称 CRH1A-200 型动车组，后续制造的 CRH1A 型动车组，取消了软件限速，列车最高运营速度 250km/h，也称 CRH1A-250 型动车组。CRH1A-A 在 CRH1A 型动车组基础上进行了改进，采用铝合金车体减轻质量并改善列车气密性，设计流线型新头型降低气动阻力，优化转向架悬挂参数提高稳定性。由于 CRH1A 型动车组与 CRH1A-A 型动车组列车控制系统（TCMS）的差异，两种车型不能重联运行。

CRH1B、CRH1E 型动车组是在 CRH1A 基础上扩编至 16 辆编组的座车和卧铺动车组，采用 10 动 6 拖动力配置。2009 年制造的 CRH1E 动车组相比 CRH1A，采用了新头型设计，部分 CRH1B 型动车组按 CRH1E 型动车组头型制造；2015 年新增的新型 CRH1E 卧铺动车组，采用了铝合金车体，与 CRH1A-A 头型相同，并对车内布置进行了重新设计。

CRH1A、CRH1A-A、CRH1B 和 CRH1E 型动车组如图 3-47 所示。

(a) CRH1A 型动车组　　　　　　(b) CRH1A-A 型动车组

图　3-47

(c) CRH1B 型动车组   (d) CRH1E 型动车组

图 3-47　CRH1A、CRH1A-A、CRH1B 和 CRH1E 型动车组

四　试验、认证、行政许可

1. 动车组试验验证

首批和谐号动车组制造过程中，虽然铁道部制定了《高速动车组整车试验规范》，但是仍然必须大量采用国外标准。为适应中国动车组不断创新和批量运用需要，按照与国际接轨的要求，国内相关的动车组主机厂、科研单位、检验检测机构和高校完善了试验验证手段，积累了执行国际（国外）动车组先进标准的经验。同时，一些具有中国特色的试验方法也得到了完善，以中国国家标准（GB 标准）和铁道行业标准（TB 标准）为主体的动车组整车和零部件产品标准化体系逐渐形成，为试验验证提供了支撑。

动车组列车级试验项点主要包括牵引性能、制动性能、动力学性能、受电弓、接触网侧谐波、电磁兼容性、TCMS、噪声、列车空气动力学性能、机械传动机构、车底架设备通风、电气系统保护、供电测试、乘客车厢通风和空调装置、多组联挂运行等试验。

动车组整车试验分为静态试验和动态试验。其中，静态试验主要包括联挂、解联、绝缘、耐压、车体水平、淋雨、电气分布、供风、气密性及牵引系统、制动系统、辅助供电系统、烟火报警系统、照明系统、安全监测系统、外接电源供电、非常启动功能、ATP 系统、空调系统、车门系统、给水卫生系统、旅客信息系统等试验；动态试验主要包括牵引性能、制动性能、关门安全、手动过分相、回送救援、BTM 天线测试、重联运行等试验。为了保证线路动力学等试验正常进行，通常还要进行厂内线路动态调试和整车滚动台试验。

动车组关键零部件试验，是为保证动车组零部件的安全性、可靠性，对车体、转向架、内装、电气、制动、空调、给水卫生等 7 个系统 48 个部件进行的全面型式试验，其中车体系统包括车体结构、车钩缓冲装置、风挡、开闭机构、车头、导流罩、设备舱裙底板等零部件；转向架系统包括动车和拖车构架、轮对组成、轴箱体、空气弹簧、轴箱弹簧、高度阀、差压阀、油压减振器、齿轮箱、基础制动等部件；内装系统包括客室侧窗、客室侧门、挡风玻璃等零部件；电气系统包括受电弓、高压箱、主断路器、避雷器、牵引电机、变流器、制动电阻、变压器、网络、充电机、电器柜、旅客信息系统、前照灯、司机操纵台、司控器等零部件；制动系统包括夹钳、模块、供风单元、差压阀、高度阀等零部件；空调系统包括客室机组和司机室机组；给水卫生系统包括真空集便、饮水机、卫生间、洗面室、餐饮设备、玻璃冷藏柜等零部件。

车辆级试验包括车体隔热 K 值的试验、车内照明测量、乘客车厢通风和空调装置试验、乘客车厢采暖试验、通过限界试验（静态通过限界试验）、通过曲线试验、称重和轴重检验、电气设备性能测试和压力气密性测试；零部件试验包括车体静态试验（垂直荷载、压缩、牵引、扭曲及提升试验）、车体气密强度试验、转向架静强度及疲劳试验、转向架滚动振动台试验、车轴强度与疲劳试验、弹簧强度与疲劳试验、缓冲装置能力试验、车钩破坏强度试验、主变压器及冷却设备试验、TCMS、牵引变流器和辅助变流器试验、牵引电机试验、牵引传动齿轮、牵引装置试验、所有辅助设备及其电机试验、受电弓试验及电传动系统地面试验。

2. 动车组产品认证

为保证铁路运输安全，铁道部要求对动车组的重要零部件实行认证管理，取得认证后，方可上车使用。根据《铁路产品认证管理办法》《中国铁路总公司铁路专用产品认证管理办法》及中铁检验认证中心有限公司下发的产品认证实施规则，对动车组重要零部件开展产品认证工作。需认证的零部件共计 16 种，主要包括受电弓（受电弓、碳滑板）、转向架关键部件（车轮、车轴、齿轮箱组成、制动盘、轴箱轴承、轴箱转臂及定位节点、制动夹钳单元、轴箱弹簧、空气弹簧、油压减振器）、制动系统（制动控制装置）、车钩及缓冲装置（车钩及缓冲装置总成）、高压设备（真空主断路器）及其他重要零部件（电线电缆）等。

3. 动车组行政许可

动车组的行政许可由铁道部负责（现由国家铁路局负责）。长客股份获得了 CRH5A、CRH5J、CRH5G、CRH380BL、CRH380CL、CRH380B、CRH380BG、CRH3A、CRH380BJ-A、CRH5E 型动车组的型号合格证、生产许可证、维修合格证；四方股份获得了 CRH2A、CRH2B、CRH2E、CRH2C-1、CRH2C-2、CRH2J、CRH2G、CRH380A、CRH380AL、CRH380AJ、CRH6A、CRH380AN（永磁）型动车组的型号合格证、生产许可证、维修合格证；唐山公司获得了 CRH3C、CRH380B、CRH380BL、CJ2、CJ3 型动车组的型号合格证、生产许可证、维修合格证。

五　建设动车组运维基地

为保障动车组的安全、可靠运营，铁路部门在全国高速铁路沿线路网节点城市布局建设了动车组运维基地。早期分别为：

北京动车组检修基地，始建于 2007 年 8 月，占地面积约 1800 亩（1 亩 ≈ 666.67m²），2009 年 5 月组建北京动车客车段，2011 年 11 月成立北京动车段，下设动车组运用检修所（简称动车所）。该检修基地具备动车组日常检修、定期检修的能力，承担着京沪高铁、京津城际、既有京广和京沪线动车组的日常检修任务和部分动车组Ⅲ级定期检修任务。图 3-48 为北京动车组检修基地检修车间。

上海动车组检修基地，占地约 2000 亩，主要负责华东和长三角地区动车组高级修。该检修基地于 2013 年开展高级修，配置有调试库、三级修库、转向架库、解体组装库、物流库、油漆库、零部件中心及大部件存放库等。图 3-49 为上海动车组检修基地检修车间。

图 3-48　北京动车组检修基地检修车间

图 3-49　上海动车组检修基地检修车间

武汉动车组检修基地于 2009 年建成，是世界上规模最大、承担工作量最多的动车检修基地。该检修基地占地 2100 亩，停车场能同时存放 130 组动车组，具备 400 组动车组的检修能力，重点承担中南地区动车组检修任务。图 3-50 为武汉动车组检修基地检修车间。

广州动车组检修基地于 2010 年建成，建筑面积 30.52 万 m^2，主要负责华南和珠三角地区动车组高级修作业，年检修产能可达 280 组。图 3-51 为广州动车组检修基地检修车间。

图 3-50　武汉动车组检修基地检修车间

图 3-51　广州动车组检修基地检修车间

除建设动车检修基地外，铁路部门还设置了动车段和下属的动车所，共同承担各级运用检修，并根据新建线路开通运营情况，陆续投入运用。

动车组司机驾驶资格由铁道部统一管理（现由国家铁路局管理）。铁道部组织（现由国家铁路局组织）动车组司机资格考试，发放驾驶证，并对铁路运输企业和司机进行监督检查。和谐号动车组司机实行模块化培训，分别是动车组安全理论知识培训模块、动车组静态实作培训模块、高速铁路规章理论知识培训模块、动车组跟车练习实作模块，动车组新车型使用培训模块以及动车组模拟操纵设备培训模块。司机管理主要包括司机选拔与培训、司机考核与评估、司机日常管理、司机激励机制等内容。

第三节　实施再创新，研制 CRH380 高速动车组

随着投入运营的和谐号动车组数量和品种不断增加，总体运行是安全、平稳的，且动车组出现问题的解决、产品的优化、新车型的开发和技术平台的建立更多依靠国内力量。实践让我们清醒地认识到，真正的关键核心技术是买不来、换不来的，引进技术也不是一劳永逸的，要解决中国铁路的发展问题，指望别人是靠不住的，归根到底还要靠我们自己坚持不懈的努力。把关键核心技术掌握在自己手里，才是确保我国高速列车可持续发展的根本途径。在科技部、铁道部的组织下，采用"政产学研用"联合攻关的模式，自主研制新一代 CRH380 高速动车组，是引进技术消化吸收再创新的一次重要实践。

一　CRH380 高速动车组的研制

1. 两部联合行动计划介绍

2008 年 2 月 26 日，科技部、铁道部共同签署了《中国高速列车自主创新联合行动计划》（简称两部联合行动计划），提出在引进国外动车组先进技术，并实现国内批量生产的基础上，采用"政产学研用"联合攻关的模式进行全面自主创新，依托"十一五"国家科技支撑计划重大项目"中国高速列车关键技术研究及装备研制"（简称高速列车项目），开发新一代 350km/h 及以上高速列车，为京沪等高速铁路的顺利开通运营提供装备支撑。根据京沪高铁的运营需求，列车设计速度 380km/h，最高运营速度 350km/h，全程直达运营时间 4h 左右。而当时世界上高速列车最高运营速度为 330km/h，研制持续运营速度 350km/h 及以上的高速列车无疑将面临诸多挑战。新一代高速列车 CRH380 动车组的研制，基于 CRH2 和 CRH3 动车组技术平台，尤其是利用 CRH2C 和 CRH3C 型动车组积累的 300km/h 及以上的运用经验，突出企业在科技创新中的主体地位，实施开放联合协作的科研机制。高速列车项目分别由四方股份和长客股份/唐车公司牵头，联合国内科研院所、高等院校及零部件生产厂家等，采用先进的技术标准，运用科学的研制方法，执行严格的管理制度。

2. CRH380A 动车组

CRH380A 动车组技术平台是 CRH2 动车组技术平台的升级，产品主要有短编组 CRH380A 型和长编组 CRH380AL 型动车组等，由四方股份制造。

CRH380A 型和 CRH380AL 型动车组分别于 2010 年 9 月和 2011 年 6 月投入运营。该动车组设计速度 380km/h，最高运营速度 350km/h，目前实际最高运营速度 300km/h，采用相同的动力分散交流传动、低阻力流线型头型、轻量化铝合金车体、高速转向架、电空复合制动、网络控制等先进技术。CRH380A 型动车组为 8 辆编组，采用 6 动 2 拖编组方式，全列设带观光区的二等座车 2 辆、一等座车 1 辆、带残疾人设施的一等座车 1 辆、二

等座车 3 辆、餐座合造车 1 辆,总定员 494 人,牵引总功率 9600kW,轮周牵引功率 9360kW。CRH380AL 型动车组为 16 辆编组,采用 14 动 2 拖编组方式,全列设商务车 1 辆、一等车 4 辆、二等车 10 辆、餐车 1 辆,定员 1066 人,牵引总功率 21560kW,轮周牵引功率 21021kW。

图 3-52 为 CRH380A 型动车组。CRH380A 型动车组主要技术参数见表 3-16。

图 3-52　CRH380A 型动车组

CRH380A 型动车组主要技术参数　　　　　　　　　　表 3-16

项目	参数	项目	参数
列车总长（m）	203	车体最大高度（mm）	3700
设计速度（km/h）	380	最大紧急制动距离（m）	6500（速度 350km/h 时）
车辆固定轴距（mm）	2500	车轮踏面类型	LMA
自动车钩中心高度（mm）	1000	轮周牵引功率（kW）	9360
受电弓落弓高度（mm）	4596	通过最小曲线半径（m）	联挂 250 单车 150
蓄电池电压（V）	DC100	重联时双弓间距（m）	大于 190
车体最大宽度（mm）	3380	环境温度（℃）	−25～+40
适应站台高度（mm）	1250	车体材质	铝合金
最高运营速度（km/h）	350	全列载重（t）	39.52
新轮直径（mm）	860	转向架中心距离（mm）	17500
中间车钩中心高度（mm）	1000	最大轴重（t）	15
受电弓高度（mm）	4896～6996	通过最小 S 形曲线半径（m）	180 + 10 + 180
外接电源电压（V）	单相 AC400	正常运行网压（kV）	22.5～29
编组方式	6 动 2 拖	ATP 型号	CTCS3-300T

CRH380A 型动车组的技术创新与性能提升主要表现如下:

① 低阻力流线型头型。与 CRH2C 相比,CRH380A 型动车组短编组列车运行阻力降低 5%,CRH380AL 型动车组长编组列车运行阻力降低 14%。

② 高气密强度轻量化车体。车体采用薄壁、筒形整体承载式铝合金结构,通过车体断面、轮廓、结构优化,提高了刚度、模态和气密强度。

③ 安全可靠的高速转向架。CRH380A 动车组技术平台转向架首次采用符合欧洲标准的高强度合金轮轴、紧凑式气动式制动夹钳和浮动式闸片等新技术,增设抗侧滚扭杆装置、

车间减振器和转向架失稳检测装置。动车组转向架运行安全性指标得到提高，临界速度达到 550km/h 以上，线路试验实测构架横向加速度最大值为标准限值的 45%；脱轨系数为标准限值的 16.3%；实测轮轴横向力最大值为标准限值的 43.6%。

④ 先进的噪声控制技术。动车组按照分频段控制、等声压级设计和轻量化设计三大控制策略，实现对噪声源和传播途径的控制。试验表明，以 300km/h 运行时，客室中部噪声水平达到 66dB（A）；以 350km/h 运行时，客室中部噪声水平达到 68dB（A）。

⑤ 高性能的牵引系统。16 辆长编组动车组轮周牵引功率 21021kW，8 辆短编组动车组轮周牵引功率 9360kW。试验表明，0～200km/h 的起动平均加速度为 0.48m/s^2；加速到 350km/h，剩余加速度 0.0907m/s^2。

⑥ 高速双弓受流性能。长编组动车组采用半主动控制的受电弓，可实现随列车速度变化自动调整弓网间的接触压力，实现双弓稳定受流。

⑦ 安全环保的制动系统。制动系统为微机控制直通式电空制动系统，采用电空复合制动、电制动优先的控制方式。制动初速度 300km/h 时紧急制动距离为 3787m，制动初速度 350km/h 时紧急制动距离为 5908m。

⑧ 人性化的旅客界面。动车组旅客界面设计体现了中国传统文化与时代感的完美融合，按照 32：6：1 的比例设置了二等、一等和商务座席，最大限度提高旅客车内活动空间。

CRH380A 型动车组历经仿真计算、台架试验、线路试验的反复分析、试验、论证，充分利用建成的仿真试验手段，累计进行了 450 余项仿真计算，1050 余项地面试验，200 余万 km、2800 余项线路试验，各项技术性能通过全面的设计验证和科学研究试验，同时按照《高速动车组整车试验规范》要求完成了各项型式试验。

2010 年 9～10 月，CRH380A 型动车组进行了静态及牵引、制动、动力学、弓网受流等线路高速动态型式和科学试验，全面验证了动车组的综合性能。

2010 年 11 月～2011 月 6 日，CRH380AL 型动车组进行了整车型式试验。

图 3-53 为和谐号 CRH380A 型动车组滚动台试验。

图 3-53　和谐号 CRH380A 型动车组滚动台试验

在 CRH2 和 CRH380A 动车组技术平台基础上，四方股份又开发了 CRH6A 型城际动车组、更高速度试验列车、CRH380AJ 型高速综合检测列车和 CRH380AN 型永磁动车组等产品。

"动感号"动车组是四方股份针对香港铁路有限公司的技术标准和管理要求，依托 CRH380A 动车组技术平台，研制的适用香港和内地跨境运行的 350km/h 速度级高速动车组，标志着香港特别行政区正式加入国家高速铁路网络。"动感号"动车组如图 3-54 所示。

图 3-54　香港铁路"动感号"动车组

3. CRH380B 动车组

CRH380B 动车组技术平台是 CRH3 动车组技术平台的升级，产品主要有短编组 CRH380B、长编组 CRH380BL 和 CRH380CL 型动车组，以及 CRH380BG 型高寒动车组等，设计速度 380km/h，最高运营速度 350km/h，目前实际最高运营速度 300km/h，通过提升牵引功率、降低传动比、气动外形减阻等方式优化了列车性能。长客股份负责制造 CRH380B、CRH380BG、CRH380BL 和 CRH380CL 型动车组，唐车公司负责制造 CRH380B 和 CRH380BL 型动车组。

CRH380B 型动车组与 CRH3C 型相比，保留 8 辆编组，4 动 4 拖动力配置，牵引总功率 9376kW，轮周牵引功率 9200kW。CRH380BL 型长编组动车组采用 CRH380B 型动车组技术，16 辆编组，8 动 8 拖动力配置，牵引总功率 18752kW，轮周牵引功率 18400kW。CRH380BG 型动车组为高寒型动车组，针对哈大高铁的高寒运用环境进行了适应性优化，在材料低温特性、密封防雪和防结冰、空调采暖、水系统防冰、转向架系统低温适应性等方面进行了改进，可适应 −40℃ 高寒运行环境要求。CRH380CL 型动车组在 CRH380BL 型基础上，将原配置的牵引及网络系统改为日立永济合资企业生产的牵引及网络控制系统，牵引总功率 19680kW，轮周牵引功率 19200kW。

需要指出的是，京沪高铁开通运营初期，投入运营的 54 列 CRH380BL 型动车组曾多次发生影响行车安全的制动系统故障，2011 年 8 月，中国北车主动宣布召回此批共计 54 列动车组。经排查，故障的直接原因是德国克诺尔公司在 CRH380BL 型动车组制动控制单元 BCU 中增设的网络通信接口板卡没有激活休眠功能，使得 BCU 在满足自动休眠的外部条件后，仍无法自动休眠，引发板卡计数器 49.71 天后溢出，使 500ms 周期制动任务失效。经过全面整改、试验验证、第三方评估和专家评审确认整改合格后，于同年 11 月 16 日开始分批恢复运营。经过全面整改后，未再出现过类似问题。

故事

高速列车召回事件始末

2011 年 6 月 30 日，京沪高铁正式开通运营，开始总体比较平稳，然而不到 2 个月，8 月 7 日，CRH380B-6218L 动车组发车制动测试时突然出现了紧急制动不缓解，同时发出故障报警。紧接着 8 月 9 日，CRH380B-6404L 动车组进徐州东站时，又出现全列常用制动无法施加、紧急制动无法缓解的故障。之后事故不断：8 月 10 日上海虹桥至北京南 G102 次、8 月 13 日上海虹桥至青岛 G222 次、8 月 13 日上海虹桥至青岛 G228 次也陆续出现常用制动无法施加的故障。

制动系统关系到列车运行的安全，中国北车迅速做出了召回的决定并进行批量整改。问题反映到制动系统电子控制单元供应商德国克诺尔公司，克诺尔公司难以及时对故障进行分析并提出处理意见。主机厂与铁科院机辆所组成技术攻关团队，联合查找故障原因，研究解决方案。

铁科院机辆所由曹宏发领衔的制动攻关团队第一时间赶赴现场对故障展开分析。通过分析网络数据发现：MVB 通信板卡部分端口信号没有被更新，列控系统采集数据与制动系统发送的数据不一致。克诺尔公司人员到达现场后同样的问题又接连出现，外方工程师一头雾水。原因到底是什么？攻关团队对照克诺尔公司给出的程序架构说明，初步认为"通信板卡的 500ms 周期任务停止调度"是本次批量故障的重要原因。随即，攻关团队与克诺尔公司技术总监 F.Büttner 先生开展技术交流，有针对性地提出了制动系统软件中存在问题。克诺尔公司的专家也感到困惑，为什么在自己国家和其他国家没有发现这样的问题呢？

8 月 18 日，攻关团队最终确认了故障的根源。这是由于克诺尔公司修改了设计，CRH380BL 相对于 CRH3C 原型车的制动电子机箱增加了一块新的板卡，连续 49.71 天上电，造成通信板卡中的一个计数器单元溢出。该计数器与常用制动施加相关，溢出后无法执行常用制动功能及其他相关功能。找到问题的根源也让克诺尔公司的专家定了神。随后中外方专家一起讨论升级方案、共同编制测试大纲，开展环行线和正线测试，对制动系统功能进行了全面彻底的验证。历经三个月三次铁道部专家评审，升级方案获得通过。经批量整改，11 月 16 日，CRH380BL 型动车组开始分批投入恢复运营，为整个故障处理过程画上了圆满的句号。

CRH380B（C）各型动车组如图 3-55 所示。

(a) CRH380B 型动车组

(b) CRH380CL 型动车组

(c) CRH380BG 型高寒动车组

图 3-55　CRH380B、380CL、380BG 型动车组

CRH380B 型动车组主要技术参数见表 3-17。

CRH380B 型动车组主要技术参数　　　　　　表 3-17

项目	参数	项目	参数
列车总长（m）	201.4	车体最大高度（mm）	3890
设计速度（km/h）	380	最大制动距离（m）	6500
车辆固定轴距（mm）	2500	车轮踏面类型	LMB10
自动车钩中心高度（mm）	1000	轮周牵引功率（kW）	9200
受电弓落弓高度（mm）	4360	通过最小曲线半径（m）	250
蓄电池电压（V）	DC110	重联时双弓间距（m）	199.3
车体最大宽度（mm）	3257	环境温度（℃）	−25～+40
适应站台高度（mm）	1250	车体材质	铝合金
最高运营速度（km/h）	350	全列载重（t）	47
新轮直径（mm）	920	转向架中心距离（mm）	17375
中间车钩中心高度（mm）	895	最大轴重（t）	17
受电弓高度（mm）	4960～6760	通过最小 S 形曲线半径（m）	180 + 10 +180
外接电源电压（V）	AC380	正常运行网压（kV）	25～29
编组方式	4 动 4 拖	ATP 型号	CTCS3-300T

CRH380B 型动车组的技术创新与性能提升主要表现如下：

① 380km/h 速度级的高速转向架。该转向架固定轴距小，结构紧凑，采用了高强度双 H

形构架、空心车轴、转臂式轴箱定位、高柔性二系空气弹簧装置等先进、成熟技术。

②先进的牵引系统。牵引变流器采用最新大功率 IGBT 器件＋水冷技术，具有功率密度高、结构紧凑、技术先进、性能稳定可靠等优点，符合当今的技术发展方向。

③防撞铝合金车体结构。当以一定速度发生相撞时，车体具有压溃吸能功能，能大大减小对人员造成的伤害。

④独特的防火设计结构。若意外发生火情，车厢防火系统自动启动，保证在 15min 内火势不会蔓延到相邻车厢，同时保证列车在发生火灾的 10min 内仍可以 80km/h 以上的速度驶离难以救援的桥、隧区段。

⑤符合 TCN 标准的列车网络控制系统。该网络控制系统采取了成熟的分布式网络体系结构，具有稳定性高、冗余性好、电磁兼容性强等优点。

⑥直通式电空制动系统和大热容量基础制动装置，制动系统采用微机控制，控制精确可靠，制动冲动小。

⑦辅助供电系统采用辅助变流器向相邻单元互相支援的并网干线供电技术，可靠性高、冗余性好。

⑧动车组配置了完备的车载诊断系统，对列车运行过程中出现的故障可实时同步无线传送到地面维修中心，方便地面维修中心对出现的故障及时制订故障处理方案，并有效实施，确保列车运行安全。

CRH380B 动车组技术平台的设计验证和科研试验，涵盖牵引性能、速度控制、运行阻力、制动性能、动力学性能、辅助供电、网压波动、压力保护、空调采暖、噪声、弓网受流性能、列车信息系统及网络、电磁兼容以及高压试验、重联控制等整车和子系统性能的试验。按照《高速动车组整车试验规范》要求，编制了各项型式试验大纲并组织实施。

2010 年 10 月～2011 年 10 月，唐车公司制造的 CRH380BL 型动车组进行了型式试验，结果符合要求。

2011 年 5 月～2013 年 5 月，长客股份制造的 CRH380CL 型动车组进行了整车型式试验，结果符合要求。

2013 年 12 月～2014 年 1 月和 2014 年 2～8 月，唐车公司和长客股份分别对各自生产的 CRH380B 型动车组进行了整车型式试验，结果符合要求。

基于 CRH380B 动车组技术平台，唐车公司还研制了卧铺动车组和可变编组动车组。

以 CRH380B 型动车组为基础，铁科院和唐车公司研制了最高试验速度 400km/h 高速检测列车，我国高速综合检测列车技术实现了新的突破。

4. CRH380D 动车组

CRH380D 动车组技术平台是 BST 基于庞巴迪公司 ZEFIRO 动车组技术平台研制的，该动车组设计速度 380km/h，最高运营速度 350km/h，目前实际最高运营速度 300km/h，列车全长 215.3m，8 辆编组，4 动 4 拖动力配置，采用铝合金车体结构，设有碰撞吸能装置，前端吸能结构吸能容量 2MJ，宽 3.358m、高 4.160m。两端控制车长度 27.45m，中间拖车长度 25.80m，牵引总功率达到 10080kW，轮周牵引功率 9600kW。CRH380D 型动车组如图 3-56 所示。

图 3-56　CRH380D 动车组

值得一提的是，京沪高铁联调联试期间，在枣庄至蚌埠间的先导段，CRH380AL 和 CRH380BL 型动车组开展了一系列型式试验和研究性试验。2010 年 12 月 3 日，CRH380AL 型动车组最高试验速度达到 486.1km/h，创造了商业运营列车最高试验速度纪录；2011 年 1 月 9 日，以 CRH380BL 型动车组为基础的试验列车最高试验速度达到 487.3km/h，创造了国内高速试验列车最高试验速度纪录。

二　CRH380 高速动车组技术攻关

1. 重大科研项目简介

根据两部联合行动计划，围绕动车组关键技术攻关，国家安排了"十一五"国家科技支撑计划重大项目"中国高速列车关键技术研究及装备研制"，"十一五"国家 863 计划项目"最高试验速度 400km/h 高速检测列车关键技术研究及装备研制"和"十二五"国家科技支撑计划重大项目"智能高速列车系统关键技术研究及样车研制"。

"十一五"国家科技支撑计划重大项目"中国高速列车关键技术研究及装备研制"安排了多项课题，主要目的是研制符合京沪高铁需求的 350km/h 以上的高速列车；形成满足中国高速列车技术和产业可持续发展能力；确保拥有我国自主知识产权的高速列车与京沪高铁开通同步投入运营。

"十一五"国家 863 计划项目"最高试验速度 400km/h 高速检测列车关键技术研究及装备研制"安排了 3 个课题，目的是研制完成首列具有自主知识产权的高速检测列车，其最高试验检测速度达到 400km/h，具有对高速铁路基础设施状态进行实时检测的能力，同时，建成具有综合评估和维护决策支持能力的地面检测数据分析处理中心，为建立我国高速铁路基础设施移动检测及安全评估技术和标准规范体系奠定基础。

"十二五"国家科技支撑计划重大项目"智能高速列车系统关键技术研究及样车研制"的目标是构建智能化高速列车系统，实现高速列车的安全可靠运行和全生命周期的能力保持与优化，全面提升服务品质。

2. 技术攻关课题实施

"十一五"国家科技支撑计划重大项目"中国高速列车关键技术研究及装备研制"围绕CRH380动车组研制组织技术攻关，主要课题实施概况如下：

"高速转向架技术"，构建动力学仿真、疲劳强度分析、结构装配转向架数字化设计和试验验证平台，实现基于CRH2和CRH3动车组技术平台转向架的悬挂参数优化。

"高速列车空气动力学优化设计及评估技术"，完成CRH380AL/BL型动车组1：8缩比模型及关键部件模型的气动噪声试验评估。

"高速列车车体技术"，针对铝合金车体及大部件焊接变形控制，完成高速列车车体设计、制造、试验、评估等平台搭建，建成高速动车组车体部件疲劳试验平台。

"高速列车牵引传动与制动系统"，建立350km/h以上高速列车牵引传动与制动系统设计、试验和制造平台；完成制动控制器、供风单元、气动控制单元、大功率盘形制动装置的优化设计。

"高速列车关键材料及部件可靠性"，围绕高速列车车体铝合金、转向架结构、车轮车轴等材料及部件，进行样品研制，开展载荷谱和疲劳可靠性基础研究。

3. CRH380BJ型动车组研制

"十一五"国家863计划项目"最高试验速度400km/h高速检测列车关键技术研究及装备研制"，目的是研制400km/h高速综合检测列车，即CRH380BJ型动车组，这是CRH380动车组中一个特殊产品，除需要配置先进的检测系统外，动车组的设计速度更高，因此，特别安排了3个课题，分别为"高速检测列车关键检测技术""检测数据分析处理技术"和"高速检测列车动车组技术"。

"高速检测列车关键检测技术"课题依托单位为铁科院。该课题借鉴最高检测速度250km/h，0号高速综合检测列车的研制经验，突破了最高试验速度400km/h条件下多基准参数合成数学模型、多种图像并行处理、复杂背景图像中的定位器快速检测、长波轨道不平顺检测、连续测量测力轮对、精确定位、多源异构数据同步合成等关键技术，形成研究成果53项，成功研制了轨道、弓网、轮轨力、车辆动态响应、转向架载荷、通信、信号、综合等检测系统，并完成检测系统与动车组的集成、调试和试验，实现了高速条件下对基础设施多参数实时采集、精确测量、数据集成、综合处理和分级评判。通过对京沪高铁最高试验速度400km/h的验证试验表明，检测列车最高检测速度达到400km/h，轨道几何参数检测精度达到毫米级，轮轨接触力检测精度±2kN，弓网接触力检测精度±5N，无线通信场强测量精度±1.5dB，信号误码率检测误差小于1%，同步定位精度±1m，实现了课题规定的目标。

"检测数据分析处理技术"课题依托单位为铁科院。经过三年多的技术攻关，首次构建了我国的高速铁路基础设施检测数据开放式管理平台，提出了综合评判车辆/轨道系统动态特性的广义能量法和京沪高铁无砟轨道不平顺谱拟合公式，建立了轨道质量状态新型非线性灰色预测分析模型和高速检测列车协同仿真平台，构建了全息可视化三维展示系统和车地无线数据传输系统，建成了具有综合评估和维护决策支持能力的地面检测数据分析处理中心，实现了检测大数据的存储管理、基础设施综合状态评估、基础设施状态变化规律分析、长中短期恶化趋势预测、协同仿真、数据挖掘、三维可视化展示和车地数据传输等功能。

"高速检测列车动车组技术"课题依托单位为唐车公司。在国产 CRH380B 型高速动车组基础上，以集成设计技术为核心，采用 6 动 2 拖编组，增加了牵引总功率，轮周牵引功率达 13800kW，重点研究并突破了检测设备安装及接口、专用供电、环境控制、电磁兼容等关键技术，以及高速检测列车动车组转向架、车体、牵引传动与制动、网络控制、辅助供电、空调系统、车内设施等子系统的适配技术，成功开发了满足京沪高铁应用的、设计速度 400km/h、持续检测速度 350km/h 以上的高速综合检测列车，后定型为 CRH380BJ 型高速检测列车，如图 3-57 所示。

图 3-57　CRH380BJ 型高速检测列车

"十一五"国家 863 计划重点项目"最高试验速度 400km/h 高速检测列车关键技术研究及装备研制"科技攻关获得的成果，广泛应用于后续开发的各型高速综合检测列车，使我国高速铁路综合检测技术达到了世界领先水平。

三　和谐号动车组技术平台与型号

通过引进消化吸收再创新，形成了和谐号 CRH 动车组产品系列，构建了产品技术平台，为我国高速铁路的快速发展提供了支撑，显著提升了我国机车车辆制造能力和水平，为中国高速列车的持续创新发展积累了经验。

CRH 动车组系列产品主要技术平台与型号见表 3-18。

CRH 动车组系列产品主要技术平台与型号　　　　　　　　　　表 3-18

技术平台	型号	制造企业	定义			
			最高运营速度（km/h）	编组（辆）	轮周牵引功率（kW）	典型特征
CRH1	CRH1A	BSP（BST）	250	8	4000	不锈钢车体动车组
	CRH1E			16	8000	长编卧铺动车组，不锈钢车体
	CRH1B					长编动车组，不锈钢车体
	CRH1A-A			8	5168	铝合金车体动车组

续上表

技术平台	型号	制造企业	定义			
			最高运营速度（km/h）	编组（辆）	轮周牵引功率（kW）	典型特征
CRH2	CRH2A	四方股份	250	8	4680	基础型动车组
	CRH2E			16	9360/10046/11388	长编卧铺动车组，加装半主动减振器、车端减振器
	CRH2B				9360/10046	长编动车组，加装了半主动减振器、车端阻尼器，采用DSA250型受电弓
	CRH2C		310/350	8	7534/8541	在CRH2A基础上速度提升
	CRH2G		250		5694	高寒动车组
	CRH2J				4680	高速综合检测列车
CRH3	CRH3A	唐车公司/长客股份	250	8	5500	城际动车组
	CRH3C	唐车公司	350	8	8800	基础型动车组
CRH5	CRH5A	长客股份	250	8	5500	基础型动车组
	CRH5G					高寒动车组
	CRH5J					高速综合检测列车
	CRH5E			16	11000	长编卧铺动车组
CRH380A	CRH380A	四方股份	350	8	8541	新型高速动车组
	CRH380AJ				11466	高速综合检测列车
	CRH380AL			16	21021	长编高速动车组
	CRH380AM		350（未投入运营，后改为试验列车）	6	9360	更高速度试验列车
CRH380B	CRH380B	长客股份/唐车公司	350	8	9200	新型高速动车组
	CRH380BG					高寒动车组
	CRH380BJ				13800	高速综合检测列车
	CRH380BL			16	18400	长编高速动车组
CRH380C	CRH380CL	长客股份	350	16	19200	长编高速动车组
CRH380D	CRH380D	BST	350	8	9600	基于庞巴迪ZEFIRO平台研发的高速动车组

截至2023年底，和谐号动车组总投入运用数量超过2500标准列。

四 主要收获

综上所述，技术引进是我国高速列车发展历程中十分重要的一环，从由国外企业对转让技术总负责的首批和谐号动车组，到国内企业主导、国外企业提供技术支持实现对引进动车组速度升级，再到通过消化吸收再创新，研制了和谐号CRH380系列高速动车组产品，中国铁路在高速列车创新发展的道路上迈出了坚实的一步，收获很多。

一是和谐号动车组为中国高速铁路快速发展提供了有力支撑。自 2007 年中国铁路实施第六次大面积提速，和谐号动车组首次投入运用以来，我国铁路投入运用的 200km/h 和 300km/h 两个速度级和谐号动车组总数超过 2500 标准列，最高运营速度曾达 350km/h（目前按最高 300km/h 速度运营），支撑了我国高速铁路大规模建设和快速发展，改善了旅客服务质量。和谐号动车组自 2007 年投入运营以来，总体运行安全、平稳、有序，积累了大量经验。

二是技术引进促进了我国高速动车组创新能力和制造、应用水平持续提升。在原有基础上，经过技术引进、消化吸收和再创新，我国高速动车组九大关键技术和十项配套技术取得新突破，中国掌握了具有国际先进水平的高速列车设计制造技术和应用维护技术，建立起中国高速列车的制造工艺标准和技术体系，促进了相关试验设施设备配套完善。

三是技术引进加快了中国机车车辆制造工业现代化进程。技术引进消化吸收再创新，促进了企业加速技术改造和设备更新，增强了"精细化制造""数字化制造"意识，制造能力、质量控制和管理水平快速提升；形成了由国内十多家动车组重点制造企业和几百家外围企业组成的高速列车制造产业集群，有力推动了中国机车车辆制造工业发展壮大；通过国内外技术培训和高性能、高质量产品层面的实践，提升了员工技能，锻炼了人才队伍，提高了设计水平。

四是再创新工作取得重要成果。在充分消化吸收引进技术的基础上，中国铁路进一步推进长编组动车组、高寒动车组、卧铺动车组等再创新工作，并取得重要成果，同时在引进动车组平台基础上，成功研制了 CRH380 系列高速动车组。CRH380 高速动车组在轮轨动力学、气动阻力和噪声控制、长时间持续运行、可靠性和稳定性、大功率牵引和高效制动技术等方面实现了新的提升。

五是促进动车组检修设施建设和修程修制逐步建立完善。通过学习借鉴国外经验和结合中国国情，弥补了动车组检修设施建设和修程修制方面的短板，逐步建立起高标准、具有中国特色的动车组检修维护体系和动车组检修基地，满足了动车组全方位、立体化、高效率的检修需求，保障了动车组安全可靠高效运营，为后续高速动车组修程修制和检修设施设备的进一步完善，奠定了基础，积累了经验，提供了借鉴。

五　结语

和谐号动车组的批量生产和运用支撑了中国高速铁路迈入快速发展的新阶段。我国能够在较短的时间内成功实现和谐号动车组批量制造和运用，一是得益于党中央、国务院的正确领导和决策。"引进先进技术，联合设计生产，打造中国品牌"的总体要求，为动车组技术引进和创新发展指明了方向。二是得益于充分发挥新型举国体制优势。在高速动车组引进消化吸收再创新项目的实施过程中，无论是核心技术攻关、制造能力提升还是试验设施建设，特别是 CRH380 高速动车组的研制，国家部委和各级地方政府都给予了大力的支持和帮助。三是受益于长期持续的技术积累。早在 20 世纪 90 年代初，中国铁路就组织开展了一系列高速列车技术研究和科研攻关，并取得了一批突破性科技成果，培养了一批高速列车技术人才，这些创新实践和技术人才为动车组引进消化吸收再创新的成功奠定了重要基础。四是受惠于良好的工业基础和高技能人才队伍。我国铁路机车车辆工业经过几代人的艰苦奋斗，不断发展壮大，尤其是"九五"期间铁道部对铁路机车车辆工业的重点投入和"十一五"期间中国南车和中国北车公司上市融资投入，装备了一批世界一流的生产制造设备。同时，我国工业门类齐全，产业链配套能力强，产业工人队伍整体素质高，这些都为引进动车组技术、顺利实现国内批量制造创造了良好的条件。五是有赖于"政产学研用"的协同努力奋斗。高速列车引进消化吸收再创新是一个系统工程，政产学研用目标一致，齐心协力攻坚，共同战胜了引进消化吸收再创新过程中遇到的各种困难和挑战，使我国高速列车设计制造和运用维护技术在较短时间内实现了快速提升，有力推动了中国高速列车的技术创新和产业发展迈上新台阶。

通过铁路动车组采购、实施引进技术和国产化方案，我国动车组制造能力和水平得到了快速提升，但是采用引进技术设计制造的各型动车组也暴露了不少问题，主要是关键核心技术尚未完全掌握在自己手中，许多方面仍受制于人；标准不统一，增大了运用维修成本，给联挂、救援等作业带来不便；国内运用环境与国外差异较大，存在"水土不服"问题；由于技术转让协议的限制，中国高速铁路"走出去"仍受到制约等。这些问题在不同程度影响和制约了中国高速列车技术的可持续发展，但也促使我们必须加大自主创新力度，全面掌握高速动车组关键核心技术，构建和完善中国高速动车组技术标准体系，以市场为导向，研制具有完全自主知识产权的标准化、系列化、简统化动车组产品，以实现由跟跑、并跑到领跑的历史跨越。

参 考 文 献

[1] 国务院. 中长期铁路网规划[EB/OL]. 2004-01.

[2] 国务院. 研究铁路机车车辆装备有关问题的会议纪要[R]. 2004-01.

[3] 国家发展和改革委员会，铁道部. 时速 200 公里动车组技术引进与国产化实施方案[Z]. 2004-07.

[4] 中技国际招标公司，中招国际招标公司. 时速 200 公里铁路动车组项目招标文件[EB/OL]. 2004-06.

[5] 中技国际招标公司，中招国际招标公司. 2005 年动车组项目采购文件[EB/OL]. 2005-09.

[6] 长春轨道客车股份有限公司，南车四方机车车辆股份有限公司. Velaro E、E2-1000、SM3、Regina 动车组简介[Z]. 2004-05.

[7] 铁道部, 国家认证认可监督管理委员会.铁路产品认证管理办法[Z]. 铁科技〔2012〕95 号. 2012-05.

[8] 铁道部. 铁路机车车辆设计许可实施细则[Z]. 铁科技〔2009〕45 号. 2009-03.

[9] 科技部, 铁道部. 中国高速列车自主创新联合行动计划[Z]. 2008-02.

[10] 孙帮成.CRH380BL 型动车组[M]. 北京: 中国铁道出版社, 2014.

[11] 侯卫星.0 号高速综合检测列车[M]. 北京: 中国铁道出版社, 2010.

第四章

自主创新

——打造复兴号动车组

撰稿人：王悦明　郭晓燕　李瑞淳

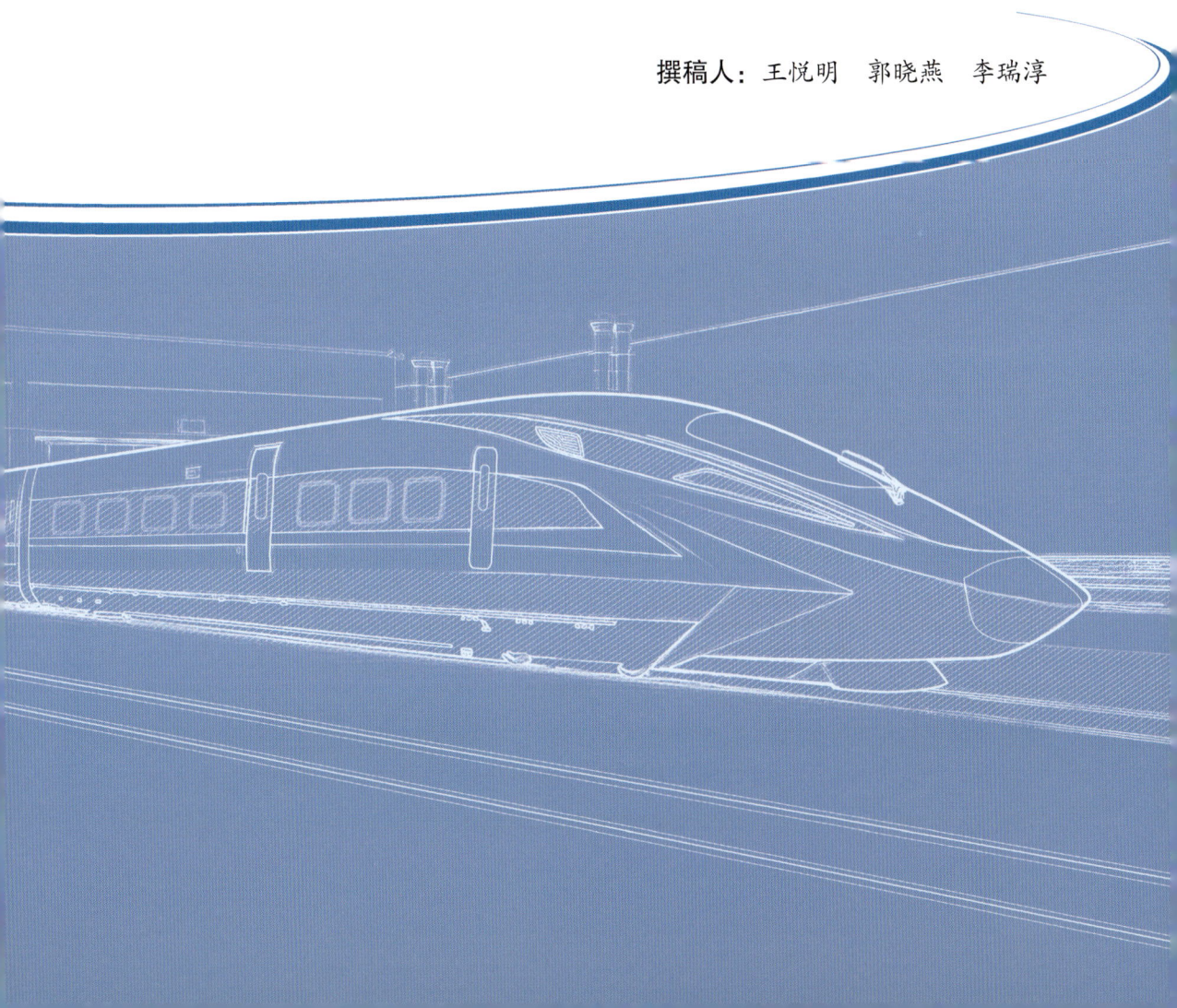

　　和谐号动车组自 2007 年投入运营，截至 2012 年底，我国投入运营的和谐号动车组共计 816 列（合 1076 标准组），累计总走行里程 11.6 亿 km，总体运行安全、平稳、有序，有力支撑了我国高速铁路的快速发展，满足了我国国民经济快速发展的需求，取得了良好的社会效益和经济效益。然而，随着和谐号动车组的大量投入运营，也逐步暴露出引进技术平台不完全适应国内运用需求、关键核心技术仍受制于人，以及中国高铁"走出去"受到制约等问题。为解决上述问题，原铁道部及其改革后成立的中国铁路总公司组织国内有关企业、科研单位、高校等优势力量，以需求为导向开展了"中国标准动车组"（后命名为"复兴号"）的研制工作。

第一节 需求引领正向设计

一 研发背景

1. 复兴号动车组研制的需求

2012年，中国铁路从运输需求出发，采取"用户主导、需求牵引"模式，以全面掌握高速列车关键核心技术、拥有完全自主知识产权为目标，开展中国标准动车组（复兴号）研制，打造自主化的动车组技术平台，其必要性和紧迫性主要体现在以下三个方面：

（1）和谐号动车组关键核心技术受制于人

和谐号动车组是在国外技术平台上发展起来的，虽然经过引进、消化、吸收以后，动车组绝大多数产品已经在中国落地生产，实现了国产化，有的也实现了再创新，但一些关键核心技术仍由外方控制、受到外方制约，特别是最核心的牵引控制系统、制动控制系统、列车网络控制系统均由外方主导，对外国供应商依赖度仍旧较高，一些基础协议不透明，存在隐患。一些关键软件的修改，仍由外方负责。例如，曾经出现过和谐号动车组因跨线运行原因，需要通过调整网流参数以适应不同线路接触网，中方技术人员虽知道应修改哪些技术参数，但是不具有动车组软件的修改权限，只能为此逐级向国外供货商总部申请，最终由国外有权限修改代码的专家提供补丁软件才能解决。同时，一些从国外引进的技术和装备自身并不成熟，外方利用我国的运营实践来积累经验，完善其技术体系，弥补其技术缺陷。从某种意义上讲，我们给外方充当了免费试验田，虽然提供了试验条件、贡献了很多技术改进，但是核心技术知识产权仍属于外方。实际上，在引进、消化、吸收过程中，外方始终认为中国的和谐号动车组就是其原型车的一个变型。

此外，所有的引进技术合同，都对中方基于引进平台发展的动车组在"走出去"时设定了严格的限制条件。根据动车组技术转让协议，中方仅拥有转让的动车组技术在中国境内的使用权，在境外使用时须得到外方许可，这就很大程度地限制了我国动车组出口。为了更好地落实国家创新驱动发展战略，践行"一带一路"倡议，助力中国高铁"走出去"，有必要打造中国具有完全自主知识产权的动车组品牌。

（2）实现中国铁路现代化的内在需要

中国动车组运用环境与国外差异较大，很多国外动车组设备在本国运用良好，但到了中国就"水土不服"。中国动车组大多数运行一次距离较远、时间较长，从动车组出入库检查到日常使用管理，都与国外不同。且中国地质、气候环境复杂，动车组要能够在高寒、高温、风沙、高海拔等不同条件下安全运行。此外，中国高速铁路网规模大、覆盖地域辽阔、区域社会经济发展极不平衡、客运需求层次丰富，存在既有线提速、跨区域高速、区域快速和城际快速铁路等不同速度级客运专线，其运营和需求条件不尽相同，需要采取不同的运营模式和列车装备进行配套。

高速铁路关系国计民生、国家安全，随着我国高速铁路大规模建设与开通，运营里程进一步扩大，高速动车组数量的需求进一步提升。新采购的动车组需要根据我国高速铁路实际需要，采用统一的标准进行设计、制造。

（3）降低运用维修成本的内在需求

和谐号动车组源自国外不同动车组技术平台，标准不统一，增大了运用维修成本。由于国外动车组平台的差异，使得当时不同型号的和谐号动车组在旅客界面、操作界面、运用界面及维修界面上差异较大。不同型号的和谐号动车组，甚至同一型号不同批次的动车组都不能够实现重联运营，给运用部门带来了很多不便，降低了运用效率。例如定员不统一，影响列车相互备用；司机操纵台不统一，影响司机驾驶；车体宽度不统一，站台必须按最大宽度车体设计，为保证安全，列车或站台须增加不同形态的间隙补偿器；列车车钩不统一，车钩高度有880mm、1000mm，车钩形式有欧式10号钩、柴田钩等，影响相互联挂和救援。由于各型动车组结构差异大、部件种类繁多，加大了日常运用维护的难度，降低了维修效率，增加了维修成本。

2. 复兴号动车组研制的前期基础

研制中国自主的高速动车组一直是我国铁路机车车辆装备行业长久以来努力的方向。经过几十年的积累、沉淀及和谐号动车组的消化吸收再创新，到2012年我国已经完全具备了自主研制中国标准动车组的技术力量和条件，主要体现在以下几个方面：

（1）国家高度重视铁路发展

按照国家有关规划，高速铁路的发展将是长期的，对高速动车组的需求仍将是持续的，这为中国标准动车组提供了广阔的市场前景。同时，中国标准动车组的研发得到了国家发展改革委的大力支持，中国铁路总公司申报的"中国标准高速动车组及高铁关键装备研发试验工程项目"被确定为"十二五"国家战略性新兴产业示范工程项目，安排专项资金支持中国标准动车组的研制和试验工作。

（2）高速列车自主研发和制造能力

几十年以来，中国铁路机车车辆装备产业通过长期自主开发积累了较强的技术能力，前期有先锋号、中华之星动车组等研发经验，后来又有和谐号系列动车组消化、吸收、再创新的技术，中国铁路在设计制造能力、工艺水平、管理水平、人才培养和实验室平台建设等方面都有了长足的进步，使得我国有能力自主研发新型动车组。中国铁路持续加强自主研发能力建设，优化完善了列车网络控制系统、牵引系统、制动系统、车辆动力学、空气动力学、振动与疲劳强度等研发平台，自主研发了动车组列车相关系统硬件和软件；加快推进实验平台软硬件条件建设，充分发挥实验平台在铁路应用基础理论研究、仿真测试、检测检验等方面的能力，为我国自主化高速动车组的研制创造了有利条件。

（3）高速列车安全运营的实践经验

2013年，我国高铁运营里程、动车组保有量均占世界总量一半以上。动车组在我国特有的大运量、长交路、持续高速、环境差异大、多桥梁隧道等极其复杂的运用环境下，实现了总体运行安全、平稳、有序。大规模的高铁运用实践及对修程修制的不断完善，使我国在高速动车组运用检修维护方面积累了丰富的经验，将运用中的宝贵经验转化为我们自己产品和技术发展的推进剂，有利于进一步促进我国高速动车组的技术进步。

（4）创新模式和人才基础

中国铁路在贯彻落实国家创新驱动发展战略的过程中，形成了专业融合、上下连贯、协调一致的科技创新组织模式，集中体现了坚持固定设施和移动装备一体化创新，坚持铁路系统各单位一体化创新，坚持原始创新、集成创新、引进消化吸收再创新的一体化推进，坚持科研和试验一体化创新这"四个一体化"。这种技术创新体系打通了从基础理论研究、关键技术研发，到新产品研制、成果推广应用的技术创新链，形成了铁路行业技术创新的强大合力，成为复兴号动车组开发研制工作的有力保障。同时，中国铁路机车车辆装备行业几十年来培养造就的一批高素质人才队伍，为复兴号动车组的成功研制提供了强有力的支撑。

3. 复兴号动车组研制前期准备和平行工作

（1）关键技术自主创新深化研究

为打破国外企业对动车组部分重要系统和关键零部件的垄断，突破动车组关键核心技术，摆脱被动局面，铁路部门以动车组九大关键技术和十项配套技术为基础，在充分消化吸收引进技术的同时，加大自主创新力度，推动关键系统和重要部件的自主化，全面掌握关键核心技术，降低动车组的运用和维修成本，提高国产动车组在国际市场的竞争力和话语权。

为此，2012年铁道部（2013年3月改制后为中国铁路总公司）立项，由中国南车股份有限公司（简称中国南车）、中国北车股份有限公司（简称中国北车）分别承担"动车组关键技术自主创新深化研究"重大课题，针对CRH2、CRH3、CRH5型和谐号动车组关键技术进行自主替代研究。课题的目的是对尚未实现自主化的动车组关键系统和部件进行深化研究，掌握核心技术，消除对外方的依赖，打破独家垄断，在动车组技术质量标准、技术体系、功能和性能不变的前提下，实现动车组关键系统和部件的自主替代，形成自主知识产权。要求自主化的系统和部件在接口尺寸、性能指标等方面与原车匹配，在保证动车组安全性、可靠性前提下，实现对等替代，满足制造、运用检修需求，降低运用维护成本。

对等替代主要研究范围涵盖自主化的车钩缓冲装置、侧门、风挡、空调系统、受电弓、网络系统、转向架、牵引变压器、牵引变流器、牵引电机、制动系统等。

以转向架为例，具体研究包括轮对、一系悬挂装置（轴箱、轴箱盖、一系钢弹簧、接地装置等）和二系悬挂组成（空气弹簧、枕梁、抗侧滚扭杆等）、铸钢件、锻件、转向架构架材料（钢板、钢管等）、减振器、金属橡胶件等。

（2）零部件线路试验与运用考核

在完成对等替代的系统和部件设计制造及地面试验验证的基础上，铁道部组织了装车试用考核。根据对等替代系统和部件可能影响运营安全和秩序的程度，将对等替代系统和部件分为三类：一是既不影响安全，也不影响行车秩序的系统和部件，如集便装置、空调系统、辅助变流器等；二是对安全影响在可控范围内，但可能影响行车秩序的系统和部件，如牵引电机、牵引变流器、牵引变压器、制动盘、制动闸片等；三是影响安全的部件，如车轮、车轴等。对于对安全和行车秩序均无影响以及对安全影响在可控范围内的对等替代产品，安排在运营动车组上进行考核。在运营动车组上进行对等替代的系统和部件产品详见表4-1。

在运营动车组上进行对等替代的系统和部件产品目录　　　表 4-1

序号	系统	对等替代系统和部件	研制单位
CRH2 技术平台动车组对等替代系统和部件			
1	牵引及辅助变流系统	牵引变流器控制装置	株洲时代电气
2		牵引功率模块	
3		碳滑板	北京科技大学、北京天宜上佳
4		辅助电源装置	株洲时代电气
5	列车网络控制系统	网络控制硬件及软件	株洲时代电气
6	制动系统	制动闸片	戚墅堰所
7		制动夹钳单元	
8		制动控制单元及软件	浦镇海泰
9	转向架	空气弹簧	时代新材、四方所
10		抗侧滚扭杆	时代新材
11		齿轮箱	戚墅堰所
12		联轴节	
13		齿轮箱润滑油	铁科院金化所、壳牌、中石化、中石油、科宁公司
14	侧门（塞拉门）	整套侧门系统	南京康尼
CRH3 技术平台动车组对等替代系统和部件			
1	牵引及辅助变流系统	牵引电机	永济厂
2		辅助变流器关键部件（控制器、功率模块、变压器等）	铁科院
3		辅助变流器	
4		牵引变流器关键部件（牵引控制器、功率模块、短路模块等）	
5		牵引变流器	
6		牵引变压器冷却单元	大连所
7		牵引变流器冷却单元	

续上表

序号	系统	对等替代系统和部件	研制单位
8	列车网络控制系统	网络系统硬件及软件	铁科院
9	制动系统	风源系统	
10		制动控制单元及软件	
11	转向架	垂向减振器、横向减振器	青岛阿尔斯通、无锡 ITT KONI
12		抗蛇行减振器	
13		钢弹簧	山东宁津、天津装备
14		抗侧滚扭杆	时代新材
15		枕梁	新泰（辽宁）精密公司
16		接地装置	四方所、无锡万里
17		金属橡胶件	四方所、时代新材、北京航材百慕合力
18		一系定位节点	
19	侧门（塞拉门）	整套侧门系统	南京康尼
20	卫生系统	集便器系统	山东华腾
21	车钩及缓冲装置	自动车钩	四方所
22	风挡	内风挡	青岛欧特美
CRH5 平台动车组对等替换系统和部件			
1	列车网络控制系统	网络系统硬件及软件	长客股份、四方所
2	牵引及辅助变流系统	TCU/ACU 硬件和软件开发及测试	四方所、大连电牵
3		牵引辅助变流器	永济厂
4		司控器	西安开天
5		轴用集成传感器	丹东鸭绿江敏感元件
6		高压系统集成仪表箱	北京赛德
7		避雷器	温州益坤
8		碳滑板	北京天宜上佳
9		牵引变压器冷却系统	大连所
10	制动系统	闸片	天津装备
11		制动控制单元及软件	铁科院
12	侧门（塞拉门）	整套侧门系统	南京康尼
13	卫生系统	集便系统	山东华腾
14	空调系统	空调系统	金鑫美莱克
15		空调控制器	四方所

　　对动车组整机性能影响较大，对运输安全有影响的对等替代系统和部件，不在运营动车组上进行运用考核。如车轮、车轴等这类动车组走行部的关键部件，在运行中如出现崩

裂、断裂等都将给动车组带来灾难性的后果；另有部分对等替代系统和部件虽然对安全影响不大，但在出现故障时对行车秩序影响较大，如列车网络系统、齿轮箱等。这些系统和部件安排到大西高铁综合试验段进行运用考核，详见表4-2。

大西高铁综合试验段进行运用考核对等替代的系统和部件产品目录 表4-2

序号	系统	对等替代系统和部件	研制单位
CRH2 技术平台动车组对等替代系统和部件			
1	高压系统	受电弓	株机公司、北京赛德
2	列车网络控制系统	网络控制硬件及软件（扩大范围）	株洲时代电气
3	制动系统	制动盘（扩大范围）	戚墅堰所
4		制动控制单元（扩大范围）	浦镇海泰
5	转向架	轮对组成：轮轴材料国产化	车轮：马钢、铁科院车轴：清华大学、晋西
6		高频淬火车轮对等替换	四方股份、四方所、马钢、铁科院
7		齿轮箱（扩大范围）	戚墅堰所
8		联轴节（扩大范围）	
CRH3 技术平台动车组对等替换系统和部件			
1	高压系统	碳滑板	北京万高众业
2	列车网络控制系统	网络系统硬件及软件（扩大范围）	铁科院
3	转向架	车轮	太原重工
4		车轴	
5		齿轮箱	戚墅堰所
6		铸锻件	锦州捷通、南京金正奇
7		轴箱	锦州捷通
8	制动系统	制动控制单元及软件（扩大范围）	铁科院
CRH5 技术平台动车组对等替代系统和部件			
1	转向架	车轮	马钢、铁科院
2		车轴	
3		铸锻件	齐齐哈尔北盛
4		轴箱	常州华德
5		齿轮箱	常州华德
6	制动系统	制动控制单元及软件（扩大范围）	铁科院

（3）综合试验方案研究

为确保新型动车组研制成功、打造精品高速列车，需要在列车正式运营前开展综合试验，对动车组进行全面的试验验证、优化对比和运用考核，为后续批量产品设计改进提供指导。

通常新型动车组的试验验证工作是利用新建高铁线路在联调联试阶段进行，但这种模式存在一定局限性，试验场地和试验时间常常受限。利用既有高速铁路运营线路开展试验也不太可行，因为线路运输繁忙，新技术、新装备试验及试用对于运输生产影响较大，且存在一定安全风险等因素。时速350km中国标准动车组（复兴号）是全新的产品，按规定要开展60万km运用考核，试验场景复杂，对试验线路占用时间长，且应尽量减少其他作业对试验的干扰，因此需要专门设置综合试验段，以确保试验安全和高效。

2012年，铁路部门就开始为中国标准动车组的研发谋划试验场地。通过比选论证，选取大西高速铁路（简称大西高铁）原平西至太原北作为高速综合试验区段线路。该区间长短适中，对试验段通信、信号、接触网、基础设施等相关工程进行调整和改造后，可满足最高试验速度385km/h的需求；线路开通时间与综合试验时间安排较为契合；地理位置便于试验的组织与实施。因此决定将大西高铁原平西—太原北区间作为高速综合试验段。

2013年7月，中国铁路总公司发布《关于组织开展高速、重载综合试验的通知》，决定选择大西高铁原平西—太原北间建立高速综合试验段，为自主研发的新技术、新装备搭建试验环境，提供试验条件。同时，中国铁路总公司积极向国家发展改革委申报中国标准高速动车组及高铁关键装备研发试验工程项目。2014年6月，国家发展改革委批复，工程项目获批立项，围绕中国标准高速动车组及关键技术装备研制、大西高铁高速综合试验段工程改造及试验配套、大西高铁高速综合试验段科学试验与测试三方面开展工作，对综合试验段进行同步改造，为实施大西高铁高速综合试验提供了重要支撑。

故事

大西高铁高速综合试验与中国标准高速动车组（复兴号）

大西高铁高速综合试验是中国铁路近年来组织完成的技术标准高、专业领域广、参与单位多、时间要求紧、自主创新项目多的一项系统工程，需要对试验计划、实施细节、进度安排、质量管理、安全保障等各方面进行协调和控制，必须严密组织。

在大西高铁高速综合试验方案设计初期，各参研、参试单位提出了大量设计与试验需求，从整车到关键系统，从车上试验到地面试验，从型式试验到运用考核，需求之间有太多的交叉，给综合试验组织工作带来许多困难。

为加强大西高铁高速综合试验管理，保障试验的顺利实施，中国铁路总公司统一部署，统筹协调和指导试验工作。太原铁路局、大西铁路客运专线有限责任公司（简称大西客专公司）、铁科院等成立综合试验领导小组和现场指挥部，负责大西高铁试验段工程改造、试验期间的行车组织和安全管理工作，对试验段线路工程、通信、信号、接触网等基础设施相关工程进行调整，将250km/h等级线路提升到350km/h以上等级线路，以满足动车组最高试验速度385km/h的试验需求。铁科院成立中国标准高速动车组及高铁关键装备研发试验工程项目指挥部和大西高铁高速综合试验项目部，在参与中国标准高速动车组、高寒型高速综合检测列车、综合巡检车、自主化列控系统、高速铁路地震预警系统等关键技术装备研制的同时，全面组织科学试验、性能测试和运用考核。

中国铁路总公司科技管理部主任周黎作为动车组研发创新团队负责人和试验组织工作负责人，深感责任重大，他全面落实中国铁路总公司党组决定，组织太原铁路局、铁科院、大西客专公司、中国中车、北京全路通信信号研究设计院集团有限公司（简称通号设计院）等 20 多家核心单位以及主要配套企业，以正向研究、正向设计的理念，推进动车组的综合试验。

2013 年 11 月大西高铁高速综合试验大纲首次获批。2015 年 6 月动车组顺利下线后，现场试验牵头单位太原铁路局组织铁科院、大西客专公司及设备厂家成立综合试验领导小组，制定规章办法，细化动车组上线安全措施，每日确定试验内容。

大西高铁高速综合试验自 2015 年 8 月 31 日正式启动，于 2017 年 8 月 10 日结束，历时 710 天，累计开行列车 1.6 万余次，试验里程约 100 万 km，圆满完成涵盖中国标准高速动车组试验、列控系统试验、工务工程试验、地震监测预警系统试验等 10 大类 80 项科学综合试验任务。周黎感慨道："组织复兴号中国标准高速动车组研制和大西高铁高速综合试验过程中，我最大的体会就是技术上要自立自强。通过每一次自己解决问题，一步步积累、一步步前进，最终成就了复兴号。"

大西高铁高速综合试验的成功实施，解决了中国标准高速动车组科技创新成果工程化应用"最后一公里"难题，探索出了一条加快我国铁路新产品、新技术、新工艺、新材料工程化和产业化的有效途径，孕育了中国标准高速动车组，是我国铁路行业在新型举国体制下自主创新的成功典范。

二 研发组织工作方案

2012 年底铁道部提出，为适应发展的需求，研制具有完全自主知识产权的时速 350km 的中国标准动车组（复兴号），着重解决自主、统型、互联互通等方面的问题，这是复兴号动车组技术创新的起点。

1. 组织模式

为做好复兴号动车组研制工作，中国铁路总公司组织成立了结构合理、协作高效的组织机构，组织国内优势科研团队和骨干制造企业开展"用产学研"联合攻关。为增强权威性和技术决策的准确性，专门成立了由中国铁路总公司主要领导挂帅的领导组；聘请铁路行业资深专家组成顾问咨询组；由中国铁路总公司科技管理部、运输局组成督导协调组，全力推进动车组的研制工作；铁科院作为技术牵头单位，与中国南车集团公司（总部）、中国北车集团公司（总部）、长客股份、四方股份、株洲所、四方所、北京交通大学、西南交通大学等 22 家产学研单位以及北京铁路局、上海铁路局、武汉铁路局、沈阳铁路局、广州铁路（集团）公司、太原铁路局等 6 个运用单位，组成联合创新项目组，在中国铁路总公司相关主管部门的直接指导下，协同推进项目开展。这种创新工作机制打破了各参研单位的技术体系壁垒，突破了单位利益阻碍，有利于齐心协力、集思广益，确保动车组研制项目的顺利推进。

为拥有自主化的知识产权，扫除知识产权障碍，破解国外技术封锁，规避知识产权风险，有效保护自主创新成果，中国标准动车组研制工作中专门设立了知识产权工作组，开展了大量及时有效的知识产权管理与保护工作。从研发设计、生产制造、试验检验到运营维护等不同阶段，系统部署，协调推进，对知识产权进行国内外风险的分析与布局，开展专利价值的评估与自主知识产权认定，尝试知识产权运营，牵头或参与制定国际标准等。

2. 研制目标

中国铁路总公司对动车组研制提出的目标是：坚持自主创新，遵循安全、经济、智能、舒适、绿色等设计原则，以市场为导向，全面提高自主化水平，构建和完善中国动车组技术标准体系，研制具有完全自主知识产权的标准化、系列化、简统化动车组产品，力求达到国际先进水平，满足未来发展需求。

一是建立完全自主的技术平台。中国标准动车组是根据中国铁路特点制定中国标准，并按此进行自主设计制造的标准化平台性产品，由国内企业全面进行整车设计，软件全面自主化，顺应技术进步的要求，应用新技术，达到世界先进水平。通过研制过程，重点在降噪、节能、延长全寿命周期、持续高速运行、高寒高原适应性、安全冗余度等关键技术上实现中国铁路特有的自主创新。对于关键核心系统，如车体、转向架、牵引、制动、网络等，选择两个及以上企业分别进行技术攻关，互为备份，确保项目成功。

二是统一技术规范，实现互联互通。以有利于动车组的运输组织、运用维护为目标，围绕运用界面、操作界面、维修界面统型以及互联互通开展研究，包括统一旅客界面、统一司乘人员操作界面、统一检修维护界面、统一主要维修零部件等，实现同一速度等级动车组可重联运营，不同速度等级动车组可相互救援等基本目标。

三是体现先进性。研制中国标准动车组的目标不仅是掌握核心技术、适应中国运营需要，也瞄准了世界高速动车组的先进水平，在实现自主化、标准化的同时，要研制出一款在性能方面具有世界先进水平、能够代表动车组技术发展方向、在"走出去"过程中与国外动车组能够同台竞争的产品。这就需要遵循节能环保原则，提高动车组平顺化水平，研究新头型，优化空气动力学性能，积极运用新材料，显著降低动车组阻力，减少能耗；优化乘坐舒适性，减少对外部环境的影响，噪声指标要达到优良级别；提升安全监控水平和智能化水平，推进以太网技术的应用；改变既有时速 300km 速度等级部分和谐号动车组 20 年寿命的设计，整车全部按照 30 年使用寿命设计；优化修程修制，降低全寿命周期成本；满足动车组广域环境下跨区间、全天候、持续以时速 350km 运营的需求。

3. 研发计划

由于高铁线路的建成投用迫切需要大量的时速 350km 动车组，同时中国铁路已经具备时速 350km 高速动车组的研制能力和条件，因此中国铁路确定先期研制时速 350km 动车组，力争在 3～5 年内形成中国品牌，此后再向时速 250km 等速度等级动车组辐射。

中国高速铁路运用范围广阔，为规避单一方案带来的技术风险，2013 年，中国铁路总公司决定研制两列动车组样车，涉及运用维护界面时坚持应统尽统的原则，而对运用检修不影响或者影响较小的部件和系统则允许采用不同技术方案，这样有利于不同技术的互相借鉴和竞争，为持续创新留有一定的空间。

三　研发过程

时速 350km 复兴号动车组的研制是在党的十八大以后全面启动的，经历了技术研究、设计制造、试验验证、命名及正式上线运营等多个过程（图 4-1）。

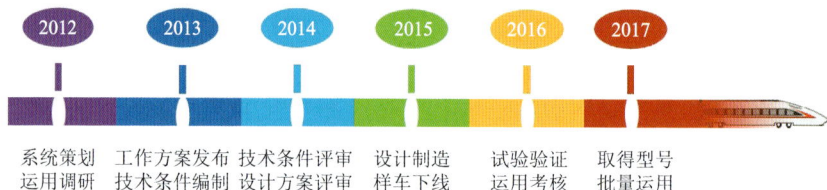

2012	2013	2014	2015	2016	2017
系统策划 运用调研	工作方案发布 技术条件编制	技术条件评审 设计方案评审	设计制造 样车下线	试验验证 运用考核	取得型号 批量运用

图 4-1　时速 350km 中国标准动车组（复兴号）的研制历程

1. 技术研究

动车组技术条件是动车组研制的蓝图，要规定动车组设计边界，确定动车组研发的主要技术路线和方向，是动车组开展详细方案设计的重要依据。为做好动车组技术条件编制工作，2013 年 8 月开始，中国铁路总公司组织开展和谐号动车组实际运用情况及新研制动车组运用需求调研，采取现场座谈、问卷调查和现场考察等方式，与负责技术、司乘和维修的人员进行充分交流，收集了大量需求建议。通过调研，进一步掌握了既有和谐号系列动车组车体、转向架、牵引、制动、列车网络控制等各子系统技术性能、故障情况、存在的问题及解决方案，确认了各动车段（所）检修设备现状及其对中国标准动车组设计的约束，征求了运营部门对中国标准动车组研发的建议。

在需求调研的基础上，铁科院牵头对动车组顶层参数和关键系统方案进行了深入研究、广泛讨论，包括动力配置、车体相关参数（车钩高度、车体长度、车体高度、车体宽度、车门型式等）、转向架架构（车轮直径、车轮踏面型式、轴箱型式等）、牵引特性、制动减速度及系统架构、列车网络控制制式和拓扑架构、高压系统主要部件性能等，并提出建议方案，在此基础上编制完成中国标准动车组技术条件（以下简称技术条件）。2014 年 1 月，技术条件顺利通过专家评审；2 月 14 日，中国铁路总公司印发《时速 350 公里中国标准动车组暂行技术条件》，为中国标准动车组样车研制提供了设计依据。

技术条件中规定了中国标准动车组的运用条件、总体要求、基本性能、主要特征参数、各系统的技术要求、运用维修以及试验与检验等内容，明确了两个厂家研发的中国标准动车组在运用方面实现互联互通、旅客界面和司乘操作界面一致，在维修层面实现维修部件的统型和维修作业流程一致等要求。

2. 设计制造

2014 年 3 月 25 日，中国铁路总公司科技管理部、运输局印发《时速 350 公里中国标准动车组样车研制工作方案》，确定了样车研制工作方案和推进计划，正式开启中国标准动车组方案设计、样车制造、试验验证等各项工作。

按照总体技术条件要求，相关企业开展了动车组方案设计，对关键部件和子系统进行仿真计算、试验验证，分析技术设计方案关键问题。同时开展了互联互通和统型专项研究。

为实现两列中国标准动车组互联互通，各科研单位、各主机厂及关键子系统供应商都参与其中，先后制订技术方案和技术规范十多项，每个技术规范的版本升级达到三次以上，其中部分技术规范更新达到十个版本之多。互联互通的调试贯穿中国标准动车组的研制及试验全过程，包括互联互通地面测试、实车互联互通测试和试验等。

动车组零部件统型主要包括三个方面内容，一是确定统型目标，制定统一的零部件技术条件；二是按照统型技术条件绘制统一的零部件接口统型图纸；三是根据统型技术条件和图纸规定，对零部件统型互换的技术符合性进行评审和验证。在充分研究、论证的基础上，兼顾既有动车组运用检修现状，确定了 11 大系统、96 项统型零部件清单，通过对既有现状调研和技术方案比较，经过数百次讨论分析，研究确定了近百个统型的技术方案、数千份接口规范和图纸，编制了近百个统型技术条件，并经技术评审、样件试制和试验验证后，在中国标准动车组中进行应用。通过零部件统型工作，实现了轮对、制动盘、闸片、碳滑板等易损易耗件通用互换，实现了侧门（塞拉门）、车窗、风挡、车钩等设备统型互换和座椅、便器的深度统型。

2014 年 9 月，中国铁路总公司组织召开了中国标准动车组设计方案评审会，重点对动车组总体、各系统关键技术参数及原理、自主化、简统化、互联互通和可靠性、可用性、可维护性和安全性（RAMS—Reliability, Availability, Maintainability and Safty）方面进行了审查；专家一致同意通过时速 350km 中国标准动车组设计方案，可据此开展施工设计。2014 年 10 月，中国铁路总公司下达了《时速 350 公里中国标准动车组实施阶段推进方案》，明确了样车研制的要求、质量目标，建立了样车研制过程中的推进和检查制度。中国标准动车组项目进入施工设计及样机试制、试验、整车组装及调试下线阶段。

2014 年 9 月至 2015 年 6 月，主机企业实现样车制造工艺、工装设备和工艺流程等优化创新，完成了样车试制工作。为保证样车研制进度，相关配套企业，尤其是牵引、制动、列车网络控制等关键系统制造企业，在前期核心技术攻关突破的基础上，提前布局，积极配合，根据整车要求开展了接口设计、样机研制、试验验证等工作，确保了整车研制质量和进度。

2015年6月，两列中国标准动车组样车成功下线（图4-2），标志着中国标准动车组研制工作取得重要阶段性成果。

图4-2　两列时速350km中国标准动车组样车

3. 试验验证

中国标准动车组样车出厂之后，需要通过试验确认是否达到设计目标，然后才能够批量生产、上线运营。试验验证是完成相关法定程序的需要，也是科学探索、掌握规律和提升技术的需要。按照相关法规要求，设计新型机车车辆取得型号合格证的必要条件包括：关键系统、零部件和样车通过型式试验、样车运用考核及解体检查合格。

2015年7月，中国标准动车组在铁科院环行铁道试验基地正式拉开试验验证的序幕，主要完成单列性能调试、互联互通功能实车调试，进行各项试验设备安装与调试等准备工作，开展静态、160km/h及以下速度级的型式试验和互联互通功能验证。

2015年10月，两列中国标准动车组正式进驻大西高铁原平西至太原高速综合试验段，开启正线综合试验。2015年11月，中国标准动车组最高试验速度达到385km/h，动力学性能和弓网受流性能等各项安全性指标均满足标准要求。截至2016年5月，中国标准动车组在大西高铁高速综合试验段上累计运行了23万km。

2016年6～7月，两列标准动车组样车在郑徐高速铁路（简称郑徐高铁）开展了更高速度的试验，并取得了巨大成功，单列最高试验速度达到了428.6km/h，在世界上首次实现了动车组重联试验速度达到420km/h、两列动车组交会试验相对速度840km/h的速度水平，获得了400km/h及以上速度等级的相关数据，为更高速度高铁技术的发展提供技术支撑，对推动中国高铁持续技术进步具有重大意义。2016年8～10月，两列中国标准动车组在哈大高铁沈阳—大连区间进行运行考核，共完成了24万km考核里程。之后分别在中车四方股份公司和中车长客股份公司内进行了解体检查。通过运用考核和解体检查，对中国标准动车组各系统的可靠性及运用接口进行了充分验证，积累了大量数据，为批量产品的优化方案提供了数据支撑。

2016年11月，中国铁路总公司组织召开技术评审会，对中国标准动车组按照相关管理办法和程序完成了设计定型相关工作。2017 年 1 月，国家铁路局向中车四方股份公司和中车长客股份公司颁发了中国标准动车组型号合格证（型号分别为 CR400AF 和 CR400BF）和制造许可证。

故事

百人会战只为互联互通

和谐号动车组通过引进消化吸收形成了 4 种技术平台，20 余种型号。由于技术体系的多样化，给铁路运营的"机动性和灵活性"带来诸多不便，司机及检修人员要适应不同类型动车组的操作及维修策略，运输组织也无法有效实现铁路运营中不同类型、不同批次动车组的相互救援与重联运营。这成为了我国研制中国标准动车组的重要起因。

中国标准动车组（复兴号）研制之初就提出要实现"互联互通"，既要实现"互操作性"，又要提升"运营效率"，这就必须要打通不同厂家复兴号动车组之间的技术"壁垒"。为此我国组建了动车组网络互联互通技术攻关团队，这个重任落在了铁科院、中车株洲所、中车长客股份公司、中车四方股份公司的赵红卫、路向阳、常振臣、刘泰等近百名相关技术人员的肩上。

实现互联互通，意味着动车组之间的硬线连接、通信协议、控制逻辑及工作界面等都需要统一设计，涉及"通信层面""电路层面""操作界面"，没有现成的技术作为支撑，中国标准动车组的互联互通研究攻关只能依靠团队摸索着前进。

互联互通互操作能否实现是对自主创新能力的检验。互联，即要求动车组具有统一的车端连接车钩，实现动车组物理上的互连。互通，即实现不同厂家的动车组信号及信息的互通及共享，实现重联动车组的动态组网、控制指令及状态信息的相互贯通、重联动车组故障诊断信息传输。互操作，即要求具有统一的司机操作界面，具有相同的司机控制指令输入通道、设备状态显示界面，对于故障信息及处理措施也应具有一致性。

为实现复兴号动车组的互联互通互操作，先后统一了司机控制台，包括司机控制手柄、开关、按钮、显示屏、旁路开关等设置；制定了统一的显示界面，要求面向司机和车上维护人员的所有显示界面风格和内容一致，统一了界面的结构顺序、显示内容、图形、图标、颜色、字体及大小；统一了一级、二级故障的故障编码、故障描述及故障处理措施、故障发生后的显示内容等。基于复兴号动车组统一的互操作要求，司机只要掌握一种车型就可以驾驶不同厂家生产的同类型动车组，大大方便了司机和车上维护人员的操作。

互联互通设计完成后，2015 年 5 月～7 月间，在多地进行了一系列的测试验证。

在中车株洲所完成了网络控制系统一致性测试和地面互联互通测试；在铁科院完成了互联互通故障代码地面测试；在铁科院环行铁道试验基地进行了两列动车组的静态和动态互联互通试验。并对测试中发现的 83 项问题逐一解决。

在攻关团队近百名成员的不懈努力下，不同厂家和不同型号的复兴号动车组互联互通终获成功。不仅如此，技术攻关团队还研究编制了网络初运行及互联互通控制、列车级数据传送、网络控制功能、显示屏界面、整备模式功能、互联互通列车线和故障代码编制规则及故障代码等大量的标准性技术文件，研制了互联互通网关，搭建了一系列协同仿真平台和互联互通试验平台等，这些创新成果让中国标准动车组互联互通没有了"后顾之忧"。

4. 命名及上线运营

为中国标准动车组选择一个响亮又富有深意的名字，对于树立中国高铁品牌形象意义重大，为此，中国铁路总公司高度重视中国标准动车组命名。在试验期间，就启动了中国标准动车组品牌名称策划工作，组织相关单位进行深入交流研讨，在内部广泛发起名称征集，同时邀请行业内外专家对命名建言献策，结合文化、政治、历史及行业特点等多个维度对中国标准动车组名称进行诠释。先后共征集到上千个名称建议，进行初步筛选后，又对复兴号等 300 多个名称的商标注册情况以及在其他领域的使用情况进行了调研，形成了中国标准动车组命名的初步建议。此后，又组织对中国标准动车组品牌的建议名称进行了多次研讨，进一步缩小名称范围，对其中的 20 余个名称进行了商标申请注册工作。通过反复推敲和比选，经批准，确定了中国标准动车组最终命名。2017 年 6 月 25 日，中国铁路总公司宣布中国标准动车组命名为"复兴号"。

中国标准动车组最终命名"复兴号"，有着深刻的含义。中国铁路具有光荣的历史传统。在求解放、搞建设和改革开放的征程中，从"解放"型、"建设"型等蒸汽机车到"东风"型内燃机车、"韶山"型电力机车，再到"和谐号"动车组；从南昆铁路到青藏铁路，再到京沪高铁，铁路人始终传承着"四通八达、安全正点""挑战极限、勇创一流""人民铁路为人民"的铁路精神，铭刻着坚定跟党走的奋斗情怀。中国铁路近年来的飞速发展，充分诠释了中华民族伟大复兴这个主题。在决胜全面建成小康社会、实现中华民族伟大复兴中国梦的重要历史节点，将中国标准动车组命名为"复兴号"，具有特别的含义：一方面，复兴号真实记载了中国高铁技术装备走向世界先进行列的发展历程，是中国铁路人积极响应国家号召，在实现中华民族伟大复兴的道路上追梦前行的真实写照；另一方面，复兴号充分展示了中国铁路服务经济社会发展、创造人民生活新时空的美好愿景，深情寄托着中国铁路人对中华民族伟大复兴的追求和期盼，复兴号将承载着中华民族的梦想驶向更加美好的明天。

2017 年 6 月 26 日，两列崭新的复兴号动车组在京沪高铁两端的北京南站和上海虹桥站双向首发。2017 年 9 月 21 日，复兴号在京沪高铁实现时速 350km 商业运营，成为世界上运营速度最快的高速列车。达速运营之后，复兴号展现出良好的技术先进性、安全可靠性和乘坐舒适性，运行状况总体平稳，旅客体验反映良好，赢得了社会广泛赞誉。

四　复兴号系列化

按照复兴号品牌战略规划，未来要"建成品类齐全、结构合理、涵盖不同速度等级、适应多元化运输需求和不同应用环境的复兴号系列产品体系"。这就意味着，复兴号不仅仅有 8 编时速 350km 一种产品，还可以根据市场需求，研制系列化动车组。

为统筹做好复兴号系列产品的研制，2016 年 11 月，在 8 编组时速 350km 复兴号研发的同时，中国铁路总公司就开展了动车组顶层设计规划，结合高速铁路中长期规划、动车组技术发展和客流需求分析，从动车组速度等级、动力配置方式、编组形式和运用环境适应性等方面，提出了中国动车组系列化产品图谱（表 4-3），满足中国铁路旅客运输需求。

复兴号动车组顶层规划　　　　　　　　　　表 4-3

时速	用途	编组形式	动力形式	动力配置
350km 300km 250km 200km 160km ……	通用型 高寒型 智能型 ……	4 编组 8 编组 16 编组 17 编组 ……	电力 内燃 混合动力	动力集中 动力分散

按照顶层规划，根据高铁运输需求，在时速 350km 8 辆编组复兴号研制成功的基础上，进一步巩固扩大复兴号的自主创新成果，不断深化复兴号动车组系列化研制和产业化应用，中国铁路相继研发了时速 350km 16 辆/17 辆编组，时速 350km 智能、高寒，时速 250km 等复兴号高速动车组系列化产品，并不断提升标准化、智能化水平以及推进以太网、节能环保等新技术的应用。

第二节　复兴号动车组 CR400

一　总体技术

CR400 动车组 8 辆编组是 CR400 平台动车组的基础车型，适用于我国电气化铁路的既有线和客运专线，在既有线上可以 250km/h 速度运行，在新建电气化客运专线上可以 300～350km/h 速度运行，可与相同速度等级的标准动车组重联运营，适应环境温度 −25℃～+40℃。

1.动拖比

CR400 动车组最高运营时速 350km，为确保动车组在逆风、超员等条件下，仍有一定达速能力，设计动车组以 350km/h 速度运行时的剩余加速度不小于 0.05m/s²，故可根据列车动力学阻力、整车定员质量、运行速度等参数，计算得到整列轮周牵引功率。实现 CR400 动车组互联互通的顶层目标，"动拖比"参数的确定是核心问题。和谐号动车组采用的"动拖比"模式多达 6 种，仅 8 辆编组的标准组列车即有 4 动 4 拖、6 动 2 拖和 5 动 3 拖等 3 种动力配置方式，给运营和检修管理带来很大的不便，还增加了运营成本。

作为动力分散型动车组，最大的运用优势是动车可以配置在整列车不同位置，所有动车可平均分担整列车轮周牵引功率。列车动拖比的选择主要受到黏着系数、质量与安装空间、空气制动能力、经济性等因素制约。研究发现，当牵引质量和速度目标相同时，所要求的牵引总功率相近，8 辆编组动车组最典型的动力配置方案有 4 动 4 拖和 6 动 2 拖两种模式。CR400 动车组最后的"动拖比"方案从这两种模式中进行选择。

（1）黏着系数

在动车组总牵引力相同的条件下，如果减小动车比例，就意味着需要增加单个轮对的牵引力，而轮对牵引力的增加受到电机容量和轮轨可用黏着系数的限制。动拖比越大，单个动车分担的牵引力就越小，越有利于在雨、雪等轮轨黏着不利条件下运行。

（2）质量与安装空间

动拖比越大，就需要更多的车辆安装牵引设备，既包括牵引变压器、牵引变流器、牵引电机等，也包括相关线缆、连接器等，同时动车组设备安装空间有限，功能相对紧凑，难以实现较多的牵引设备安装，从这个意义上讲，动拖比越小，车辆设计更易实现。

（3）空气制动能力

CR400 动车组安全制动形式为空气制动，拖车每轴设 3 个轴盘，动车每轴设 2 个轮盘。在满足相同紧急制动距离的条件下，制动盘越多，每个制动盘承担的制动力越小，发热越少，可以承受的制动次数越多，所以同等条件下动拖比越小，制动盘热容量越优。

（4）经济性

牵引传动系统是动车组最为关键的系统之一，正在向小型化、轻量化、高能效、低噪声方向发展，功率密度逐年提高。小的动拖比配置更少牵引设备，利于减少检修维护工作量，整列车经济性更好。

（5）论证过程

从牵引系统组成及车下布置、设计难易程度、牵引系统效率、黏着利用率、故障运行能力、故障率和制造成本等多个维度对两种动力配置进行充分比较评估后，参研单位以运用需求为目标导向展开了广泛的调研和行业内的专题讨论。经过多次研讨，针对 250km/h 的中国标准动车组，参研单位均同意将动力配置统一为 4 动 4 拖模式。针对 350km/h 的中国标准动车组，大部分参研单位同意采用 4 动 4 拖模式。通过对运营部门走访调研，从牵引系统检修便利性、检修任务量和检修耗时长短角度看，多数受访者选择支持采用 4 动 4 拖模式。经过上述论证和调研工作，最终决定采用 4 动 4 拖的动力配置方案：以 4 辆车作为一个动力单元，头车为拖车 Tc，中间安装牵引变压器的拖车为 Tp，编组形式为 "Tc＋M＋Tp＋M＋M＋Tp＋M＋Tc"，这样更有利于恶劣天气下动车牵引、电制力的发挥。

2. 主要尺寸

CR400 动车组主要结构尺寸是经过了多方技术比选才得以确定。主要尺寸包括车钩高度、车体长度、车体高度、车体宽度等。这些参数对动车组互联互通和结构设计影响较大，直接关系到旅客乘坐舒适性、车辆定员、车内设施合理布局等。

车体长度综合考虑了车辆定员需求、车内设施布置、车体结构强度与刚度要求、车站站台长度、动车所（段）检修设施设置以及对列车阻力、曲线通过能力等的影响来确定，经比选，最终确定车体长度为 25000mm。

在满足限界条件和列车地板高度、车内客室高度、车顶设备配置等要求下，高速列车的车体高度应尽量小，以降低重心、减小阻力。通过对既有动车组车体高度、车顶空调布置和风道布局等的尺寸链和舒适度进行仿真分析，确定车体高度为 4050mm。该尺寸满足车顶平顺化设计要求。

约束车体宽度的因素主要有车体与站台、轨旁设施之间的距离要求和车内净宽度要求，其中，前者需要满足铁路限界的规定，同时保证动车组停站期间，距钢轨顶面高度 1250mm 处的车体与站台间隙不大于 100mm；在满足前者要求的前提下，车体在既有车辆限界下选取尽可能大的宽度有利于增大车内净宽度空间，可提高旅客乘坐舒适性，经过研究确定了距钢轨顶面高度 1250mm 处车体宽度取 3300mm，车体最大宽度为 3360mm。

由于和谐号动车组分别从不同国家技术引进，端部车钩和中间车钩的高度都不一致，给动车组的重联与救援带来较多问题，需要根据动车组车型配置不同的过渡车钩。中国标准动车组在制定技术条件初期，项目团队通过前往多个铁路局动车组运用现场调研、梳理和分析和谐号动车组车钩高度现状，研究动车组车体端部结构，对动车组曲线通过情况进行仿真计算，分析机车对动车组救援的联挂要求，最终确定端部车钩高度为 1000mm，中间车钩高度为 935mm。

3. 车内设施

复兴号动车组旅客界面从旅客的需求出发，以人机工程理论为基础，保证旅客在乘车过程中能够体验到安全、舒适、宜人等综合感受，综合考虑侧门设置、通过空间、内部空间、设施布置、造型、色彩、温度、湿度、照明等因素，设置客室、观光区、餐饮区等不同功能区域，在端部设置服务台、盥洗室、电开水炉、卫生间等服务设施。其中动车组车内设施中座椅、内端门、厨房设备、开水炉、便器、整体卫生间等部件进行了统型设计，减少检修维护配件数量，达到检修维护便捷性、适用性及经济性要求。

4. 车种车型及平面布置

为提升不同厂家不同平台动车组的运用方便性，进行了车种车型、车内平面布置的统型设计。8 辆编组 CR400AF、CR400BF 型动车组的平面布置方案分别如图 4-3、图 4-4 所示。

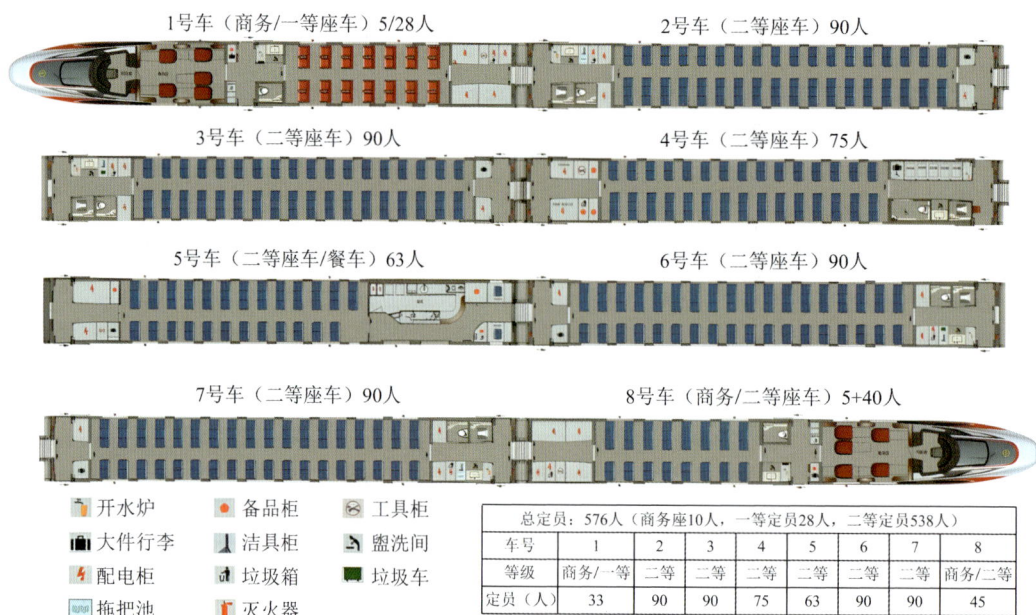

1号车（商务/一等座车）5/28人　　2号车（二等座车）90人

3号车（二等座车）90人　　4号车（二等座车）75人

5号车（二等座车/餐车）63人　　6号车（二等座车）90人

7号车（二等座车）90人　　8号车（商务/二等座车）5+40人

开水炉	备品柜	工具柜
大件行李	洁具柜	盥洗间
配电柜	垃圾箱	垃圾车
拖把池	灭火器	

总定员：576人（商务座10人，一等定员28人，二等定员538人）							
车号	1	2	3	4	5	6	7	8
等级	商务/一等	二等	二等	二等	二等	二等	二等	商务/二等
定员（人）	33	90	90	75	63	90	90	45

图 4-3　CR400AF 型动车组编组平面布置

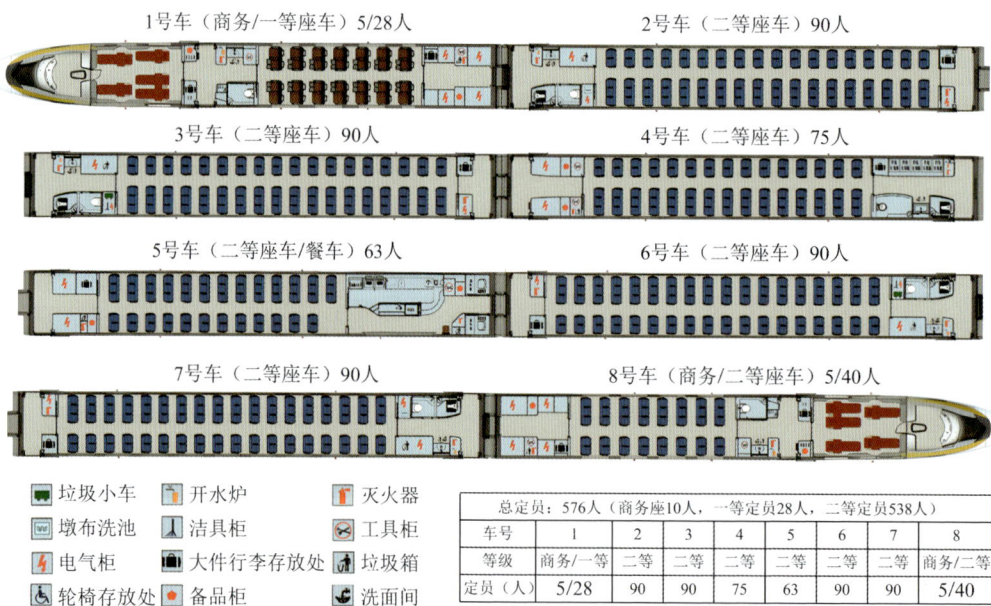

1号车（商务/一等座车）5/28人　　2号车（二等座车）90人

3号车（二等座车）90人　　4号车（二等座车）75人

5号车（二等座车/餐车）63人　　6号车（二等座车）90人

7号车（二等座车）90人　　8号车（商务/二等座车）5/40人

垃圾小车	开水炉	灭火器
墩布洗池	洁具柜	工具柜
电气柜	大件行李存放处	垃圾箱
轮椅存放处	备品柜	洗面间

总定员：576人（商务座10人，一等定员28人，二等定员538人）							
车号	1	2	3	4	5	6	7	8
等级	商务/一等	二等	二等	二等	二等	二等	二等	商务/二等
定员（人）	5/28	90	90	75	63	90	90	5/40

图 4-4　CR400BF 型动车组编组平面布置

5. 互联互通

中国标准动车组首次提出互联互通要求，即不同企业生产的相同速度等级动车组能够重联运营、不同速度等级动车组能够相互救援。在统一的技术标准体系下实现互联互通，中国标准动车组可由不同企业生产，实现动车组在服务功能、运用维护上的统一，允许动车组在外形、内装、子系统设计上存在一定差异，这对于提高动车组的兼容性、降低成本都有重要意义，有助于我国在一定技术指标体系下形成竞争局面。

中国标准动车组启动研制时，国内外尚无不同厂家采用不同电气设计、不同网络设备动车组实现互联互通的先例。为实现互联互通，须统一动车组运用模式、操作界面和司乘界面。在技术上需要实现重联车钩、电气原理、网络通信、司机操纵台布局、整车工作模式等方案一致性。

互联互通在互联、互通和互操作三个方面开展创新。

互联指物理互联，是动车组互联互通的基础。两列动车组通过统一的前端车钩（含机械接口、气路接口、电气连接器）进行连接，可实现不同厂家、不同速度等级动车组之间的机械连接。通过统一的过渡车钩实现与救援机车机械连接。通过统一的救援连接器实现由救援车辆向被救援中国标准动车组提供 DC 110V 电源，满足救援时控制、制动等应急负载用电。

互通指控制互联，主要为网络控制指令、硬线控制指令、空气压力指令。采用统一的列车级网络初运行标准、通信协议、故障诊断代码规范，实现正常运行重联动车组的控制指令、状态信息的相互贯通；采用统一的列车级硬线控制电路、安全环路，实现重联动车组、相互救援动车组间的关键控制指令及安全监控回路的相互贯通；采用统一的救援用制动指令转换装置（也称为 BP 救援转换装置），实现相互救援动车组制动指令互通。

互操作是中国标准动车组互联互通的最终目标。采用统一的司乘操作布局、主要人机交互界面，实现司乘操作界面的互操作；采用统一的控制指令输出设备、操作方式，实现主要控制指令输出的互操作；采用统一的重联、救援、回送、调车、洗车等工作模式的功能定义、实现方式、操作流程，实现各种工作模式的互操作；采用统一的自动限速控制策略，实现重联动车组故障时的降级限速控制互操作。

通过互联、互通、互操作的设计，完成了网络初运行和列车级数据传输协议、主要子系统（如牵引、制动、辅助等）相关的数据格式及内容、中央/车辆控制单元相关的主要控制功能、中央诊断单元相关的动车组监视诊断功能、人机接口显示屏主要显示界面、诊断系统故障代码和远程无线传输数据通信协议的统一和规范。

中国标准动车组在互联互通设计的基础上，通过地面互联互通测试及实车互联互通重联试验，对动车组互联互通功能和性能进行全面验证。建立了中国标准动车组地面互联互通测试平台，通过该测试平台，全面验证不同厂家生产的动车组网络配置、监测、保护和诊断逻辑等功能，确保动车组间实现互联互通。整车落成后进行了实车互联互通重联试验，验证动车组重联后各系统运行性能及网络逻辑一致性，确保动车组互联互通重联运行的指标满足要求。实车互联互通重联试验主要分为网络逻辑验证试验和性能试验。

中国标准动车组通过互联互通顶层指标制定、方案研究及试验验证，在互联、互通、互操作三方面达到了预期的目标，在世界上首次实现了不同厂家生产的相同速度等级动车组重联运营，不同速度等级动车组相互救援，提高了动车组运用效率，降低了运用成本。

6. 零部件统型

按照动车组技术统型规划，结合 CR400 动车组的研制，实现检修运用中需更换或检修基本单元的统型。通过统型实现界面统一和重要零部件统型，减少备品备件种类和数量，降低全寿命周期运维成本，简化和减轻维修工作要求。统型内容涵盖了车体、转向架、高压牵引、辅助电气、制动、网络控制、旅客信息、车内环境控制、给水卫生、车内设施、驾驶设施 11 大系统共 96 项重要零部件。

CR400 动车组重要零部件统型工作，从两列样车的方案设计之初开始介入，分别成立领导小组、协调小组和专项工作组，有利于及时沟通协调不同层面的技术差异；统型之初，通过工作调研和编制统型研究报告，听取用户意见，充分分析既有动车组相关零部件的优缺点，保证统型方案的合理性。通过统型工作，不同产品平台之间互相学习、促进提高，确保两列样车互联互通的同时，实现了产品系列化、标准化、模块化。

为确保动车组零部件统型工作可行性和技术合理性，充分借鉴既有动车组系列平台的运用经验，开展了针对北京铁路局、上海铁路局、广州铁路（集团）公司等动车组主要运用路局的实地调研；梳理总结和谐号系列动车组重要零部件的技术现状、主要技术特点、共性技术与差异性等；组织相关技术专家充分研讨，确定统型内容。共完成统型研究报告91 份，涵盖了所有 96 项统型零部件，明确了具体统型细节和初步实施方案。

CR400 动车组重要零部件统型大致分为完全统型、整体互换、部分统型和按两套方案统型四类。完全统型指运用检修零部件可通用互换，或本部件作为最小更换单元可通用互换。整体互换指本部件可整体互换，部件总图接口尺寸一致，部分运用检修零部件可通用互换且功能、尺寸一致。部分统型指对本部件的结构、功能及原理进行了部分统型，或虽有两套方案，但部分运用检修零部件可通用互换，减少了实际备品备件的种类或数量。暂按两套方案统型是指基于系统匹配或统型范围以外相关部件差异等原因，仅对部分性能做了统一，但在通用互换方面存在困难，暂时按两套方案执行的零部件。

通过零部件统型工作，实现了轮对、制动盘、闸片、碳滑板等易损易耗件可通用互换，实现了侧门（塞拉门）、车窗、风挡、车钩、座椅、便器等车内设备统型可互换，减少了动车组零部件检修备品备件的品种和数量，有助于打破动车组零部件的供应垄断、全面降低动车组购置及检修运用成本，进而为简化和实现运用维护检修作业的标准化奠定了基础。

二 车体

1. 总体技术要求

（1）车体结构

车体结构整体承载，提供包括自重，有效载荷，安装在车体上的所有结构部件、设备件及正常运营载荷和特殊试验载荷在内的所有载荷的承载功能。与其他轨道交通车辆车体结构相比，动车组车体在轻量化、外形、强度、模态、气密性、被动安全等关键技术上应具备更高的技术性能要求，以满足动车组高速运行时的安全性、舒适性。

动车组的车体采用通长的大型中空铝型材焊接而成，呈筒状结构。采取流线型车头、车体表面平顺化设计。在满足强度和刚度要求的同时，应确保整备状态下车体的自振频率不低于10Hz，整备完整的车体固有频率与转向架临界失稳激扰频率之间保持足够间隔。气密强度载荷为±6000Pa。采用耐碰撞设计，满足《铁路应用 铁路车辆车身的防撞性要求》（EN 15227）。

（2）车下设备舱

动车组在高速运行时会产生很强的空气压力波，动车组底部和轨道附近的小石块、冰块或其他物体会被吸起，击打车下设备，危及动车组的运用安全。为减少空气阻力，保护车下设备，确保动车组的安全运行，须设计和安装具有导流、防护、检修功能的设备舱。设备舱两侧设排污口、注水口盖板，盖板采用内置滑道式结构（不得采用外翻结构），确保其不会异常向外打开及脱落。强度及刚度满足实际运用需要，按能承受±2500Pa气动载荷设计。

（3）前端开闭机构

前端开闭机构位于动车组头车前端，具有良好的空气动力学外形，尽可能密闭，并能防止落叶、冰雪等杂物进入。开闭机构为电控气动机构，并具备机械锁闭功能，能在司机室中实现自动开闭控制，也能通过人工操作实现打开和关闭。前端开闭机构打开后不影响前端车钩的联挂，以实现动车组重联、回送及救援。

（4）车外设备

客室侧门（塞拉门）具有本车控制、集中控制、手动控制、速度锁闭、障碍返回、保证列车内气密性等功能，紧急情况下可通过设置在车内部及外部的开关打开车门。车门门板、车门锁及机构的强度应能承受±6000Pa的气动载荷和800N的集中力（作用于门板中心）。车门与牵引系统具有联锁功能，车门未关闭即封锁牵引，车速大于5km/h时隔离开门功能（紧急除外），车速大于10km/h时自动锁闭（压紧）车门。

客室车窗为固定式车窗，采用整体框机械安装、密封胶密封的方式，便于整体更换。玻璃能承受6000Pa的压力载荷，车窗固定后应保证气密性要求，具有良好的隔声性能。应急车窗满足正常运营的要求，并可在紧急情况下用应急安全锤打碎以供逃生。

2. 方案研究与比选

为确定车体技术条件，对既有和谐号动车组车体组成及主要技术标准、运用情况、知识产权现状、统型内容及其方案建议进行了调研。确定了车体系统统型内容、车体系统顶层指标，编制了车体技术条件。在充分研究、分析、对比的基础上，制定各系统技术方案。方案制定过程中进行了多方案比选，部分部件实施了方案统型。

（1）车体结构

在满足总体要求的基础上允许头型和车体结构细节上存在差异的两个方案。

基于多目标优化算法，采用仿真计算-风洞/动模型试验-线路试验相结合的研究手段，建立多目标头型气动外形优化设计平台，开展全设计周期头型循环迭代优化，研制全新头型外形，确保综合气动性能优良。设计过程中，在技术总结和文化要素分析的基础上，根据头型设计要素进行创新设计，形成大量的流线型头型概念设计方案。在概念设计的基础上，从空气动力学和工业设计相融合的角度出发，确定部分方案开展初步工业设计，并从中选择几种较优方案进行仿真计算、气动性能和气动噪声风洞试验、动模型试验。通过综合评估不同方案气动性能指标，最终确定头型方案。

开展基于灵敏度分析的车体断面轻量化优化，完成车体断面设计：在限定的车体断面质量及刚度要求的前提下，以车体在气密载荷作用下变形协调为目标，开展车体轮廓刚度优化，车体断面型材尺寸优化；对侧顶部位、侧墙与底架连接部位型材进行变截面优化设计，减少应力集中，提高承载能力。

基于能量管理，匹配各车端吸能装置、车体承载结构及其他附件结构的耐撞性设计，形成被动安全防护系统方案。完成吸能元件性能试验和动车组碰撞性能仿真分析。典型头车前端吸能系统如图4-5所示。

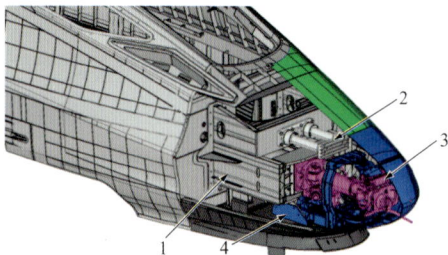

图 4-5　典型头车前端吸能系统

1-主吸能结构；2-防爬器；3-车钩；4-开闭机构

（2）车下设备舱

为了实现常用检修部件互换，减少常备检修备品种类，CR400 动车组裙板型式采用整体外翻结构，裙板锁结构统一为碰锁和转舌锁两种型式。设备舱底板锁统一为拆装方便的梯形螺纹锁。裙板过滤网统型为系列规格尺寸，每个车型的滤网规格不超过两种。设备舱密封胶条统型为三种断面，按需选用。

（3）前端开闭机构

CR400 动车组前端开闭机构与头型相关，不做统型要求，采用了金属构架承载前端开闭机构和玻璃钢承载前端开闭机构两种方案。

（4）前端车钩缓冲装置

不同型号和谐号动车组前端车钩缓冲装置结构形式有很大差异，结构的差异性导致各型动车组前端车钩的运用维护也有很大差异，虽然修程大致相近，但维修项目差别很大。同时，备品备件种类繁多，不便于管理。前端车钩缓冲装置直接影响互联互通，关系到互联互通的零部件必须统型。同时，为减少用户运营维护的难度和备品备件种类，其他零部件也有必要进行统型。前端车钩缓冲装置统型方案图如图 4-6 所示。

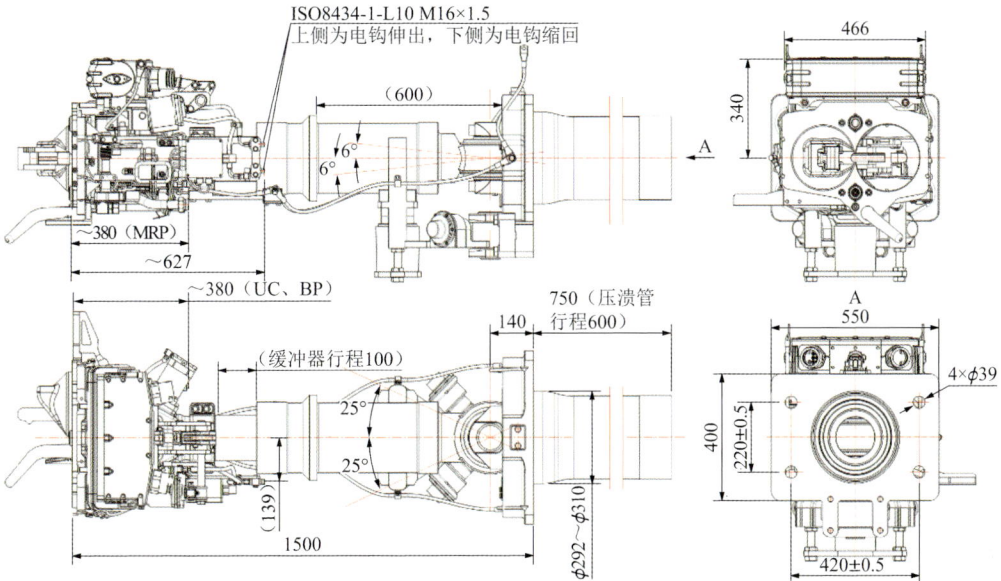

图 4-6　前端车钩缓冲装置统型方案图（尺寸单位：mm）

（5）中间车钩缓冲装置

中间车钩缓冲装置虽然不影响互联互通，但为减少用户运营维护的难度和备品备件种类，有必要进行统型。CR400 动车组的车长、车宽、车辆定距、固定轴距和车端距等车辆基本参数已完成统一，中间车钩缓冲装置完全统型有利于不同平台动车组的曲线通过性能、车端设备安装。中间车钩缓冲装置统型方案图如图 4-7 所示。

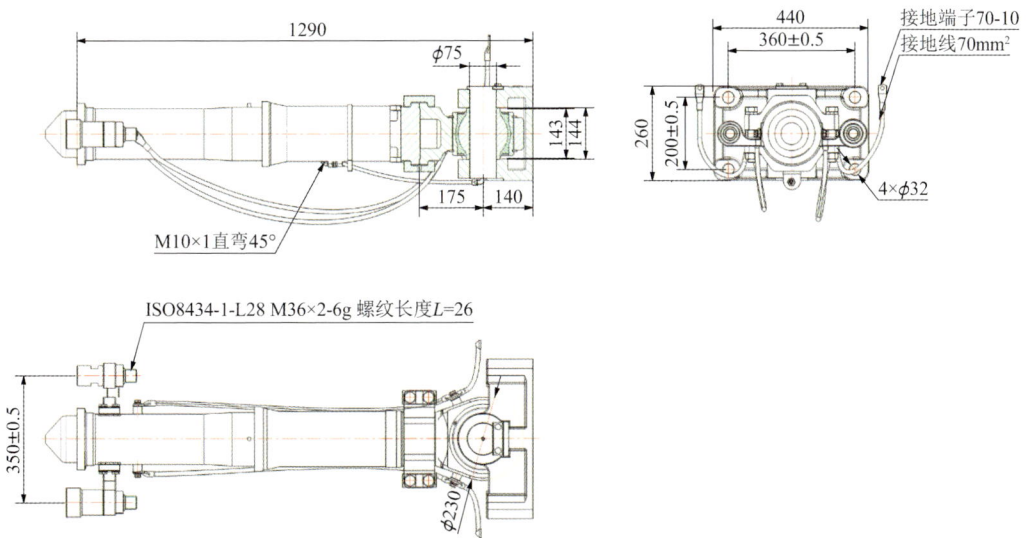

(a) 带压溃管

图　4-7

接地端子70-10
接地线70mm²
φ75
143
144
M10×1直弯45°
（870）
140

440
360±0.5
200±0.5
260
4×φ32

1010
φ230
350±0.5
ISO8434-1-L28 M36×2-6g 螺纹长度L=26

（b）带缓冲器

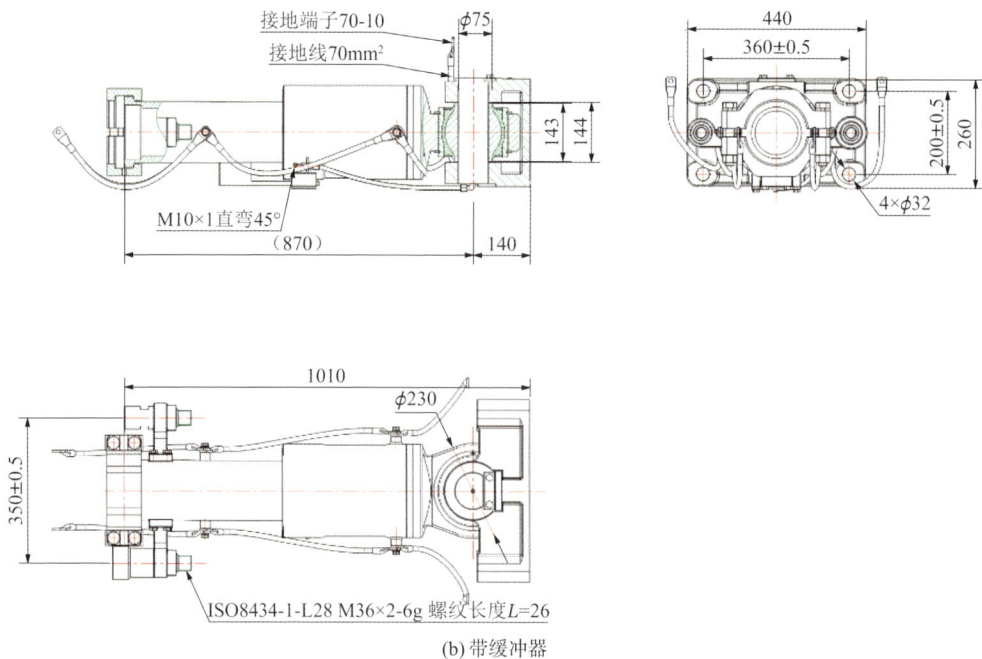

图 4-7　中间车钩缓冲装置统型方案图（尺寸单位：mm）

3. 技术方案

（1）车体结构

车体结构采用与车体全长的大型中空铝合金型材组焊而成，为筒型整体承载结构，主要分为中间车车体和头车车体两种，中间车车体由底架、侧墙、车顶、端墙组成，头车车体设有司机室结构。头车车体长度方案 A 为 27200mm，方案 B 为 27255mm；中间车车体长度 25000mm，车体宽度 3360mm，车顶距轨面高度 4050mm。典型车体结构组成如图 4-8 所示。

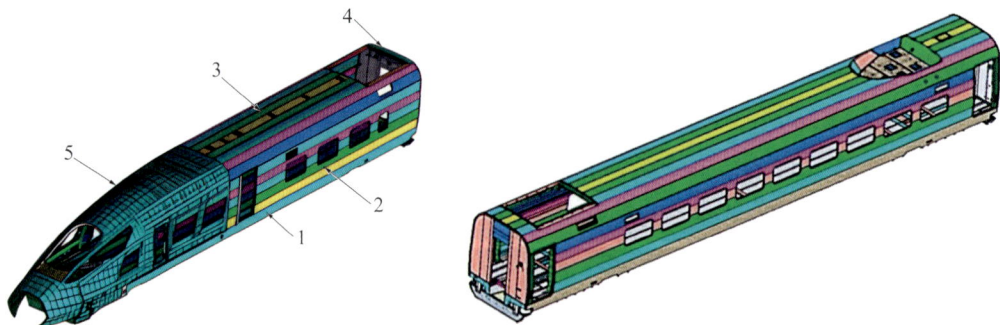

4
3
5
2
1

图 4-8　典型车体结构组成方案

1-底架；2-侧墙；3-车顶；4-端墙；5-司机室

（2）前端开闭机构

方案 A 为金属构架承载前端开闭机构，主要由流线型头罩与头罩开闭机构组成，可以实现自动、手动打开头罩的功能，同时设有头罩全自动及手动锁定、解锁的功能。根据驱动方式不同，有两种结构，分别如图4-9、图4-10所示。

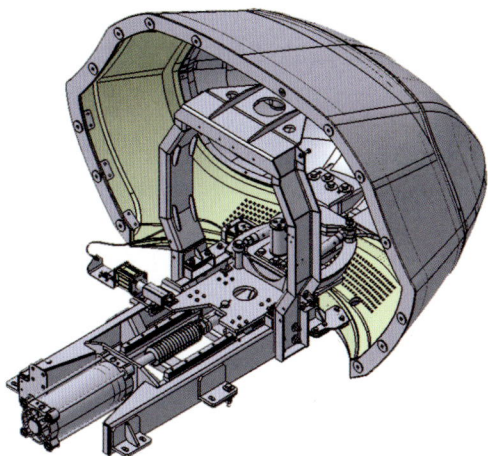

图4-9　方案A前端开闭机构-结构1　　　　图4-10　方案A前端开闭机构-结构2

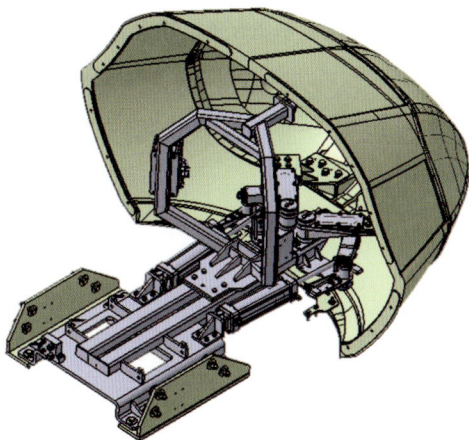

方案B为玻璃钢承载前端开闭机构，主要由导流罩舱门、雨刷盖板、锥形鼻玻璃钢、机械结构等组成。在机械机构上装有锁闭止挡，可实现开闭机构舱门的打开和锁闭，如图4-11所示。

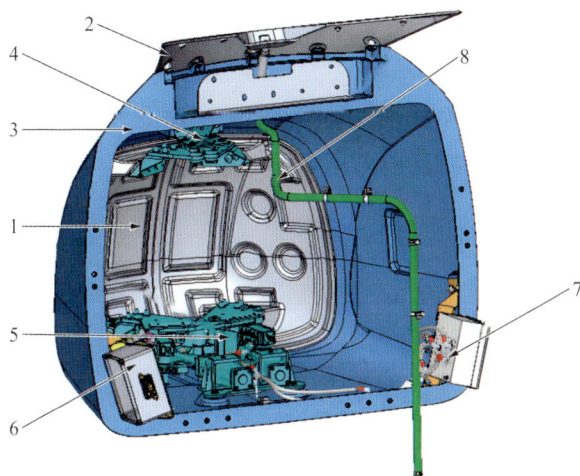

图4-11　方案B前端开闭机构

1-导流罩舱门；2-雨刷盖板；3-锥形鼻玻璃钢；4-上部运动机构；5-底部运动机构；6-电路控制系统；7-气路控制系统；8-排水管

（3）车钩缓冲装置

前端车钩缓冲装置采用连杆式车钩，由机械车钩、电气车钩、主风管、连接卡环、接线盒、缓冲装置、接地线、压溃系统等零部件组成，为一体式自动车钩，距轨面高度1000mm。电气车钩安装在机械车钩上部，由气缸推动控制机构，实现电气车钩的伸出和缩回。中间车钩缓冲装置采用半永久车钩，一端设缓冲装置，配对的另一个半永久车钩带有压溃管。

故事

高速动车组头型和车体断面设计的创新之路

随着速度的提升,新一代高速动车组的设计技术难度显著增大。中车四方股份公司知难而进,开启了高速动车组头型和车体断面设计的创新之路。

以头型为例。CRH380A 型动车组设计速度达到 380 km/h,高速运行时与地面、桥梁、隧道以及邻线列车相互激扰,气动环境极其复杂。头型设计面临的主要挑战在于如何有效降低气动阻力、控制气动噪声、抑制气动升力、缓解交会压力波和微气压波效应,以确保高速列车运行安全性、乘坐舒适性和节能环保性。2008 年四方股份联合中国科学院力学所等科研院所进行了 CRH380A 型动车组头型科技攻关,设计了 20 个动车头型概念方案,并制作了实物模型、三维数模。联合设计团队在 4 个月内共进行了超过 300 个工况的空气动力学仿真分析。通过模型优化,选出了两种头型并制做了 1:1 的实车模型在郑西高铁、武广高铁进行验证。最终 "火箭" 头型脱颖而出,气动阻力减少 6%,气动噪声下降 7%,列车尾车升力接近于 0,隧道交会压力波降低 20%,明线交会压力波降低 18%,各项技术性能都达到了国际领先水平。

又以复兴号 CR400AF 型动车组车体断面设计为例。与 CRH380 动车组相比,CR400AF 型动车组车体断面高度由 3700mm 提升至 4050mm,车体长度增加 500mm,纵向压缩载荷提高 50%,还增加了碰撞安全性要求。设计团队负责人——中车四方股份公司副总工程师丁叁叁预感到,眼前面对着的是高速列车车体设计技术的又一难题。大断面和车体长度的增加必然导致车体质量增加,为此需要综合分析车体断面刚度匹配,量化车体整体刚度,开展车体轻量化设计。如按原先惯例,仅以几个设计方案的比选已经无法满足技术创新的要求,需要采用最新分析工具进行结构优化。

车体断面是影响整车轻量化的关键,设计团队抓住这一主要环节,认真分析车体轮廓线刚度匹配、侧墙和车顶变形、车体断面优化问题,校核计算车体气密强度,开展了优化设计。通过多方案比选,选择了最优的车体断面方案。继而在此基础上开展了车体结构设计。结果表明,完全满足上级下达的要求。通过 CR400AF 型动车组车体断面及结构设计,四方股份的正向设计能力大幅提高。形成了车体结构快速仿真计算方法,实现了车体结构优化和仿真验证的快速迭代;建立了车体断面优化设计方法,依据刚度匹配原则及结构参数灵敏度分析,形成了高速列车车体完整的选型策略及设计流程。

三 转向架

和谐号 CRH380A、CRH380B 和 CRH380D 型动车组转向架基本都是采用 H 形构架、一系转臂轴箱定位、二系空气弹簧悬挂等结构形式；但抗蛇行失稳性能设计采用了亚临界分叉（较低的初始等效锥度＋较软的定位刚度）和超临界分叉（较高的初始等效锥度＋较硬的定位刚度）两种技术路线。考虑到一个成熟的动车组转向架需要长期的积累运用经验和不断优化完善，中国标准动车组转向架从知识产权及运用维护角度出发，采用简统化、系列化、平台化和主要零部件统型的设计思路，按 CR400AF 型和 CR400BF 型两种类型动车组转向架进行设计。

1. CR400AF 型动车组转向架

从引进、消化、吸收到再创新的研发历程中，四方股份形成了涵盖不同速度级的动车组转向架设计平台，其中 CRH380A 型动车组转向架作为"再创新"产品，经受了线路试验及长期实际运营的考核，因此，将其作为 CR400AF 型动车组转向架设计参考基础。

CR400AF 型动车组转向架总体结构上采用无摇枕两轴转向架、H 形焊接构架、转臂式轴箱定位、二级悬挂、单牵引拉杆、一级斜齿轮传动、电机刚性架悬及盘形制动；结合单轮对更换、维护周期延长、宽温域环境适应性及国产化材料突破成果应用的需求，进行结构变更设计；解决由于轴重增加、电机功率增大带来的结构强度及动力学问题；通过比选、优化论证方案，完成转向架的设计，保证结构安全性、可靠性及经济性。

（1）既有平台提升

① 单轮对换装。

既有 CRH380A 型动车组转向架轴箱体为整体式，且齿轮箱吊杆拆卸需从上部操作，车体与构架间无提吊功能装置，换轮对需将转向架整体落车后方能操作，不便于日常的运用修换轮操作。针对于此，轴箱体设计为上下分体式结构，通过拆卸螺栓，可实现轮对与轴箱体的分离，如图 4-12 所示。齿轮箱吊杆由原单头螺杆螺母结构优化为双头螺柱结构，上下均可拆装，方便操作，如图 4-13 所示。通过在中心销上设置整体提吊装置（图 4-14），同时优化中心销侧牵引拉杆端头形状，与构架横梁对应位置起吊座三点配合支撑，保持构架平衡，实现车体与构架间的起吊功能。通过以上结构优化，无须转向架整体与车体分离，便可实现落轮坑换装单轮对。

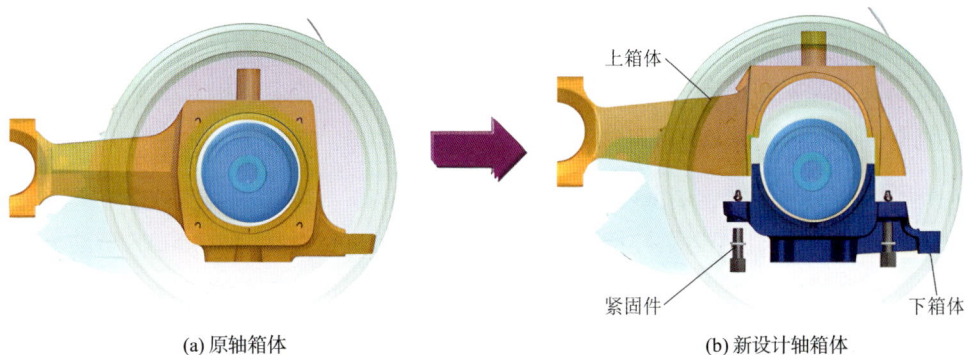

(a) 原轴箱体 　　　　　　　(b) 新设计轴箱体

图 4-12　分体式轴箱体

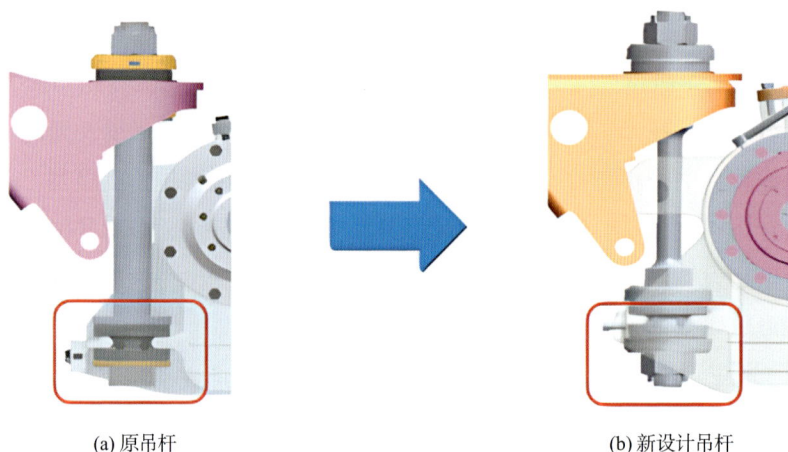

(a) 原吊杆　　　　　　　　　　　(b) 新设计吊杆

图 4-13　齿轮箱吊杆下部安装

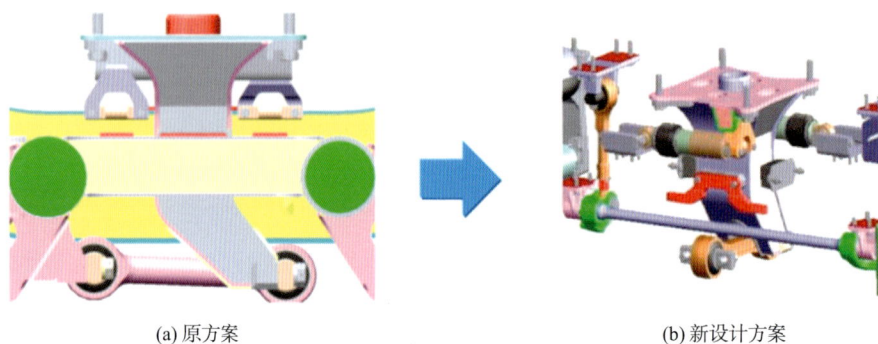

(a) 原方案　　　　　　　　　　　(b) 新设计方案

图 4-14　整体起吊装置

② 延长检修周期。

在 CR400AF 型中国标准动车组研制初期,既有的三级修检修周期为 60 万 km 或 1.5 年。自 2013 年起,根据中国铁路总公司统一部署,开展动车组三级修检修周期延长至 120 万 km 的修程修制研究,结果表明该平台转向架基本可以满足修程延长要求。其中,最主要的是齿轮箱检修问题,CRH380A 型动车组大部分齿轮箱轴承为圆锥滚子轴承,此类轴承对轴向游隙要求较为严格,在三级修(60 万 km 或 1.5 年)时要测量齿轮箱轴承游隙,如超标则需要转向架落车更换轮对,视复测结果进行调整,不便于日常运维。复兴号动车组齿轮箱从对小端轴承配置和轴承选型上进行优化设计,小端轴承选型采用"柱 + 柱 + 球"轴承形式,进而提高检修周期,增加可靠性,减少运维工作量。

③ 环境适应性提升。

CRH380A 型动车组按运营环境温度−25℃～+40℃进行设计,CR400AF 型动车组转向架为满足−40℃～+40℃宽温域环境适应性,设计上考虑了齿轮箱低温启动性能、结构材料、防腐措施等方面的问题。借鉴 CRH2G 型动车组齿轮箱设计及台架试验经验,齿轮箱小端采用"柱 + 柱 + 球"轴承形式,可提高低温环境适应性;轴箱体采用 CRH2G 型动车组应用过的耐低温铸钢材料，焊接结构大部件（如构架、中心销等）锻造件采用耐低温优质结构钢；借鉴高寒动车组设计经验，对构架油漆进行耐低温、防雪改良，采用成熟的抗结冰清漆；对于构架上的空气管路，优化为不锈钢材料。

④ 技术指标提升挑战。

复兴号较 CRH380A 型动车组设计轴重增加、车轮直径增大、电机功率增加，因此质量也相应增加，详见表 4-4，这对开展车辆动力学分析及转向架结构强度设计提出新的要求。

轮径、簧下质量、牵引电机质量、牵引电机功率的变化　　　　　　表 4-4

项目	CRH380A 型动车组	CR400AF 型动车组
车轮直径	ϕ860mm/ϕ790mm	ϕ920mm/ϕ850mm
簧下质量	1.78t	1.91t
牵引电机质量	465kg	745kg
牵引电机功率	400kW	625kW

增大车轮直径会引起簧下质量的增加，以 CRH380A 型动车组悬挂参数进行仿真分析，簧下质量增加 1t，其轮重减载率仅增加 0.01。CRH380AM 型动车组轮径为 ϕ920mm，垂向悬挂参数同 CRH380A 型动车组，从线路试验结果对比分析可见其轮重减载率未见明显增大。CRH380A 型动车组转向架部分垂向悬挂参数可沿用。由于单个牵引电机功率提升，由此带来的质量增加为 280kg，构架结构也从强度上进行适应性加强，综合导致转向架簧间质量的增加。对该变化的影响进行分析，表明簧间质量的增加使车辆临界速度有所降低，后通过调整悬挂参数发现，适当提高抗蛇行减振器卸荷力及卸荷速度可有效平衡簧间质量的影响。因此，对抗蛇行减振器性能参数进行了优化设计。

根据复兴号动车组顶层指标要求，设计轴重提高至不超过 17t，对转向架主要承载部件进行了重新设计。提高构架横梁、侧梁截面，钢板厚度；优化电机吊座及与之一体的牵引拉杆座结构；对空簧支撑座、纵向辅助梁等结构进行结构优化，并保持动拖车一致；车轮、车轴按照 17t 轴重设计，轮对执行统型技术方案。

（2）设计验证

对转向架主要承载部件按照最大设计轴重不超过 17t 设计，对基于 LMA 踏面与我国 60kg/m 钢轨的轮轨关系匹配的转向架轴箱弹簧、空气弹簧、横向减振器、抗蛇行减振器等悬挂部件性能参数进行比选优化后，分别开展了强度和动力学分析验证。对转向架构架、轴箱体等关键承载部件进行了静强度及疲劳强度台架试验验证，转向架构架、轴箱体 1000 万次循环加载后未发现裂纹，转向架构架、轴箱体结构强度满足要求。

将时速 350km 速度级实测轨道谱作为动力学仿真分析以及试验的激励条件，进行车辆动力学评估。结果表明：计算临界速度大于 550km/h；滚振试验失稳临界速度大于 600km/h；轨道谱激励下，计算及试验时动力学安全性指标满足要求。

（3）转向架方案

CR400AF 型动车组动力、非动力转向架组成如图 4-15、图 4-16 所示。

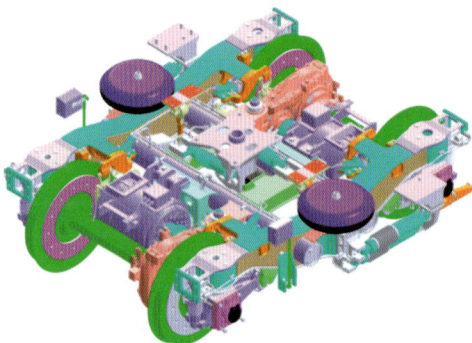

图 4-15　CR400AF 型动车组动力转向架

图 4-16　CR400AF 型动车组非动力转向架

2. CR400BF 型动车组转向架

CR400BF 型中国标准动车组转向架制定总体方案时，深入调研了国内既有动车组转向架结构形式，对各型动车组运用中出现的问题进行了细致的改进性分析，特别考虑 CRH380B 型动车组转向架成熟结构的继承性和知识产权问题，采用正向设计方法，对结构形式、焊缝形式、悬挂参数以及组装工艺等进行设计。CR400BF 型动车组动车转向架和拖车转向架主体结构基本一致，主要由轮对轴箱装置、构架、一系悬挂装置、二系悬挂装置、驱动装置、基础制动装置等组成，为有效抑制车轮多边形现象的产生，特别配置了踏面修形装置。

（1）既有结构优化提升

CR400BF 型动车组转向架一系悬挂装置、二系悬挂装置、基础制动装置等结构形式，继承了和谐号动车组转向架的相应设计结构。此外，还开展了自主化材质轮轴研制工作，对轴箱进行了优化设计，使其能够适应多种不同型号轴承安装需求，如图 4-17 所示。同时，该转向架对轴端探伤用端盖安装螺栓、传感器固定支座等结构进行了优化设计，以解决因车轮多边形异常振动而可能引发的结构可靠性问题。

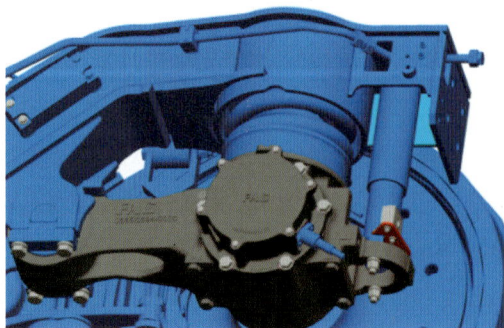

(a) CRH380B

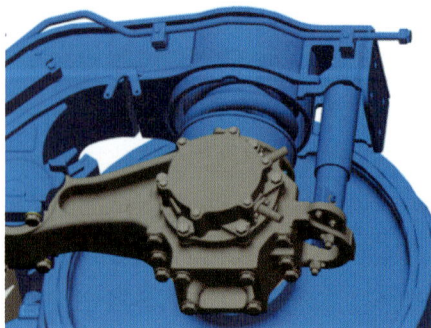

(b) CR400BF

图 4-17　转向架一系悬挂和轴箱优化提升

（2）技术指标要求带来的挑战

复兴号动车组设计自主化、互联互通、统型及全寿命周期等技术要求均对转向架设计提出新挑战。针对 CRH380B 型动车组原技术引进存在的知识产权纠纷风险，对其构架组成、电机悬挂等特殊专有结构进行了全新设计。牵引电机采用 4 点弹性架悬结构，旨在提升踏面磨耗后车辆稳定性，同时设横向限位止挡和减振器。

构架主体由两个侧梁和一个横梁组成，呈 H 形结构。通过多方案结构强度对比分析，侧梁主体结构形式与 CRH380B 型动车组转向架相似，横梁采用箱型焊接结构。各安装座布置、施焊空间大，同时箱型横梁与侧梁连接部位截面变化小，有效降低了截面突变引起的应力集中。构架主体结构模态及结构强度可靠性均较 CRH380B 型动车组转向架圆钢管横梁结构有所提升。如图 4-18 所示。

(a) CRH380B　　　　　　　　　　　(b) CR400BF

图 4-18　转向架构架创新设计

项目组开展了电机悬挂方式方案研究。CRH380B 型动车组牵引电机通过螺栓刚性固定在电机吊架上，牵引电机及电机吊架整体通过横向刚度较低的四根板弹簧垂直悬挂在构架上，实现与构架横向解耦弹性悬挂，结构相对较为复杂。为提升转向架系统车轮磨耗后期的稳定性，综合考虑牵引电机质量、悬挂模态和电机整体安装结构，并对比了刚性吊挂、三点和四点弹性吊挂结构的模态及动力学性能，结果显示弹性吊挂相比刚性吊挂转向架稳定性更高。由于转向架结构空间限制，三点弹性吊挂方式的悬挂摇头模态较低，与转向架二次蛇行频率接近，因此，牵引电机最终采用横向刚度较低的四点弹性吊挂方式，并设置电机减振器及电机横向限位止挡，实现与构架横向解耦弹性悬挂，结构相对更简单，如图 4-19 所示。

（3）转向架动力学性能

CR400BF 型动车组转向架设计方案通过仿真计算与线路试验相结合的方法开展动力学性能分析和参数确定。通过建立仿真动力学模型，分析 LMB、LMB10 踏面及其磨耗后与 60kg/m 钢轨匹配时，各主要悬挂参数对动力学性能的影响；在几十种参数组合方案中进行方案比选，并对选择方案进行滚振试验对比，确定最终的悬挂参数。

中国标准动车组基于 LMB 和 LMB10 踏面开展了蛇行运动稳定性、运行平稳性、悬挂自振特性、故障工况及悬挂参数对比等台架滚振试验，最高试验速度 600km/h。试验结果表明悬挂参数最优方案基于不同轨道谱下在 80～445km/h 范围内平稳性指标为优级，能够满足线路 350km/h 速度平稳性运行要求。

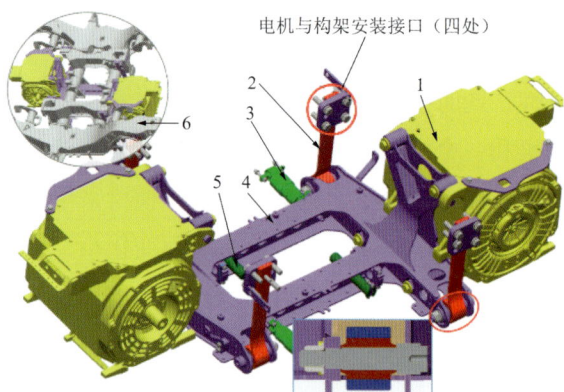

(a) CRH380B

1-电机；2-板弹簧；3-电机减振器；4-电机吊架；5-安全销；6-构架

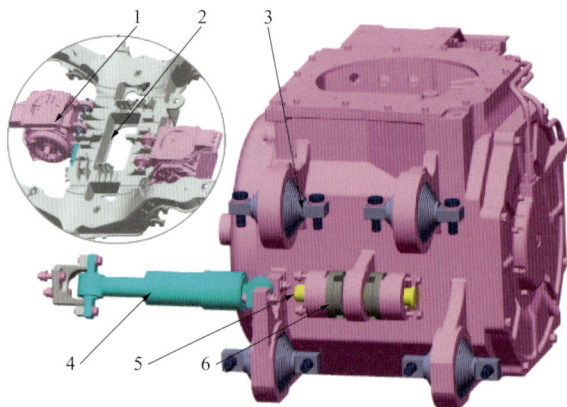

(b) CR400BF

1-电机；2-构架；3-电机节点；4-电机减振器；5-安全销；6-电机横向限位止挡

图 4-19　牵引电机悬挂方式新设计

（4）转向架结构强度

设计 CR400BF 型动车组转向架构架、轮轴、轴箱等关键零部件时，基于长期跟踪测试获得载荷谱和损伤一致性准则，对构架等主要承载部件进行了结构优化，显著增强了结构的安全可靠性。借助有限元强度分析和疲劳损伤计算，通过多次迭代优化设计与调整，确定了各零部件的最终方案。疲劳强度评估时，采用了国际铁路联盟（UIC）标准中的 Goodman 疲劳极限图、《轨道车辆用钢焊接接头的设计和疲劳等级》（DVS 1612—2014）中的 MKJ 焊接接头疲劳极限图来评定焊接构架的疲劳强度，同时还基于主 S-N 曲线（Master S-N）法预测了焊接结构焊缝上的疲劳寿命。最终的仿真分析结果表明，该方案能够满足 1500 万 km 或 30 年的寿命要求，构架等关键零部件均完成 1000 万次疲劳试验，疲劳强度满足要求。

（5）转向架方案

CR400BF 型动车组动力、非动力转向架方案如图 4-20、图 4-21 所示。

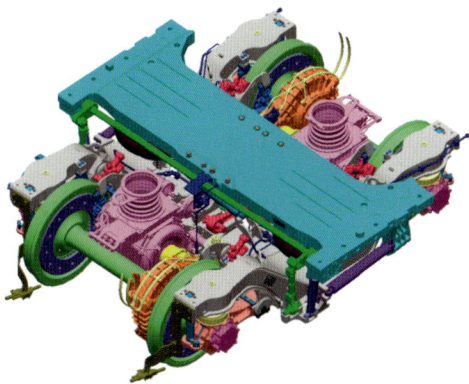

图 4-20　CR400BF 型动车组动力转向架

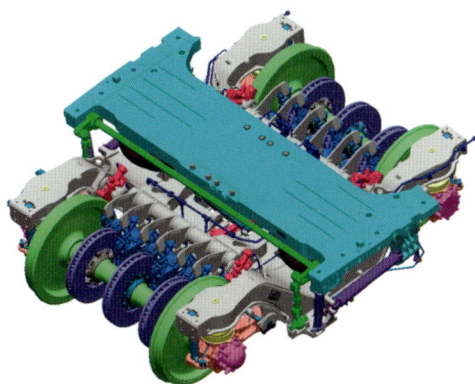

图 4-21　CR400BF 型动车组非动力转向架

故事

复兴号 CR400B 型动车组转向架自主研发之路

转向架性能的好坏直接关系到列车的安全性、稳定性和舒适性。2013 年，长客股份转向架研发团队承担了一项艰巨任务——设计一款具有自主知识产权的高速动车组转向架，以打破国外公司的技术垄断。

2013 年 6 月中国铁路总公司立项《时速 350km 动车组转向架优化研究》课题，并于 12 月下发了《时速 350 公里中国标准动车组转向架技术条件》；项目团队据此开展了中国标准动车组（复兴号）转向架自主研发工作。

项目团队在充分考虑既有动车组转向架成熟结构及大量线路试验数据的基础上，从知识产权及运用维护角度出发，采用正向设计方法制定了转向架技术方案。2014 年 9 月，转向架技术方案通过中国铁路总公司组织的方案评审。

为解决既有动车组运行过程中出现的抖车和晃车问题，研发团队在调研哈大高铁、京沪高铁、武广高铁线路条件的基础上，结合踏面磨耗规律，自主研发了 LMB10 踏面，设计了与之相匹配的悬挂参数，通过了型面匹配分析、安全校核、接触应力、车轮磨耗预测等仿真验证。2014 年 12 月 LMB10 踏面通过方案评审后，分别在哈尔滨铁路局、沈阳铁路局、北京铁路局、上海铁路局、广州铁路（集团）公司等铁路局选取 35 列动车组进行了运用考核，效果良好。

自主研发的 CW350（D）转向架动、拖车构架采用模块化设计，构架横梁设计为箱型梁结构，增强抗扭刚度，提高了振动模态频率；驱动电机创新设计成 4 点弹性悬挂，同时安装横向减振器和弹性横向止挡，驱动电机与构架解耦，改善构架受力状态，提高车辆系统的稳定性；针对动车组在运用中发生车轮非圆化造成的异常振动和轴端接地摩擦盘异常磨耗问题，增设了踏面修形装置，研制了新型自主化轴端接地装置。

2014年12月CW350（D）转向架通过了中国铁路总公司组织的技术评审。2015年6月中国标准动车组样车下线，转向架进入了线路试验阶段；9月在大同至西安高铁综合试验线进行型式试验和运用考核；2016年7月在郑州至徐州高铁线路最高运营时速达420km；2016年10月完成型式试验和60万km运用考核；试验结果表明，该转向架动力学性能优良，满足包括长交路持续350km/h速度运营等在内的所有设计要求，镟修周期可达25万km。

2019年1月，《CR400型"复兴号"中国标准动车组转向架》获得中国铁道学会铁道科技奖特等奖，CW350(D)转向架已批量应用于CR400BF型复兴号350km/h动车组上。该转向架关键零部件及主体结构均具有自主知识产权，是复兴号动车组各型转向架谱系化的基石，为中国高铁走出去奠定了坚实的基础。

3. 重要零部件统型

中国标准动车组设计时充分考虑了动车组零部件统型工作要求，通过现场实地调研，经充分研讨与协调，确定转向架统型内容主要包括车轴、车轮、轮对、齿轮箱、接地装置、轴承、轴承压盖、空气弹簧、高度阀、差压阀、轴温监控和构架横向加速度监控装置等。针对统型要求详细分析了既有动车组各零部件的结构、原理、参数、寿命周期、检修维护、供应链等基本情况，对比不同技术方案的优缺点，明确了具体统型细节和最终的实施方案。

（1）车轮

和谐号各型动车组车轮使用标准、踏面外形、材质、辐板形式、使用寿命等均存在较大差异，基本尺寸如新轮及磨耗轮径、轮毂孔直径、轮毂宽度、轮辋宽度、内侧毂辋距、辐板最小厚度等也各不同。通过对既有各型动车组车轮基本结构尺寸、性能对比分析，确定动车轮对均采用轮盘制动形式，动车车轮均采用直辐板结构；拖车车轮存在直辐板和曲辐板两种结构；车轮材质多采用ER8；踏面型式主要为LMA、LMB和LMC。

在复兴号动车组设计阶段，在既有和谐号系列动车组平台的基础上，结合多年的运用经验，对车轮结构、材料及性能进行了统型。形成的铁总文件《时速350公里中国标准动车组暂行技术条件》（TJ/CL 342—2014）中规定，新轮滚动圆直径ϕ920mm，全磨耗状态对应的滚动圆直径为ϕ850mm，车轮磨耗到限时轮辋剩余厚度定为25mm，对应的轮辋内径为ϕ800mm。根据车轮强度计算，动车车轮轮毂孔径设置为ϕ200mm，拖车车轮轮毂孔直径设置为ϕ191mm。车轮轮毂壁厚设定为30mm，轮毂宽度为175mm。车轮采用合金钢材料，钢种定为ER8，同步开发了国产自主化D2材质车轮。踏面型式采用LMA或LMB10。

（2）车轴

通过对既有和谐号各型动车组车轴基本结构尺寸、性能对比分析，确定动、拖车车轴轴颈直径均为ϕ130mm；车轴的防尘板座、载荷中心距和车轴内孔直径均有不同。车轴材料多采用 EA4T。

在复兴号动车组设计中，结合既有和谐号动车组多年的运用经验，对拖车车轴进行统型，形成统一的拖车车轴。车轴统型主要包括车轴结构、车轴全长、车轴载荷中心距、轴颈直径和宽度、防尘板座直径和宽度、轮座直径和宽度、制动盘座直径和宽度、轴身直径和宽度，车轴钢种定为 EA4T，同步开发了国产自主化 DZ2 材质车轴。

（3）轮对

动车组轮对由车轴、车轮、制动盘和齿轮箱等组成。和谐号各型动车组的车轮、车轴、制动盘和齿轮箱尺寸都不相同。CR400 动车组轮对包括动力轮对和非动力轮对，动力轮对采用两轮盘制动，非动力轮对采用三轴盘制动。其技术参数为，轮对内侧距 1353mm，载荷中心距 2000mm，全长 2180mm，非动力轮对制动盘间中心距 430mm。将统型后的车轮、车轴等进行组装形成统型的轮对，具体图纸如图 4-22、图 4-23 所示。

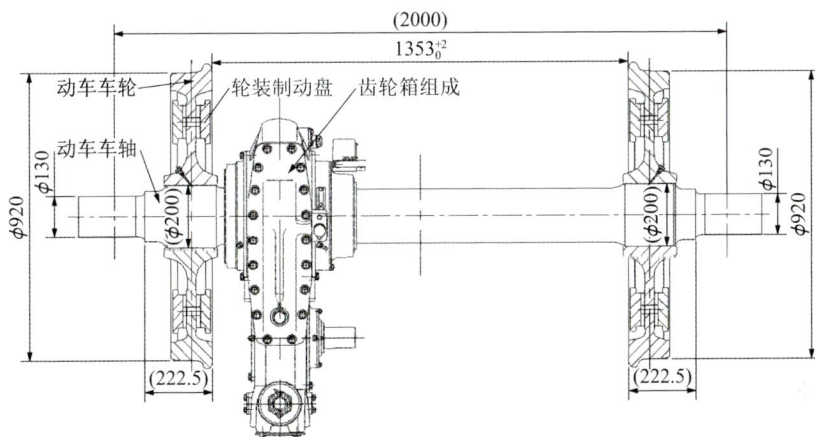

图 4-22　动力轮对（尺寸单位：mm）

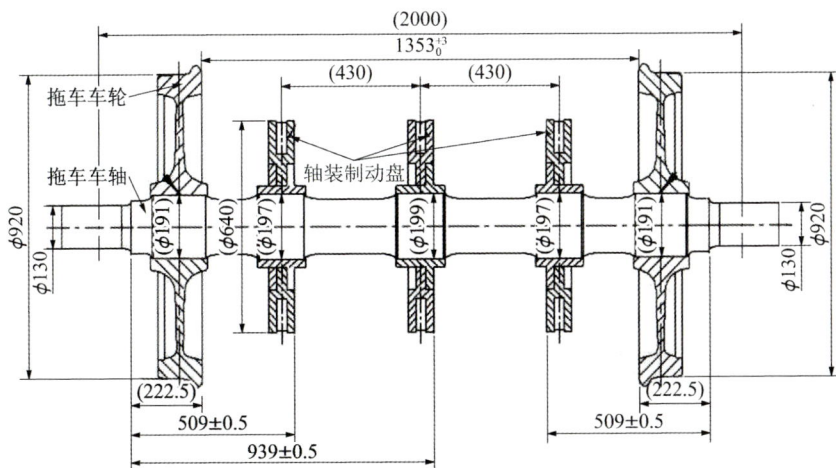

图 4-23　非动力轮对（尺寸单位：mm）

（4）齿轮箱

对于不同平台动车组，由于与齿轮箱输入相关的牵引电机功率、启动扭矩、制动扭矩、短路扭矩、牵引电机外形尺寸等均存在较大差异，因此实现完全统一互换较为困难，针对运维界面统一齿轮箱接口更有意义，更符合动车组运维轮对互换的条件。因此，齿轮箱传动比、中心距、吊挂方式、齿轮箱许用安装空间须完全一致，而齿轮箱内部结构、箱体结构型式等各个厂家可以存在不同，不要求完全一致。

统型齿轮箱采用单级圆柱斜齿传动方案。齿轮箱与构架连接方式上，对比了 C 型支架与饼装吊杆结构特点（图 4-24），后者具有结构相对简单、占用空间小及组装方便等优点，因此，复兴号最终采用了饼装吊杆统型方案。

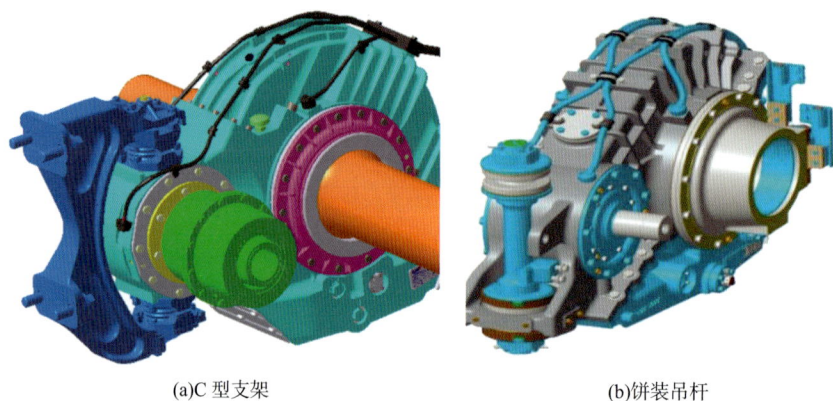

(a)C 型支架　　　　　　　　　　　(b)饼装吊杆

图 4-24　齿轮箱吊装方式

故事

复兴号齿轮箱诞生记

2012 年，复兴号中国标准动车组正式立项。南车戚墅堰机车车辆工艺研究所有限公司（简称戚墅堰所）阙红波团队担负起复兴号齿轮传动系统自主化研发任务。

面对既有动车组各种型号齿轮箱技术平台和标准各异等问题，首先要做的是对不同的技术路线和设计标准进行整合，制定出统一的技术标准和规范。与和谐号相比，复兴号列车速度每小时提高了 50km，最高时速可达 400km，对齿轮箱的可靠性设计是一大挑战。还有，随着中国高铁版图的延伸，复兴号齿轮箱需要经受海拔、温差等多重复杂因素的考验，如冬季从东北开往南方的列车一天内温度变化范围可能超过 50℃，齿轮箱能否适应这样的剧烈变化？

为此，研发团队知难而进，发明了一种锯齿型小间隙多级减压的新型迷宫密封技术。由于有了这种独创的设计，哪怕再细小的沙粒也无法进入核心部位影响齿轮的传动。与此同时，针对一些引进动车组大齿轮与车轴组装难题，团队发明了一种自导向、自定心热套装配工艺技术，很好地解决了车轴易损伤难题。为了验证齿轮箱的性能和可靠性，戚墅堰所先后建成了 8 个试验台，从空载试验，逐步加载试验、高低温试验、线路激振模拟试验等，到齿轮箱全服役工况综合模拟，形成了一整套更全面、自主的试验验证体系。2017 年，具备完全自主知识产权的齿轮箱随复兴号动车组正式投入运用。这一核心技术的突破扭转了我国在这方面长期受制于人的局面。

四 高压牵引系统

1. 总体技术要求

在总体确定采用 4 动 4 拖动力配置方案后，高压牵引与辅助供电系统设计需要提高系统工作可靠性和能源使用效率，尽量避免对电网的污染，有效降低运行成本，满足运营要求，满足整车牵引和再生制动特性，网侧性能指标，部分动力故障运行能力、效率、控制与保护等基本参数和功能要求。

为有效降低动车组高压绝缘故障，满足我国大范围运行使用条件，复兴号要求高压系统外绝缘特性的雷电冲击耐受电压为 185kV，并且采用集成式高压设备箱，既可提升高压系统适应能力、降低维修工作量，又可减少车顶空气阻力、降低能耗。

由于部件统型有利于设备检修维护、提高产品质量、降低成本，因此组织开展了牵引系统大部件统型互换可行性研讨。牵引电机设计统型影响因素较多，包括转向架悬挂结构、牵引变流器中间电压及控制参数等，当时阶段实现整机互换技术难度较大，采用统一方案不利于技术创新和进步。牵引变流器、牵引变压器等大部件因故障整机更换情况极少。综合考虑，牵引变压器、牵引变流器、牵引电机，牵引变压器冷却系统、牵引变流器冷却装置和牵引电机冷却风机等整机互换技术难度较大，不要求实现整机互换，但在标准、修程修制、可靠性指标方面要求统一；对速度、温度等监测传感器统一机械和电气接口，实现互换；在网络接口、保护逻辑、故障代码方面要求一致，便于司机操控界面的统型。

为满足动车组互联互通需求，对牵引系统开展统型设计，主要包括：列车牵引指令定义统一，牵引指令发出和控制方式、列车级系统保护、切除等故障代码和含义统一，牵引控制与网络的列车级通信内容和实现方式统一。

为提升动车组电制动能力，合理利用牵引系统的过载能力，复兴号动车组提出动车组电制动轮周功率为牵引轮周功率的 1.3 倍；规定冷却系统有效进风面积减少 15% 时应仍能满足牵引变压器、牵引变流器、牵引电机在额定功率运用下的冷却能力要求；要求动车组具备通过分相区辅助供电不间断功能，确保空调照明等不中断。

2. 方案比选

（1）牵引系统

交流传动系统在轨道交通车辆牵引系统中得到广泛的应用，主要有异步牵引技术和永磁同步牵引技术两种。永磁电机功率密度高、效率高，可实现小型化、轻量化、低噪声等要求，但存在制造工艺复杂、永磁体失效、系统复杂度高等问题。异步牵引电机可靠性高、制造技术成熟，具有牵引性能好、黏着利用率高、效率高、维护量小等优点，在我国和谐号动车组和大功率机车中得到广泛应用。在 CR400 复兴号动车组研制中，参研单位一致决定采用交流异步牵引系统。

牵引辅助供电系统主要有两种方案，一种是辅助供电系统的电源来自牵引变压器的辅助绕组，当通过分相区时辅助供电系统会断电，空调、冷却风机等辅助设备会短暂失电、停机；另一种方案为辅助供电系统输入为牵引变流器中间环节，当动车组过分相区时，辅助供电系统可以通过变流器控制使得牵引电机再生制动的能量进入中间直流环节，为辅助设备供电，实现辅助设备的不间断供电，避免了辅助系统的频繁启停，大大提升了设备的寿命与可靠性。复兴号动车组研制时，参研单位一致采用第二种方案。具体到牵引辅助变流器设备布置方面，采用牵引辅助变流器主辅一体集成式或者主辅分离布置结构。变流器主辅一体化集成式是将牵引变流器、辅助变流器及冷却系统集成为一体，共用中间直流环节和冷却循环装置，节省了设备安装空间，降低了系统的整体体积及质量，实现了轻量化的系统设计。国外发达国家 250km/h 及以下速度等级动车上越来越多地采用了这种动力单元结构。我国 250km/h 复兴号动车组也采用这种方案。350km/h 动车组较 250km/h 复兴号动车组牵引功率约翻番，电气部件的功率增大，体积、质量也大幅度增加，器件的发热损耗成倍增加，集成设计易造成箱体质量过重，因此 CR400BF 型 350km/h 复兴号动车组设计之初采用了主辅分离布置结构，后续智能动车组进行了集成轻量化优化设计。

（2）牵引变压器

常见的牵引变压器有壳式和心式两种结构形式，二者具体对比见表 4-5，根据复兴号标准动车组顶层技术指标要求，牵引变压器需具备大容量、高阻抗、扁平化等特点，故复兴号动车组牵引变压器选取心式牵引变压器路线。

不同形式变压器对比 表 4-5

变压器类别	壳式	心式
工作原理	电磁感应原理	电磁感应原理
结构形式	铁芯包围线圈	线圈包围铁芯
容量	相对较小	相对较大
铁芯	"日"字形结构，剪切工艺简单	"口"字形结构，剪切工艺稍复杂
线圈	跑道形结构，交错式布置	圆形结构，同心布置
油箱	适形油箱结构，用油量较小	矩形油箱填充率稍低，用油量较大
技术指标	质容比指标好，高度高，阻抗小	扁平化，可实现高阻抗

壳式动车变压器选用的变压器油为硅油。壳式变压器采用全密封技术，硅油与空气完

全隔离，可避免硅油与空气接触而导致的含水量等性能指标的下降和油品老化。心式变压器选用的变压器油为合成酯油。心式变压器采用非全密封的呼吸式结构，通过吸湿器与外界相连，空气经吸湿器干燥后进入变压器中。硅油和酯油均属于高燃点油，其综合性能明显优于传统变压器油，可依据牵引变压器结构、使用场合和经济环保性等进行选择。硅油具有更好的耐热性及稳定性；酯油具有更好的耐湿性、生物降解性和可维护性。考虑到复兴号动车组顶层技术指标对环保、防火等的性能要求，复兴号牵引变压器采用酯油作为绝缘介质。

复兴号动车组牵引变压器采用连续式层式结构，为实现轻量化设计，基于高功率密度设计原则，通过对线圈油道内流体黏度、线圈表面的黏性摩擦力进行理论研究，建立了流场技术的伯努利方程，以温升均衡为约束，基于流场、电流密度及绕组油道间隙等多维参数分布建立多维仿真模型，仿真计算出最优的油道结构，提升绕组功率密度，在满足冷却效果的前提下，结合稳态电场强度和瞬态电场分布进行计算，成功设计出一种基于温升均衡的紧凑型绕组油路结构，实现了牵引变压器器身结构的轻量化、小型化、高阻抗设计，具备较高的先进性。

复兴号动车组牵引变压器开展了扁平化设计，油箱设计充分利用布置空间，采用嵌入式结构，将储油柜嵌入变压器侧面竖筋板间，不占用变压器整体长度及高度空间，相比于CRH380A型动车组牵引变压器储油柜布置在变压器油箱顶部，占用高度空间，不利于变压器扁平化设计，此方案显然更优。采用新型嵌入式紧凑型储油柜结构，相比于顶部储油柜结构，变压器整体高度压缩13%；同时变压器冷却系统与油箱采用一体化布置，减少变压器机械接口，方便安装，缩短行车方向尺寸，有效实现了变压器小型化、扁平化、紧凑型结构设计。

（3）牵引变流器

① 电路结构拓扑方案。

高速列车牵引变流器主要有两电平和三电平两种拓扑结构。两电平拓扑优势为模块器件数量少、拓扑简单、控制更简单；三电平拓扑优势为等效开关频率可以翻倍、方便进行谐波抑制；两电平拓扑可采用多重化整流器和绝缘栅双极晶体管（Insulated Gate Bipolar Transistor，IGBT）的并联技术，提高装置容量；通过采用多重化四象限变流器可减少交流输入电流的谐波，亦可减小直流输出电压中的谐波。

从拓扑可靠性方面，考虑到要适配四象限变流器额定电流811A、低网压电流901A的需求，三电平拓扑下的牵引变流器器件数量较多，器件失效概率也增大；同时由于动拖比为4动4拖且要求损失单车动力不降速，对器件失效接受度更低。综合考虑各种因素，复兴号动车组决定采用两电平拓扑方案。

② 中间电压。

对于大功率变流器来说，运用成熟的两种中间电压有1800V等级和3600V等级，其对应的牵引变压器次边电压和牵引电机输入电压也基本是跟中间电压等比例的关系，由于复兴号动车组牵引电机功率达到 625kW，牵引变流器容量达到 3.1MW，当采用 1800V 等级时的输入输出电流将是 3600V 等级的两倍，对于整车线缆线径选型和牵引电机轻量化是个挑战。

针对复兴号动车组进行方案设计时，综合当时既有成熟平台情况，基于电路拓扑采用两电平，同时考虑已有的技术储备确定选用 6500V 等级 IGBT 器件和中间电压 3600V 的技术方案。

（4）牵引电机

基于既有功率等级、速度等级接近的 CRH380AM 型动车组 YQ-600 型牵引电机开展设计。牵引电机主要在轻量化、通风散热、长周期轴承润滑等方面开展论证比选和技术创新。

复兴号 CR400 动车组相较于 CRH380AM 型动车组性能更强，要求牵引电机转矩增加 30%，牵引电机电磁方案开展了多轮迭代设计。其中，通过改变绕组串并联结构，增加电机电感和磁链，提高磁负荷，使磁场能量增加 21%，达到提升牵引电机输出转矩的目标。轻量化技术方面，从发热的时间常数角度考虑，动车组启动阶段时间短，牵引电机温度上升有限。在启动阶段采用恒磁通区高磁密的电磁设计技术，增加材料利用率，实现在转矩性能提升 30% 的前提下，牵引电机电磁结构的体积和质量综合减小 6%。牵引电机机座采用无机壳结构形式，传动端端盖采用轻量化设计，非传动端采用高强度铝合金材料，压圈采用薄壁多筋结构，以实现电机轻量化设计。传动端盖以既有成熟的端盖为基础，以径向刚度为前提，采用热流场仿真优化工具，以支撑筋个数及壁厚为优化变量，开展不同方案分析对比，最终采用最优方案。

通风散热技术方面，为提高牵引电机散热效率，降低轴承温升，以 Fluent 软件为工具，以通风孔数量、孔径、位置等参数为优化变量，对不同结构方案进行了仿真及验证，如图 4-25 所示。综合绕组温升及传动端轴承温升，选择方案二为最终方案。

长周期轴承润滑技术方面，采用着色剂跟踪的方法，对润滑脂的流动性、初始储脂量、轴承再润滑的补脂量及有效性进行了研究。根据复兴号动车组总体技术条件及轴承温升与振动条件，制定和搭建了轴承台架耐久试验的方案和试验台，模拟牵引电机轴承在线运行。120 万 km 耐久试验表明，轴承及润滑脂满足要求。

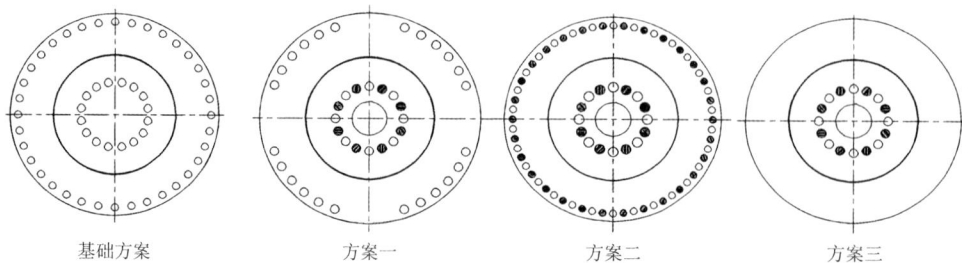

| 基础方案 | 方案一 | 方案二 | 方案三 |

(a) 不同通风结构方案

图 4-25

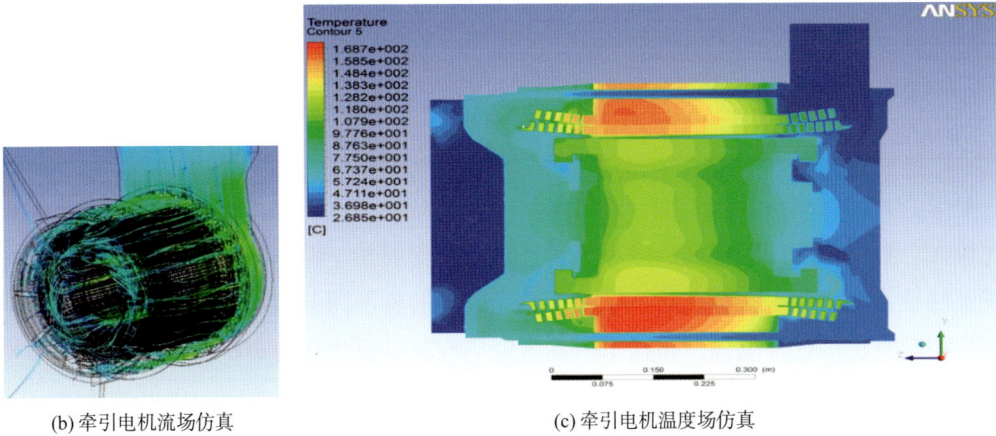

(b)牵引电机流场仿真　　　　　　　　(c)牵引电机温度场仿真

图 4-25　不同通风结构方案仿真研究

3. 技术方案

350km/h 复兴号动车组牵引变压器主要结构如图 4-26 所示，主要性能参数见表 4-6，采用刚性悬挂，优化了变压器内部结构，降低了器身悬挂空间，实现了牵引变压器功率密度 0.99kVA/kg。

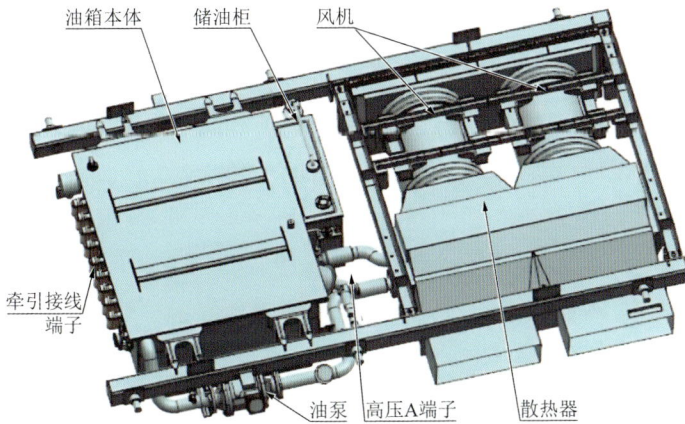

图 4-26　牵引变压器外形

牵引变压器主要性能参数　　　　　　　　表 4-6

项目	参数	
结构形式	单相、心式全密封结构	
容量（kVA）	原边	CR400AF：6300 CR400BF：6432
	次边	CR400AF：1575×4 CR400BF：1608×4
冷却方式	强迫油循环风冷（KDAF）	
电压（V）	原边	25000
	次边	1900
质量（kg）	CR400AF：不超过 6390 CR400BF：不超过 6420	

续上表

项目	参数
绝缘类别	CR400AF：特殊 A 类绝缘 CR400BF：F 级绝缘
吊挂方式	车体下吊挂式

　　牵引、辅助变流器采用主辅一体化设计。变流器箱体内集成了整流单元、滤波单元、逆变单元、牵引传动控制单元、冷却单元、辅助逆变单元、辅助变压器、无火回送单元、保护监测单元等，主要参数见表4-7。基于自主研发的梯形图语言编程设计平台实现牵引系统核心控制算法的软件编程，包括牵引系统顶层控制、大功率交流传动控制、牵引系统故障诊断及保护等，创新实现了紧急牵引功能和低速救援回送工况下稳定供电等功能。

牵引变流器主要性能参数　　　　　　　　　　　　　　表 4-7

项目	参数	项目	参数
输入电压	AC 1900V/50Hz	输入电流	CR400AF：2×829A CR400BF：2×846A
牵引输出电压	CR400AF：AC 0～2808V/ 0～180Hz CR400BF：AC 0～2800V/ 0～180Hz	冷却方式	强迫水循环＋风冷
辅助输出电压	380V/50Hz	辅助容量	CR400AF：260kVA CR400BF：200kVA

　　牵引电机采用三相鼠笼式结构，悬挂在转向架上，其主要结构如图4-27所示，主要参数见表4-8。通过恒磁通区高磁密、磁热耦合数值传热和高功率密度绕组等电磁设计技术以及槽型及槽配合优化设计，实现牵引电机功率密度 0.909kW/kg。

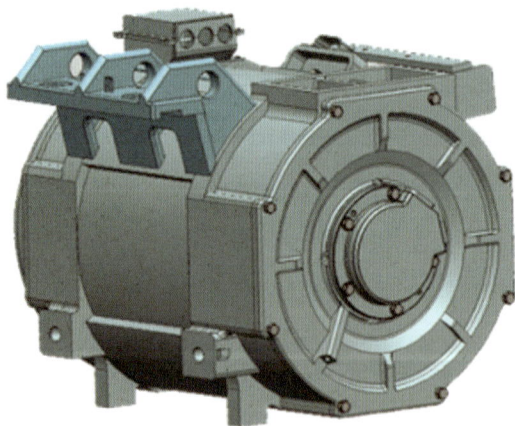

图 4-27　牵引电机外形

牵引电机主要性能参数　　　　　　　　　　　　　　表 4-8

参数	CR400AF	CR400BF
最大功率（kW）	625	650
额定电压（V）	2750	2800

续上表

参数	CR400AF	CR400BF
额定电流（A）	155	170
质量（kg）	735	715
额定转速（r/min）	4100	4173
最高运用转速（r/min）	5600	5900
额定效率（%）	94.5（基波额定）	94.5（基波额定）
冷却风量（m³/min）	35	43.2
温升限值（K）	200	200

五　制动系统

1. 总体技术要求

（1）设计原则

制动系统按照"故障导向安全"的原则进行设计。制动系统采用微机控制的电空直通式制动技术，制动过程为列车级空电复合制动，即"空气制动＋再生制动"，优先采用无磨耗的再生制动，当再生制动力不足时，补充空气制动力。制动系统设置有硬线和网络接口，能响应来自列车指令线、环路、列车自动防护设备（ATP）、列车网络的各种制动指令。动车组设 BP 救援转换装置，能够由采用自动式空气制动系统（列车管定压 600kPa）的中国既有机车进行控制（包括制动与缓解），以便在救援和回送时由既有机车控制。相同速度等级的动车组可以重联运营，不同速度等级的动车组可以互相救援。制动系统采用模块化设计，主供风单元、轴装制动盘、轮装制动盘和闸片等满足互换性要求。

（2）技术参数

制动控制系统额定供电电压为 DC110V，风源系统额定供电电压为 3AC 380V/50Hz，辅助压缩机额定供电电压 DC110V。总风正常工作压力 800～950kPa。常用制动和紧急制动（EB）的冲动极限不超过 0.75m/s³。不同初速度对应的紧急制动距离见表 4-9。

不同初速度对应的紧急制动距离 表 4-9

初速度（km/h）	紧急制动距离（m）
350	≤6500
300	≤3800
250	≤3200m
200	≤2000
160	≤1400
120	≤800

2. 方案研究与比选

（1）系统架构

随着微机控制技术的不断发展，轨道交通电空制动技术日趋完善，我国高速动车组采用微机控制的电空制动系统除能实现制动功能外，还能借助强大的列车网络控制系统，实现对制动系统的监控及故障检测、诊断、显示、报警、记录和测试等功能，可进一步提高制动系统的安全性和智能化水平。

我国既有和谐号动车组均采用微机控制的电空直通式制动系统，同时配置救援转换装置或者间接式备用制动实现救援回送功能。间接制动通过控制列车管排风减压产生制动作用，制动的同步性较差。直通电空制动系统通过电信号传递制动指令，制动的同步性好，特别适合于新一代高速动车组。

不同平台的和谐号动车组因列车编组形式、技术体系不同，在列车制动单元划分上有着明显差异，基于列车单元划分，制动管理架构总体上分为单元级制动管理和列车级制动管理两种模式。基于列车网络的列车级制动管理相比单元级制动管理架构，在制动力管理分配上更具优势，在有车辆制动故障时，通过制动的分配可最大限度地减少制动力的损失。列车级管理架构有利于充分利用电制动力，减少空气摩擦制动对闸片的消耗；有利于实现空压机管理、制动试验、列车信息交互及监控等功能。因此复兴号动车组制动系统采用列车级制动管理方案，列车划分为 2 个制动单元（图 4-28），2 动 2 拖为一个制动单元。总体架构基于列车和车辆两级网络，常用制动指令通过网络传递，同时增加了冗余的常用制动硬线指令列车线作为网络指令的备份，在网络通信故障时可自动启用；紧急制动时增加冗余的网络指令作为备份。回送救援方面，采用了 BP 救援转换装置，可实现列车管空气制动指令和电气制动指令的双向转换。

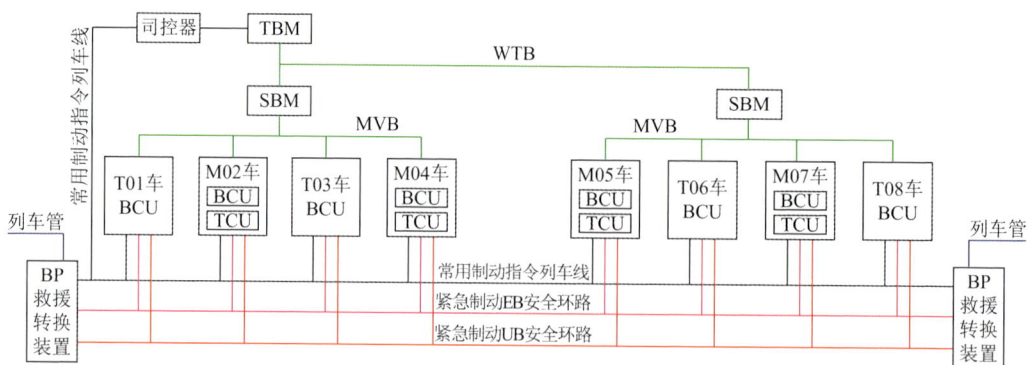

图 4-28　CR400 动车组制动系统架构示意图

TBM-列车制动管理器；SBM-单元制动管理器；WTB-列车级总线；MVB-多功能车辆总线；BCU-制动控制单元；TCU-牵引控制单元

制动系统采用分级管理模式，网络正常时，TBM 负责全列车的制动管理，TBM 与 SBM 间的通信须通过网关传输。BCU 与网关的接口主要分两类，第一类是 TBM 将列车制动相关指令通过网关发给各牵引单元的 SBM；第二类是 SBM 将汇总的本牵引单元各 BCU 制动相关状态通过网关发给 TBM。

BCU 与 CCU 间制定通信协议，根据通信协议传输定义好的信号。BCU 与牵引控制单元（TCU）主要通过多功能车辆总线（MVB）进行通信，除列车自动速度控制模式（ASC）之外的制动请求，由制动系统进行制动力管理和防滑控制。TCU 与 BCU 之间设置一根硬线频率信号，提供电制动状态，高电平表示电制动可用。TCU 控制再生制动力设定值的执行，BCU 控制空气制动力设定值的执行。

在列车自动速度控制模式（ASC）下，由列车中央控制单元（CCU）来计算列车总的制动力需求，优先利用电制动；当电制动力不足时，CCU 自动退出 ASC 模式，并提示司机；制动系统响应 CCU 触发的最大常用制动。

（2）系统接口及功能

① 气路和电气接口。

动车组总风管压力为 800~950kPa，列车管压力为 600kPa。动车组端部均设置总风管和列车管，规格为 1″，通过全自动 10 型车钩连挂。列车管和总风管间设置止回阀，回送救援时，通过列车管可向总风管充风，仅连接列车管，即可满足回送救援用风需求。

制动系统列车线接口包括常用制动指令线、ATP 指令线、保持制动列车线、停放制动列车线。可以响应手柄常用制动、ATP 控车指令、保持制动缓解指令、停放制动施加和缓解指令等。与制动相关的安全环路包括紧急制动 EB 安全环路、紧急制动 UB 安全环路、停放制动监控环路、乘客紧急制动环路和制动缓解监控环路。紧急 EB、紧急 UB 用于触发紧急制动；停放制动监控环路用于单车停放制动意外施加监控；乘客紧急制动环路用于触发紧急 EB 制动；制动缓解环路用于摩擦制动施加时进行牵引封锁保护。BCU 与 CCU、TCU 的接口主要通过列车网络传输，每个 BCU 均具备 MVB 网络通信接口。

② 制动功能。

a. 常用制动和紧急制动 EB。

常用制动和紧急 EB 时，头车 TBM 通过硬线、网络接收制动指令，根据列车运行速度和车重等计算出应施加的总制动力，在列车范围内进行制动力分配，当再生制动力不满足制动力需求时，补充施加空气制动力，进行全列电空复合制动。7 级动车组制动力分配示意如图 4-29 所示。为提高制动功能的可靠性，复兴号动车组制动系统增加了自律制动模式，当无法通过网络获取制动指令时，局部 BCU 可根据列车制动硬线指令计算本车制动力需求，进行单车的电空复合制动。

各种制动力分配方式的基本原则是不超设计黏着限制，按照控制模式分为正常子模式、比例子模式、清洁子模式。黏着工况较好时，应遵照优先使用电制动，再兼顾动拖车制动盘等磨耗原则，以降低对动拖车制动盘的磨耗差，即使这样，施加在动拖车上的制动力也尽量不要相差过大，以避免车钩频繁受较大作用力。正常子模式实现该功能，各车 BCU 的网络通信应正常，常用制动按正常子模式进行制动力分配。

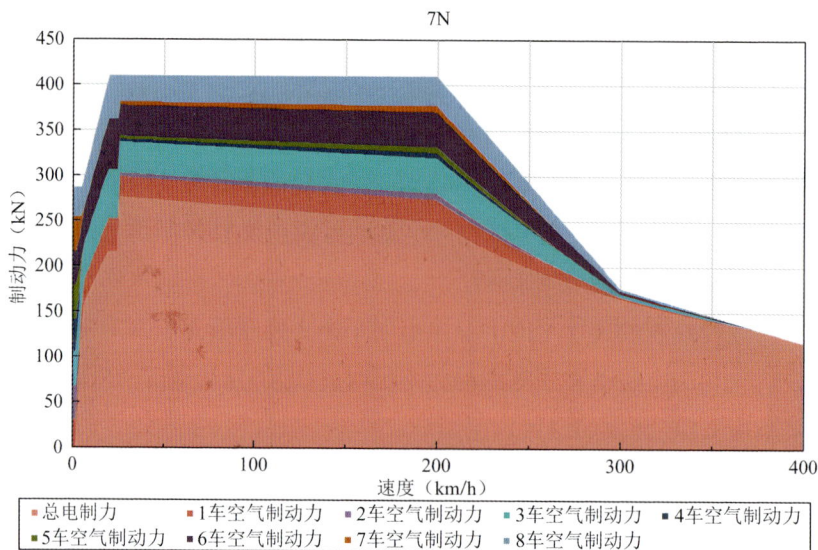

图 4-29　7 级制动力分配示意图

在轮轨黏着不利的条件下，为充分利用轮轨黏着力，设置比例制动子模式，该模式制动力分配的基本原则是各车等黏着，应在各车施加与车重成正比例的制动力。紧急制动 EB 时及低速电制退出前，制动控制系统按照比例子模式分配制动力；当手动比例模式激活后，常用制动和保持制动也按照比例模式分配制动力。

为了清洁制动盘，改善闸片摩擦系数，通过激活清洁制动，向列车内的所有轴上施加相同常数的摩擦制动力。隔离轴控制逻辑与清洁子模式互斥，当有非紧急 UB 的制动请求时才进行隔离轴控制，但有任何制动请求时都不会进入清洁子模式。

b. 紧急制动 UB。

紧急制动 UB 时，各车 BCU 通过紧急制动 UB 安全环路硬线和网络接收制动指令，施加空气摩擦制动力。紧急制动 UB 为纯摩擦制动，通过空重阀与紧急电磁阀，输出与车重等比例的紧急制动压力。

为防止紧急电磁阀故障，本地电子制动控制单元（EBCU）按紧急制动 UB 减速度曲线和本车车重信息，施加冗余的摩擦制动力请求，此时本地 EBCU 仅依据本车车重进行制动力请求，且不使用电制力，不在各车之间进行制动力补偿。

（3）部件统型

为提高不同动车组平台间制动系统部件的互换性、通用性，提高产品质量，减少备件库存，降低运维成本，复兴号 CR400 动车组设计之初就将部件统型列为重点工作。基于和谐号动车组既有部件技术体系及国内技术现状，经对比分析，中国铁路总公司制定了复兴号 CR400 动车组主要部件的统型方案，包括主供风单元、制动夹钳单元、制动盘和闸片等。其中基础制动如图 4-30 所示。

为实现主供风单元整体互换，安装及接口、性能统一，易损易耗件统型，结合整车技

术条件要求，制定了主供风单元统型技术条件和统型图纸

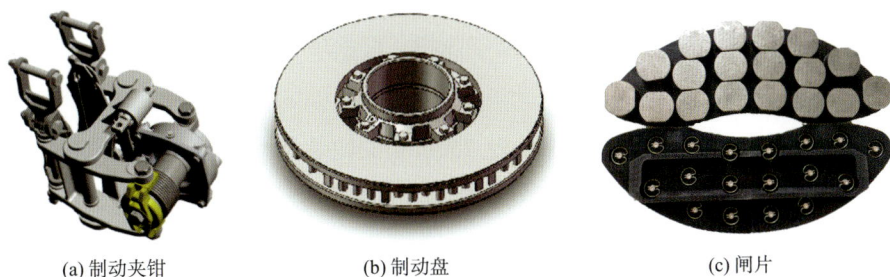

(a) 制动夹钳　　　　　　(b) 制动盘　　　　　　(c) 闸片

图 4-30　复兴号动车组基础制动

制动夹钳单元有传统三点吊挂式和四点紧凑式两种形式。结合三点吊挂式和四点紧凑式制动夹钳单元和停放制动夹钳单元结构、原理、参数、寿命周期的信息对比，三点吊挂制动夹钳单元具有传动效率高、检修维护经济性好、三个吊装点都受力均匀等优点。四点紧凑式结构相对复杂，制造、检修要求高，检修维护性差；闸片托转动范围小，易造成偏磨；四个吊装点集中布置，存在悬臂结构、制动夹钳本身及转向架吊座受力大的问题。因此复兴号动车组采用三点吊挂式制动夹钳单元和停放制动夹钳单元，更有利于减少备品备件，降低维护使用成本，具有长远经济效益。为实现制动夹钳单元、带停放功能的制动夹钳单元整体互换，安装及接口、性能统一，制定了制动夹钳单元和带停放功能的制动夹钳单元统型技术条件和统型图纸。

为实现制动盘整体互换，安装及接口、性能统一，制定了轮装制动盘和轴装制动盘统型技术条件和统型图纸。复兴号动车组车轮统型后的新轮直径为 920mm，该规格车轮可匹配外径为 750mm 或 710mm 的轮装制动盘，由于外径为 750mm 的轮装制动盘的热容量更大，承受制动热负荷能力更强，因此优选了外径为 750mm 的轮装制动盘作为动车轮装制动盘统型方案。考虑到复兴号动车组采用 4 动 4 拖的编组方式，拖车每轴配置 3 套轴装制动盘即可满足列车制动热负荷需求，统型采用了每轴配置 3 套外径 640mm 的轴装制动盘。在满足制动热容量需求的前提下，统型方案可使维护性更好、基础制动质量更轻、经济性更优。

为实现闸片整体互换，安装及接口、性能统一，制定了闸片统型技术条件和统型图纸。其中统型闸片的安装接口采用了符合《制动　盘形制动及其应用　闸片验收的一般规定》（UIC　541-3）的通用燕尾安装接口，摩擦块为弹性浮动形式，闸片总厚度为 32mm，摩擦块到限剩余 5mm，有效磨耗量不小于 12mm。

3. 技术方案

（1）系统配置

制动控制装置：每辆车安装一台制动控制装置，实现各项制动功能。其中安装一台电子制动控制单元（EBCU）作为本车的主 EBCU，编号为 EBCUx.1（$x=1\cdots8$）。根据配置

不同另外选装 EBCUx.2 用于实现附加的管理功能和车轮不旋转检测（Detection of Non Rotating Axle，DNRA）不旋转轴检测功能。

供风单元：每 8 辆编组安装 2 台统型空压机，根据项目应用不同，可以布置在 2、7 或 3、6 车。

基础制动：动车每轴配置 2 套外径为 750mm 的轮装制动盘，拖车每轴配置 3 套外径为 640mm 的轴装制动盘。统型闸片的安装接口采用了符合 UIC541-3 国际铁路联盟标准的通用燕尾安装接口。

（2）系统功能

制动系统具有常用制动、紧急制动（EB）、紧急制动（UB）、乘客紧急制动、停放制动、保持制动、比例制动、清洁制动、车轮滑行保护（WSP）、车轮不旋转检测（DNRA）、制动力分级控制，以及撒砂、升弓供风和主空压机控制、监测、诊断和故障记录、司机制动试验和回送救援等功能。

BCU 执行的功能分为 TBM-SBM-LBCU 三个等级：列车制动管理器 TBM（Train Brake Management）负责与整列车相关的功能，单元制动管理器 SBM（Segment Brake Management）负责由四辆车构成的一个 MVB 分段相关的功能，本地制动控制单元 LBCU（Local Brake Control Unit）负责与本车相关的功能。制动控制系统的网络功能结构如图 4-31 所示。

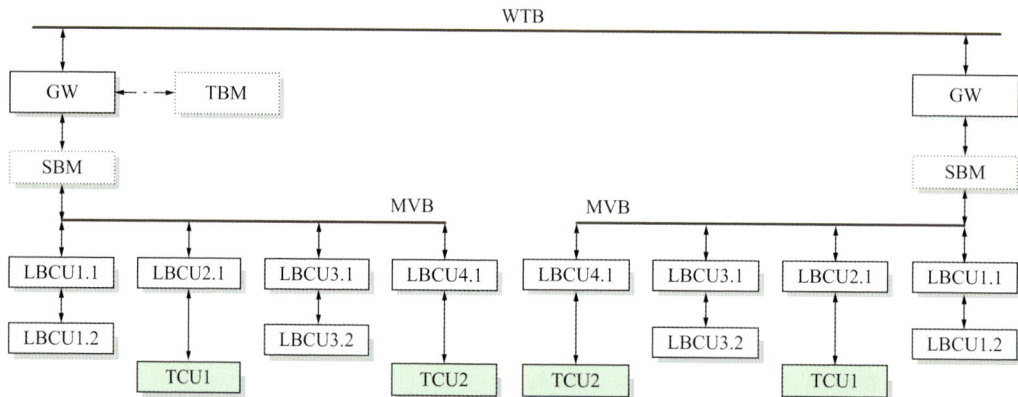

图 4-31 制动控制系统的网络功能结构

GW-网关；SBM-单元制动管理器；LBCU-本地制动控制单元；TCU-牵引控制单元

制动系统具有列车级主控功能，实现全列车制动力管理、分配和计算，列车级主控功能应满足冗余要求。列车中的每个 MVB 网络单元（2 动 2 拖）内具有单元主控功能的 EBCU，进行 MVB 网络单元内的制动力管理、分配和计算，单元主控功能应满足冗余要求。

在列车自动速度控制模式（ASC）下，由列车中央控制单元（CCU）来计算列车总的制动力需求，优先利用电制动。当电制动力不足时，CCU 自动退出 ASC 模式，并提示司机。除列车自动速度控制模式（ASC）之外的制动请求，由制动系统来进行列车制动力管理。制动系统具有车辆载荷识别功能、空重车调整功能，制动缸压力能够随列车载重变化进行自动调整。车辆载荷信号取自两个转向架空气弹簧的压力。制动系统设有与列车运行控制系统的车载设备的接口，并受其控制。列车运行控制系统触发的紧急制动，通过断开安全环路执行紧急制动（UB）。

基于自主研发的动车组制动系统软件开发集成测试平台，研制了时速350km复兴号动车组微机控制的直通式电空制动系统，该系统具有控制精度高、反应迅速、操纵灵活、车辆制动同步性好等特点。

📖 故事

复兴号动车组制动系统试验装备的研发

复兴号动车组能否安全运行，能跑多快，制动是制约因素。故如何判断制动装置的质量优劣，如何让制动系统在装车前完成完整的验证，是摆在铁科院制动系统技术团队面前的难题。

当时，铁科院乃至国内都没有一套针对高速动车组制动系统控制逻辑验证的测试与验证的平台。虽然设计全新试验装备具有挑战性，但是高铁的需要就是技术团队创新的动力。产品与试验装备同步设计开发风险较大，如果制动系统设计有变化，试验装备的匹配功能也需要调整。为了复兴号动车组早日研制成功，技术团队攻坚克难，从制动系统逻辑测试、功能仿真与故障解析的角度出发，从产品装车前、设备运用中、故障件返厂后等多维度考虑，最后决定将试验装备设计为动车组半实物仿真测试平台与制动系统综合试验台。

为了提高效率、少走弯路，技术团队采取院企结合的方式，邀请了有开发经验的厂商协助研制。经过一年的奋斗，动车组半实物仿真测试平台、制动系统综合试验台研制初战告捷。前者可以通过模拟列车通信网络、列车指令线、空簧压力、制动缸压力等外部工作环境，实现制动系统单板、单车和列车软件集成测试、调试，并能模拟现场工况复现故障。后者紧紧围绕未来发展方向，开展系统及关键部件功能、性能等研究性试验。

这套试验装备的建成为动车组制动系统研发、全生命周期故障诊断、功能测试提供了有力的技术支撑，缩短了新产品的研发、测试周期。时至今日，试验装备仍不断推进技术改进与功能迭代，测试方法已经实现全程自动化。

六　网络控制系统

1. 总体技术要求

动车组网络控制系统是动车组的神经系统和指挥中枢，实现各子系统信息传输共享，协调中央控制系统与各子系统的控制、监视与诊断任务，汇总各子系统工作状态和故障诊断信息，提供信息显示和人机交互接口。为实现不同平台动车组互联互通，复兴号动车组网络控制系统应采用统一的网络通信标准。同时为提升动车组运维效率，动车组用于传输故障诊断、事件记录、显示信息、软件更新和数据下载等用途的网络带宽应尽可能大。参考《列车总线信息传输》(UIC 556) 标准，需制订统一的列车级数据传输规范。统一车辆级网络中关键部件（牵引、制动、辅助供电等）的通信协议。

中央控制单元应具有本动力单元车辆网络的管理功能，应具有对列车级总线和车辆级总线管理及设备通信状态的诊断功能，当检测出总线或网络设备通信故障时应提示信息或采取必要的措施使动车组运行不受影响或导向安全。中央控制单元应具有对本动力单元或动车组的控制、监视和诊断功能。

动车组网络控制系统在司机室和机械师室（或监控室）设置人机接口显示屏，按实际需要可显示司机模式、机械师模式、维护模式等工作模式。可以通过人机接口显示屏发布部分控制操作指令，可对各子系统工作状态、故障信息和操作及维修提示信息进行集中显示。

输入输出设备可与不具有车辆总线接口的输入输出信号进行连接，例如对高压系统部件控制继电器、牵引系统冷却设备供电开关及控制继电器、火灾报警信号、安全环路状态继电器等系统状态输入进行采集，并依据中央控制单元、车辆控制单元控制指令进行输出控制。

通过中继器将车辆总线分为若干网段，当某个网段故障时不应影响其他部分车辆总线的工作。中继器可实现信号再生和整形的功能。中继器功能也可集成在中央控制单元中。

CR400 动车组以太网部件由交换机、终端设备组成。以太网交换机是以太网的通信核心设备，负责整个以太网的数据交换。以太网交换机为管理型交换机。以太网终端设备是具备以太网接口，连接至以太网交换机上的功能设备，如中央控制单元、人机接口显示屏等。

中央控制单元基于网络通信功能，完成对包括牵引系统、高压系统、辅助供电系统、制动系统、门控系统、空调系统、照明系统、列车运行控制系统、旅客信息系统等在内的整车系统的逻辑控制、状态监视、故障诊断等任务。

诊断系统在动车组运行、维护和修理期间，为列车人员（司机、机械师）以及检修人员的维护和检修工作提供支持。诊断系统有利于减少动车组故障时间，提高车辆可用性，减少维修成本。

通过人机接口显示屏，司机和机械师能查看整车运行状态，或通过显示屏控制相关系统的运行状态。人机接口显示屏显示界面需要遵循统一的列车显示屏显示界面设计规范。

CR400 动车组网络控制系统对以下几个方面进行统一和规范：

① 统一网络初运行和列车级数据传输协议。

② 统一主要子系统（如牵引、制动、辅助等）与互联互通相关的数据格式及内容。

③ 统一中央/车辆控制单元与互联互通相关的主要动车组控制功能。

④统一中央诊断单元与互联互通相关的主要动车组监视诊断功能。

⑤统一人机接口显示屏主要显示界面。

⑥统一诊断系统故障代码编制规则，相同故障的故障代码一致。

⑦统一远程无线传输数据通信协议。

2. 方案研究与比选

机车车辆能够应用的网络总线种类较多，有 WTB/MVB、ARCNET、WorldFIP、LonWorks、CAN 等。和谐号各型动车组技术来源和设计理念的不同，网络控制系统所采用的通信协议、网络设备组成、拓扑结构形式也各不相同。

相比硬线逻辑电路，WTB/MVB 网络控制系统的冗余功能更加完善，故障诊断及显示更丰富、定位更准确、分级处理更优化，能更好地支持用户进行维修。WTB/MVB 网络是《电子铁路设备　列车通信网络（TCN）》（IEC 61375）国际标准明确推荐在机车车辆使用的通信总线，且在和谐号动车组有成熟的应用经验，经过研讨，CR400 时速 350km 复兴号样车研制时决定将 WTB/MVB 网络系统作为自主化攻关的方向。动车组采用 WTB/MVB 网络架构，其中列车级总线采用绞线式列车总线（Wired Train Bus，WTB），车辆级总线采用多功能车辆总线（Multifunction Vehicle Bus，MVB）；同时考虑到未来总线技术发展，布设以太网，用于传输故障诊断、事件记录、显示信息、软件更新和数据下载等用途，增加数据传输处理能力，实现单点进行软件更新和故障数据下载等功能，提升动车组运维效率。为实现车辆级通信的合理配置，优化带宽利用，具有复杂集中控制、诊断功能的网络设备和复杂控制功能的子系统控制器可采用消息通信，统一消息数据传输格式。2021 年以后，随着以太网网络控制技术的发展，CR400 动车组采用了以太网网络控制系统，形成了复兴号智能动车组。

针对中国标准动车组列车网络控制系统软件的复杂性，为满足对网络系统的地面调试和功能测试需要，项目组提出了搭建整车仿真环境进行网络系统软件测试的方法，开发了列车网络控制系统半实物仿真试验平台，平台可实现列车运行控制、信息显示和故障诊断等仿真试验功能。结果表明采用该方法能够很好地提高列车网络控制系统软件的测试质量和测试进度，确保软件在实车运行的稳定性和可靠性。

为实现不同平台动车组的互联互通，同时考虑司机的习惯操作模式，便于司机在熟悉的模式下进行培训、操作、迅速上岗，需要开展显示屏界面的统一自主设计。对和谐号动车组显示屏器件本身的特性和显示屏的结构树、主要系统界面、故障弹屏方式、分区标准、背景色彩、图标规格、字体等进行了深入研究，在此基础上，提出复兴号的网络控制系统显示屏方案。

经比选，显示屏统型方案为：显示屏屏幕尺寸为 10.4″，显示器屏幕分辨率为 800×600，显示屏操作方式为"触摸＋按键"，显示屏声音提示方式为蜂鸣器鸣叫，显示器模式为司机模式和维护模式两种。统型后的制动主界面如图 4-32 所示。

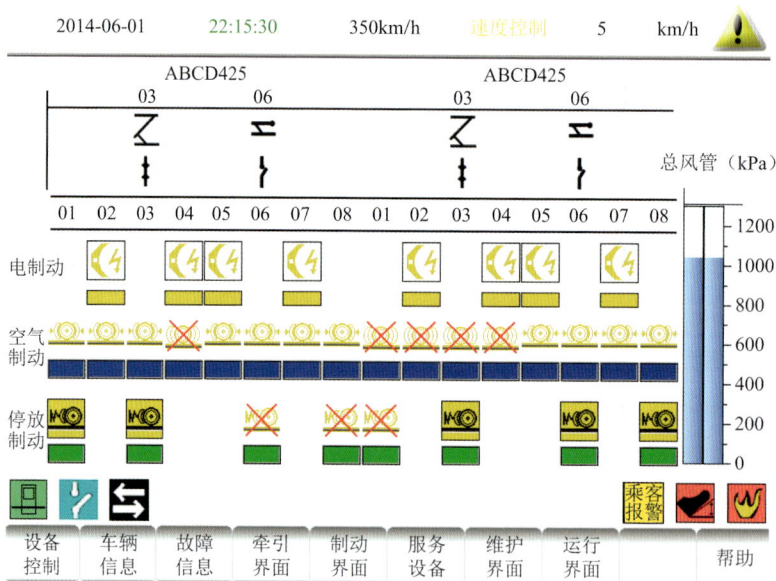

| 2014-06-01 | 22:15:30 | 350km/h | 速度控制 | 5 | km/h |

图 4-32　统型后的显示屏制动主界面

3. 技术方案

（1）概述

CR400 平台动车组网络控制系统主要实现整车的控制、状态监视、故障诊断及互联互通功能，为司机或机械师提供故障处理指南，为检修维护提供数据支持。为了保证动车组运行安全，网络系统具备通道冗余、重要设备冗余和主从设备切换功能。网络控制系统由具有通信功能的网络设备和各子系统控制器组成，网络设备包括中央控制单元（CCU）、输入输出模块（IOM）、人机接口单元（HMI）等，子系统控制器包括牵引控制单元（TCU）、制动控制单元（BCU）等。网络控制系统进行数据传输和信息共享，协调控制和管理动车组各子系统。这里主要论述 CR400 标准配置复兴号网络控制系统技术方案。

（2）拓扑

网络控制系统采用"WTB + MVB"网络与以太网相结合的架构，其中"WTB + MVB"网络采用两级总线式拓扑结构分为列车级总线 WTB 和车辆级总线 MVB，每 4 辆车为 1 个 MVB 单元，两级总线结构构成列车控制网；以太网构成列车维护网，该网络不参与控制，以太网故障时动车组运行不受影响。

WTB 总线物理上采用两根冗余的双绞线，WTB 总线的传输速率为 1Mb/s，不同牵引单元之间通过 WTB 总线进行数据通信。同一牵引单元内部通过 MVB 总线进行数据通信，实现各子系统与 CCU 之间的数据通信，MVB 总线的传输介质为两对冗余的双绞线，传输速率为 1.5Mb/s。两级总线通过冗余的 WTB/MVB 网关进行连接，实现列车级数据与车辆级数据的交换。

以太网总线采用超 5 类屏蔽双绞线，传输速率为 100Mb/s。以太网总线采用环形或线形拓扑结构，将具备以太网通信能力的各个终端设备连接起来，实现故障诊断、事件记录、显示信息、软件上载和故障数据下载等。列车控制系统（TCMS）网络拓扑如图 4-33 所示。

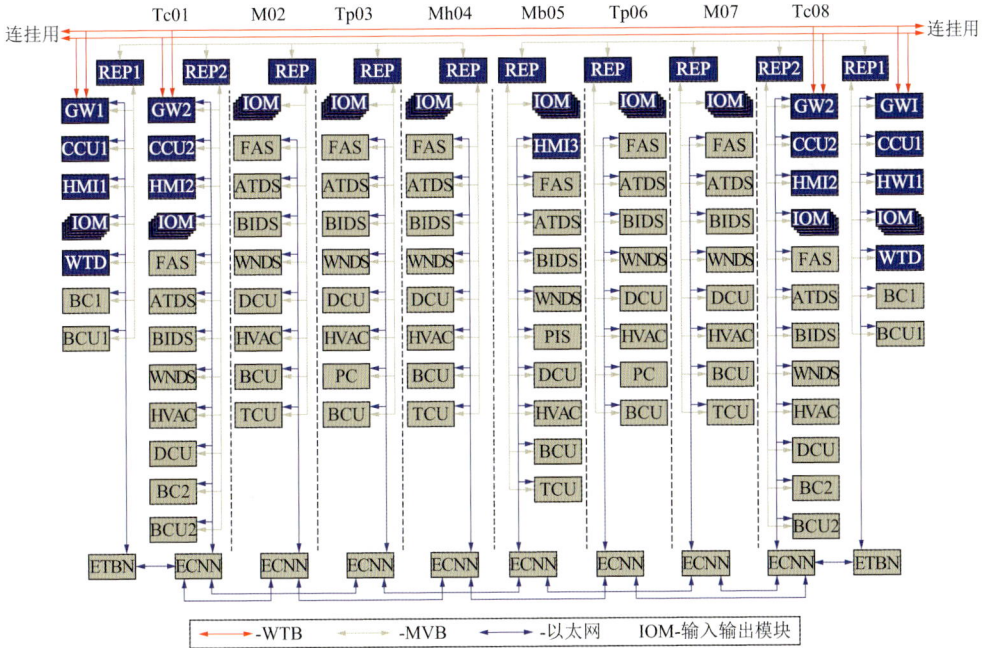

(a) CR400AF 型动车组

ATDS-轴温检测系统；PC-受电弓控制器；GW-网关；BC-充电机控制单元；PIS-旅客信息系统；CCU-中央控制单元；BCU-制动控制单元；TCU-牵引控制单元；REP-中继器；BIDS-转向架失稳检测系统；WNDS-平稳性监测装置；HWI-人机交互接口；DCU-车门控制单元；FAS-烟火报警系统；WTD-无线传输装置；ETBN-骨干网以太网交换机；HVAC-加热、通风、空调系统；ECNN-编组网以太网交换机

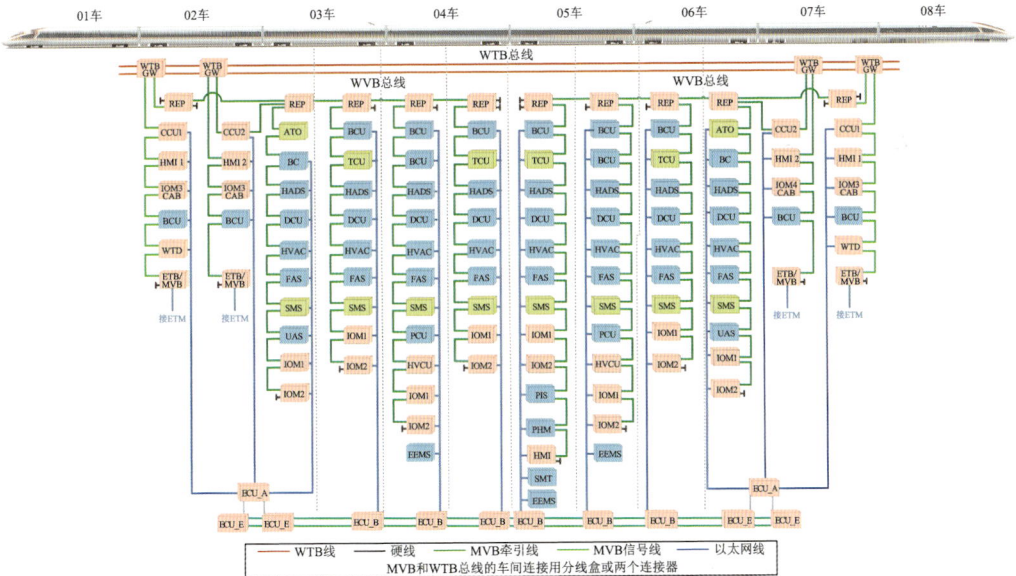

(b) CR400BF 型动车组

图 4-33　CR400 动车组网络拓扑图

REP-MVB 中继器；CCU-中央控制单元；WTB/GW-网关；DCU-门控制单元；TCU-牵引控制单元；WTD-无线传输装置；FAS-火警系统；HMI-人机接口；PIS-旅客信息系统；HVAS-空调；BCU-制动控制单元；ETB/MVB-以太网网关；PCU-受电弓控制单元；UAS-辅助驾驶系统；BC-充电机控制单元；HVCU-高压控制单元；SMS-安全监测系统主机；HADS-热轴检测系统；ATO-自动驾驶装置；IOM-输入输出单元；PHM-健康管理车载主机；EEMS-能量管理系统；ECN_A-头车以太网交换机；SMT-安全监测系统列车主机；ECU_B-中间车以太网交换机；ECU_C-以太网网关

① WTB + MVB 网络拓扑说明。

每一牵引单元上有两个互为冗余的、具有以太网接口的中央控制单元（CCU），它们共同负责本单元车辆的控制、监视和诊断。每一牵引单元有冗余的 WTB/MVB 网关，负责两个牵引单元之间及重联时列车之间数据的交换。在每个车辆上设有冗余的输入输出模块，负责数字量的输入、输出。在每个司机台分别装有 2 个显示屏，在机械师室装有 1 个显示屏，用于显示列车状态、故障诊断信息。在两个头车上装有无线传输装置，用于记录状态和故障诊断数据，并实现数据的远程传输。牵引控制单元、制动控制单元、门控单元、空调控制单元、受电弓控制单元等通过 MVB 总线连接至网络控制系统。

② 以太网拓扑说明。

每节车厢装有以太网交换机，用于以太网总线之间的连接，可以传输故障诊断、事件记录、显示信息等数据。网络设备（CCU、GW、IOM、HMI、WTD）通过以太网总线连接至各车的以太网交换机。其他具有以太网接口的子系统控制单元可以通过以太网总线连接至各车的以太网交换机。以太网作为维护网络，对连接至以太网的车载子系统实现单点维护。以太网不参与列车控制，当以太网故障时，动车组能够不受影响地运行。

（3）主要技术参数

WTB 总线为绞线式列车总线，是连接在动车组 MVB 单元之间的双绞屏蔽线，线路通信速率为 1.0Mb/s。MVB 总线属于列车基本单元内部数据总线，介质为双绞屏蔽线缆，线路通信速率为 1.5Mb/s。以太网作为备用冗余，介质为超五类 4 芯屏蔽绞线，线路通信速率为 100Mb/s。

（4）冗余设计

列车级数据总线 WTB 采用冗余设计，由两路双绞屏蔽线组成；在两端头车各设置 2 个中央控制单元（CCU），互为冗余；在两端头车各设置 2 个网关模块（GW），互为冗余；在操纵台上设置 2 个人机接口单元（HMI）显示屏，左屏显示牵引主界面，右屏显示制动主界面，可相互切换，显示冗余；头车设置 2 个中继器（REP）分成 2 个 MVB 链路用来中继头车较长的 MVB 布线链路，对于牵引、制动等指令采用双路检测，实现控制指令备份采集；对于涉及车辆安全的关键控制功能设置硬线电路冗余控制，如：车门、紧急制动等。

七　列控车载设备

复兴号列控车载设备包括 CTCS-2 级列控车载设备、CTCS-3 级列控车载设备和自动驾驶装置（ATO）车载设备。CR300 系列复兴号动车组上安装的 CTCS-2 级列控车载设备包括 CTCS2-200H 型、CTCS2-200C 型、CTCS2-200K 型等三种型号，CR400 系列复兴号动车组上安装的 CTCS-3 级列控车载设备包括 CTCS3-300T 型、CTCS3-300S 型、CTCS3-300H 型、CTCS3-400T 型等四种型号（详见第十四章），其中 CTCS2-200H 型、CTCS2-200C 型、CTCS2-200K 型、CTCS3-300T 型、CTCS3-300S 型、CTCS3-300H 型列控车载设备已在和谐号动车组上广泛使用，可兼容复兴号动车组；CTCS3-400T 型列控车载设备是与复兴号动车组同步研发的、具有完全自主知识产权的自主化 CTCS-3 级列控车载设备。截至 2024年 7 月，CTCS2-200H 型列控车载设备装备复兴号动车组 112 列，CTCS2-200C 型列控车载设备装备复兴号动车组 65 列，CTCS2-200K 型列控车载设备装备复兴号动车组 2 列，CTCS3-300T 型列控车载设备装备复兴号动车组 396 列，CTCS3-300S 型列控车载设备装备复兴号动车组 260 列，CTCS3-300H 型列控车载设备装备复兴号动车组 239 列，CTCS3-400T型列控车载设备装备复兴号动车组 12 列。ATO 车载设备共装备复兴号动车组 8 列。

1. 总体技术要求

（1）设计原则

CTCS3-400T 型列控车载设备是在借鉴国产化列控系统运营经验，并充分考虑我国运输需求与特点的基础上自主研发而成，符合《自主化 CTCS-3 级列控车载设备暂行技术条件》（TJ/DW 205）和《高速铁路 ATO 系统暂行总体技术方案》（TJ/DW 202）相关要求；符合故障-安全原则；采用冗余结构，单系独立设备故障后，在不停车情况下自动切换到另一系；由车载主机和车载外围设备组成，并通过继电器或 MVB 总线与列车接口；采用标准化的安装尺寸和安全要求、标准化的对外接口、标准化的人机显示界面和标准化的司机操作方法，统一与列车及司机的接口。ATO 车载设备应能根据高速铁路不同的线路情况实现相适应的 ATO 功能并满足互联互通要求；ATO 车载设备采用独立硬件，故障不影响 ATP控车。

（2）列控车载设备功能

CTCS-2 级列控车载设备根据列车数据、来自轨道电路的行车许可和来自应答器的线路数据等基本数据，实时计算目标距离连续速度控制模式曲线，并依曲线对列车超速进行自动防护；具有 CTCS-2 与 CTCS-0 等级转换功能。

CTCS-3 级列控车载设备应具有 CTCS-3 及 CTCS-2 等级转换功能。根据列车数据、行车许可和线路数据等基本数据实时计算目标距离连续速度控制模式曲线并依曲线对列车超速进行自动防护。工作在 CTCS-3 等级时，行车许可及线路数据采用 RBC 提供的数据，同时依据《CTCS-3 级 ATP 行车许可结合轨道电路信息暂行技术条件》（TJ/DW 200）规定，结合轨道电路信息校验 RBC 发送的行车许可；工作在 CTCS-2 等级时，行车许可及线路数据采用应答器数据及轨道电路信息。

当具备自动驾驶功能时，CTCS-3 级列控车载设备应实现列车开门防护功能，并根据 ATO自动驾驶的需要可适当调整。在 ATP 的行车许可下，通过 GPRS 无线通信接收到的运行计划、站间数据（含线路基础数据和临时限速）等信息实现列车速度自动控制、自动开车门和车门与站台门联动控制。具备站间自动运行、车站定点停车及车站通过、列车运行自动调整驾驶策略及设备自诊断、记录、报警等功能。具备列车启动、加速、巡航、惰性、制动等多种工况的控制，满足不同行车间隔的运行要求，适应列车运行自动调整驾驶策略的需要。

（3）列控车载设备组成

CTCS-3 级列控车载设备由车载主控单元、应答器信息接收单元（BTM）及天线、无线传输单元（MT）及天线、轨道电路信息读取器（TCR）及天线、司法记录单元（JRU）、人机界面单元（DMI）、速传、雷达、隔离开关组成，如图 4-34 所示。CTCS-2 级列控车载设备构成与 CTCS-3 级列控车载设备基本相同，仅去除无线传输单元及 GSM-R 天线。当具备 ATO 功能时，增设 ATO 单元（可采用机笼或板卡形式）。

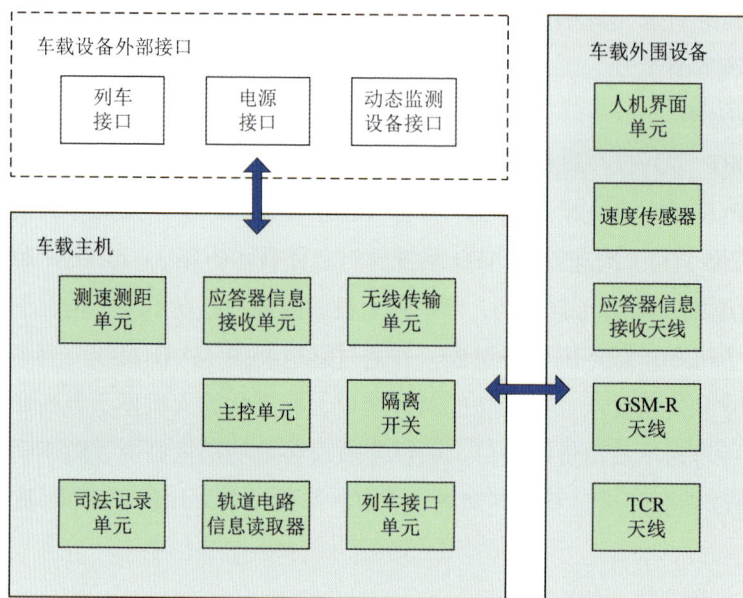

图 4-34　CTCS-3 级列控车载设备系统框图

（4）列控车载设备与车辆接口

列控车载设备通过继电器或 MVB 总线与列车联接，从列车获得的输入信号应包括驾驶台激活状态、方向手柄位置、最大常用制动反馈、紧急制动反馈、休眠信号、开门按钮状态和关门按钮状态。列控车载设备向列车输出的信号包括紧急制动、最大常用制动、常用制动 4 级、常用制动 1 级、切除牵引、过分相命令、过分相选择（选择 GFX 地面信号控制过分相或 ATP 控制过分相）、开门命令。

（5）主要技术参数

在地面轨道电路信息一直有码的情况下，信息接收应变时间不大于 3.5s；在地面轨道电路信息从有码到无码的情况下，信息接收应变时间不大于 4.8s；列车超速至给出制动指令的时间不大于 1s。

列车速度不高于 30km/h 时，测速误差不大于 2km/h；列车速度高于 30km/h 时，测速误差不大于 2%；测距误差不大于 2%。

RAMS 指标应满足：车载设备平均无故障时间（MTBF）应大于或等于 10^5h；ATP 车载设备安全完整度应达到 SIL4 级的要求；ATO 车载设备安全完整度应达到 SIL2 级的要求。

ATO 控车关键性能指标，ATP 安全停车窗：±1m；ATO 判断停准距离：±0.5m；控车减速度变化率：不超过 0.75m/s^3。

2. 方案研究与比选

（1）系统架构

国内外既有列控车载设备通常采用冷备、温备等手段，单系设备故障后需停车后手工切换到另一系工作。与此相比，CTCS3-400T 型 ATP 车载设备和 ATO 车载设备均采用双系冗余热备结构，单系设备故障后可在不停车情况下自动切换到另一系。同时，我国突破了全系统/功能无缝切换技术，主机、BTM、TCR 等设备故障后均可在不停车情况下自动切换到另一系，有效提升系统可靠性，保障运营效率。

列控车载设备增加自动驾驶功能时，ATO 车载设备可采用与 ATP 车载设备分体设置和一体化设置两种方案。两种方案软硬件设计完全相同（仅是硬件形态不同），ATO 与 ATP 的连接差异通过参数配置的方式来实现。与分体设置方案相比，一体化设置方案在安装空间、耗电量、设备可靠性、电磁兼容性能等方面均具有显著的优势，因此复兴号列控车载设备优先采用一体化设置方案。

（2）关键部件和显示界面统型

我国创新性提出简统化系列技术标准，解决了不同厂家的既有车载设备不能互换，在动车组所装备的车载设备型号未知情况下，动车组无法完成车载设备的相关布线及出厂，不同厂家车载设备启机流程不同，不同厂家既有设备对部分功能设计不同等问题，提升系统可维护性与不同厂家设备可互相换性。

关键部件统型包括对列控车载设备机柜的宽深高、安装方式、出线方式、车辆安装空间进行统一和约束；对速度传感器、应答器信息接收天线、TCR 天线、GSM-R 天线、人机界面单元的安装位置、安装方式、主要参数进行统一和约束；对车载设备机柜、DMI、GSM-R 天线、多普勒雷达的接地方式和接地线缆进行统一和约束。这些关键部件的统型统一了车载设备启机流程，包括启动流程步骤、操作方式、界面显示。

3. 技术创新

CTCS3-400T 型列控车载设备支持 CTCS-2/3 及 ETCS-1/2 运行等级，并支持欧标 STM 专用传输模块接口，满足互联互通应用要求。系统双系热备冗余结构，单系设备故障后可不停车自动切换至另一系运行，并且实现了 C3 等级与 C2 等级自动无缝切换，无需司机操作。在保证安全运行的前提下最大限度提升运营效率。系统采用 ATP 与 ATO 一体化设计理念，攻克 ATP 集成 ATO 技术，在提升智能化的同时，进一步提升系统可维护性及适应性。

（1）自主化设备标准制定

针对设备运用维护过程中存在的问题，制定了自主化设备标准规范，使自主化列控设备在既有基础上标准化程度更高、功能更完善、安全性更高、适应性更强，提高了系统可维护性、兼容性及不同厂家设备的可互换性。

（2）自主安全计算机平台技术突破

为了满足铁路信号列车控制领域的高安全性与高可靠性要求，针对安全计算机平台的安全采集、安全计算、安全通信、安全驱动以及智能检测维护等方面，攻克一系列核心技术，研制了完全自主知识产权的安全计算机平台，提升了系统安全性和可靠性。

（3）国密算法首次使用

首次在列车运行控制系统安全相关设备中采用国密局推荐的国密算法，具有更高安全性和实时性，提高了列车运行控制系统的信息安全等级。

（4）高速测速测距技术突破

针对高速列车测速测距高安全需求，提出传感器可配置的多信息融合算法，提出多源安全误差容限算法和自适应空转打滑补偿算法，并成功应用，既保证了使用的灵活性，又能有效提高测速测距的精度和安全性。

（5）高速自动驾驶技术突破

ATO车载设备运用智能化控制算法和控车策略，实现了350km/h速度下准点行车、站台精确停车、舒适度控制及节能运行控制等多目标优化的控车算法，实现对列车的实时、精确、自动控制，全面提升了控车舒适度、停车精度、节能降耗等性能指标。

（6）工业标准化设计提升

采用产品工业设计理念和方法，开展自主化列控系统装备的设计和生产，增强装备可靠性、提升装备工艺品质、建立装备工业标准化体系，彰显自主化列控系统装备产品形象。

八　技术亮点

复兴号高速列车是国家创新驱动发展的大国重器。我国特有的超大规模路网、复杂地理气候条件、超长距离持续高速运行工况，使复兴号高速列车自主研发面临前所未有的挑战。经过多年技术攻关，攻克了高速列车高适应、高可靠、低能耗、长寿命一体化协同设计，智能制造与运维以及技术标准和试验验证体系化等重大难题，全面突破高速列车核心技术，形成了高速列车技术标准、设计制造、试验验证和运用维护完整的技术体系，成为当今世界上唯一能以350km/h速度安全持续运营的高速列车型号，树立了世界高速铁路的新标杆。主要创新成果包括：

（1）全面攻克高速列车牵引、制动和网络系统核心技术

创新基于车网和轮轨关系的高性能牵引与制动协同控制策略，所有系统控制软件完全自主化；攻克多物理场耦合、多维参数优化的设计技术，研制大功率、高密度牵引和大热容量、高稳定性制动装备；突破互联互通网关技术，创建高速列车控制、运维与车-地通信三网复合车载网络架构。高速列车牵引、制动与网络系统从此有了"中国技术"。

突破牵引系统核心技术。创新高速列车谐波主动抑制技术，解决了高速列车运行时对

电网谐波污染的问题；创新考虑轮轨接触状态的牵引黏着控制技术，实现高速、强振条件下的大牵引力发挥；攻克了机械、电气、电磁、流体等多物理场解耦技术，实现了高效冷却、减重、电磁兼容、小型化等多目标优化设计，研制了大功率、高密度、轻量化的牵引辅助变流器，功率密度较既有动车组提升了 51%；构建牵引系统图形化设计开发平台和半实物仿真平台，实现了交流传动控制软硬件的自主化。

攻克制动控制技术和防滑控制方法。创建了基于单管（总风管）供风的制动系统架构和列车安全环路、制动硬线指令、列车网络三级指令体系，攻克了不同速度等级下制动力的管理和分配技术及制动的核心控制方法和控制逻辑，确保了列车制动的安全可靠；提出高速列车最优黏着分层递阶模式的黏着-蠕滑控制新策略，实现了基于复合矩阵判定模式的自适应追踪轮轨黏着状态的防滑控制，解决了高速列车在轮轨不同黏着状态下的黏着-滑行控制技术难题；构建了制动系统设计开发平台，实现了制动控制、故障诊断和故障导向安全控制技术的自主化，研发了大热容量、高稳定性制动装备。

创建控制-维护-车地通信的新型复合车载网络架构。首创高实时车载控制、大带宽智能运维与移动通信三网融合新型网络拓扑架构，实现了控制和监测数据实时传输与处理；突破列车通信协议、故障诊断、互操作与应急救援的互联互通关键技术，研发自主化列车网络控制系统软硬件装备，解决了高速列车重联运营和相互救援；创建列车网络控制系统集成软件开发平台及车载网络一致性测试平台，实现了高速列车控制软件自主化研发。

（2）突破持续高速高性能载运技术

创新车-线-基础设施耦合作用理论，实现列车广域高速安全平稳运行；突破车体形性协同性能极限优化设计技术，提出轮轨与气动噪声等声功率分频段控制策略，攻克低阻力、低噪声、轻量化等列车设计世界难题。时速 350km 持续运营速度世界第一，创造了"中国速度"。

创新轮轨关系及参数匹配优化走行部技术。提出动力吸振驱动悬挂方法和车轮踏面的低磨耗控制技术，发明新型车轮踏面和牵引电机弹性悬挂结构，解决了动力传递、振动抑制和轮轨匹配难题；创新与轮轨关系、结构形式协同的悬挂参数优化匹配方法及控制策略，提出走行部系统参数配置方案，实现了具有广域和多维强激扰运用条件的高鲁棒性、高稳定性和长运维周期高速列车走行部技术。蛇行临界速度超过 600km/h，平稳性指标较和谐号动车组提高 10% 以上。

攻克振动模态匹配和减振降噪优化设计技术。攻克车辆多系统耦合条件下振动模态辨识和传递路径追踪难题，建立基于系统模型等效技术的整车刚柔耦合振动仿真模型，形成了高速列车全时振动模态匹配理论，解决了轻量化与高强度和刚度要求的矛盾，车体振动响应降低 7%，舒适性指标提升 20%；突破多噪声源和传递路径解耦技术，创新隔声质量与整车轻量化和宽频带高声强噪声的平衡设计方法，提出高速列车降噪结构正向设计策略，有效抑制了多源噪声向车内的传递，在车体每延米质量降低 7.5% 的同时，350km/h 速度等级下客室噪声降低 1～3dB(A)。

突破低阻低噪、耐碰撞的车体形性协同设计理论及技术。创新高速列车低阻低噪气动外形、结构强度、碰撞吸能结构匹配的多目标、全要素、一体化流固耦合设计理论与技术，提出车体流线型外形优化设计、车身表面平顺化设计和整车气动结构设计及评估准则，大幅降低了列车运行阻力和气动噪声，与德国、法国、日本相比，我国头车气动阻力系数减小 20% 以上，350km/h 速度等级下车外噪声降低 3dB(A)；构建车-隧-环境耦合气动设计理论及技术，提出不同外形复兴号动车组与各型隧道耦合瞬态冲击压力抑制技术，解决了车、隧表面瞬态压力冲击安全防护难题，350km/h 速度等级下气压爆波减少 50%、瞬变压力降低 15% 以上。

（3）打造了复兴号动车组高端设计制造与运维平台

创新需求驱动的高速列车系统工程设计方法与技术，解决车-线-网-气流多域耦合仿真难题；攻克高速列车制造全过程智能监测与控制技术，创建标准化、智能化生产线；突破部件-系统-列车-集群的高速列车故障预测、健康管理与状态维修等智能运维技术，构建远程维护及健康管理平台。实现了谱系化复兴号高速列车的"中国智造"。

构建多领域协同仿真和数据驱动的数字化设计平台。建立基于地理信息地图、拓扑图形、参数驱动的高速列车关键部件及整车自动化建模、仿真与评估方法，提出基于虚拟时间轴的多层次积分步长控制算法，实现了时间、空间维度的同步控制；构建车-线-网-气流大系统耦合作用下高速列车系统动力学、强度、流体力学、噪声、牵引、制动等多领域参数化协同仿真技术平台，形成完善的高速列车系统仿真知识体系，实现了高速列车的系统仿真、快速设计和准确评估。

打造高速列车智能制造新模式。研建以智能化设备、柔性化生产线、模块化配件为特征的高速列车标准化生产线，突破高速列车整机及其关键部件加工、装配、调试的制造全过程控制和质量监控技术，构建智能制造管理平台，实现了智能装备、智慧物流、工业软件的集成应用和生产过程的优化控制、智能调度、状态监控，高速动车组生产效率提升 20%，不良品率降低 20%。

突破列车智能监控、多元数据融合、预测模型算法等核心技术。建立车载和地面多源感知系统，构建从关键部件、系统到整车的状态监测控制系统，实现了高速列车自感知、自诊断、自决策；创新多元异构数据融合和松耦合、互操作、可重组的架构方法，解决了高速列车设计、制造、检修、运维等全生命周期多元数据的集成处理；挖掘关键部件失效演化与数据趋势关系，发明信号形态分析等状态辨识模型，提出基于能量等效的失效演化与寿命预测方法，构建走行部、牵引系统等关键系统失效预测及维修状态提醒算法模型，实现了高速列车关键部件故障预测、视情维修及整车健康评估。

创建数据驱动的高速列车智能化运维体系。建立车-地和路局-主机厂-供应商一体化运维架构，实现了部件-系统-列车-集群的车地实时通信、状态监测和运维决策建议；创新全寿命周期数据、运行环境、运行状态、线路特征、车上边缘计算和部件自诊断等多维数据融合应用，构建了满足实时状态监测、智能预警、智能决策的高速列车智能运维体系。统一了修程修制，维修间隔延长 25%，大幅降低了全寿命周期维修成本。

（4）创建高速列车技术标准和试验验证体系

体系化制定满足 350km/h 高速列车全寿命周期的技术标准，构建由行业、国家和国际三级标准组成的高速列车技术标准体系；创建世界上最完备的全场景试验和验证技术，打造大系统耦合、服役场景再现的试验平台，世界上首次实现运营高速列车 420km/h 等速交会和重联试验。为复兴号品牌建设和"走出去"战略实施建立了"中国标准"。

国际首创时速 350km 高速列车技术规范体系。首次提出基于安全、舒适、环境友好和运用需求的高速列车顶层指标逐级分解方法，制定了满足我国复杂环境条件与运用需求的成套复兴号动车组技术条件；首次创建高速列车互联互通技术规范，解决谱系化复兴号动车组动态组网和安全监控的技术难题，实现了复兴号动车组互联互通、重联运营和相互救援；创建统一的运用界面和零部件简统化技术条件，实现了复兴号动车组运用的标准化，全寿命周期成本大幅降低；首次建立控制网络与信息网络相互融合系列技术规范，满足了大数据量、高可靠、强实时、智能化信息服务多重需求。进而创建了体系完整、结构合理、指标先进、兼容并蓄的复兴号动车组技术规范体系。

创建从设计制造到试验运维一体化的行业标准体系。创新制（修）订符合高速列车试验与评价要求的轮轨动力学、强度、空气动力学、振动噪声、电磁兼容等专业标准，满足了高速列车正向研发需求；建立车-线-网大系统耦合的运行匹配兼容性准则，解决了高速列车受系统耦合影响的难题；大幅提升试验能力，创建了整车台架试验、车体耐碰撞试验、线路动强度试验等新试验方法和标准，构建由行业、国家和国际三级标准组成的完备体系，实现了从列车到大系统耦合、从设计制造到试验运维一体化的全覆盖。主持制定了 UIC 标准 15 项、ISO 标准 16 项，在机车车辆国际标准制定中取得了突破性的进展。

创建复杂服役场景再现、服役性能准确评估的试验技术。突破多源力系高精度识别技术，首次构建了覆盖 350km/h 高速列车关键零部件服役载荷谱，攻克多载荷耦合作用的车体试验技术和高频振动再现的旋转部件试验技术，实现了广域服役载荷的精确表征和服役寿命的精确评估；创建复杂运营工况和服役环境模拟的牵引与网络系统试验技术，实现了从基本部件、功能组件到完整系统的复杂多物理域参数测试和可靠性试验；创建时速 500km1:1 制动动力试验台，实现了运营负载再现工况和雨、雪、低温环境条件下的制动过程模拟和性能验证。创新的试验技术支撑了复兴号动车组关键零部件研发和整车服役寿命延长 50% 的要求。

首创世界上最完备的高速列车全场景试验验证和互联互通试验技术。系统构建从部件、系统到整车的功能与性能运行试验技术及试验验证体系，全面验证了复兴号动车组的整体技术性能；攻克高速列车互联互通试验技术，解决了高速列车间的信息传输与互操作难题；

突破运营列车振动、噪声、强度、牵引、制动、空气动力学远程时空同步测试技术，国际上首次开展了一体化服役跟踪试验，充分掌握了复兴号动车组服役性能演变规律和相互映射关系；首次完成了复兴号动车组 420km/h 等速交会和重联试验。

第三节 复兴号系列动车组（CR300 和 CR200）

一 CR300 复兴号动车组

1. 总体技术

CR300 动车组是在 CR400 动车组的基础上，依据先进、可靠、成熟、经济、必须方针，遵循标准化、系列化、模块化、智能化、自主化、简统化原则，进一步深化自主化、简统化和互联互通，提升运用品质，降低运用维修成本，由我国研制的具有完全自主知识产权的时速 250km 复兴号动力分散动车组。2018 年 9 月完成样车研制，2019 年 7 月完成 30 万 km 运用考核，2020 年 1 月正式投入运用。CR300 复兴号动车组共有 CR300AF 型和 CR300BF 型两个技术平台（图 4-35），分别由中车四方股份公司和中车长客股份公司设计制造。

图 4-35　CR300 动车组

（1）总体方案

CR300 动车组的动拖比、车长、车宽、车高、轴重、车钩高度、排障器高度、座椅间距等主要性能参数与 CR400 动车组基本一致。根据 250km/h 速度级运行的要求，对牵引、制动、网络控制等进行了重新设计。

动车组在平直道线路上、定员载荷条件下，0～120km/h 的平均加速度不小于 0.4m/s²，以 250km/h 速度运行时的剩余加速度不小于 0.05m/s²。按照《铁路技术管理规程》规定，干轨条件下，考虑运行阻力情况下的平直道紧急制动距离见表 4-10。

CR300 动车组紧急制动距离　　　　　　　　　　表 4-10

初速度（km/h）	制动距离（m）		
	紧急制动 EB	紧急制动 UB	判别标准
250	2427	2035	＜2500

初速度（km/h）	制动距离（m）		
	紧急制动 EB	紧急制动 UB	判别标准
200	1579	1374	＜2000
160	1045	930	＜1400
120	601	558	＜800

CR300 动车组采用平顺化设计，天线、空调、受电弓等设备安装平顺化。车端采用内绝缘高压接头、半包外风挡、折棚内风挡、镶嵌式渡板。

（2）互联互通

为提升时速 250km 复兴号动车组互联互通性能，提高动车组的安全性、可靠性、可用性，按照司乘界面操作统一、安全保护逻辑完善、功能逻辑尽量一致、同类故障代码统一的原则，对动车组整车电气及控制逻辑统型技术进行了深入研究。

结合和谐号动车组以及时速 350km 复兴号动车组的运用情况以及调研成果，对动车组高压、牵引、网络控制、制动、辅助、充电机与蓄电池、温度监测、ATP、转向架失稳检测、旅客信息、烟火报警、车钩、空调、辅助设备控制、照明、车门等 16 个子系统的控制和诊断功能进行了梳理和统型，编制了系统功能接口规范文件，其中梳理功能逻辑 367 项，统型逻辑 347 项。在以上工作基础上，实施了时速 250km 复兴号动车组牵引控制单元 WTB/MVB 网络和以太网控制方案，对电气系统和控制系统实现了深度统型，实现基于 WTB/MVB 网络和以太网控制的不同平台动车组 CR300AF 和 CR300BF 的互联互通、重联运行，保障了动车组的研制朝着标准化、规范化的目标发展。

（3）零部件统型

CR300 动车组统型以 CR400 动车组 96 项统型项点为基础，共梳理出 123 个项点，其中沿用 CR400 动车组统型成果 48 项（如司机室操纵台、主空压机、辅助空压机、客室空调、给水卫生系统等），深度统型 75 项（如牵引变压器、牵引变流器、牵引电机、齿轮箱、联轴节等）。通过深度统型，各系统关键部件实现高度模块化，便于检修维护，降低运维成本。

（4）技术创新点

CR300 动车组具有以下技术特点与创新成果：

①创新应用以太网控车技术：构建了基于以太网的列车级、车辆级、设备级全冗余网络架构，突破了动车组以太网实时冗余切换、列车拓扑动态识别、跨编组维护等以太网控车技术；建立了动车组以太网控车规范体系，实现了不同平台动车组的互联互通；提出了 μs 到 ms 多时间尺度的通信调度方法，攻克了列车多层异构信息实时传输难题，传输速率提升至 100Mb/s，传输能力较 WTB/MVB 网络提升 66 倍，满足了智能行车、智能服务、智能运维等智能铁路和列车功能、性能提升的要求。

② 节能环保性能提升：采用轻量化、平顺化设计，列车质量 417.3t，列车阻力降低 7%；列车隔热性能提升 13%～16%，减少列车辅助设备能耗；采用可降解环保材料，列车总装后通过光触媒、加热通风等措施提高室内空气质量，满足《机车车辆非金属材料及室内空气有害物质限量》（TB/T 3139）的要求；采用主辅一体化控制，具备过分相发电及回送发电功能，最大限度利用能源。

③ 长大坡道可用性及运行安全性技术：针对长大坡道带来的平衡速度低、分相区通过能力受限等问题，匹配优化牵引系统参数和控制方式，形成适应长大坡道运营的列车集成方案，动车组能够以 50% 动力在 20‰ 坡道启动运行，具备在西成高铁 25‰ 坡道启动并运行通过的能力；研制了采用主从控制方式的列车级制动管理系统和装置，制动距离缩短 18%，切除一辆车空气制动，列车 250km/h 速度运行不需限速；全列设置 3300 余项监测点，实时监控关键状态参数，实现故障在线诊断、预警、处置，提高列车运行安全性。

2. 车体

（1）车体结构

CR300 动车组运行速度比 CR400 动车组低，气密强度和载荷要求也低，为 ±4000Pa。对于被动安全，要求车体采用耐碰撞设计，动车组头尾车前端设置防爬吸能装置安装接口。其余技术要求相同。按照技术要求的变化，对头型重新进行设计。车体结构其余方案基本同 CR400 动车组，根据平面布置的变化及其他系统的安装需求做相应调整。

（2）车下设备舱、头罩开闭机构和前头排障装置

与 CR400 动车组相比，CR300 动车组车下设备舱强度及刚度按能承受 ±2000Pa 气动载荷设计，其余技术要求相同，车下设备舱方案与 CR400 动车组基本相同，按照平面布置及车下设备布置的变化做相应调整。头罩开闭机构、排障装置技术要求与 CR400 相同。

（3）车钩缓冲装置

CR300 动车组对车钩缓冲装置吸能量要求相对低，前端车钩缓冲装置和中间车钩缓冲装置在 CR400 动车组基础上取消压溃管，其余结构相同。

（4）车外设备

CR300 动车组客室侧门（塞拉门）、车窗沿用 CR400 动车组的技术平台，与 CR400 动车组相比，客室侧门、车窗气密强度载荷由 ±6000Pa 调整为 ±4000Pa，其他技术要求相同。根据气密强度载荷要求的变化，结合运行速度降低对降噪等性能要求降低的变化，优化门扇结构、车窗玻璃组成结构。

外风挡沿用 CR400 动车组橡胶外风挡结构，CR300 动车组因运行速度降低，车端连接平顺化对整车阻力的影响减小，综合考虑轻量化和经济性，外风挡不采用全包结构，采用半包分体式胶囊结构，主要包括胶囊和铝合金框架，仅在两侧设置。CR300 动车组内风挡沿用 CR400 动车组的技术平台，由于采用非全包外风挡，车端连接线缆检修过程中不需要解编内风挡，取消内风挡快速解编装置。

3. 转向架

CR300 动车组转向架是基于 CR400 动车组转向架技术平台成熟结构进行优化研发, 转向架主体结构与 CR400 动车组转向架完全一致, 主要根据速度指标的变化及运营经济性, 开展了轮轴及传动部件深度统型、部件配置优化、悬挂参数优化及齿轮箱传动比调整等适应性改进设计优化。

（1）CR300AF 型动车组转向架

CR300AF 型动车组转向架如图 4-36 所示。根据最高持续运行速度 250km/h 的顶层速度指标要求, 优化齿轮箱传动比, 并重点开展了配置及悬挂参数优化论证, 采用单侧单根抗蛇行减振器配置并优化参数, 采用普通空气弹簧并优化参数, 取消抗侧滚扭杆装置和车间减振器（均预留安装接口）, 转向架失稳检测装置振动传感器由 4 个/辆优化为 2 个/辆。

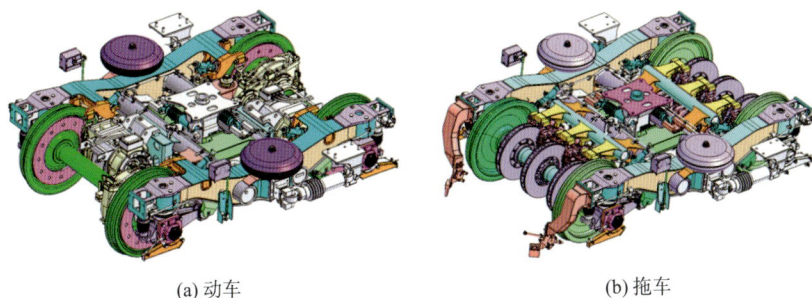

(a) 动车　　　　　　　　　　　　　(b) 拖车

图 4-36　CR300AF 型动车组转向架

（2）CR300BF 型动车组转向架

CR300BF 型动车组转向架如图 4-37 所示, 其主体结构与 CR400BF 型动车组一致, 根据最高运行速度 250km/h 需求, 对定位节点刚度、抗蛇行减振器参数、电机悬挂节点刚度及齿轮箱传动比等进行适应性优化设计, 抗蛇行减振器采用单侧一根的设计方案, 电机节点横向刚度增加（非横向解耦悬挂方式）, 取消电机减振器及电机横向限位止挡。

(a) 动车　　　　　　　　　　　　　(b) 拖车

图 4-37　CR300BF 型动车组转向架

依据强度仿真分析, 对构架局部结构开展了轻量化设计优化。按照深度统型要求, 对动车车轴、齿轮箱及联轴节适应性进行改进, 齿轮箱及联轴节在 CR400BF 型动车组基础上对齿轮箱传动比及中心距、联轴节接口尺寸进行统型优化设计，保证动车轮对不同平台间的互换，提升转向架可维护性。

（3）零部件统型

CR300 动车组转向架在 CR400 动车组转向架零部件统型基础上开展了深度统型。CR400 动车组转向架已经实现齿轮箱性能参数、与构架接口、轮对整体结构的统型，由于牵引电机吊挂方式不同（CR400AF 型动车组采用刚性悬挂，CR400BF 型动车组采用弹性悬挂），联轴节变位需求及结构空间差异较大，未实现联轴节型号及接口统一。而 CR300 动车组转向架牵引电机质量减轻，转向架簧间质量控制、结构空间布置上均相对灵活，基于此可以开展动车车轴、齿轮箱、联轴节的统型工作。

CR300 动车组转向架其电机质量相对较小，其吊挂方式及结构空间布置上均相对灵活，最终确定采用相同方案的联轴节，其接口、外形尺寸、变位量、润滑脂量等完全相同。

CR400 动车组转向架齿轮箱针对齿轮箱传动比、中心距、吊挂方式、齿轮箱许用安装空间等进行了完全统一，其中不同平台间由于车轮侧挡水环与密封圈轴向安装宽度不同导致齿轮箱与车轴安装接口存在差异，因此动车车轴统型为两种方案。CR300 动车组车轴统型过程，基于运行速度的降低，对齿轮箱挡水环及密封圈的结构进行进一步优化，并对优化后结构增加固持胶等措施，在确保安装连接可靠性的前提下，齿轮箱与动车车轴安装接口统一采用了 CR400 动车组统型方案 A，并依据顶层指标对传动比、中心距进行适应性调整。

基于以上工作，CR300 动车组联轴节采用统一长度，安装接口完全一致，实现动车轮对在踏面镟修后对等互换。

4. 牵引系统

依据动车组总体技术条件开展了 CR300 动车组牵引系统的正向设计，考虑复兴号动车组平台一致性，系统采用了成熟的主辅一体、异步牵引系统架构。

（1）牵引计算

CR300 动车组参照 250km/h 速度级动车组运行阻力测试结果、动车组目标质量以及要求的牵引性能，进行动车组牵引计算，确定动车组轮周牵引功率约为 5460kW，轮周再生制动功率应不低于牵引功率的 1.2 倍，按照单电机额定功率 350kW 设计，确定了动车组牵引特性和再生制动特性性能。

（2）牵引变流器

CR300 动车组牵引变流器采用与 CR400 动车组相同的成熟的两电平拓扑结构，CR300 动车组电机功率 350kW，约为 CR400 动车组的 50%，故在牵引变流器设计时选用 3300V 等级器件和 1800V 中间电压，降低变流器 IGBT、支撑电容等元器件、变压器、电机电压规格，提高牵引系统的经济性。CR300 动车组牵引变流器主要参数见表 4-11，采用实时以太网接口，支持 100Mb/s 或 1000Mb/s 的通信带宽，实现包括电压、电流等波形以及设备状态的数据都可通过实时以太网进行传输，为上层的寿命检测等智能应用提供源数据支撑。

CR300 动车组牵引变流器主要性能参数　　表 4-11

项目	参数	项目	参数
输入电压	AC 950V/50Hz	输入电流	2×966A
牵引输出电压	AC 0~1443V/0~200Hz	冷却方式	强迫水循环、风冷
辅助输出电压	380V/50Hz	辅助容量	200kV·A

（3）牵引变压器

CR300 动车组牵引变压器依托于复兴号标准动车组技术平台研发设计，采用成熟的心式牵引变压器技术路线，应用了高阻抗高功率密度绕组设计、应力均衡结构设计和并联双离心风机冷却系统等轻量化设计，相比 CR400 动车组牵引变压器，冷却系统质量、体积均有所降低，变压器整体体积减小。CR300 动车组牵引变压器的主要参数见表 4-12。

CR300 动车组牵引变压器主要性能参数　　表 4-12

项目	参数
容量（kV·A）	原边：3671；次边：918×4
电压（V）	原边：25000；次边：950×4
质量（kg）	4280（CR300AF）/4325（CR300BF）
阻抗电压	原边-单个牵引 43%
结构方式	单相、心式结构
冷却方式	强迫油循环风冷方式（KDAF）
绝缘类别	F 级绝缘
吊挂方式	车体下吊挂式

（4）牵引电机

CR300 动车组牵引电机总体结构与 CR400 动车组牵引电机保持一致，同样采用强迫通风异步电机。动车组运行速度降低，列车传动比提高，牵引电机的最高转速均为 5600r/min，因此电机轴承配置保持不变。中间直流电压降低，牵引电机绝缘系统耐压等级由 3600V 降低至 1800V，同时随着动车组最高运行速度降低，整车功率需求降低，牵引电机的功率由 625kW 降低至 350kW，电机的质量和体积分别减小约 15%。CR300 动车组牵引电机主要参数见表 4-13 所示。

CR300 动车组牵引电机主要技术参数　　表 4-13

项目	参数	项目	参数
额定功率（kW）	350	启动转矩（N·m）	2212
额定电压（V）	1443	极数	4
额定电流（A）	170	接线方式	Y
功率因数	≥0.84	绝缘等级	200 级
最大电流（A）	350	冷却方式	强迫外通风
最高转速（r/min）	5700		

5. 制动系统

CR300 动车组制动系统基于 CR400 动车组制动系统技术平台进行研制，其技术原理、系统组成、系统功能等与 CR400 动车组一致。根据运用速度等级变化，适应性调整了常用制动和紧急制动减速度曲线。根据运用线路坡度变化，停放制动能力由 CR400 动车组满足 20‰坡道停放要求提升至满足 30‰坡道停放要求。为提高制动系统部件的互换性、通用性，统一考虑了 CR300 动车组和 CR400 动车组统型部件，主供风单元、制动夹钳单元、制动盘和闸片等沿用 CR400 动车组统型部件。

（1）减速度设计

常用制动仍分为 7 个制动级位（B1～B7）。紧急制动 EB/UB 施加时，满足干燥的平直线路上的紧急制动距离要求。CR300 动车组与 CR400 动车组在 0～250km/h 速度范围内，紧急制动 UB 减速度控制曲线相同，初速度 250km/h 的条件下切除一辆车空气制动后紧急制动 UB 减速度为 0.858m/s²，制动距离为 2909m，紧急制动距离仍然满足不大于 3200m 的要求。动车组制动设计减速度（不含运行基本阻力）曲线见图 4-38。

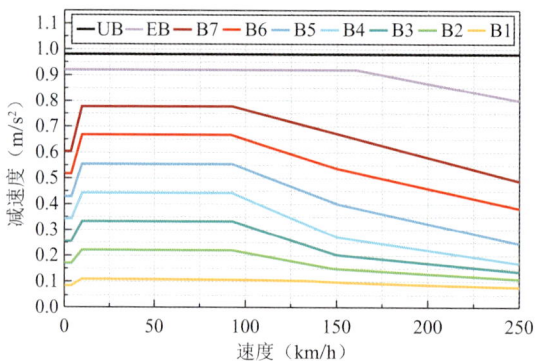

图 4-38　CR300 动车组制动减速度

（2）停放制动能力

为满足"动车组在定员载荷下停放在 30‰的坡度上不溜逸，并具有不小于 1.2 倍的安全系数"要求，CR300 动车组全列共设置 16 个停放制动缸，比 CR400 动车组增加了 4 个。

6. 网络控制系统

（1）概述

WTB/MVB 网络无法满足动车组对高速大容量数据传输通道的需求，CR300 动车组网络控制系统设计时，需寻求一种高实时、高可靠及高通用的通信方式。以太网通信作为通用技术，网络传输带宽更宽，且有统一标准要求，具有开放性和互联扩展优势，子系统易扩展接入；列车以太网通信性能优越，国际标准和相关技术日趋成熟，国内相关单位已进行了大量技术研究和实车验证，具备推广应用的基础。但以太网控车国内尚未在高速动车组上应用，硬件设备可靠性、协议稳定性、应用环境适应性、子系统接入稳定性等问题均需考核验证。因此 CR300 动车组样车研制时采用了 WTB/MVB 网络和以太网网络并行冗余备用的方式，其中 WTB/MVB 拓扑继承成熟的 CR400 动车组拓扑结构，采用两级总线式拓扑结构；以太网拓扑参考成熟 WTB/MVB 网络架构和列车单元划分设计，列车级采用骨干以太网（ETB），对等 WTB，具有重联功能，车辆级采用编组以太网（ECN），对等 MVB。

2019 年 2 月，CR300 动车组通过试用评审，以太网增加控车功能，开展 30 万 km 以太网控车试验。由于以太网控车试验效果良好，后续 CR300 动车组批量车仅保留以太网通信，取消了 WTB/MVB 网络。本节仅介绍采用以太网控车的网络控制系统。

（2）拓扑

CR300 动车组网络控制系统采用符合《铁路电气设备 列车总线》（IEC 61375）标准的以太网网络。同时，以太网作为维护网，用于传输故障诊断、事件记录、显示信息、软件更新和数据下载等用途。

ETB 处理列车级数据通信，ECN 处理车辆级数据，二者的通信介质均采用超 5 类 4 芯屏蔽双绞线，通信速率为 100Mb/s。为保证以太网通信的实时性和可靠性，一个动力单元内的以太网设备连接到同一个 ECN 网络，当某个子系统设备网络通信故障时，只影响网络与该子系统的通信，不影响整个网络单元的网络通信。两个单元之间通过 ETB 交换机交互，完成信息的传递。

车辆级拓扑采用不同方案，其中 CR300AF 型动车组 ECN 为环形拓扑，CR300BF 型动车组为线形拓扑。CR300 动车组 TCMS 网络拓扑如图 4-39 所示。在 1 车、8 车安装列车级骨干以太网交换机（ETBN），用于实现列车重联数据传输。在每节车厢装有以太网交换机 ECN，用于车辆之间的连接，可以传输故障诊断、事件记录、显示等数据。以太网采用 100BASE-TX，全双工模式。网络硬件（CCU、IOM、HMI、WTD）通过以太网车辆级总线 ECN 连接至各车的以太网交换机。其他具有以太网接口的子系统控制单元可以通过 ECN 总线连接至各车的以太网交换机。以太网可作为维护网络，对连接至以太网的车载子系统实现单点维护。以太网具备列车级网络初运行功能和满足列车级数据传输性能要求，以太网控车时仍具备监视功能。

（3）冗余设计

CR300 动车组样车网络控制系统设计方案中，牵引控制单元、制动控制单元、失稳主机、轴温主机（CR300BF）、门控器等单设备以太网通信故障对行车有一定影响；输入输出装置、空调主机、充电机、烟火主机、旅客信息系统（PIS）主机、无线传输装置等单设备以太网通信故障时虽会导致部分功能受限，但对行车无实质影响。

为提高动车组网络控制系统的可靠性，CR300 动车组网络控制系统方案进行了冗余优化，冗余优化原则为设备冗余的部件不强制要求通道冗余；影响列车运行的子系统部件采用单网卡双通道冗余或者双网卡冗余方案；不影响列车运行的子系统不强制要求通道冗余。

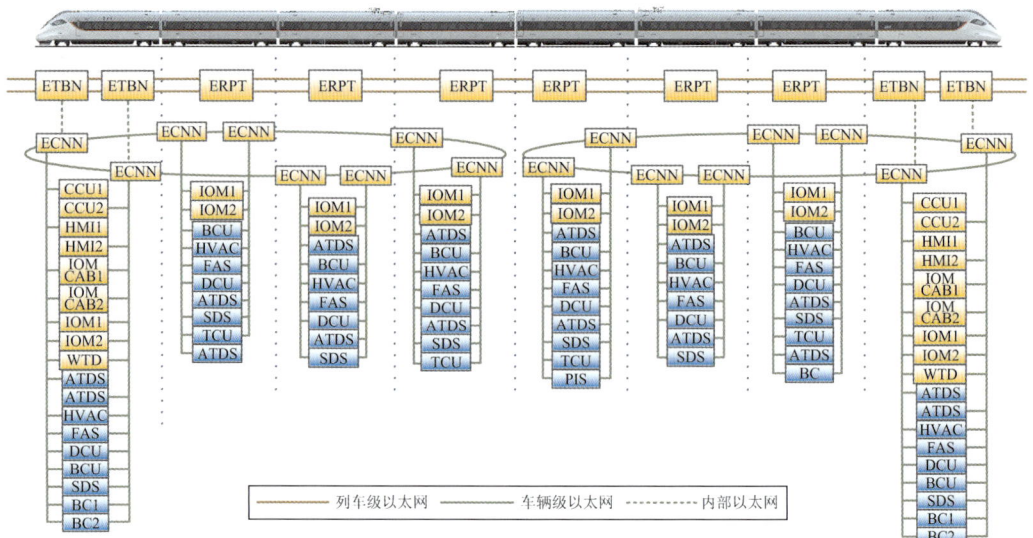

图 4-39　CR300 动车组网络拓扑图

ATDS-轴温检测系统；BC-充电机；BCU-制动控制单元；CCU-中央控制单元；DCU-车门控制器；ECNN-编组以太网交换机；ERPT-以太网中继器；ETBN-骨干以太网交换机；FAS-烟火报警系统；HMI-人机接口显示屏；HVAC-空调控制单元；IOM-输入输出模块；PIS-旅客信息系统；SDS-稳定性检测系统；TCU-牵引控制单元；WTD-无线传输装置

　　冗余方案优化后，部分子系统新增一个控制网口，采用双网口冗余通信；调整了交换机配置，提高单车厢内交换机的冗余度。互为冗余的设备或通信通道分别通过两个交换机接入网络。优化后网络控制系统配置为：头车设置 2 个骨干以太网交换机（ETBN），互为热备冗余；各车 ECN 交换机采用双板卡设计，主要实现编组网管理，支持列车实时数据协议（TRDP），提供第三方设备以太网接入网络的接口，与设备冗余或通道冗余的各主机分别连接；牵引控制单元、制动控制单元、失稳主机、轴温主机、门控器、输入输出装置、空调主机、充电机、烟火主机、PIS 主机、无线传输装置等采用双路冗余以太网通信。

二　CR200J 型复兴号动车组

1. 研制背景与过程

　　2016 年起，为加快推进铁路装备现代化，充分利用既有线路和机、客车的检修资源，降低制造与运用检修成本，缓解枢纽、客站咽喉及到发线运输压力，满足既有普速干线和城际间开行动车组的需求，提高既有线的运输服务品质，替换在既有线开行的动力分散动车组，在国铁集团统一指挥下，各相关机车厂、客车厂及科研院所组建联合团队，依托FXD1/FXD3 型八轴客运电力机车和既有 25T 型客车技术平台，借鉴动力分散动车组设计理念，共同开展了 CR200J 系列时速 160km 动力集中动车组关键技术研究及样车研制工作。截至 2023 年 12 月底，CR200J 动车组有 CR200J-A、CR200J-B、CR200JS-G、CR200J-C、CR200J-D 等 5 种不同技术配置的动车组型号。不同配置的 CR200J 动车组主要技术参数见表 4-14。

CR200J 系列动车组主要参数表　　　　　　表 4-14

技术参数	CR200J-A	CR200J-B	CR200JS-G	CR200J-C	CR200J-D
研制年份（年）	2017	2020	2020	2022	2022
最高海拔（m）	2500m	2500m	4000m（部分区段可达 4033m）	2500m	3500m（部分区段可达 3508m）
牵引动力	25kV 50Hz	25kV 50Hz	25kV 50Hz 柴油机	25kV 50Hz	25kV 50Hz
车体长（mm）	动力车：约 20000 拖车：25500 控制车：27955	动力车：约 20000 拖车：25500 控制车：27955	电力动力车：23792 内燃动力车：22232（Mc）、23332（Mdc） 控制车：27955	动力车：约 20000 拖车：25500 控制车：27955	动力车：23792 拖车：25500 控制车：27955
车体宽（mm）	3105	3360	3360	3360	3360
车高（车顶距轨面高度）（mm）	4433	4433	电力动力车、拖车：4433 内燃动力车：4697	4433	4433
动力车轴式	B_0-B_0	B_0-B_0	电力动力车：C_0-C_0 内燃动力车：A1A-A1A	B_0-B_0	C_0-C_0
轴重（t）	动力车：19.5 拖车及控制车：16.5	动力车：19.5 拖车及控制车：16.5	电力动力车：21 内燃动力车：23 拖车及控制车 16.5	动力车：19.5 拖车及控制车：16.5	动力车：21 拖车及控制车：16.5
牵引功率（kW）	5600	5600	7200	5600	7200
座椅类型	固定	固定	固定	旋转	旋转
停放制动能力	20‰	20‰	20‰	20‰	30‰

注：研制年份指样车出厂年份。

2017 年，CR200J-A 型样车完成研制，2019 年 1 月正式投入运营。2019 年，考虑市场需求和发展前景，在 CR200J-A 型动车组基础上开展了 CR200J-B 型动车组研制工作。CR200J-B 型动车组进一步打破原机、客车组合的思路，按照动车组的设计理念，从动车组外观、控制与诊断、安全监测系统、停放制动、辅助供电系统等一体化设计，乘客舒适性提升，车体材料耐腐蚀性提升，塞拉门及站台适应能力优化，源头质量问题设计改进等多个方面进一步完善提升。CR200J-B 型动车组 2021 年 9 月正式投入运营。

2020 年，为实现复兴号动车组在拉林铁路（电气化铁路）和拉日铁路（非电气化铁路）区间贯通运行，国铁集团组织研制了 CR200JS-G 型复兴号高原双源分置式动力集中动车组。该动车组采用内燃、电力分置式方案，2021 年 6 月在拉林、拉日铁路投入运用。

2022 年，为进一步提高 CR200J 动车组的"动车化"和乘坐舒适性，对动车组外观、座椅布置、车窗、风挡、压力波保护等提出了技术提升方案，研制了 CR200J-C 型动车组，并于 2022 年 12 月首次在成昆铁路投入运营。

2022 年，根据滇藏铁路丽香段开通运用的需要，在 CR200JS-G 型既有成熟的高原双源电力动力车与 CR200J-B 型时速 160km 动力集中（鼓形）电动车组拖车、控制车的基础上，结合高原铁路线路条件，研制了 CR200J-D 型动力集中电动车组，2023 年 11 月在滇藏铁路丽香段等投入运营。

CR200J 系列动车组外形如图 4-40 所示。

(a) CR200J-A 型动车组

(b) CR200J-B 型动车组

(c) CR200JS-G 型动车组

(d) CR200J-C 型动车组

(e) CR200J-D 型动车组

图 4-40　CR200J 系统动车组外观图

2. 总体技术

（1）概述

CR200J 动车组主要基于国内八轴客运电力机车平台和 25T 型客车平台进行研制。其中动力车在其平台车的基础上，对车头流线型、受电弓主断路器冗余、互联互通互控功能、司乘界面、开闭机构和钩缓等进行了优化设计，速度等级、轴重、轴式、牵引功率等主要性能保持不变。拖车及控制车在其平台车基础上，借鉴高速动车组理念开展车内外设备设施的设计，对旅客界面、局部结构、局部配置、系统集成、司机室、流线型车头等方面进行了优化调整，提升乘客乘坐舒适性。

（2）编组形式

CR200J-A、CR200J-B、CR200J-C 型动车组包含短编组和长编组两种典型形式，

CR200J-D 型动车组采用短编组形式。短编灵活编组为"1Mc+（4~7）T+1Tc"，典型编组为"1Mc+7T+1Tc"；长编灵活编组为"1Mc+（9~18）T+1Mc"，典型编组为"1Mc+16T+1Mc"。CR200JS-G 型动车组灵活编组为"1Mec+（8~12）T+1Mdc"，典型编组为"1Mec+9T+1Md+1Mdc"。其中 Mec 为电力动力车，Mdc 为带司机室的内燃动力车，Md 为不带司机室的内燃动力车。

（3）CR200J-A 型动车组技术特点

CR200J-A 型动车组采用了动车组的设计思想，车头采用流线型，列车涂装、拖车内装均比照动力分散动车组统一设计；拖车网络与动力车、控制车网络贯通，实现全列车信息的交互传输与显示，车门状态、轴温报警、火警、制动缓解不良等信息传输至司机室，实现必要的报警、控车等功能；通过全列车贯通的硬线实现全列供电、车门集中控制；全列车设置贯通线，实现头尾动力车、控制车互操作和信息交互；动力车与拖车通过车端连接实现机械贯通。

CR200J-A 型动车组采用与机车及 25T 型客车相同的车体断面，车体最大宽度 3105mm。色彩方面，在具有时代意义的绿皮车基础上，创新出专有色"国槐绿"，延续既有复兴号动车组涂装动势并传承 25T 型客车原有黄色腰线。

（4）CR200J-B 型动车组技术特点

与 CR200J-A 型动车组相比，CR200J-B 型动车组有以下技术特点：

车体采用鼓形断面。为最大化利用限界内空间，参照 CR400 标准动车组车体断面，CR200J-B 型动车组车体断面优化为鼓形，在底架宽度、鼓形轮廓角度等方面均与 CR400 一致，车体宽度调整为 3360mm，增大了客室净空间，客室走廊宽度、卧铺长度均相应增加。CR200J-A 型动车组与 CR200J-B 型动车组的车体断面对比如图 4-41 所示。

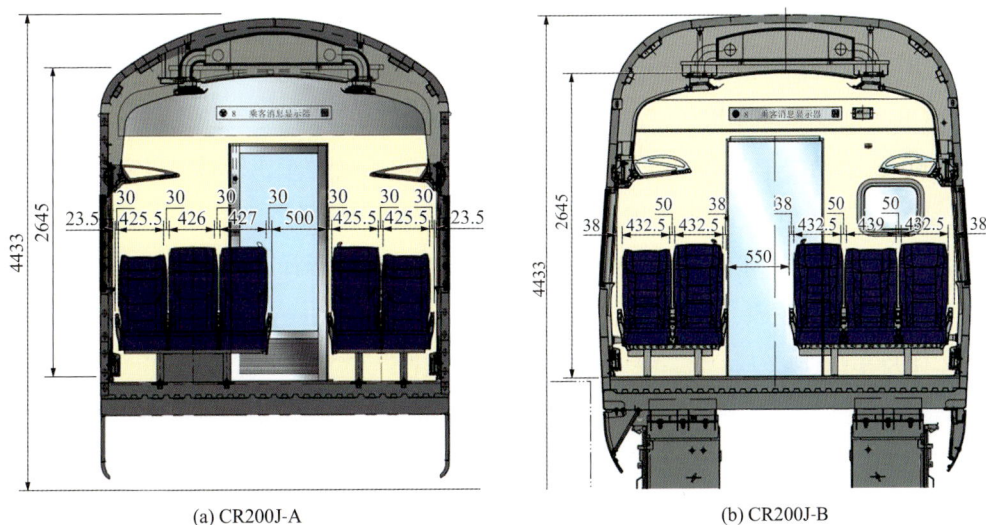

(a) CR200J-A   (b) CR200J-B

图 4-41 车体断面对比（尺寸单位：mm）

提升动车组一体化。CR200J-B 型动车组动力车与拖车、控制车采用相同的鼓形断面和车端间距，优化空调、废排、风挡等车外部件，实现动车组外观一体化；优化 DC 600V 供电策略，DC 110V 干线全列贯通，拖车 DC 110V 负载进行分级管理，实现动车组辅助供电一体化；拖车取消手制动，采用弹簧储能方式的停放制动，通过贯穿硬线实现在操纵端控制全列车施加和缓解停放制动，实现列车停放制动一体化控制；动力车与拖车的安全信息通过以太网列车网络进行一体化监测与传输，可监测所有拖车的轴温、火警、塞拉门、制动等运行状态，以及和动力车的防火、轴温、制动、视频、高压绝缘、列车供电等主要系统运行状态，实现动车组安全监控一体化。

（5）CR200JS-G 型动车组技术特点

CR200JS-G 型动车组电力动力车依托高原 HXD1D 型电力机车技术平台，在其总体技术参数、轮周功率、速度等级、转向架、牵引传动系统等不变的基础上采用 CR200J-B 型动车组鼓形车体断面、车头流线型、受电弓主断路器冗余、开闭机构和钩缓等一体化设计，结合高原环境运用条件新增内电双控功能并调整司乘界面。

CR200JS-G 型动车组内燃动力车是在 FXN3 型客运内燃机车基础上，采用既有车型成熟技术，结合动车组一体化及高原环境需求进行适应性改进：采用统一鼓形断面、流线头型、隔离司机室，采用双节编组，列车供电一体化，列车级 WTB 网络实现内电双控。针对高原适应需求采用 12V265B 高原型柴油机，增加辅助保温系统、制氧系统等。

CR200JS-G 型动车组拖车及控制车在 CR200J-B 型动车组基础上，参照青藏 25T 型客车增设制氧、防雷、车窗玻璃压力自平衡、污水收集等功能，提升电气绝缘、耐紫外线、耐风沙以及车体气密性能；结合电气化区段特殊需求和多隧道适应性，新增过分相应急供电装置以及应急通风、压力波保护功能。

（6）CR200J-C 型动车组

与 CR200J-B 型动车组相比，CR200J-C 型动车组有以下技术特点：一是优化动车组外观；二是座椅改为旋转座椅，提升乘坐舒适性；三是提升整车气密性。

（7）CR200J-D 型动车组

CR200J-D 型动力车基于 CR200JS-G 型高原双源电力动力车，针对司机室设备、网络与控制、制氧系统、车端连接和牵引风机等进行适应性变更；拖车及控制车基于 CR200J-B 型动车组，提升停放制动能力，增设压力波保护，更改座椅形式，基于高原运用要求优化部分电气设备及控制逻辑。

3. 车体及车端连接

（1）车体

①动力车。

CR200J-A 型动车组动力车车体主要是在既有 FXD1 型、FXD3 型电力机车技术平台上进行设计，整个车体采用整体承载结构形式，由司机室、侧墙、底架、后端墙、底架地板及设备安装骨架等主要部件构成一箱形壳体结构，各承载结构均由钢板及钢板压型件组焊而成。车体强度按《铁路应用　铁道车辆车体的结构要求》（EN 12663-1：2010）L 级进行设计。为实现整车的轻量化设计，车体承载结构材料采用低合金高强度结构钢，顶盖及门的材料采用铝合金。司机室由司机室钢结构、头罩粘接而成，头罩通过螺栓与司机室钢结构相连。头罩采用"玻璃钢＋泡沫夹心"的三明治结构，上面安装有前窗、头灯、标辅灯、刮水器，安装设备处均预埋钢板。

CR200J-B、CR200J-C 型动车组动力车车体在 CR200J-A 型动车组动力车车体技术平台上，进行鼓形化设计。

CR200JS-G、CR200J-D 型动车组动力车采用 C_0-C_0 转向架，其车体结构与 CR200J-A、CR200J-B 型动车组动力车有较大差异。此外，根据高原环境的特点，车体及车体部件用密封橡胶材料增加抗辐射、抗紫外线、耐低温、耐老化等设计要求。

②拖车及控制车。

CR200J-A 型动车组拖车及控制车车体为整体承载全钢焊接的薄壁筒形直体结构，在原 25T 型客车车体基础上，车体侧墙梁柱断面由封闭的帽型结构优化为开放的乙型结构，更加有利于重防腐的涂装以及冷凝水的排放和挥发，提升了车体的防腐蚀性能。增设了裙板和头车司机室钢结构等部件。

CR200J-B 型动车组拖车及控制车体主要采用高耐候钢 Q350EWL1 和 Q350EWR1，进一步提升了车体的耐腐蚀性能。

（2）车端连接

①车钩缓冲装置。

控制车司机室端采用 105 型车钩缓冲装置，具有在低温环境下自动加热功能；动力车司机室端采用 105A 型车钩缓冲装置，同时预留换装带电气钩的密接式车钩缓冲装置的接口。CR200J-A 型动车组中间车钩采用型号为 MJGH-25T 的密接式车钩缓冲装置，自 CR200J-B 型动车组开始进行优化改进，研发了型号为 MJGH-25TG 的改进型密接车钩缓冲装置。相比 MJGH-25T，MJGH-25TG 型密接式钩缓装置对安装吊挂系统、缓冲系统、连挂系统和连接方式进行局部优化。钩体与缓冲器的接口改为连接卡环结构；借鉴高速动车组车钩缓冲器走行程的方式将缓冲器走行程部位改为前置式，避免缓冲器动作导致支撑结构的磨耗；取消气动解钩功能，仅保留手动解钩功能；优化解钩方式；取消风管连接器安装孔。

②开闭机构。

动力车、控制车前端设开闭机构，动力车开闭机构仅具备手动开闭功能，同时满足增加自动开闭功能的接口；控制车开闭机构兼具自动、手动开闭功能。开闭机构在开启和关闭状态时，均具备机械锁定功能。开闭机构打开后不影响前端车钩的联挂功能，以实现动车组重联、回送及救援。除涂装差异外，CR200J-A、CR200J-B、CR200JS-G、CR200J-C、CR200J-D 各型动车组采用完全相同的开闭机构。

4. 转向架

（1）动力转向架

CR200J-A、CR200J-B 及 CR200J-C 型动车组动力车转向架是基于 FXD1、FXD3 型八轴客运电力机车转向架改进研制的，采用 B_0 轴式，驱动单元（包括牵引电机、齿轮箱总成和六连杆空心轴等）的悬挂采用弹性架悬方式，采用带端面齿挠性联轴器电机齿轮箱一体式弹性架悬驱动装置。齿轮箱总成由承载式齿轮箱体、主从动齿轮、轴承、油盘及各密封机构组成，驱动系统采用"单齿轮 + 双侧六连杆空心轴"驱动方式。传动轴承采用齿轮箱润滑油润滑，轴箱轴承采用免维护的双列圆柱滚子轴承单元，轻量化"日"字形构架。侧梁中部下凹，一系悬挂系统采用"转臂定位 或单拉杆定位 + 螺旋弹簧 + 垂向减振器"；二系悬挂系统采用"高圆螺旋弹簧 + 橡胶垫"结构，辅以各向减振器，牵引装置采用中央低位推挽或者低位倾斜单牵引杆牵引，以提高机车的黏着质量利用率，基础制动采用轮盘制动方式，安装踏面清扫装置。

CR200JS-G 型动车组电力动力车转向架是基于 HXD1D 型电力机车转向架改进研制的，采用 C_0 轴式，牵引电机的布置采用顺置方式，驱动单元（包括牵引电机、齿轮箱总成和六连杆空心轴等）的悬挂采用弹性架悬方式，驱动系统采用轮对空心轴驱动方式，齿轮箱为承载式，轴承采用油润滑，轴箱轴承采用免维护的双列圆柱滚子轴承单元，一系悬挂系统采用"单拉杆轴箱定位 + 螺旋弹簧"方式，一、三轴安装垂向减振器；二系悬挂系统采用"高圆螺旋弹簧 + 橡胶垫"结构，辅以各向减振器，牵引装置采用低位推挽牵引杆牵引，以提高动力车的黏着质量利用率，基础制动采用轮盘制动方式。内燃动力车转向架是基于 FXN3 型内燃机车转向架改进研制的转向架，转向架采用 A1A 轴式，牵引电机的布置采用端轴对置方式，驱动单元（包括牵引电机、齿轮箱总成和六连杆空心轴等）的悬挂采用刚性架悬方式，驱动系统采用轮对空心轴驱动方式，齿轮箱为承载式，轴承采用油润滑，轴箱轴承采用免维护的双列圆柱滚子轴承单元，一系悬挂系统采用"单拉杆轴箱定位 + 螺旋弹簧"方式，一、三轴安装垂向减振器；二系悬挂系统采用"高圆螺旋弹簧 + 橡胶垫"结构，辅以各向减振器，牵引装置采用四连杆牵引装置，基础制动采用轮盘制动方式。

转向架主要参数见表 4-15。转向架主要由构架、驱动装置、轴箱、一系悬挂装置、二系悬挂装置、牵引装置、电机悬挂装置、基础制动装置、轮缘润滑装置、整体起吊、空气管路以及辅助装置组成，如图 4-42 所示。

CR200J 动车组动力转向架主要技术参数　　　　　　　　　　　表 4-15

技术参数	CR200J-A/B/C 动力车转向架	CR200JS-G 电力动力车转向架	CR200JS-G 内燃动力车转向架
轴式	B_0-B_0	C_0-C_0	A1A
最高运行速度（km/h）	160	160	160
轮对内侧距（自由状态）（mm）	1353 ± 0.5	1353 ± 0.5	1353 ± 0.5

轴重（t）	19.5	21	23
轴距（mm）	2900/2800	2150/2000	1950/2050
轮径（新/全磨耗）（mm）	1250/1150	1250/1150	1250/1150
踏面形状	JM3	JM3	JM3
传动方式	双侧六连杆驱动	单侧直齿轮、双侧六连杆弹性驱动	单侧斜齿轮、双侧六连杆驱动
电机悬挂方式	弹性架悬式	弹性架悬式	刚性架悬式
牵引方式	低位牵引	推挽式单杆低位牵引	四连杆牵引装置牵引
基础制动	轮盘制动	轮盘制动	轮盘制动
动力车通过最小曲线半径（m）	125（$v \leqslant$ 5km/h）	125（$v \leqslant$ 5km/h）	125 m（$v \leqslant$ 5km/h）

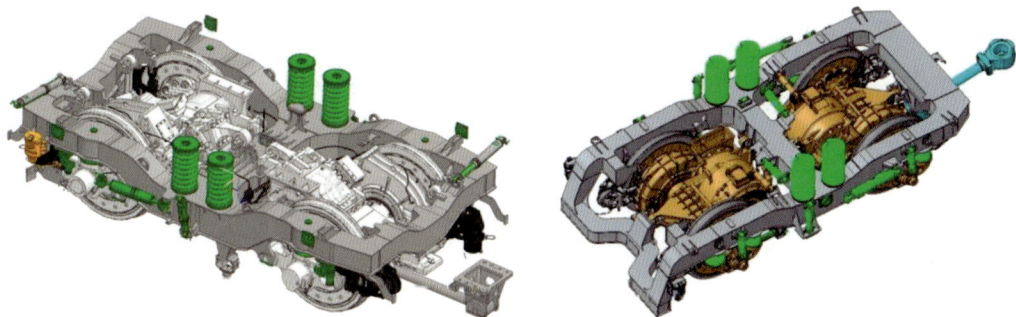

(a) CR200J-A/B/C

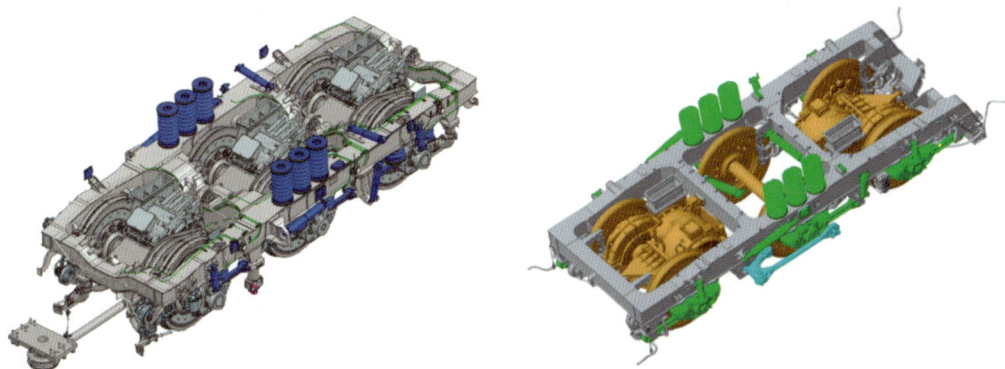

(b) CR200JS-G

图 4-42　CR200J 动车组动力转向架

（2）控制车及拖车转向架

控制车及拖车转向架在 25T 型客车转向架的基础上，对基础制动装置、排障装置等进行设计适应性变更，构架、轮轴主体结构、中央悬挂系统保持不变。基础制动装置采用了整体式制动夹钳单元、轴装铸钢制动盘以及粉末冶金闸片，控制车还增加排障装置，一种类型的控制车及拖车转向架如图 4-43 所示。

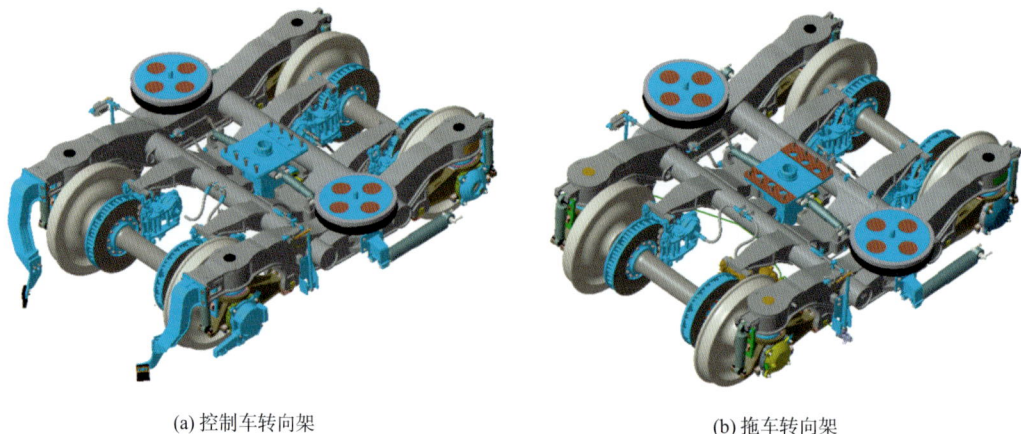

(a) 控制车转向架　　　　　　　　　　　　　(b) 拖车转向架

图 4-43　CR200J 动车组一种类型的控制车及拖车转向架

采用 25T 型客车转向架统型的轮对轴箱装置。轴箱定位装置为转臂式，一系悬挂采用钢制螺旋弹簧，并通过适当厚度的橡胶垫与转向架构架隔离，以保证隔音和电气绝缘并改善钢簧受力。油压减振器并联安装到一系悬挂，用以衰减振动。

中央悬挂装置采用无摇枕结构，空气弹簧四点支撑，每个转向架设置两个高度阀及一个差压阀。另设横向油压减振器、抗蛇行减振器。牵引装置由中心销与牵引拉杆组成，牵引方式采用单拉杆或 "Z" 字形双拉杆牵引方式。空气弹簧带有应急弹簧，提供适宜的各向刚度以保证空簧失气状态下能有一定的运行性能。

5. 高压牵引系统

CR200J 系列动车组均采用成熟、应用广泛的三相交流传动异步牵引系统。其中，CR200J-A、CR200J-B、CR200J-C 型动车组采用四轴牵引系统，电路示意图如图 4-44 所示。CR200JS-G 型电力动力车和 CR200J-D 型动车组采用六轴牵引系统。

CR200J 系列动车组牵引变压器主要参数见表 4-16。牵引变压器次边设有牵引绕组、列车供电绕组和辅助绕组（仅 FXD3 平台），采用油循环、强迫风冷方式。牵引绕组为牵引变流器的四象限变流器供电，列车供电绕组用于给列车供电系统供电。谐振电抗器（仅 FXD1 平台）、辅助绕组（仅 FXD3 平台）以及列车供电输入电抗器安装在主变压器油箱内。

CR200J-A/CR200J-B/CR200J-C 型动车组配置牵引变流器，由四象限变流器、中间直流回路和 PWM 逆变器组成，向两个转向架的四台牵引电机供电。牵引变流器中间电压为 3600V。CR200J-D 型动车组配置两台牵引变流器；每台牵引变流器由三重四象限 PWM 脉宽调制整流器、三个 VVVF 变压变频逆变器和一个辅变模块组成，向一个转向架的三台牵引电机、辅助系统供电；牵引变流器中间电压为 1800V。两种牵引变流器主要参数见表 4-17。

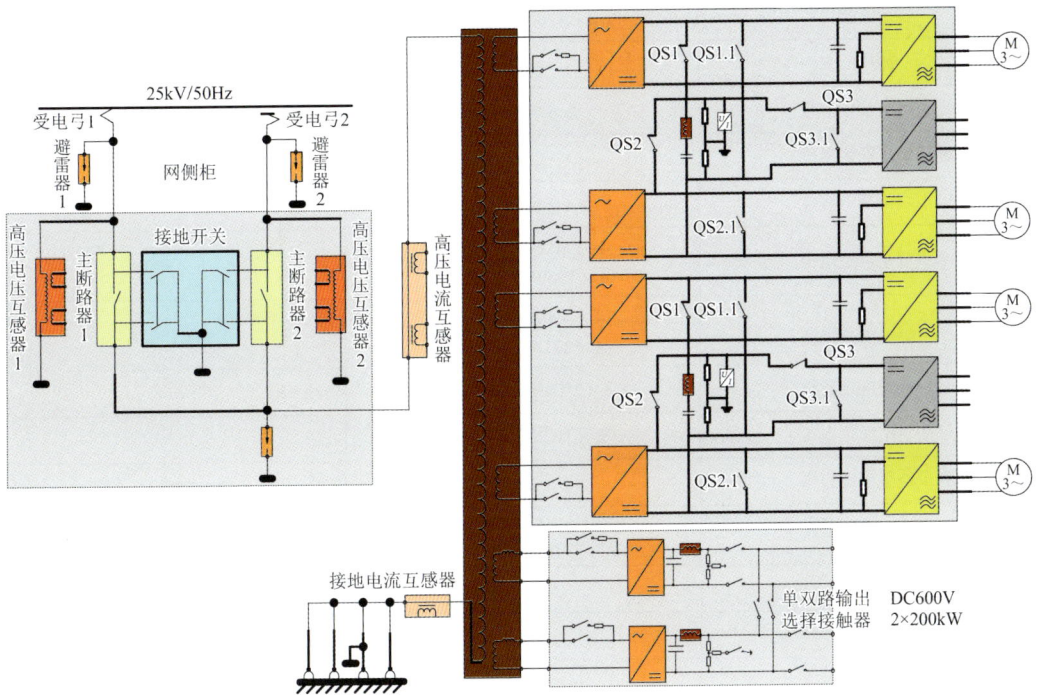

(a) FXD1 平台(主辅一体)

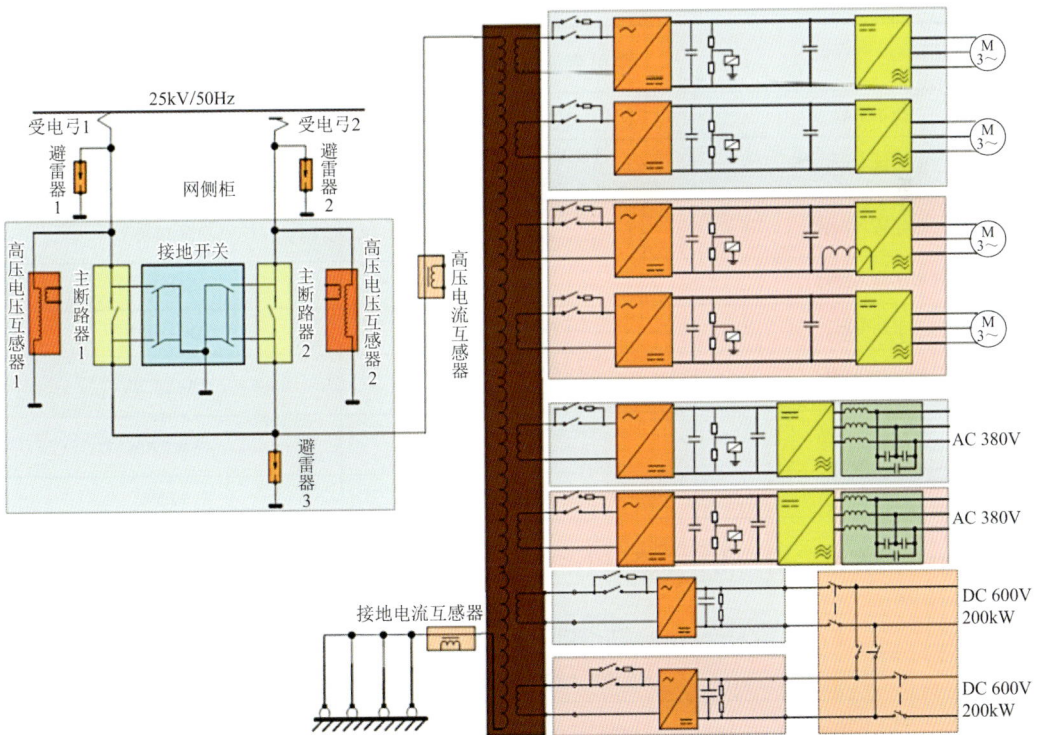

(b) FXD3 平台(主辅分离)

图 4-44 CR200J-A、CR200J-B、CR200J-C 型动车组牵引电路示意图

CR200J 动车组牵引变压器主要参数表   表 4-16

技术参数	CR200J-A/B/C	CR200J-D/CR200JS-G
频率	50Hz	50Hz
原边绕组额定容量	≥6752kV·A	9900kV·A
原边绕组额定电压	25kV	25kV
牵引绕组额定容量	≥4×1588kV·A	6×1457kV·A
牵引绕组额定电压	4×2011V（FXD1） 4×1950V（FXD3）	6×970V
牵引绕组额定电流	4×790A（FXD1） 4×821A（FXD3）	6×1502A
辅助绕组额定容量	≥2×200kV·A（FXD3）	—
辅助绕组额定电压	2×307V（FXD3）	—
列供绕组额定容量	≥2×200kV·A	2×580kV·A
列供绕组额定电压	AC340V（FXD1） AC307V（FXD3）	AC860V
额定效率	大于96%	大于96%
绝缘等级	A级	A级
冷却油	45#变压器油	45#变压器油
变压器损耗	190kW（FXD1） 230kW（FXD3）	350kW

牵引变流器主要参数表   表 4-17

技术参数	CR200J-A/CR200J-B/CR200J-C	CR200J-D/CR200JS-G
额定输入电压	4×2011V（FXD1） 4×1950V（FXD3）	3×970V
额定输入电流	4×803A（FXD1） 4×821A（FXD3）	3×1440A
额定输入频率	50Hz	50Hz
中间电压	DC3600V	DC1800V
额定输出电压	3AC2808V（FXD1） 3AC2300V（FXD3）	3AC1420V
额定输出电流	4×430A（FXD1） 4×435A（FXD3）	3×570A
效率	97.5%	97.5%

CR200J 动车组采用三相异步牵引电机，主要参数见表 4-18 所示。

牵引电机主要参数表   表 4-18

技术参数	CR200J-A/CR200J-B/CR200J-C	CR200J-D/CR200JS-G
额定功率	1430kW	1224kW
额定电压（基波）	2550V（FXD1） 2300V（FXD3）	1420V
额定电流（基波）	387A（FXD1） 435A（FXD3）	570A

额定转矩	7322N·m（FXD1） 8211N·m（FXD3）	7062N·m
启动转矩	8283N·m	9154N·m
额定效率	≥ 0.95	≥ 0.95
额定转速	1863r/min（FXD1） 1663r/min（FXD3）	1656r/min
最高转速	4094r/min（FXD1） 3510r/min（FXD3）	3456r/min
极数	4	4
绝缘等级	200 级	200 级

6. 制动系统

CR200J 系列动车组采用自动式空气制动系统，其中动力车采用 CAB 型分布式网络智能模块集成空气制动系统，拖车采用 F8 或 104 型电空制动机。

CR200J-A 型动车组以 25T 型客车为基础，采用的电空制动机是在 F8 和 104 型空气分配阀的基础上增加了电磁阀，通过贯穿全列的硬线控制，加速列车管的充、排风实现车辆的制动响应；采用伞齿丝杠式手制动机，具有防反转功能。

CR200J-B 型动车组在 CR200J-A 型动车组的基础上总结了运用经验，对供风气路进行优化，取消了气路控制箱、汽水分离器；为降低冬季高寒天气活接头泄漏风险，采用金属球面密封管接件代替橡胶垫密封的管接件。

CR200J-C 型动车组在 CR200J-B 型动车组基础上进一步优化制动性能。引入微机控制电空制动系统，采用列车管、列车网络分别传递空气制动指令和电空制动网络指令，实现全列同步制动、同步缓解，还具有空气制动阀热备冗余功能。

7. 网络系统

CR200J 系列动车组网络控制系统由控制网和监测网组成。

控制网采用列车级总线 WTB 和车辆级总线 MVB 两级总线式拓扑结构，列车级和车辆级数据转换采用 WTB/MVB 网关。列车级总线具有动态编组能力和冗余功能。控制网使用分布式控制技术，即分布采集及执行中央集中控制与管理的模式。由中央处理单元、WTB/MVB 网关单元、事件记录单元、司机室输入输出单元、机械间输入输出单元、司机室显示单元 DDU 等组成，通过多功能车辆总线 MVB（EMD 介质）与牵引控制单元 TCU、制动控制单元 BCU、列车供电系统 ETS 等设备进行通信。

CR200J-A 型动车组监测网采用 LonWorks 总线，拖车监测主要由车辆电气监控系统、行车安全监控系统 TCDS 构成，拖车监测信息通过 LonWorks 总线汇总至 TCDS，TCDS 通过 LonWorks 总线与动力车/控制车 MVB/Lon 网关实现监测网与控制网信息交互。CR200J-B、CR200J-C、CR200J-D、CR200JS-G 型动车组监测网采用工业以太网，拖车监测信息通过以太网通信汇总至 TCDS，TCDS 通过以太网通信与动力车/控制车 MVB/ETH 网关实现监测网与控制网信息交互，监测网同时支持视频信息传输。

网络控制系统的结构示意如图 4-45 和图 4-46 所示。

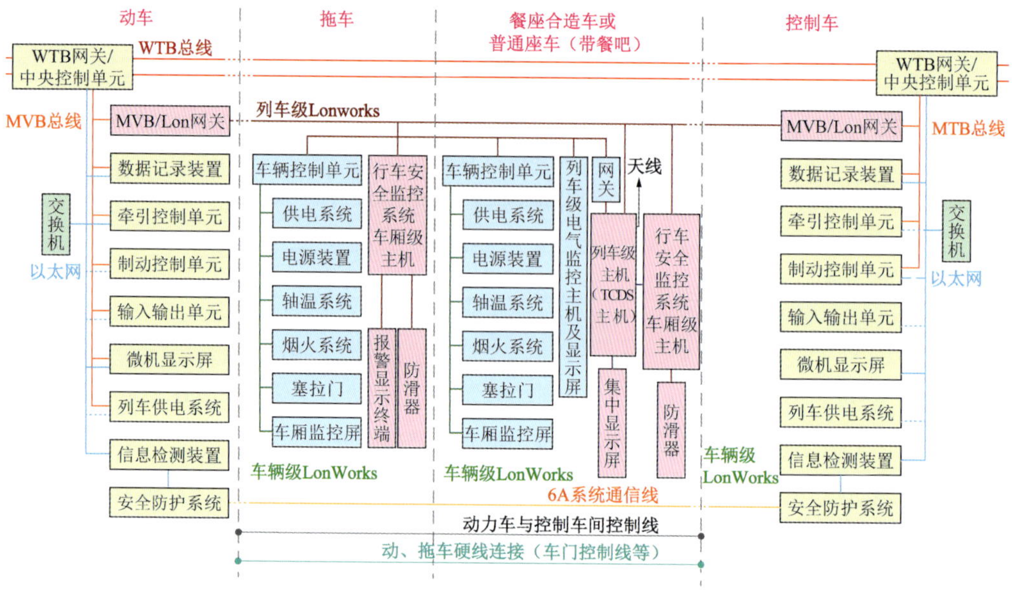

图 4-45　CR200J-A 型动车组网络拓扑

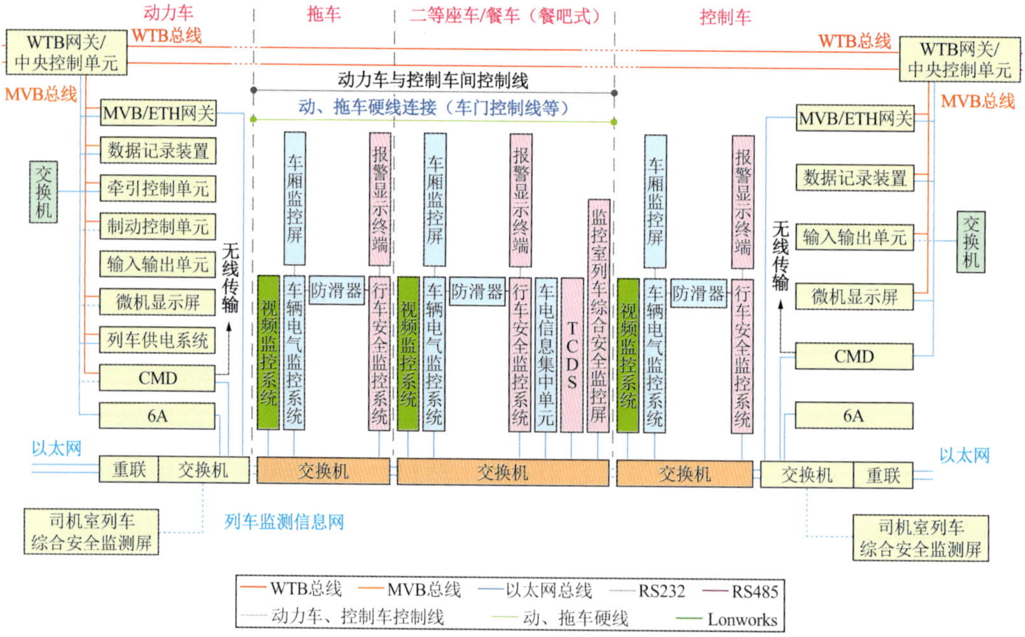

图 4-46　CR200J-B/CR200J-C/CR200J-D 型动车组网络拓扑

网络控制系统基于通信功能，可完成对包括牵引系统、高压系统、辅助供电系统、列车供电系统、制动系统等在内的逻辑控制、状态监视、故障诊断等功能。通过司机室微机显示单元，司机能够观测列车的运行状态。司机室微机显示单元界面遵循统一的显示界面设计规范。

为实现动车组跨技术平台兼容和互联互通协同控制技术，满足国内不同主机厂产品的深度融合匹配，实现动力车、拖车与控制车在短编组、短编重联编组、固定长编组及灵活编组等不同编组形式的安全可靠运行，构建了动力集中动车组互联互通技术体系，编制了网络初运行及互联互通控制技术要求、网络互联互控功能技术要求、司机显示屏技术要求、故障诊断代码技术要求、列车控制网络系统列车级数据传送技术要求、列车贯穿线定义与说明性技术要求、安全环路技术要求、TCDS 与 TCMS 通信协议技术要求、地面联调测试试验方法等。标准体系的构建，全面打破国内动力集中动车组不同技术路线、不同设计理念、不同研发体系的壁垒，实现动力集中动车组不同产品、平台、车型的全面自由编组运行。

第四节　走出国门的复兴号（雅万高铁动车组）

一　项目背景和历程

雅万高速铁路（简称雅万高铁）线路全长 142.3km，最高运营速度 350km/h，连接印度尼西亚共和国（简称印尼）首都雅加达和重要城市万隆。雅万高铁开通运营，实现了中国高铁走出国门的历史性突破。作为工程项目标志的雅万高铁动车组承载着中国高速列车技术，推动印尼进入高铁时代，成为"一带一路"上的金色名片。

2013 年 10 月 3 日，习近平主席在印尼国会发表重要演讲，首次提出共同建设"21 世纪海上丝绸之路"，写下"一带一路"浓墨重彩的一笔。2014 年 4 月 22 日，习近平主席访问印尼。中国国家发展和改革委员会与印尼国企部在两国元首见证下分别在北京和雅加达签署了《关于开展雅加达—万隆高速铁路项目合作建设的谅解备忘录》和《关于开展雅加达—万隆高速铁路项目的框架合作安排》等政府层面合作文件。10 月 16 日，由中国铁路总公司牵头的中国企业联合体与印尼国有建设公司牵头的印尼国有企业联合体在雅加达签署了雅万高铁合资协议，成立印尼中国高速铁路有限公司，最终锁定中国和印尼合作建设和运营雅万高铁。

2022 年雅万高铁动车组抵达印尼后，成为承载着中国高速列车技术的代表。2022 年 11 月 16 日，习近平主席与印尼总统共同观摩雅万高铁试验运行；2023 年 6 月 22 日，列车的运行时速首次达到 350km，标志着雅万高铁已达到设计速度标准。2023 年 10 月 17 日，中国、印尼两国元首共同为雅万高铁正式开通运营揭幕。

二　动车组的技术特征

雅万高铁动车组是雅万工程项目的重要象征和标志。依托 CR400 动车组技术平台，雅万高铁动车组项目基于当地的地理环境和线路条件，完成设计边界的探索，开展了常年湿热环境适应性、满足长大坡道运营需求的牵引控制策略优化等方面的技术研究，实现了适应、融合的定制设计目标。

1. 气候环境适应性良好

雅万高铁沿线处于东南亚热带地区，面临常年湿热、多雨、雷暴、高烈度地震等恶劣环境，这对动车组的耐腐蚀、安全防护、车内环境控制等方面是个巨大的挑战。

（1）车体防护性能好

雅万高铁沿线运营环境的湿热协调作用会明显加速腐蚀进程。为了明确腐蚀环境的技术特征，项目组与相关科研机构合作，利用国内及东南亚搭建的典型自然环境腐蚀试验平台，开展环境对比和高速列车涂层防护体系验证；同时投入千余计的现车样件，开展了为期2年的自然环境暴晒对比试验，进行了低频模值、盐雾加速拟合、紫外加速拟合分析，逐步摸清了列车材料腐蚀规律。

耐腐蚀性提升。研究提升老化试验考核标准，进一步细化设计选型、元件健壮性、质量控制等方面措施，提升产品质量等级，实现动车组与雅万运用环境的耐腐蚀性能匹配。

（2）雷暴天气影响小

针对雅万高铁沿线的多雷天气，动车组设计时按照外部防雷和内部防雷进行分区防护设计。外部防护方面，置于车体外部的高压设备，处于直击雷防护区，通过避雷器防护；内部防护采用高频接地电阻接地、车体等电位连接、电气设备安全接地、信号线适配的浪涌保护器等综合措施消除雷电影响。

（3）地震风险防范能力强

车载地震紧急处置装置是在动车组上安装的一套列车安全运行保障设备。通过GSM-R网络接收来自地面地震预警中心的警报信息，根据接收到的不同级别的紧急处置信息，车载地震装置通知司机施加最大常用制动（Ⅰ级处置）或自动触发紧急制动（Ⅱ级、Ⅲ级处置），车载地震装置同时向司机发送语音及显示报警，从而有效地控制列车运行，确保行车安全，并具有制动控制解除、装置隔离、事件数据存储等功能，最大限度地适应印尼当地多地震的地质环境。

（4）车内环境控制稳定

根据印尼既有的相关技术规定，车厢内温度需满足22～26℃，同时车内湿度应保持在60%以下。为此，雅万高铁动车组增设了辅助除湿功能，以适应当地民众的体感特征需求，车内环境持续控制在舒适区范围。

2. 线路条件适应性良好

（1）牵引系统可靠

雅万高铁长大坡道占比大，故障救援对运营秩序影响较大。因此，牵引系统增设高加速运行模式，列车具备损失50%动力时能够在30‰坡道启动并通过的性能。设计阶段，结合定员动车组坡道阻力、静摩擦力、变流器和电机温升情况，及瞬时启动加速度的需求，研究制定了高加速特性曲线，同时制定了变流器和电机温升保护策略；研制阶段，搭建地面试验台，实施高加速特性温升试验，验证系统部件满足特性需求；在雅万高铁最长的30‰坡道上，分别完成了单列50%动力坡道启动和两列动车组坡道救援试验。

（2）制动系统适应性能提升

雅万高铁动车组制动系统常年在高温、高湿、高腐蚀环境中运行，且由雅加达至万隆地势逐渐增高，线路所经地形起伏较大。一方面，长时间高温高湿环境对动车组供风系统的干燥装置提出更高的要求，另一方面，大坡道上列车高速工况下，电制故障、部分空气制动故障对制动盘热负荷能力的要求也是一个巨大考验。鉴于此，制动系统根据需要增加干燥器的反吹空气流量，在保证满足列车各系统用风量的同时适当调高反吹率，降低干燥器负载、提高空压机运转率；针对对摩擦副热负荷的要求、控制性能等问题，采用制动计算和热负荷校核结合方式，设计适用于不同基础制动配置的制动控制方案，解决了多轴制动隔离工况下保证制动距离要求的制动力分配问题；采用耐高温橡胶材料、磁线圈多次封装工艺、电子板卡表面三防漆处理、聚碳酸酯绝缘体材料，提升制动系统产品的密封性、耐腐蚀性等关键适应性能。

（3）车内压力波优化

为适应雅万高铁线路隧道众多、速度等级各不相同、海拔变化大、站间距短等复杂的运行条件，对车内压力波动控制进行优化。通过高低速分别控制、分时分车开阀、优化泄压逻辑等措施，实现了"≤500Pa/s、≤800Pa/3s、≤1000Pa/10s、≤2000Pa/60s"四个指标同时满足的车内压力波动控制要求。

3. 典型人文特征的定制化设计

雅万高铁动车组在界面设计方面坚持以人为本，满足本土化、综合舒适性需求，合理布置平面和功能空间。旅客服务设施按穆斯林的饮食、卫生、祷告、出行等进行设计配置；司机操作界面、旅客界面、检修维护界面符合当地语言习惯；雅万高铁动车组的外观（图4-47）和内饰设计（图4-48）方面，融入了鲜明的印尼本土文化元素。

图4-47　动车组外观设计

图4-48　动车组内饰设计

4. 列车总体方案

（1）编组与平面布置

雅万高铁动车组为每列 4 动 4 拖 8 辆编组，两列动车组可重联运营。客室内部设置 VIP、一等、二等三种座席，总定员 601 人的雅万高铁动车组编组与平面布置如图 4-49 所示。

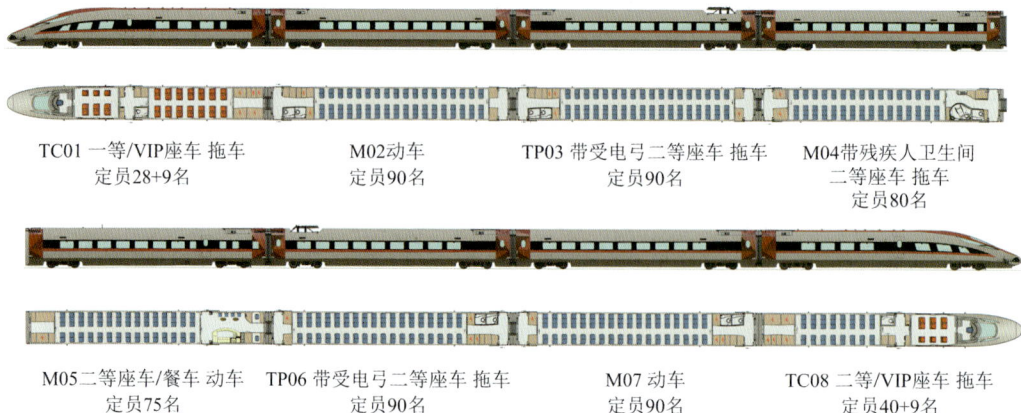

TC01 一等/VIP座车 拖车 定员28+9名	M02动车 定员90名	TP03 带受电弓二等座车 拖车 定员90名	M04带残疾人卫生间 二等座车 拖车 定员80名

M05二等座车/餐车 动车 定员75名	TP06 带受电弓二等座车 拖车 定员90名	M07 动车 定员90名	TC08 二等/VIP座车 拖车 定员40+9名

图 4-49 雅万高铁动车组编组与平面布置图

（2）主要技术参数

雅万高铁动车组主要技术参数如运行速度、供电制式、列车尺寸、牵引性能、制动性能、动力学指标等与 CR400AF 型动车组相同。

（3）关键系统方案

车体采用大断面、超薄壁厚、通长铝合金中空型材逐级焊接组成的薄壁筒体整体承载结构。动车组全包覆工况下，头车端部设置碰撞吸能装置，采用部件协调动作、吸能与承载结构一体化设计。转向架采用两轴无摇枕轻量化结构，拖车转向架主要由构架、轮对、轴箱定位装置、一系悬挂、二系悬挂、基础制动装置以及转向架辅助装置组成，动车转向架另外装有齿轮箱和电机驱动装置。转向架具有安全舒适、线路适应性强、可靠性高、易维护性的特点。

牵引系统由牵引变压器、牵引变流器、牵引电机构成交流电传动系统，整车设置两个动力单元；变流器采用主辅一体方案，可实现过分相及回送发电功能；高压系统采用整体密闭的高压箱结构，高压设备绝缘性能满足运用环境条件下的雷电冲击要求。雅万高铁动车组牵引系统适应雅万高铁线路条件，优化牵引控制，增设高加速模式。

制动系统主要由制动控制系统、供风系统、基础制动、防滑装置等组成，统一实施列车制动力的管理、计算和分配，采用统一减速度曲线控制，具有良好的制动控制性能。列车网络系统采用"WTB/MVB + 以太网"结构，整车两个牵引单元间采用绞线式列车总线（WTB）通信，单元内采用多功能车辆总线（MVB）通信，列车维护网采用以太网。维护网可实现故障诊断信息传输，完成软件更新和数据下载，数据传输能力提升至 100Mb/s，可实现单点对车上控制设备的维护功能。动车组全车设置监测点 2500 余项，实时诊断动车组运行故障，出现异常时，自动预警或报警。

三 列车控制系统

CTCS-3 级列控系统由地面设备和车载设备两部分组成。该系统外部环境包括：列车、司机、GSM-R 无线通信系统、车载设备接口、地面外部设备（联锁、调度集中等）。GSM-R 无线通信系统是 CTCS-3 级列控系统地面设备与车载设备间进行双向信息传输的通道。系统结构及接口示意图如图 4-50 所示。

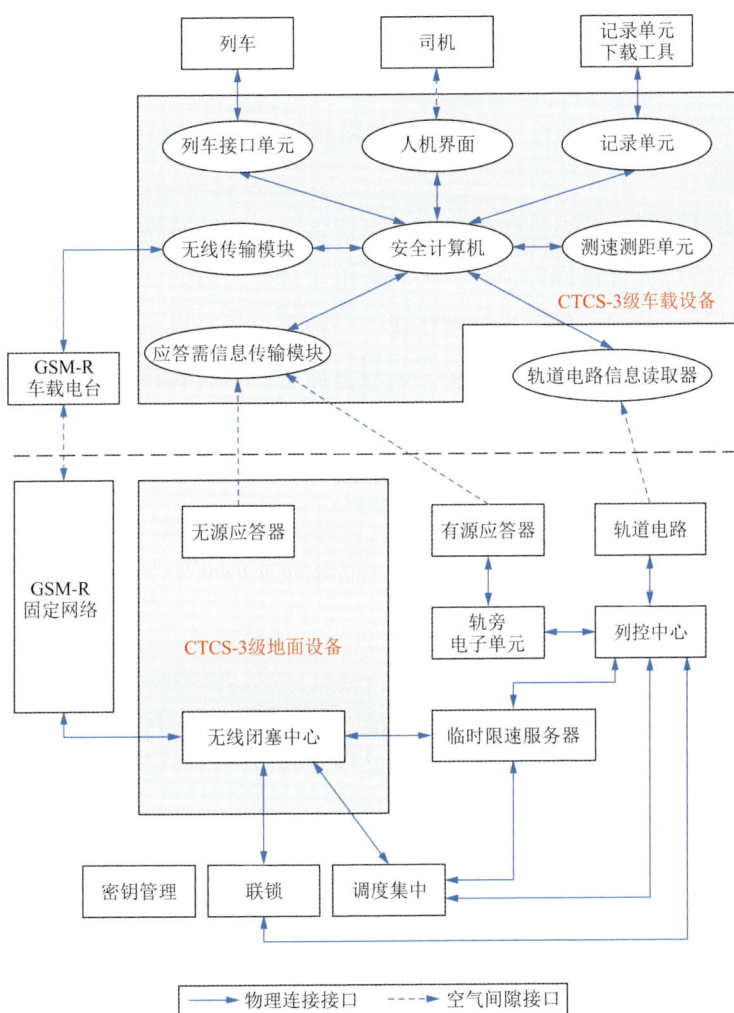

图 4-50　CTCS-3 级列控系统结构及接口示意图

CTCS-3 级列控系统车载设备采用 CTCS3-400T 型列控车载设备；地面设备由无线闭塞中心（RBC）、临时限速服务器、轨道电路、列控中心（TCC）、应答器/轨旁电子单元（LEU）等组成。各地面设备的主要功能如下：

（1）无线闭塞中心（RBC）

根据外部地面设备提供的信息以及与车载设备交互的信息生成发送给列车的消息；这些消息主要用于提供行车许可，使列车在 RBC 管辖范围内的线路上安全运行；通过车地无线通信系统向其控制范围内列车的车载设备传送行车许可及线路描述信息等信息。

（2）临时限速服务器

集中管理临时限速命令；临时限速服务器分别向 RBC、TCC 传递临时限速信息。

（3）轨道电路

实现列车占用检查；为 CTCS-2 级列控车载设备提供列车前方空闲间隔信息，实现自动闭塞。

（4）列控中心（TCC）

实现轨道电路编码，并通过联锁向 RBC 传送列车占用信息；通过轨旁电子单元（LEU）及有源应答器向 CTCS-2 级列控车载设备传送限速信息和进路信息。

（5）应答器

向车载设备传送报文的点式传输设备，可提供上行传输链路，也就是由地面向车载设备传送消息。应答器能提供固定消息，与轨旁电子单元（LEU）连接时能提供可变消息。应答器可按组的形式使用，每个应答器传送一个报文，所有报文的组合构成应答器组的消息。应答器按功能分类，有用于列车定位的应答器组、发送线路参数的应答器组、发送等级转换或 RBC 切换信息的应答器组、发送长短链信息的应答器组、位于发车进路始端的应答器组和其他用于识别列车运行方向的应答器组等。

（6）轨旁电子单元（LEU）

根据地面设备提供的信息生成应答器所要传输报文的电子设备。

四　结语

复兴号动车组是贯彻落实"创新驱动发展""交通强国""科技强国"国家战略的铁路重大装备工程，是大国重器的代表性装备，是中国装备制造业的亮丽名片；中国标准、中国设计、中国创造，复兴号动车组从华丽亮相到 350km/h 商业化运营，使我国昂首阔步迈入世界高速列车强国行列，不仅体现了中国高铁技术先进水平，也展现了中国在国际舞台上的实力和影响力，提升了国家形象。

复兴号动车组的研制，建立了基于自主知识产权的时速 350km 高速动车组技术平台和体系完整、先进科学的高速动车组技术标准体系；全面攻克了高速列车牵引、制动和网络控制等核心技术，研制了高性能牵引、制动、网络等关键系统装备，突破持续高速高性能载运技术，攻克高速列车高稳定、低阻力、低噪声、轻量化等世界难题；构建了"部件-系统-整车"完全自主可控的全产业链，形成了覆盖不同速度等级、不同编组形式、适应各种运行环境需求的复兴号动车组系列产品，取得了巨大的经济和社会效益。

复兴号动车组奔驰在祖国广袤大地上，以其先进可靠的技术性能、安全舒适的服务品质满足了人民美好出行需求，缩短了时空距离，极大提升了旅客出行的获得感、幸福感和满足感，提升了中国高铁品牌形象。截至 2023 年底，投入运用的复兴号系列高速动车组达

1194 列，配属在 14 个路局，累计安全运行 23.4 亿 km，运送旅客超过 22 亿人次，为赋能区域经济发展提供了有力支撑。同时，也为 2022 年北京冬奥会、2023 年成都大运会和 2023 年杭州亚运会的成功举办提供了运输保障。

复兴号动车组推动了科技进步和产业发展，拉动了材料、机械制造、精密仪器、电子电器、通信网络等多个产业发展和结构优化升级，培育的产业链企业遍及全国 20 余省（区、市）、600 余家一级核心配套企业、1600 余家二级配套企业，实现了产、学、研、用等全产业链自主可控，建成了现代化产业体系。

复兴号动车组创立了引领世界的中国标准，迈出了从追赶到领跑的关键一步，提升了中国高铁的核心竞争力和国际影响力，2023 年 10 月 17 日，复兴号家族高速列车在印尼雅万高铁正式投入商业运营，开创了中国高速列车"走出去"的崭新局面。

参 考 文 献

[1] 周黎. 面向世界的复兴号[M]. 北京: 中国铁道出版社, 2020.

[2] 胡亚东. 坚持自主创新道路 积极推进中国标准动车组研制[J]. 中国铁路, 2014, 8: 1-5.

[3] 齐延辉, 周黎. 复兴号中国标准动车组[J]. Engineering, 2020(3): 53-66.

[4] 编委会. "复兴号"中国标准动车组（CR400 型）[M]. 北京: 中国铁道出版社, 2020.

[5] 赵红卫, 张顺广, 高枫, 等. 一种轨道车辆间的互联互通的方法: ZL201510011924. 6[P]. 2015.1.9.

[6] 刁晓明, 宋永丰. 中国标准动车组互联互通测试关键技术[J]. 中国铁路, 2021(6): 9-15.

[7] 齐延辉. "复兴号"动车组技术创新[J]. 铁道技术标准, 2020, 2(8): 71-100.

[8] 张在中, 姚曙光, 许平, 等. 高速列车车体前端吸能结构的碰撞仿真与试验[J]. 机车车辆工艺, 2015(3): 33-34, 43.

[9] 章阳, 华晶, 于伟, 等. 动车组制动系统软件开发集成测试平台研制[J]. 铁道机车车辆, 2020, 40(4): 13-20.

[10] 李海龙, 刘晓磊, 苏晓波. 中国标准动车组网络系统半实物仿真试验平台[J]. 机车电传动, 2017, 5: 70-73, 78.

[11] 黄志平, 齐延辉, 赵红卫, 等. 动车组以太网控车的设计与应用[J]. 铁道机车车辆, 2022, 42(5): 34-40.

[12] 钱铭, 张大勇, 廖洪涛. 复兴号高原双源动力集中动车组关键技术[J]. 中国铁路, 2022(6): 1-9.

[13] 林晖. 动力集中动车组制动系统设计与运用研究[J]. 铁道机车车辆, 2020, 40(5): 1-7, 13.

第五章

面向未来

—— 持续创新的高速列车技术

撰稿人：吴胜权

中国高速列车
发展历程篇 ——

　　在高速列车技术领域，中国的发展举世瞩目，在较短时间内实现了从"跟跑""并跑"到"领跑"的历史跨越，成为闪耀世界的"中国名片"。同时，世界范围内高速列车技术也在持续进步，各国纷纷加大研发投入，力求在速度、能效、智能化、经济性等方面取得新突破。面向未来，中国将秉持开放合作、互利共赢的理念，与世界各国携手共进，共同推动高速列车技术的持续创新，为构建人类命运共同体贡献中国智慧和力量。

第一节 概 述

纵观世界高速铁路，经过多年长足发展，形成各种特色。展望未来，各国都将更高速度、更加绿色节能、更加智能、更加经济、更好服务旅客作为发展方向，并形成共识。

表现在高速列车上，所谓更加绿色节能，是指在设计、制造、运营、维护和回收处理等全生命周期内，通过采用先进技术和管理措施，实现能源的高效利用和环境影响的最小化；所谓更加智能是指列车应具有智能监控、自动驾驶、智能运维、智能服务等功能，以保证列车安全和提升服务质量；所谓更加经济是指设计、制造、运用、维修等环节成本的降低，实现列车标准化、系列化。

各国高速铁路的发展经验值得我们借鉴。更加绿色、更加智能、更加经济，符合我国交通强国建设的方向，也应是我国高速列车发展的目标。然而由于我国国情与日本、法国、德国等高速铁路先驱国家不同，具有疆土辽阔、人口众多、气候和地形地貌复杂以及运输多样的特点，这对我国高速列车技术创新提出更高的要求。

在列车速度方面，为了缩短超长途高速列车的旅行时间，以及挖掘提升我国既有繁忙高速铁路干线的运能运力，应在现有 350km/h 基础上探索进一步提高速度的可能性。

在运营条件方面，基于我国西南为高原多山的特征和建设进藏铁路等战略要求，高速列车将开往高原地区，必须针对西部地区高海拔、长大隧道、长大坡道等多种因素叠加的复杂环境，开发适应高原、高寒、高可靠性等要求的新型动车组。

在货运方面，聚焦我国目前快递运输主要依靠公路、民航而导致的成本高、污染大等问题，应发挥高速铁路速度快、运量大和环保等优势，发展高铁快运，开发货运高速列车。

与此同时，根据我国特点，在轨道运输方面除建设轮轨高速铁路外，不应排除发展其他高速运输模式，故本章还专门阐述了国内外磁浮列车发展的态势。

第二节 更高速列车技术的探索与展望

一 国内外发展概况

1. 国外发展现状

日本、德国、法国在高速列车技术发展方面较长时间一直走在世界前列，形成了日本新干线、德国 ICE、法国 TGV 为代表的技术体系，正朝着适度提速、轻量化、低能耗、低成本、智能化等方向发展，并研发了新一代高速列车产品。

2019 年，日本 JR 东海公司研制的 ALFA-X 高速试验列车（图 5-1）落成下线，最高试验速度 400km/h，计划运营速度为 360km/h，平均轴重 12.4t，最大轴重 13.1t。2020 年，东海道新干线 N700S 列车正式运营，最高运营速度 300km/h，最大轴重 11t。

图 5-1　高速试验列车 ALFA-X

德国高速列车主要包括 ICE 系列及以 ICE 3 为基础衍生的 Velaro 系列动车组（图 5-2）。最新一代 ICE 主力车型为 ICE 4，最高运营速度 250km/h。2018 年，德国西门子推出了具有多项技术创新的高速动车组平台 Velaro Novo，能够实现运营速度从 250km/h 到 360km/h 的定制化配置。

图 5-2　Velaro 系列动车组

法国自 1978 年制造出第一列 TGV 高速列车以来，至今已发展到了第 5 代，即 TGV-M（图 5-3）。TGV-M 高速列车最高运营速度 320km/h，轴重不大于 17t。

图 5-3　TGV-M 高速列车

2. 我国发展概况

经过几十年的发展，我国成功打造了世界上规模最大、技术领先的高速列车研发生产制造基地。2017 年 350km/h 的复兴号动车组投入运营，标志着我国高速列车自主创新取得新的历史性成就。尽管如此，我国高速列车研发创新并没有放慢脚步。2022 年，科技部与国铁集团签订"交通载运装备与智能交通技术专项——时速 400 公里高速列车工程化技术研究与 CR450 高速动车组研制项目"任务书，正式启动了我国更高速列车技术研究。

研发更高速列车，是为了满足我国一些发达地区发展 400km/h 高速铁路的需要，也是为了适应一些现有高速铁路进一步提速的需求，而后者更为重要。例如京沪高铁从目前的 350km/h 提速至 400km/h，将进一步缩短沿线城市之间的时空距离，使京津冀和长三角两大经济区之间的联系更加紧密，形成更具竞争力的经济走廊，促进资源的优化配置和产业的协同发展，带动沿线地区经济的共同繁荣。我国类似京沪需求的高铁线路还有很多，尚有提速的潜力，所以 400km/h 高速列车大有用武之地。

二　技术发展方向

更高速的列车不但意味着跑得快，也要求停得下、行得稳。这就是说，为了达到更高速度，必须提升列车的牵引能力、制动能力，改善走行性能和弓网受流性能。

为了提升高速列车的牵引能力，必须加强和优化牵引传动系统。不但要增加牵引功率，而且要优化性能。为此要采用新的技术，以替代目前普遍应用的交流异步牵引传动系统。最先进的牵引技术非永磁同步电机传动系统莫属，这是因为相比于异步传动技术，它具备高效率、高功率密度、高功率因数等优点，全工况下节能效果更加明显。只就同步牵引电机而言，相比同规格异步电机，功率可以做到更大，效率更高。在国外，20 世纪末以法国阿尔斯通、德国西门子、日本东芝等公司为代表的轨道交通装备制造企业竞相开展了永磁同步牵引传动系统的研究和使用。随后我国也进行了轨道交通永磁牵引传动系统研制与应用，先后成功开发出永磁牵引地铁列车、世界首列时速 350km 永磁高速列车。国内外经验证明，永磁同步牵引系统代表着未来发展方向并将逐步取代异步牵引系统。

为了保证列车在更高速度下停得住，列车制动系统面临着低黏着力、更高减速度、更大制动热负荷的挑战。特别是高速状态下的低黏着力，增加了冲标越界及擦轮的风险。为了提升列车高速下的制动能力特别是紧急制动能力，必须开展优化黏着利用的研究，提升防滑能力；实施更加精准的智能制动控制，根据列车的运行环境、载荷状态、制动距离等因素，提高列车的制动性能和稳定性；研制新型制动摩擦副，采用新材料，提高制动性能和高温强度以及摩擦系数的稳定性，降低磨损，减少环境污染。

除此以外，国内外还在研究试验涡流制动和风阻制动。为降低高速列车车轮滑行概率，减小制动距离，可采用线性涡流制动装置。线性涡流制动又称轨道涡流制动，是将钢轨作为磁感应体，利用安装在转向架上的磁铁与钢轨之间的相对运动，在钢轨上感应出涡流，形成制动力。线性涡流制动可用于常用制动和紧急制动工况。线性涡流制动的优点是通过非黏着制动方式产生强大的制动力，减小制动距离。缺点是会对周边产生较强的电磁干扰。

　　风阻制动是采用空气阻力实现制动作用的一种形式。安装在车体上的风阻翼板平时与车辆外墙设置于同一表面或收在车辆墙体内部，制动时展开伸出，以增大车辆正面投影面积，通过增加空气阻力获得制动力。由于空气阻力与速度平方成正比，因而风阻制动对于高速列车而言收益更大。风阻制动的优点在于通过非黏着制动方式提升高速列车的制动力。目前风阻制动已在世界各地展开研究，并取得进展。

　　为了确保高速列车的高平稳、高安全运行，需要进一步优化列车的走行系统。结合磨耗预测、轮轨匹配优化、悬挂元件动态分析、车辆模态匹配、风载影响多维度评价等技术，实现列车动力学性能的全面提升。要把高速列车与影响其动力学性能的线路、气流、接触网等耦合系统作为统一的大系统加以研究，即深度探索车轮与钢轨的轮轨耦合、列车与气流的流固耦合、受电弓与接触网的弓网耦合等关系，掌握规律，实现优化匹配。

　　应该说明的是，我国铁路在提高速度方面正走在世界前列，起到引领作用。然而列车速度的提高是有限的。因为高速列车能耗与速度平方成正比，其辐射噪声与速度的 6 次方成正比，考虑到节能、环保和经济等因素，对我国而言，轮轨高速列车设计最高运行时速为 400km 是合适的，不宜过高。

三　技术探索的典型案例

　　目前我国正在研制 CR450 高速动车组（图 5-4），其设计目标是：适用于新建 400km/h 线路和适当改造后的既有 350km/h 线路；与既有复兴号动车组相比，能耗降低 20%，自重降低 10%，效率提升 3%。为了实现上述目标，我国近几年利用既有高速线路和复兴号动车组，以 400km/h 速度为目标，在轮轨关系、弓网关系、空气动力学等领域开展了系列探索性试验。试验的目的在于深化对高速列车及其相关耦合系统的认识，并以此为基础，开展了技术攻关，进行了新设计、新部件的换装试验。

图 5-4　CR450 高速动车组

1. 基于既有线路和列车开展更高速度探索试验

2022 年 1～4 月在郑渝高铁、济郑高铁试验段开展了单列最高速度超过 400km/h，相对交会最高速度超过 800km/h 的试验。试验包括动车组隧道空气动力学、高速制动、接触网悬挂参数匹配等内容。通过试验获取了大量数据，进一步深化了对目前我国高速铁路及高速列车的认识。

深化认识的目的不仅在于了解现状和发现问题，更重要的是解决问题，优化其性能。为此，在前述试验的基础上，国铁集团组织了关键部件的"换装"试验，即利用研发的新设计、新产品替代原有设计、部件。2022 年和 2023 年在弥蒙铁路、福厦铁路开展了两次大型换装试验，对转向架、齿轮箱、受电弓以及车辆包覆结构等开展了换装前后的技术性能对比，验证了提速、减重、降阻、降噪等攻关的阶段成果，为 CR450 高速动车组的方案设计提供了支撑，为既有 CR400 复兴号动车组技术性能优化提升提供科学的依据。

2. 关键系统技术攻关

为研制 400km/h 的新一代动车组，我国重点开发了基于永磁电机的牵引控制技术和制动新技术，并通过技术攻关改善了车辆的动力学性能和受流性能。

（1）永磁同步电机牵引控制技术

CR450 高速动车组采用了永磁同步电机牵引控制技术。与异步电机牵引系统相比，永磁同步电机牵引系统在全速度范围内效率更高、功率更大、调速范围更宽。然而由于永磁体磁场不能关断，需要在牵引逆变器与永磁电机之间设置隔离接触器，用以故障时保护牵引逆变器与永磁电机。此外，由于不同轮对对应的永磁同步牵引电机的定子供电频率有可能不一致，所以不同的永磁同步牵引电机不能采用同一个逆变模块供电，必须采用 1 个逆变模块驱动 1 台永磁同步牵引电机的轴控模式。为解决永磁电机牵引控制系统特有的问题，有关单位开展了多年技术攻关，突破了系列核心技术。

（2）制动新技术

对于高速列车，制动性能特别是紧急制动（UB）性能，一直是被高度关注的大问题，因为这关系到旅客的生命安全。

① 多级紧急制动技术。

由于 CR450 动车组不但要在 400km/h 的高速铁路上运行，也要在既有的 350km/h 线路上运行，对于后者，紧急制动 UB 距离不能大于 6500m。这就意味着，对其制动性能的要求远远严于现有的国内外高速列车。

紧急制动 UB 采用纯空气制动，考虑到轮轨间的黏着限制和制动盘及闸片热负荷承受能力，通常要对制动力进行分阶段控制。目前复兴号动车组在紧急制动 UB 时，采用两级控制。这样一来，在高速区间就无法充分利用轮轨间的黏着力，导致在 400km/h 初速下很难实现 6500m 距离内停车。为了解决这一难题，有关研究团队做了大量研究试验，采用了紧急制动多级控制。通过多级阀组合控制，单车可实现 4 段减速度控制，全列车可实现 5 段减速度控制。这样，多级紧急制动技术使得黏着利用更贴近于速度黏着变化特性曲线，如图 5-5 所示，从而满足了严苛的制动距离要求。

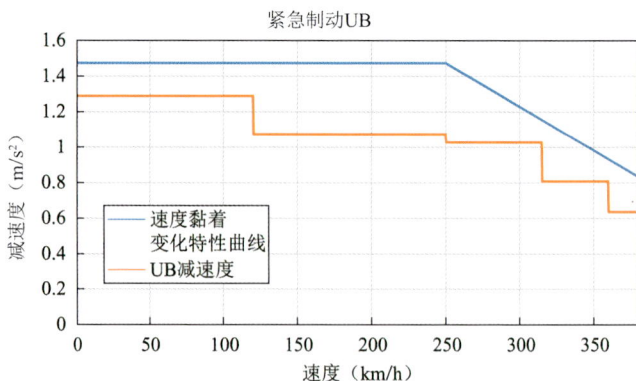

图 5-5　多级制动力控制

② 基础制动热负荷提升技术。

列车速度提升后，由于闸片与制动盘摩擦，制动盘温度大幅度提高。然而，由于制动盘温度分布不均，局部组织存在相变风险，因此有必要提高铸钢制动盘的高温强度和 Ac1 奥氏体转换温度以满足更大制动功率、更高制动能量的要求。

研究团队通过铸钢制动盘材料合金元素调整和热处理工艺的优化，使新材料组织中元素充分扩散，调质后组织均匀，提升了基础制动热负荷能力，高耐热制动盘材料性能达到了预期效果。

（3）更高速条件下的列车动力学技术

CR450 动车组对安全性和平稳性提出更高要求。当列车运行速度提升至 400km/h 时，车轮与钢轨的轮轨耦合、列车与气流的流固耦合、受电弓与接触网的弓网耦合以及列车交会耦合的特征将明显恶化。

为确保 CR450 动车组在更高速度下的安全、平稳运行，研究团队开展了对各种边界条件变化与性能影响的研究，采用了基于复杂边界的多目标、多工况、多参数的动力学协同优化技术，结合磨耗预测、轮轨匹配优化、悬挂元件动态分析、车辆模态匹配、风载影响多维度评价等多项技术，建立了考虑车线耦合、流固耦合、机电耦合与刚柔耦合的高速列车大系统动力学模型，开展了更高速轻量化动车组的关键尺寸选择、质量分配和参数匹配计算，取得良好效果。

（4）更高速度条件下弓网受流技术

车辆运行速度提升至 400km/h 及以上时，必须保证要有良好的受流质量。除了要求接触网进一步改善性能外，也对受电弓提出了更高的指标。根据在郑万线、郑濮线 400km/h 速度下的探索试验，CR400 复兴号动车组由 350km/h 提速至 400km/h，受电弓燃弧率增大 2 倍以上，接近标准限值。

为适应 CR450 动车组的需要，有关企业研究并采用了以下措施：选用主动控制策略，提高气压调节精度和缩短响应时间；优化弓头弹簧刚度，提升弓网匹配性能；降低弓头质量，提高弓头的跟随性；改善碳滑板材质，增强碳滑板的耐磨性。从 2021 年开始，中车株洲电力机车有限公司（简称中车株机公司）和北京赛德分别自主开发了 V450 和 CED450 型两种受电弓。通过结构强度、疲劳寿命、空气动力学、弓网动力学等仿真计算和型式试验，证明产品性能可以满足要求。对比 CR400 复兴号动车组现用受电弓，V450 受电弓风洞实测平均减阻 43%，减噪 5dB；CED450 受电弓风洞实测平均减阻 42%，减噪 3.15dB。

▌ 故事

CR450 交会试验

"CR450 科技创新工程"是国家级创新工程项目。CR450 动车组最高运营速度可达到 400km/h。

速度越高，未知数越多。CR450 必须通过一系列探索性试验获取新的设计参数。试验的重点在于测试 400km/h 速度下的线、桥、隧、信号对车辆顶层指标的影响。秉承"利用试验数据指导研发"和"利用车辆技术状态和性能指标展现高铁品质"的匠心精神，试验团队 2022 年春节期间 30 天完成 70 余项仿真计算和 18 项地面试验，有力保障了 CR450 动车组研制先期试验的顺利进行。

四方股份技术中心试验人员从冬到夏，从黄海之滨奔赴首都北京，从巴山楚水跃进中原大地，这场马拉松般的试验长跑跑出了一个又一个的难忘瞬间。参与试验的同志谈及这段经历，都想说"大家心里都憋着一股劲，只为冲刺那一刻。"

四月的巴蜀大地春暖花开，处处风光秀丽。但参试人员印象中最深的颜色却是黑色。为获取时速 400km 隧道运行的数据，试验团队来到重庆。一路峰峦叠嶂，跨过几座高桥，接着就钻进了漫长的隧道。虽然隧道黑暗，却是试验的绝佳场地。试验并非一帆风顺。试验受疫情影响，团队数据组在试验初期只有 8 人符合疫情防控要求的情况下，通过采取各种措施，确保了试验顺利进行。

4 月 12 日，试验团队成功实现隧道内单列 403km/h、相对交会 806km/h，一举打破了 2010 年我国在京沪高铁创造的隧道交会 760km/h 最高相对速度纪录。

记忆犹新的是一次车辆巡检，这时动车组已经提速到 420km/h，试验人员敏锐捕捉到 4、5 车通过台处有细微噪声，也许对交会试验没有什么影响，但绝不能放过可能的隐患。他们连续 48 个小时没怎么休息，盯控整个摸排全程，对设备反复拆装，逐项排除，终于找到了原因，是车顶天线的气动效应所致。问题迎刃而解，大家提着的心终于落地了。

2024 年 12 月 CR450 新一代高速列车向公众亮相，发布的数据表明，其技术水平达到了一个新的高度。相对于 CR400，在 350km/h 速度下，列车能耗降低 20%，车内降噪 3dB；在 400km/h 条件下，紧急制动 UB 距离控制在 6500m 以内。这就是说，CR450 列车以 400km/h 速度运行时与 CR400 列车以 350km/h 速度运行时的能耗、噪声以及紧急制动距离基本相当。这些重要指标进一步巩固了中国高速列车技术在世界范围内的领先优势。

第三节　高速列车绿色化技术的探索与实践

一　国内外发展需求

高速列车绿色技术旨在提高能源效率、减少碳排放，实现铁路节能低碳发展。绿色发展需求涉及减阻、轻量化、提效、控制策略优化、减少噪声污染以及新能源应用等方面。

在节能方面，随着列车速度提升，运行阻力和列车能耗也随之增大。为有效降低能耗，减阻和轻量化技术成为关键。研究表明，既有高速列车通过减少 10% 气动阻力，在全寿命周期内碳排放将减少约 2 万 t；同时，轻量化技术也有助于降低列车运行阻力。随着高速列车的大批量应用，牵引系统的能效提升至关重要，通过研发高效的牵引电机和变流器等关键设备，可以减少系统自身的能耗，提高电能转化效率，从而实现更高效的能源利用。此外，优化控制策略也是降低能耗的有效途径。例如，依据线路状况和客流分布等因素，动态调整列车运行速度以降低能耗、减少能源浪费；在多列车协同运行场景中，通过先进的联控策略合理安排列车间距和进站顺序，以提高整体运行效率。

在环保方面，为了减少高速列车对沿线居民生活和生态环境的噪声污染，欧洲一些国家通过研发新型的降噪材料和技术，如采用吸声涂层以及优化列车运行速度调控，降低列车运行时的噪声排放，并减少速度变化带来的噪声峰值。同时，科研机构和企业也积极探索可替代传统金属材料的新型绿色材料，如碳纤维增强复合材料和竹纤维复合材料，这些材料不仅具有轻量化优势，还在生产过程中能耗低、污染少，有助于提高高速列车的环保性能。新能源应用拓展方面，随着全球气候变化严峻性增加，各国列车都在寻求低碳和可持续发展的方案；新能源动车组，尤其是氢能源动车组，可以实现"零"碳排放，减少二氧化碳和空气污染物的排放，有助于改善空气质量和减缓全球变暖。

轨道交通产品的回收利用是推动循环经济、资源可持续利用和环境保护的关键。随着轨道交通车辆数量增加，如何科学高效地回收利用这些由钢铁、铝合金、塑料、橡胶等材料构成的车辆，成为行业亟待解决的问题。回收不仅能减少资源消耗和环境污染，还能促进绿色、低碳社会发展，推动资源循环利用。随着各国对环保的日益重视，轨道交通车辆的回收利用已成为企业绿色发展、履行社会责任的重要举措；技术创新和工艺改进也将提升回收效率，推动行业升级。因此，轨道交通车辆的回收利用对资源利用、环境保护和产业发展具有重要意义。

二　技术发展方向及创新实践

1. 技术发展方向

高速列车绿色设计是近年来交通运输领域备受关注的重要理念，它旨在实现高速列车在整个生命周期内对环境影响的最小化，同时兼顾经济、社会等多方面效益。在车辆设计和生产过程中，倡导绿色环保设计理念，从节约能源、提高效能等方面加强车辆的绿色低碳设计。可通过减少列车运行阻力、轻量化设计、提高能源利用率和减振降噪等方面开展绿色设计。

（1）车辆减阻

运行的高速列车所受阻力主要包括机械阻力和气动阻力两个方面，其中气动阻力与列车运行速度平方成正比，相比运行速度 350km/h 的列车，速度 400km/h 的列车运行过程总阻力增加近 30%，其中空气阻力在总阻力中占比也大幅提升到 90% 以上。同时，高速列车运行所需功率随速度的立方增加，速度的增加会引起列车运行能耗的迅速增大。气动阻力引起的高速列车能耗的增大，严重影响下一代高速列车所追求的经济和环保特性，甚至使高速列车的提速过程变得更加困难，这是下一代更高速列车研发道路上必须跨越的阻碍。因此，更高速列车研发过程中，必须同步探索推进"提速"与"减阻"技术，以实现我国下一代高速列车更高速、更舒适、更经济环保的设计目标。

列车气动减阻技术作为高速列车发展过程中一个长期探究的问题，受到了国内外高速列车领域学者的广泛关注。随着高速列车运行速度等级的提高，匹配该速度等级的减阻技术也需要展开新的探究设计，为实现更高速列车减阻目标，首先分析高速列车气动阻力分布特征，总结国内外针对更高速列车的气动减阻设计，为气动外形设计提供参考。

① 列车气动阻力分布特征。

铁路列车空气动力学相关标准明确指出运行列车受到的由空气压差和黏性所引起的气动阻力与列车运行速度的平方成正比。由于列车各个部位结构不同，列车气动阻力在车体不同部位的分布权重也明显不同，并且这种分布情况随着列车运行速度以及气动外形的整体变化会表现出一定差异（图 5-6）。

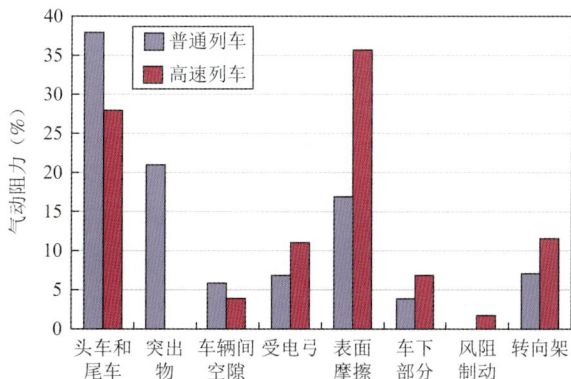

图 5-6　普通列车与高速列车气动阻力特征

从图中可以看出，列车气动阻力的主要来源包括：头车和尾车、突出物、车辆间空隙、受电弓、表面摩擦、车下部分、风阻制动、转向架等。但普通列车与高速列车的气动阻力在不同部位分布权重有着明显差异，普通列车头、尾部及车体表面突出物所引起的气动阻力占整列车阻力近 60%，而对于当前运营的高速列车，由于头尾部流线型设计的不断成熟以及车体表面的平顺化设计，其车体表面突出物占比几乎为零，头尾车引起的阻力占比相比普通列车明显减小。

② 减阻技术方案。

针对高速列车气动外形减阻优化主要围绕头部流线型优化和车体局部结构平顺化设计展开。列车流线型长度越长，车辆断面积越小，部件越平顺，越有利于降低列车气动阻力。

为实现顶层能耗指标，从提升牵引系统效率和降低整车运行阻力两方面开展节能设计，其中车辆减阻技术是实现能耗指标的关键。减阻的重点是减小列车气动阻力。根据气动阻力分布规律和各部分占比情况，从头型、断面、侧裙板包覆、转向架底部包覆、风挡、受电弓等各部分开展低阻力气动外形设计。

a. 头型。提升头型长度有利于减小列车所受的气动阻力，同时对于列车交会压力波和微气压波也有改善作用，但是随着长细比的增大，对改善气动性能的作用将逐渐减小。增大头型长度还受到司机室空间及视野、头车乘客定员等因素的限制，流线型头部长度无法无限加长。头型长度与阻力、升力等主要气动性能相关，12～15m 的流线化长度范围内，长细比增加，性能改善依然在有效区间。

b. 断面。在平顺化程度相同的前提下，气动阻力随车体断面增大而增加，减小车体断面可减小气动阻力。制定不同车高方案进行比选，从站台匹配性、车内空间、平顺化、整车性能（质量、模态、噪声、动力学）等方面综合考虑，确定车宽和车高尺寸。

c. 转向架区域。通过侧裙板包覆，能够减小气流对转向架舱迎风侧端板的直接冲击，降低转向架区域气动阻力。平顺化方面，突出于车体轮廓将降低减阻效果，在此基础上进一步研究转向架底部包覆技术，以减小转向架区域的气动阻力。

d. 全包外风挡。车端阻力主要为涡流导致的压力损失，采用全包外风挡，封闭车端减振器区域缝隙，减少流入车端的气流，可降低气动阻力。

e. 受电弓区域。受电弓作为车顶典型凸出部件，外形复杂，零件众多，是车顶重要气动阻力源。通过简化弓头、流线化绝缘子、底部零部件包裹等措施，实现受电弓区域减阻。

（2）轻量化

高速列车质量的增加意味着能耗的增加以及车轮、制动摩擦副、钢轨之间磨耗的增加，这不仅可能引起列车超重，还可能导致整个运行成本的增加。随着高速列车运行速度的不断提升，轻量化已成为重点的研究方向之一。

高速列车由转向架、车体以及搭载在车体上的诸多设备所构成。这些设备以实现高速运行、安全停车、乘坐舒适等各种功能为目的。整个车辆的质量（包括车体、设备、定员及水的质量）全部由 2 个转向架承担，对高速列车的设计制造而言，要求所有的质量均匀分布在 2 个转向架的 4 根车轴上。总体来讲，在车辆设计中通过减轻车体结构、转向架以及车内设备的质量来减轻列车自重，同时降低列车运行的机械阻力和起动阻力，以降低运行能耗。

（3）牵引效率提升

牵引系统及辅助系统升级换代：通过研究大功率绝缘栅双极晶体管（IGBT）、碳化硅器件和高性能永磁牵引电机的应用，推动大功率高效牵引系统及高频辅变系统的开发，以实现牵引系统和辅助系统的小型化、轻量化、高效率和低能耗。

牵引系统控制策略优化：实现对牵引电传动系统高性能的控制和完善的故障诊断，满足高速动车组牵引和电制动高性能的要求。提高牵引系统的效率，包括采用新型电力变换装置和高效牵引电机，采用最优控制策略等，以有效降低能耗。

（4）减振降噪

高速列车运行时产生的噪声会对车内乘客和沿线居民生活环境造成影响。

噪声污染被认为是高速列车对社会产生的最大的环境污染因素。随着我国列车运行速度的提高，列车运行产生的噪声水平也大大增加，高速列车气动噪声的影响最大，列车外部噪声给线路两侧的环境带来严重的影响，尤其是医院、学校、居民区等对噪声比较敏感的区域。国际上已把振动噪声列为七大环境公害之一，高速铁路的噪声问题日益受到各方关注。因此，如何减少高速铁路噪声污染，是当前高速列车技术研究中的一个十分重要的课题。

针对高速列车气动噪声占主要因素的情况，减小外部噪声主要通过头部流线型优化和车体外部结构平顺化设计加以实现，例如：增大车头长细比，减小车辆断面积，减少车体上突出部件，设置包覆转向架裙板和外风挡等。

车内可通过采用吸声材料、优化车辆结构设计等措施可有效降低噪声，提高乘车舒适性。例如，降低噪声源设备的噪声指标数值，车内可采用隔声设计隔断噪声传递路径等。

（5）新能源应用

氢燃料电池具有能量密度高、无污染等优点，被认为是未来高速列车的一种潜在能源。氢能列车在运行过程中唯一的排放物是水，研发氢燃料电池驱动的高速列车，可实现真正的零排放运行。氢燃料电池轨道车辆研究方面，国内外主要轨道交通装备制造商已相继开发采用氢燃料电池的有轨电车、机车、市域列车等多种车型并陆续投入应用，并且朝着更高速度等级的、多元化轨道车辆制式应用方向发展。

2. 创新实践

我国铁路移动交通装备在新能源应用、效率提升、节能减排等方面进行了大量的探索研究，并取得了重要突破，创新技术已在具体项目得到应用。2024 年 9 月，由中车青岛四方股份公司自主研制的我国首列氢能源智能城际动车组 CINOVA H2（图 5-7）在柏林国际轨道交通技术展正式发布。该动车组搭载了中车自主研发的氢燃料电池系统，行驶全程可实现"零碳"排放，采用轻量化和平顺化设计、高效永磁牵引系统以及制动再生能量全回收等先进技术，提升了动车组绿色化水平。

图 5-7　CINOVA H2 氢能源智能城际动车组

该动车组采用 4 辆编组，配置高达 960kW 的大功率氢燃料电池，持续运营速度 160km/h，最高运行速度可达 200km/h。以 160km/h 速度运行时续航可达 1200km，120km/h 速度时续航达 2000km，80km/h 速度时续航达 3000km。同时加氢速度快，满氢只需要 15min。列车创新循环利用技术，将废水、废热"变废为宝"。氢燃料电池反应排放的水经净化处理实现再回收，满足乘客盥洗等全车用水需求，有效节约水资源；氢燃料电池的冷却废热通过再循环用于冬季空调采暖，更加绿色环保。列车能耗表现优异，通过采用轻量化平顺化设计、高效永磁牵引系统、制动再生能量全回收等先进技术降低了运行能耗，以 160km/h 速度满载行驶时人均每公里耗氢量不到 0.3g。

高速列车绿色技术涵盖多个方面，随着科技的不断进步和发展，通过不断地创新与实践，在保障高速列车高效、安全运行的同时，实现与环境的和谐共生。

第四节　高速列车智能化技术的探索与实践

一　国内外发展需求

1. 国外发展现状

以德国、法国、日本等为代表的发达国家对铁路交通运输领域数字化和智能化发展高度重视。2021 年 11 月欧洲议会颁布了建立"欧洲铁路计划（EUROPE's Rail）"以及更新欧洲铁路研究合作伙伴关系的法案，其中一个重要目标是提供数字化、智能化解决方案。日本新干线实现了数字化列车自动控制系统（Automatic Train Control，ATC），引入了计算机控制铁路系统（CyberRail），通过数字化、智能化提升新干线高速铁路的安全性和运营效率。在铁路运输装备数字化、智能化应用方面，德国 Velaro D 高速列车采用了新型转向架监测系统，一方面可实时监测轴承、车轴、车轮、制动装置等磨耗、振动情况，确保高速列车运行的安全；另一方面能够快速为维修部门提供相关位置的磨耗和振动情况，据此调整优化检修周期，以实现降低维修成本的目的。法国阿尔斯通公司近年开发了高科技预防性检修工具——健康中心（HealthHub），可实时自动监测机车车辆、基础设施、通信信号等设备的技术状态并及时准确判断哪些设备需要更换或检修。法国泰雷兹公司提出了智能化列车车地一体化解决方案，以实现铁路机车车辆的远程实时监测和评估。日本铁道综研所提出，自身具有基于识别沿线各种危险信息，并能自主判断和实施安全走行控制功能的列车，可称为"智能列车"，其主要智能特征是"能看见、能判断、能控车"，基于这一理念，日本开展了"智能列车"的构成、关键技术以及应开展研发课题等解决方案研究。庞巴迪公司开展了一系列"智能"关键技术研究，提出了集通信、运营、乘客、安全、维护等功能于一体的 ORBIFLOW 轨旁解决方案，使运营商、乘客、维护人员等可实现远程信息的实时交互。

2. 国内探索实践和发展方向

目前世界上运营时速最高、技术水平领先的 CR400 复兴号动车组于 2017 年 6 月在京沪高铁正式投入运营，拉开了 350km/h 复兴号动车组大规模运用的序幕。在速度提升的同时，人民群众和高速铁路运营者对提高安全性和可靠性、提升乘客体验和运营效率等方面又有了新的要求和期待。加强中国高速铁路与新一代信息技术深度融合，提高数字化、智能化水平，已成为必然选择。

2019 年，中国企业在复兴号动车组的基础上，广泛应用云计算、物联网、大数据、人工智能、新一代通信、北斗卫星导航等新技术，开展了京张、京雄高铁智能动车组研制。2021 年，智能配置的复兴号系列动车组陆续投入运营。复兴号智能动车组的开发和应用，开启了中国高速列车的智能化时代。

智能动车组通过技术创新和设计优化，面向运用场景，形成由智能行车、智能运维和智能服务构成的动车组智能化体系架构，以实现更安全可靠、更经济高效、更温馨舒适、更方便快捷、更节能环保的智能高铁目标。

智能行车与列控系统和运输调度系统密切相关。高铁智能列控系统是应用先进的传感器、通信技术和控制算法等，实现对列车运行的精确控制和实时监测。国内相关单位针对多种不同运营环境开展了高铁智能列控技术的探索实践，中国高速列车在世界上首次实现了 350km/h 列车 GoA2 级自动驾驶，最小追踪间隔为 3min。高铁智能调度系统是通过实时采集列车运行状态、轨道状况以及设备运行情况等数据，进行实时分析和处理并对高速列车运行实施精确调度指挥。中国铁路前期已开展了大量探索实践，旨在确保高速铁路运输调度管理的安全、高效、可靠。

智能运维对于确保高速铁路运营安全、提升服务质量、降低运营成本意义重大。通过利用传感网、物联网、大数据、云计算等技术手段，搭建智能运维管理平台，实施精准的状态感知、可靠的状态预测，以及应用"互联网+"进行流程管理、事件管理、变更管理、运行管理、知识管理和综合分析管理等，以实现运营故障处置、驾驶行为评估、运营组织管理、列车能耗管理、设备健康评估、设备安全预警和数据共享等。智能运维已成为中国高速列车智能化发展的重要内容。

智能技术的应用与旅客服务系统相结合形成新一代智能旅客服务系统。一方面通过采用智能终端设备、人脸识别等先进技术，完成购票、检票、导航等环节的自助化和智能化，形成智能化客站系统；另一方面通过构建区域轨道交通协同运输与服务系统，为旅客提供全方位、便捷化、智能化服务。中国高速铁路的智能化服务为人民群众的出行提供了越来越多的便利。

此外，新一代移动通信技术、大数据、物联网/车联网、云计算、区块链、元宇宙、人工智能等高新技术逐步进入轨道交通行业，为轨道交通通信信号领域的创新发展注入了强大动力。全电子联锁、移动闭塞、群组运行、北斗卫星定位、IP 化无线通信等技术在普速铁路领域开展现场试验及示范应用；云平台、灵活编组、智能调度、资源精细化控制技术在城轨行业开展应用；通信系统技术制式不断演进，通信业务逐渐向 IP 化、云化演变；随着 LTE-M、5G、5G-R 等技术发展和应用，轨道交通无线通信系统向综合承载、车车通信方向发展。

二 技术重点发展方向

智能动车组发展重点是在智能调度、智能运行、智能运维和智能服务等方面实现技术提升。利用智能信息采集、现代通信技术和人工智能算法等技术，通过车地一体化、智能联动，完成列车智能调度和自动运行；采用物联网、信息采集、传输与处理及大数据技术，通过车地信息实时传输、建立大数据平台、大数据挖掘与分析、故障预测与健康管理等技术，实现智能运维；增加对走行部振动状态的监测，利用复合传感器技术对影响安全的部件进行综合状态采集，接收其他监测系统的状态进行综合诊断统一存储、显示和发送，为列车运行风险做出智能判断，提高高速列车运行安全性。

1. 智能调度技术

高铁智能调度系统实时收集列车运行状态、轨道状况以及设备运行情况的数据，通过实时分析和处理对列车运行的精确调度指挥，同时还具有列车运行计划辅助调整、列调作业综合安全卡控等功能。高铁智能综合调度系统通过需求适配、数据融合、模拟仿真、实时推演、安全计算、规则管理、应急预案匹配等技术，可实现调度组织过程的数字化贯通、专业化协同、流程化互控和面向客运服务全过程的安全、高效、可靠的高铁运输调度管理。

构建智能协同行车调度系统，实现多线网、多线路客流信息和车流信息的数据共享、数据挖掘、实时监测和指令下发。

2. 智能运行技术

智能动车组在运行全过程实现智能列控、车地一体化，实现自动运行。在技术上，一是重点要攻克基于多传感器信息融合的列车运行状态在线感知与预测、列车运行环境智能感知、不同运行条件的智能自适应技术和自学习方法、列控系统内生安全管理、调度与控制系统的深度融合等关键技术，构建驾驶策略多目标优化决策模型和自动驾驶评价体系，实现具有快速、智能、协同、稳定特色的更高等级自动运行、调度与控制一体化，全面提升及时应对突发事件的能力；二是重点要攻克车车通信、基于前车速度的移动闭塞、车站进路联锁控制、虚拟联挂、群组运行等关键技术，形成动态编解组、高密度接发车、短距离跟随的灵活机动运行方式，大幅提升高速铁路运输能力。此外，针对市域铁路等多制式轨道交通与高速铁路互联互通的需求，研制兼容 CTCS 与 CBTC 及跨线运行的列控系统。

3. 智能运维技术

故障预测与健康管理（Prognostics and Health Management，PHM）技术具有持续状态监控与健康管理、故障诊断和预测、维修决策支持等能力，能实现在准确的时间对准确的部位采取准确的维修活动，可提高维修效率和效能，节约维修费用，减少故障率，是实现轨道交通车辆预测性维修的重要技术支撑，从而提升动车组等轨道交通车辆的安全可靠性、提高使用效率。

PHM 是以动车组等为研究对象，以物联网、大数据、云计算、人工智能等新兴技术为手段，开展数据融合和数据挖掘工作，构建以车辆新造、运用维护、轨旁检测等多源异构数据为基础，以 PHM 模型为核心，可视化为手段的一体化体系。该平台采用边缘计算与云端协同的架构，充分考虑模型对于数据实时性、周期性需求，构建子系统级-列车级-车队级三级模型，实现 PHM 系统车地一体化，如图 5-8 所示。

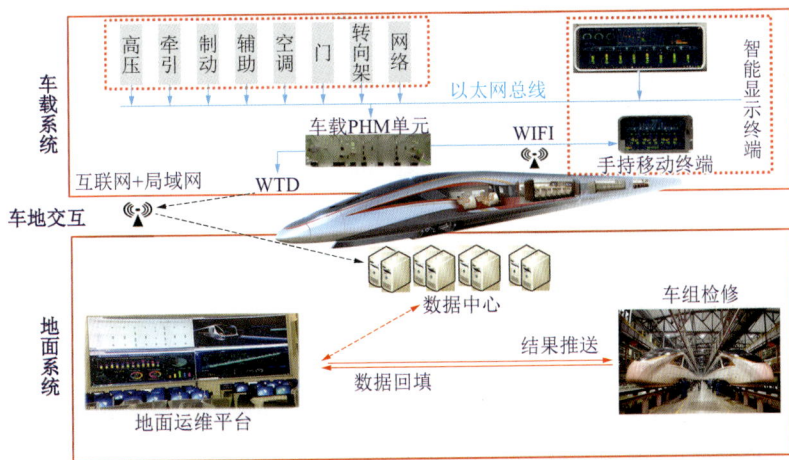

图 5-8　PHM 系统车地一体化

车载 PHM 系统是一种基于数据特征提取为核心、支持模型容器化部署的车辆边缘侧系统，可以实现数据分布式采集、本地化存储、实时数据融合、清洗和特征提取等功能，包括子系统控制单元、车载 PHM 单元、智能显示终端等设备组成的一套可选配的车辆边缘端数据应用解决方案。子系统控制单元可以实现单部件数据实时采集、高频数据处理、子系统级预警预测等工作；车载 PHM 单元能够实时汇集车辆牵引、制动、转向架等车辆关键系统的数据，并利用这些数据进行流式处理和分析，开展列车级预警预测，并提取特定的特征和模式支撑地面 PHM 平台进行深入分析，从而构建基于车辆边缘侧高质量数据流式处理的运算中心；智能显示终端可以实现车辆关键运行故障、预警预测数据的可视化显示，为随车人员应急处置决策提供技术支撑，保障行车安全。

子系统控制单元由高压、牵引、制动、车门、空调、走行部等关键系统车载控制单元组成，实现单部件数据实时采集、高频数据处理，利用 PHM 模型开展部分子系统级故障预警。

车载 PHM 单元是车载 PHM 系统的核心设备，可根据项目需求选配不同性能的插拔式板卡，其由电源板卡、网关/防火墙板卡、交换机板卡、主机板卡、通信板卡等组成，可兼容列车实时数据协议（Train Real-time Data Protocol，TRDP）、文件传输协议（File Transfer Protocol，FTP）、用户数据报协议（User Datagram Protocol，UDP）等多种通信协议，具备可扩展性、可维护性。

车-地数据传输系统可以根据环境限制，适应性采用包含 4G/5G、无线局域网（Wireless Local Area Network，WLAN）等多种制式通信网络利用列车无线数据传输装置（Wireless Train Data，WTD）将车上数据传输到地面 PHM 系统，支撑地面 PHM 系统开展基于多源异构数据的预警预测与健康管理工作。传输的数据主要包括实时状态数据、预警和报警信息、特征数据、故障信息等。

地面 PHM 系统将车辆新造、运用维护、轨旁检测等多源异构数据接入车辆数据算力中心，通过高效的数据处理和存储能力，开展子系统级-列车级-车队级三级预警预测。系统具备数据调用、模型运行、结果存储、对外发送等功能，可利用模型配置工具、容器化、虚拟机、程序嵌入等多种方式进行模型快速部署。地面 PHM 平台以数据驾驶舱构建可视化展现形式，搭建以用户实际工作场景为视角的车组总览、安全监控、数据分析、运维支持、模型中心，用于为地面应急指挥人员提供技术支撑以及为车辆检修运维人员提供参考建议。

通过基于智能运维技术搭建的车地一体化 PHM 系统能够对轨道交通车辆进行监测和分析，可以提前预测车辆及关键部件的故障，并采取相应的维护措施，避免车辆及关键部件故障引发的运营中断和延误，延长平均故障间隔时间。同时该系统可以给出相应的运维建议，减少车辆及关键部件故障和维修时间，降低零部件库存量，提高车辆及关键系统的利用率，降低车辆的维修成本。从而推动动车组等从事后维修到视情维修的转变，从定期维修到状态维修的转变，实现动车组等安全运行、提升运维效率和降低运维成本的目标。

4. 智能服务技术

智能服务包括智能客运服务、智能动车组服务、智能车站服务、智能票务等内容。通过智慧化、数字化等新技术，搭建旅客出行全过程和旅客服务装备全范围的协同统一管理平台，融合信号、通信、门禁、视频监控、综合监控、票务、广播、旅客信息系统（Passenger

Information System，PIS）等多个系统监控功能，实现站车一体化的集中运营管理。

增加智能环境调节功能。增加环境状态感知测点，采用智能环境感知调节技术、细化控制策略，从温度调节、灯光智能调节、压力波调节等方面实现旅客视觉、听觉、嗅觉、触觉等感官舒适度的提升。

增加智能信息显示功能。采用液晶显示器（Liquid Crystal Display，LCD）分屏显示、信息交互融合等技术为高速列车提供定制化的多媒体信息显示服务。该服务使行车信息的表现形式更加丰富生动，乘客能够以最直观的方式获取和了解信息；同时还可提供必要的乘车引导服务。

增加智能娱乐系统。通过 5G 信号接入，在传统娱乐系统基础上实现 4G/5G 电视直播，旅客可通过自由观看公共娱乐节目或直播节目作为旅途娱乐消遣，使旅途更舒适。通过车载无线网络（Wi-Fi）、公网等无线数据接入途径，为旅客提供车载娱乐视频、点播节目等多样化娱乐服务，使旅途生活尽享惬意。

增加智能便民服务功能。基于车内服务设施定制化，引入智能技术，设置无线充电等便民设备，为旅客提供多样性、便捷的服务。

客室智能照明系统由光感应器、控制器及隐光灯带等组成。控制器可在自动模式或手动模式下输出控制信号，按设定值或期望值调整客室灯具的照度和色温。

智能信息显示系统构架如图 5-9 所示，包括旅客信息系统操作屏、旅客信息系统控制器、车厢控制器和信息显示终端设备，其中信息显示终端设备包括车内信息显示器、车外信息显示器和车载吊顶电视。智能信息显示系统通过多元化的显示方式，可以使行车信息的表现形式更加丰富生动，为乘客提供乘车引导服务。

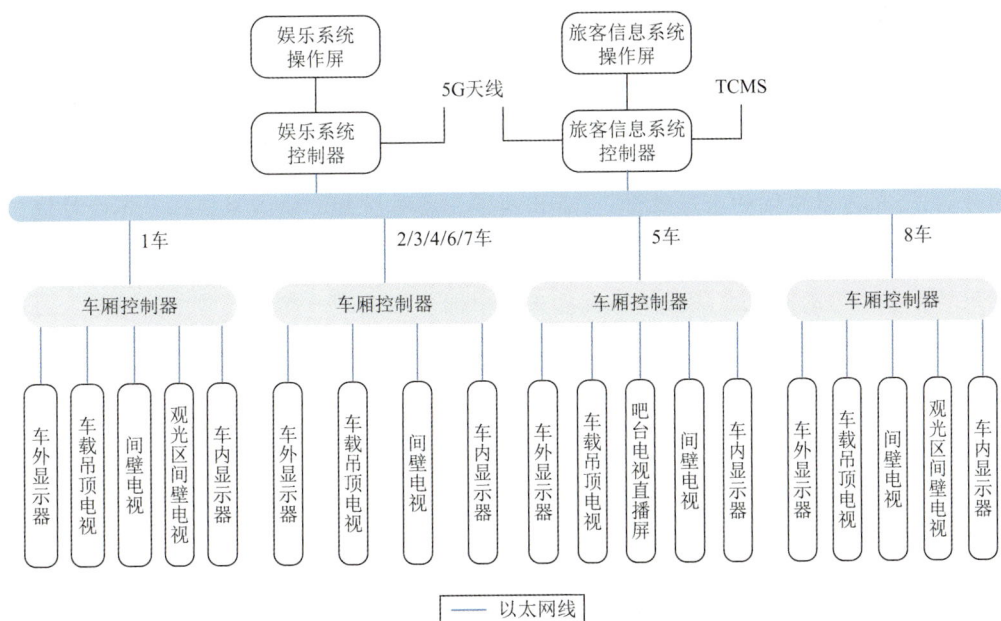

图 5-9　智能信息显示系统构架图

为充分满足旅客在乘车过程中对信息化和智能化的需求，智能信息显示系统采用工业级 LCD 显示屏搭载高性能 CPU 控制板卡、单元化的界面设计和以太网通信技术代替现有传统方案中的 LED 显示和 RS485 通信，使得车内、外信息显示器可显示视频、图片等多媒体信息，为乘客提供丰富的信息内容。同时，吊顶电视进行分屏显示，增加电视报站和文本信息显示功能，可在列车运行途中、预报站、到站或离站时，采用分屏显示或全屏显示方式显示报站信息、途中信息和视频娱乐信息等。

智能信息显示可为乘客提供必要的乘车引导服务，系统全部采用 LCD 显示器，通过多元化的显示方式，使行车信息的表现形式更加丰富生动，使乘客以最直观的方式、更及时地获取列车信息。

娱乐系统通过其控制器和操作屏向客室电视显示终端传送旅客视频娱乐节目和信息。

此外，综合考虑残障人士、特殊旅客等多样性乘坐需求，在设置残疾人设备、无障碍设施等方面引入智能化先进技术，为旅客提供多样化、智能化便民服务。

故事

百年京张和詹天佑的中国梦

1909 年 10 月 2 日，京张铁路在南口举行了隆重的通车盛典。这是第一条由中国人自行设计、自行建造的干线铁路。从北京至张家口，全长 200 余 km，从南口至北一路上行，经过居庸关到八达岭，史称关沟段。沟壑纵横，山高谷深，奇险无比，是一道天堑。当年，京张铁路动工时，西方报纸曾发文讥讽："中国造此路之工程师尚未诞生"，詹天佑带领工程技术人员迎难而上，顺着山势设计出"人"字形折返线，选用大功率机车，采用推挽式牵引，在 33‰ 坡度上成功运行，京张铁路成为中国铁路史上的一座丰碑。

是什么力量支撑着詹天佑不畏艰险攻坚克难，是一种精神，一种力量。他在黑暗的旧中国曾经疾呼："莽莽神州，岂长贫弱！"他发誓："不让欧美以前驱，岂仅揩扶桑而并骑！"他号召中国的有识之士："各出所学，各尽所知，使国家富强，不受外侮，足以自立于地球之上！"詹天佑精神成为中华民族优秀文化的重要组成部分，他的中国梦延续至今，与新时代中华民族伟大复兴的中国梦汇流到一起，成为中国铁路人为国争先的不竭动力和精神力量的来源之一。

詹天佑曾这样理解仿效与创新："凡外国有新理新器之发生，务研究其原因，而从事仿效，加以种种之试验，作出种种之模型，虽失败于前，必改良于后，殚精竭虑，终有贯通之一日。又何难于发明哉？"京张铁路百年的变迁，是对詹天佑创新精神的诠释与肯定。

110 年后，京张高铁开通运营并实现了自动驾驶。当列车行至八达岭长城，从青龙桥火车站地下呼啸而过，新老京张铁路穿越历史长河，在冬奥时代"交会"。跨越百年，中国的历史已经重新书写，中国从第一条自己设计建造的"争气之路"，走到了开启智慧交通时代的"智能之路"。京张高铁是中国创新能力的标志，是中国人聪明智慧的结晶。

2019 年 12 月 30 日，在京张智能高铁开通的喜庆时刻，习近平总书记作出重要指示："1909 年，京张铁路建成；2019 年，京张高铁通车。从自主设计修建零的突破到世界最先进水平，从时速 35 公里到 350 公里，京张线见证了中国铁路的发展，也见证了中国综合国力的飞跃。回望百年历史，更觉京张高铁意义重大。"

三　技术应用典型案例

2019 年，我国在复兴号动车组的基础上，广泛应用云计算、物联网、大数据、人工智能、下一代通信、北斗卫星导航等新技术，开发了京张智能动车组。2021 年，复兴号智能动车组完成研制并陆续在京张高铁投入运营。

京张智能动车组是复兴号动车组服务 2022 年北京冬奥会的定制化产品，也是智能高铁系统中的关键智能装备，突出科技、智能、绿色、人文特点，全面提升安全舒适、绿色环保、智能高效等技术水平，充分满足冬奥会特殊需求，打造出既展现奥运人文关怀又反映中国高速铁路创新成就的智能动车组。

1. 智能动车组关键技术

（1）自动驾驶技术

列车自动驾驶技术是利用先进的 ATP+ATO 铁路列控系统智能控制技术来有效提高列车运行效率，降低能耗，保证准点行车；同时在 ATP 系统的防护下，实现有人值守的自动驾驶功能。

高速铁路 ATO 系统是在 CTCS-2/CTCS-3 级列控系统的基础上，车载增加 ATO 单元、通用分组无线业务（General Packet Radio Service，GPRS）电台及相关配套设备；地面在临时限速服务器（Temporary Speed Restriction Server，TSRS）、调度集中（Centralized Traffic Control，CTC）、列控中心（Train Control Center，TCC）等设备上增加相关功能（表 5-1）；车站股道增加精确定位应答器，以此构成高速铁路 ATO 系统。图 5-10 为系统结构示意图。

ATO 新增功能说明　　　　　　　　　　　　　　　　　　　　　　　表 5-1

ATO 新增功能	说明
车站自动发车	驾驶台设置 ATO 启动按钮，在 ATP 处于完全监控模式（FS 模式）的前提下，按压 ATO 启动按钮使列车进入自动驾驶模式从车站自动发车
区间自动运行及计划自动调整	运行计划和站间数据上车，列车在区间自动驾驶模式运行时，ATO 根据地面提供的运行计划和站间数据等自动调整驾驶策略，采用牵引、制动、惰行等方式控制列车区间自动运行
车站自动对标停车	ATO 根据地面提供的线路数据自动控制列车在停车点精确停车
车门开门防护	列车进入车站股道停车后，在 ATP 判断列车停稳的条件下，根据接收的停车标位置信息判断列车是否处于安全停车窗内，并根据接收的站台侧信息，对列车左/右侧门进行开门防护，向司机提示开左/右侧门允许信息
车门/站台门联动控制	列车在站台停稳准后，ATP 输出开门允许，ATO 输出开/关门命令或司机按压开关门按钮，同时通过车地传输向地面发送开/关站台门命令，实现车门站台门的联动控制

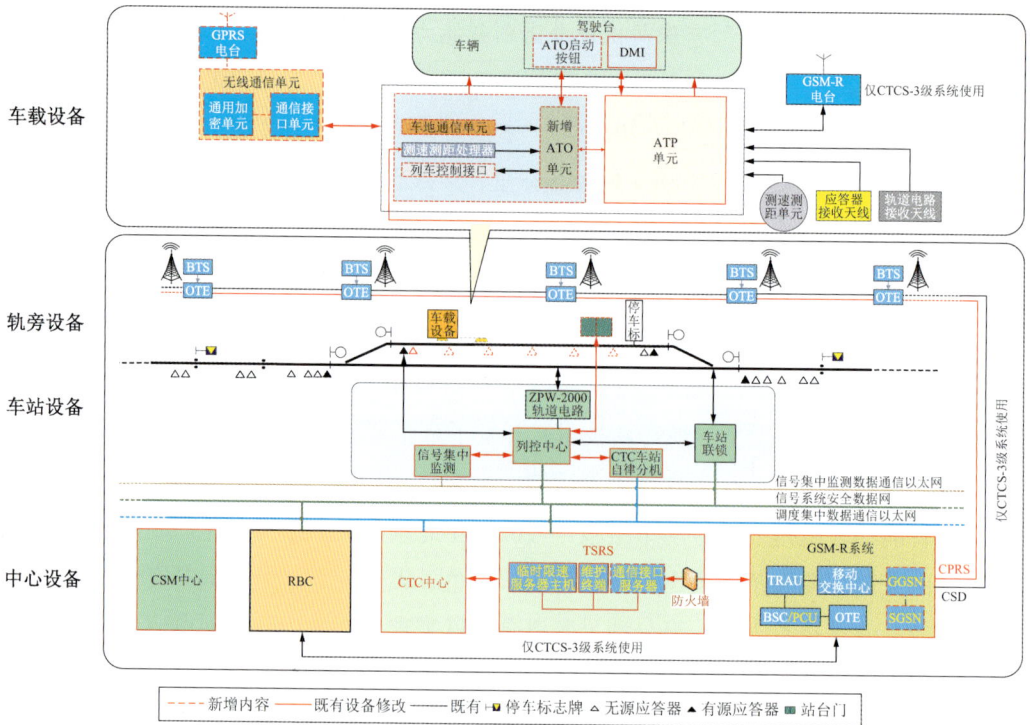

图 5-10　列车自动驾驶系统结构示意图

新增的 ATO 控制软件安全等级为 SIL2 级，安全相关功能由 ATP 系统实现，新增 ATO 设备及功能不影响既有 ATP 设备的安全功能。

ATO 系统主要功能包括车站自动发车、区间自动运行、车站自动停车、车门开门防护、车门/站台门联动控制等。ATO 系统控制列车运行的安全由 ATP 设备保证，ATO 车载设备始终在 ATP 设备的监督下工作，其运行控制速度不超过 ATP 的防护速度。当 ATO 系统功能不具备使用条件时，列车可在车载 ATP 监控下运行。

对于 8 辆编组、8 辆重联或 16 辆编组的列车，均可实现 ATO 系统功能和车门/站台门的联动控制。

驾驶台设置 ATO 启动按钮，在 ATP 处于 FS 模式的前提下，当车门关闭，方向手柄向前，牵引制动手柄处于中立位，发车进路开放，ATO 将闪烁 ATO 启动灯，司机按压 ATO 启动按钮后，人机界面单元（Driver-Machine Interface，DMI）提示列车进入 AM（Automatic Mode，自动驾驶）模式，控制列车从车站自动发车。

ATO 采用高可靠性的闭环控制系统，该系统周期性地从 ATP 获取前方最新的目标速度和目标距离，结合自身定位信息和地面发出的调整命令以及从速度采集模块获得的列车即时速度信息，计算命令速度曲线，并将命令速度和实际速度的差值作为 ATO 控制模型的输入，控制模型再结合线路数据中弯道、坡度等信息自动计算控制策略，输出控制级位至列车，由于 ATO 控制器中采用模糊控制策略，使得 ATO 可以在一定范围内对列车牵引/制动性能的改变做到自适应，可以有效地兼顾乘坐舒适性和列车运行效率。

ATP 向车辆提供允许开左/右侧门控制命令，增加停车时车门开门防护功能。列车进入车站股道停车后，在 ATP 判断列车停稳的条件下，根据接收的停车标位置信息判断列车是否处于安全停车窗内，并根据接收的站台侧信息，输出开门允许命令，对列车左/右侧门进行开门防护，同时通过 DMI 向司机提示开左/右侧门允许信息。

系统在车地通信正常时，ATP 在确认列车停稳且停准后输出开门允许，由 ATO 或司机进行开门操作，同时 ATO 向地面临时限速服务器发送开门命令。地面临时限速服务器接收车载设备的开门命令，根据列车编组信息和地面站台门设置情况，确认对应股道列车停稳且停准后，通过列控中心向站台门系统发送开门命令，由站台门系统打开站台门。列车进站停车速度/距离曲线如图 5-11 所示。

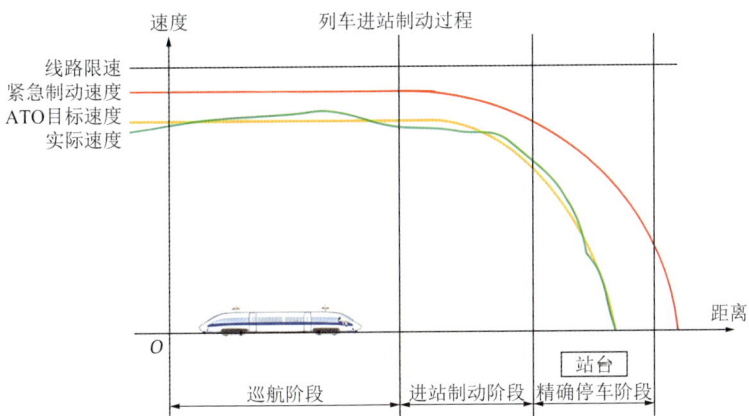

图 5-11　进站停车速度/距离曲线

ATO 或司机进行关门操作时，ATO 向地面临时限速服务器发送关门命令。地面临时限速服务器收到关门命令后，通过列控中心向站台门系统发送关门命令，由站台门系统关闭站台门。在车地通信故障等异常情况下，车门与站台门不能正常联动控制时，车门与站台门控制由人工操作实现。列控中心未接收到临时限速服务器发送的开关门命令时，不向站台门系统发送开关门命令。车门/站台门联动控制车地通信流程如图 5-12 所示。

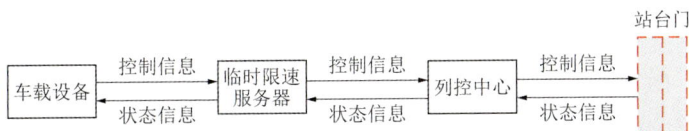

图 5-12　车门/站台门联动控制车地通信流程图

（2）长大坡道适应性技术

京张智能动车组在长大坡道技术性能方面有新提升。每列动车组设 2 个牵引单元，每个牵引单元有 2 辆动力车，为适应 30‰坡道自起动和救援运用需求，增加了高加速模式和应急走行功能。为满足在部分动力失效情况下仍能在 30‰ 坡道上运行的要求，京张智能动车组增加了高加速模式，该模式调整了牵引特性曲线，提高了起动转矩，使整列车起动牵引力由 267kN 增加到 346kN（提高了 30%），在 1 个牵引单元或 2 辆动力车丧失动力的条件下，仍能实现在 30‰ 坡道起动并以 58km/h 的平衡速度运行。

启动高加速模式前，京张智能动车组牵引特性与既有 CR400BF 型动车组牵引特性曲线相同；当列车丢失 1 辆或 2 辆动力车动力并停在 30‰ 坡道上时，可启动高加速模式，此时全列的 2 辆动力车起动牵引力由 133.5kN 提高至 173kN。

当全列损失的 50% 动力集中在一个牵引单元内且牵引变流器可正常输出牵引动力时，为保证车组在困难的 30‰ 坡道（例如 4000m 曲线半径的 30‰ 坡道）能够顺利起动，可选择进入"应急走行 + 高加速"的动力模式，此时需切除车顶隔离开关，在受电弓升起、主断路器闭合条件下，正常单元通过受电弓供电，动力损失单元通过动力电池供电，进入高加速模式和应急走行模式，此时不允许使用空调应急供电模式。

（3）应急自走行技术

为实现应急自走行和空调应急供电功能，京张智能动车组新增双向充电机和动力电池，将 DC110V 电池系统与 DC635V 电池系统整合为一套动力电池系统。

京张智能动车组的头尾车分别增加了一套双向充电机 + 动力电池。当车辆正常运营时，双向充电机通过交/直流（AC/DC）模块为动力电池充电，同时通过直/直流（DC/DC）模块为车辆 DC110V 母线负载（辅助设备）供电。人机接口单元（HMI）上设有空调应急供电和应急自走行模式可供选择，当接触网断电或全列高压及牵引设备故障时，需在 HMI 上手动激活应急供电模式，双向充电机激活直/交流（DC/AC）逆变模块，将动力电池的直流电压转换为 3AC380V 电压为空调系统供电；当需要启动应急自走行时，动力电池闭合输出接触器将直流电接入牵引变流器中间直流环节，经牵引逆变器带动牵引电机供电运行。

动力电池通过非隔离型双向 AC/DC 模块接入 3AC380V 母线，正常工况下，3AC380V 通过双向 AC/DC 模块为动力电池组充电，再经隔离型 DC/DC 模块为整列 DC110V 母线供电；应急自走行工况下，动力电池通过双向充电机向 3AC380V 交流母线提供电源，为应急牵引相关冷却通风负载以及空调、空压机应急供电，同时通过动力电缆并联接入牵引变流器中间直流环节，为牵引逆变器供电。在使用低压 DC110V 电源时，动力电池通过隔离型 DC/DC 模块并入 DC110V 母线，为低压负载供电。

京张智能动车组由两个对称的牵引单元（1～4 车和 5～8 车）组成，综合考虑车下设备排布空间、动力冗余性、经济性与可用性等因素，在 2 车和 7 车车下设置接触器分线箱，其中 1 车动力电池可为 2 车或 4 车牵引变流器供电，8 车动力电池可为 5 车或 7 车牵引变流器供电，使用应急自走行功能时单个牵引单元仅启用 1 台牵引变流器。1 车和 8 车双向充电机采用并网供电模式，为 3AC380V 辅助负载供电。

故事

应急自走行动车组的诞生

时间退回到 2017 年 10 月 4 日，为迎接 2022 年在北京举办的冬季奥运会，中国铁路总公司选定了由中车长客股份公司为北京冬奥会量身打造的"瑞雪迎春"复兴号智能型高速动车组。该车型除了突出智能化外，还增加了"应急自走行"功能，确保在突发接触网故障或高压系统故障的情况下，依靠车载储能动力驱动车辆行驶至就近车站。应急自走行功能在国内似无先例，国外技术资料乏善可陈。

动力电池应配置多少电量、多大电压、多高功率？如何使动力电池平时也有用场，而不仅仅在应急时使用？为解决这些疑问，项目组成立了涵盖铁科院、铁路局、制造企业、高校等的设计团队，充分调动各方资源与专家设计力量。数十位科技人员历经 300 天磨砺、10 余种方案比选、5 次技术评审，最终确定了以"钛酸锂电池+双向充电机"为电路拓扑的应急自走行技术方案。

为验证动力电池与双向充电机的充电、放电性能与设计参数是否匹配，2018 年 9 月首台动力电池样机发往四方所，与双向充电机开展部件间地面联调联试。首次试验便遇到陪试设备功率不足、试验场地空间有限、试验台位紧张等问题。在数十天里，团队成员承担起逻辑测试、功率测试、通信测试等 20 余项安装调试与研究性试验。谈及这段往事，亲历者清晰地记得当时有一段时间因为充电机控制器与动力电池管理系统发生了严重的通信故障，导致试验无法正常开展，一度陷入困境。但团队成员没有气馁，在排查到第 17 个可能原因时，通信改善的效果终于显现，问题得到根本解决。最终在同年 11 月完成了动力电池与双向充电机联调联试，技术方案得到初步验证，同时基于现场试验结果，调整了应急自走行技术方案的电路拓扑。

2019 年 11 月 8 日在京张高铁（清河至下花园北站）开展整车动态型式试验，依靠应急自走行功能，动车组在 30km/h 速度条件下完成了 6.5‰坡道 4.594km、平直道 17.159km 的走行，远高于"5‰的上坡道 5km，平直道 15km"的技术要求，圆满完成了立项时的任务指标，交出了一份满意的答卷！

（4）奥运定制服务

奥运配置动车组在定制化方面，采用融合冰雪和运动元素的"瑞雪迎春"奥运外观及 5G 超高清移动演播室等服务技术，服务精彩奥运。

为满足奥运赛事需求，京张智能动车组奥运方案设置了滑雪器材柜、兴奋剂检测样本存放区、多功能演播室等设施。多功能演播室设置于餐车，可播放列车娱乐系统搭载的视频娱乐节目，也可通过 4G/5G 网络进行电视直播的画面显示，实况转播奥运电视节目、播放赛事等信息，供奥运会相关工作人员及旅客乘车途中及时了解赛事进展，在吧台区域营造出一种轻松、惬意的娱乐氛围。

第五节　高速列车经济性和便捷性技术的探索与实践

一　国内外发展需求

为实现高速列车更可持续发展，使其具有更强的市场竞争力，有必要通过设计管理手段提升高速列车全生命周期经济性；为满足人民群众乘坐高速列车出行更加美好的需求，有必要在旅客设施便捷性方面持续提升。全生命周期经济性主要包含设计、制造、运用、维修等环节成本的直接降低，以及提高列车综合利用效率；旅客便捷性主要包含列车旅客服务设施布置的简统化、标准化、多样化，并持续提升服务设施的智能化水平。

1. 降低成本

降低高速列车制造和运营成本，有助于加快实现区域间快速的互联互通，进一步加强中心城市与周边城市的联系，推动区域经济一体化进程。成本降低也意味着票价有一定的下调空间，或者在保持票价不变的情况下提高服务质量，从而吸引更多的乘客。

高速列车经济性提升涉及诸多方面，其中列车的标准化、模块化、系列化起着至关重要的作用。标准化是指对动车组的设计、制造和维护过程进行统一规范，实现零部件和接口的标准化设计，减少备件种类，降低制造成本及库存成本。模块化设计允许将动车组分解为多个可独立生产和组装的模块，简化生产流程，减少生产时间和成本；也使得维修和更换部件更加方便，降低了维护成本。系列化是指在标准化、模块化基础上，针对同一功能的产品进行合理规划和设计，形成产品系列，快速推出不同型号的高速列车，满足市场的多样化需求；系列化还可实现大规模生产，降低单位成本，进一步提高经济效益。

2. 提高利用效率

国内外交通枢纽城市间对高速列车的利用效率提升有着迫切需求。欧洲部分国家致力于通过跨国合作优化区域内的高速列车运行网络，打破国界限制，统一列车标准，使列车能够更高效地穿梭于各国城市之间，减少因不同运营主体衔接不畅导致的效率损耗；而像日本这样人口密集且国土狭长的国家，则着重于通过精细化的客流分析，进一步加密调整繁忙线路车次，同时探索列车编组灵活调整机制，依据客流淡旺季调整车厢数量等，充分挖掘高速列车的运输潜力，提高列车资源利用效率。在我国以复兴号系列动车组为代表的高速列车更加重视简统化、标准化统型设计，减少了备品备件的品种和数量，进而简化并实现了运用维护检修作业的标准化，提高了运用效率；同时，复兴号还实现了相同速度等级动车组具备重联运行功能，不同速度等级动车组具备相互救援能力。

3. 便捷旅客

随着生活水平的提高，人们对于高速列车出行便捷性提出更高要求，期望高速列车能够提供稳定快速的网络服务，期望在旅途中可以高效办公、休闲娱乐，并对乘坐高速列车出行服务品质有着更多样化的需求。标准化、多样化服务能够通过提供不同类型和等级的动车组和服务设施，满足不同旅客群体的需求，如高端旅客、残障旅客和儿童旅客等，实现差异化服务。通过统一的技术和运营标准，可以简化动车组的运用、维护和管理流程，提高列车的运行效率和可靠性，这对于满足旅客对便捷性的需求至关重要。便捷性不仅能够提升旅客的出行体验，满足多样化需求，还能提高运营效率和服务质量，促进技术创新，实现互联互通，从而更好地满足旅客的舒适、安心、快捷的出行需求。

三　技术发展方向及创新实践

1. 技术发展方向

国铁集团在高速列车国产化、自主化的进程中，组织国内的制造企业、高校、科研院所、用户通过"产学研用"联动，开展了高速列车的简统化、标准化、模块化、系列化相关工作，通过采取一系列的措施，降低了制造和运营成本、提高了列车利用率、提升了旅客服务质量和乘坐便捷度，进一步提高了我国高速列车的经济性和便捷性。模块化设计直接影响动车组的经济性，通过降低生产和维护成本，提升整体经济效益；标准化为模块化提供基础，模块化设计需要依赖于标准化的零部件和接口以实现高效的生产和维护；系列化的实施依赖于标准化，只有在标准化的基础上，才能有效地进行系列化设计和生产。

（1）简统化及标准化设计

我国研制的 CRH380 高速列车及后续的复兴号系列动车组，陆续实现了简统化、标准化及自主化设计。为确保简统化工作的可行性和技术合理性，我国高速列车研究团队充分借鉴和谐号动车组系列平台的运用经验，针对北京铁路局、上海铁路局、广州铁路（集团）公司等动车组主要运用路局开展了实地调研，梳理总结了 CRH1、CRH2、CRH3、CRH5 平台动车组重要零部件的技术现状、主要技术特点、共性技术与差异性，组织技术专家充分研讨确定了简统化统型内容，涵盖了所有 96 项统型零部件。在复兴号动车组开发设计过程中，统型项点已逐步落地，统型范围及深度进一步扩大，通过统一各种标准，不同供应商的零部件更容易进行统一互换，有助于建立更完备的零部件供应体系，使得响应时间更短、运维成本更低。

复兴号动车组设计过程，注重开展标准化设计，在技术标准体系、整车布局、旅客界面、操作界面、维护界面、关键系统部件等方面均采用了标准化的设计。复兴号动车组建立了统一的技术标准体系，实现了不同厂商、型号的动车组之间能够相互通信、重联运行、相互救援，提高了运营的灵活性和动车组的利用效率，降低了运用成本。同一编组的复兴号动车组，不同主机厂生产的产品在车种车型定义、定员、车门位置、卫生间布置及便器类型、车体与站台间隙、开水炉设置、大件行李存放架设置、信息显示设置及显示内容、标识设置、座椅功能、乘客插座数量及位置等方面均进行了标准化设计，确保旅客乘坐、餐饮、休闲等需求涉及的旅客界面高度一致，确保乘车旅行过程中的便捷性。通过统一操作界面，简化操作流程，使得一线工作人员无需重复学习即可操作各款列车，降低了学习成本，缩短了培训周期，避免混淆不同列车的操作方法。通过制定统一的检修维护标准，运营方无需考虑不同型号列车对运营带来的额外影响，不同型号列车无需分开管理。

（2）模块化设计

模块化设计是指将产品划分为一系列相对独立、具有特定功能的模块，并通过标准化的接口和连接方式将这些模块组合成一个完整的产品。模块化设计使得高速列车的生产过程更加标准化和流程化，从而提高了生产效率；可以实现不同车型之间的资源共享，提高互换性，从而降低了生产成本和运营成本。

基于模块化理念，高速列车模块化设计应综合考虑轨道交通产品的研发、制造、运维等不同场景的需求，在产品构成的系统、部件和零部件等不同层级开展。根据需求分析进行功能分解，以产品结构承载功能，形成结构模块，通过模块的接口设计、切分与组合设计等，实现围绕模块的一系列技术资源的重用。整车功能模块划分技术主要表现在基于模块化思想统筹规划动车组设计及其过程，将整个产品系统划分为各个相对独立的功能模块，通过对模块的不同选择和组合来构成不同车型产品。同一功能模块系列化技术主要表现在针对同一功能模块，根据其功能特性、几何特性、制造特性、装配特性等方面的共同点和差异点创建模块特性，实现同一功能模块结构、性能、尺寸的快速重用设计，并针对不同等级需求开展多方案技术研究。标准化的结构及接口技术主要表现在对于不同技术方案、不同供应商产品，进行所占空间、电气接口、机械接口统型，使相关的模块之间的连接接口及结构要素一致。

（3）系列化设计

为解决我国动车组技术引进后带来的自主化、简统化及运用适应性等问题，按照国家创新驱动发展战略，2012年起，铁路主管部门主导研制了CR400复兴号系列动车组，8辆编组相同速度等级的两种型号复兴号动车组可互联互通、实现重联运营。CR400复兴号系列动车组包括CR400AF、CR400BF、CR400AF-A、CR400BF-A、CR400AF-B、CR400BF-B、CR400AF-G、CR400BF-G、CR400AF-C、CR400BF-C、CR400AF-Z、CR400BF-Z、CR400AF-BZ、CR400BF-BZ、CR400AF-GZ、CR400BF-GZ、CR400AF-S、CR400BF-S、CR400AF-BS、CR400BF-BS等动车组型号。其中，CR400AF-A、CR400AF-AE、CR400AF-AZ、CR400BF-A、CR400BF-AZ型动车组为16编组动车组，CR400AF-B、CR400AF-BZ、CR400AF-BS、CR400BF-B、CR400BF-BZ、CR400BF-BS型动车组为17编组动车组，其余型号动车组为8编组动车组。

2. 技术应用典型案例

（1）CR400复兴号系列动车组

从追赶到领跑，中国高速列车走过了从无到有、引进消化吸收再创新到自主创新之路，其经济性、便捷性水平已获得充分认可。复兴号系列动车组是我国自主研发高速列车的最新成果，其设计和制造过程高度体现了标准化、模块化和系列化的特点，具有完全自主知识产权，总体技术水平已迈入世界先进行列，部分技术世界领先。

CR400复兴号动车组实现了关键系统的标准化、模块化、系列化，增加了安全回路和冗余设计，不同供应商的配件可以实现对等替换，不同厂商生产的动车组通信标准和接口相同，可以进行互联互通，且操作界面统一，无需重复进行培训，运用灵活。复兴号动车组还构建了体系完整、结构合理、先进科学的技术标准体系，在254项重要标准中，中国标准占84%，标准化的实现使得动车组在服务功能、运用维护上更加统一、简便，提高了动车组利用效率，降低了运营维护成本；同时标准化还体现在安全的高标准、环境的适应性、节能环保要求以及服务的标准化等方面。动车组采用模块化设计，使得动力单元通过不同组合实现灵活编组，满足不同的客流需要；还体现在转向架、车钩、辅助供电、高压系统等方面，提高了维护和替换的便利性。复兴号动车组已形成了系列化产品，速度等级覆盖200~350km/h，牵引动力模式包括动力分散式和动力集中式，编组包括8~17辆多种编组形式，在标准配置基础上又衍生出高寒、高海拔、智能、技术提升等不同配置动车组。这些特点不仅提升了复兴号动车组的技术性能和服务质量，还增强了中国高速铁路的国际竞争力和话语权。

（2）西门子Velaro系列动车组

在早期德国ICE 3动车组运用经验基础上，西门子开发的Velaro系列动车组展现出了很强的先进性和灵活性。西门子为全世界的客户提供定制化服务，满足了广大用户的不同需求，使Velaro成为了一款满足全世界需求的高速动车组柔性平台。

Velaro列车获得了德国、西班牙、中国、俄罗斯、土耳其、埃及等多个国家的订单。Velaro E（E代表España，即西班牙）自2007年在西班牙投入运行即受到客户青睐；第一列Velaro RUS列车在2008年 德国柏林Inno Trans展会上与公众见面；Velaro EGY列车是为埃及开发的耐高温防风沙动力分散动车组，于2024年在Inno Trans展会上亮相。

Velaro列车的通用性是其成功的关键。西门子基于平台化、系列化理念打造出的Velaro动车组平台，以适应各国客户的不同需求。这很大程度上得益于车辆端部布置的标准化和车体宽度可灵活调整的设计理念。Velaro列车还拥有独特的外形，在配置上也非常灵活，可适用于不同国家的铁路网。正是因为其在内部配置上存在多种不同的可选择方案，才能方便地实现Velaro型高速列车的定制化生产，确保列车在客户所需的不同铁路网内运行。

第六节 高速列车高原适应性技术的探索与实践

一 西部高原线路的运行环境条件及需求

随着国家对西部大开发战略的推进，20世纪末中国高原铁路开始大规模建设，高原铁路逐渐成为连接东西部、促进区域协调发展的重要纽带。青藏铁路作为世界上海拔最高、线路最长的高原铁路，其格拉段电气化改造项目将提升运输能力和运输保障水平，降低运输成本，增强青藏地区"造血"功能，强化西部地区与内地的联系。青藏铁路格尔木至拉萨段全长 1142km，穿越海拔 4000m 以上地段 960km，最高点为海拔 5072m 的唐古拉山垭口，线路平均海拔 4500m，具有高寒、缺氧、无人区、风沙、雨雪、雷电、强紫外线等特点，随着青藏铁路格拉段电气化改造工作的不断推进，有必要开展适用于海拔 5100m 的电动车组关键技术研究。为建设交通强国和现代综合交通运输体系，川藏铁路已作为第一批加快建设交通强国"十四五"重点项目，正在加紧推进。川藏铁路具有高海拔（最高海拔 4476m）、长大隧道群（隧道占比 82.6%，最长隧道 42.4km）、长大坡道（最长坡道约 74km，最大坡度 30‰）等特点，研究适用于高原复杂工况的客运移动装备及关键技术是保障安全运营、促进铁路装备行业技术进步的重大举措，也是急迫任务。

目前国内暂无适应超高海拔的动车组，因同时叠加密集隧道群、长大坡道等复杂工况的挑战，需要从牵引、制动、高压、电气设备、空调制氧、空气动力学、轮轨关系等多方面开展深入研究和技术创新。为满足国内铁路建设向高海拔、复杂山区拓展的需求，保障铁路运输的安全、高效和舒适，亟须开发具有针对性的适应高原复杂工况的动车组产品。

二 技术发展方向

在提升动车组适应性过程中，面临着诸多环境、线路等难题和挑战。环境方面，不同地区的恶劣环境如高原、高温、强风沙、大温差、高寒、峡谷风等，对动车组运营产生的影响。线路方面，轨道不平顺、大坡道、桥梁与隧道等条件对动车组的安全、平稳运行形成挑战。面对这些难点和挑战，需要积极采取应对策略，加强技术研发和创新，提高动车组的适应性和可靠性。

1. 适应性分析

针对环境条件、线路条件等显著特征，适用于高原复杂环境动车组主要围绕以下内容开展适应性分析研究工作。

（1）高寒

铁路沿线多高原、冰川、冰雪。高寒气候主要特征是低温和冰雪，主要影响整车材料的低温性能，还会导致冷凝水凝结等问题。动车组需按照 −40～+40℃ 高寒适用性进行设计。

（2）高海拔、多桥隧

高海拔环境条件下，空气稀薄、紫外线强，主要对电气绝缘强度、温升、制动供风、氧浓度等产生不利影响。高原线路桥隧总长一般较大，多桥隧环境对动车组的影响主要体现在车桥匹配性、气动性能、隧道通风、隧道安全、隧道舒适性等方面。

（3）长大坡道

为较好地适应高原地形条件线路，高原铁路多采用长大坡度设计，坡度一般为 25‰～

30‰。长大坡道一是影响动车组坡道达速性能以及影响50%动力时启动并运营的能力；二是制动工况下，对基础制动热负荷影响较大。动车组需优化牵引动力配置，考虑制动热容量限制及冰雪条件对制动距离的不利影响。

（4）峡谷风

高原存在30m/s短时最大阵风——峡谷风，因峡谷风产生的气动载荷影响车辆动力学性能及侧风稳定性，进而影响行车安全，故需对动车组的动力学性能及倾覆系数进行评估并按需进行设计优化。

2. 关键技术及发展方向

（1）满足高海拔隧道群条件下车内环境控制技术

①需求分析。

针对高原铁路高寒、高海拔、海拔梯度快速变化、长大连续隧道等特殊线路及运用条件，重点研究客室供氧、车内压力控制、隧道噪声等控制技术，提升车内空气环境舒适度和乘坐安全性。

a. 长大连续隧道。

车内压力波动。由于高原铁路隧道多且距离长，以及海拔梯度快速变化，列车高速进出隧道或会车时，车外会产生剧烈的压力变化并传递到车内。为防止车外压力波动传入车内对旅客造成不适，开展高原铁路复杂环境下高速动车组车内压力波动控制技术研究，结合线路特点，综合评估主动式与被动式车内压力保护系统适应性，确定车内压力保护系统技术路线和方案。

综合舒适性。隧道边界在车内环境、隧道噪声、视觉等方面对乘客乘坐综合舒适性产生较大影响。隧道内长时间关闭压力波阀，会导致客室CO_2浓度升高，乘客憋闷；开启压力波阀时，车内外压差大会导致耳鸣，同时会降低高海拔运行条件下客室氧浓度，导致缺氧。需协同研究客室供氧、空调通风和车内压力之间的匹配关系，制定应对方案。车内人均新风量决定车内CO_2的浓度，二氧化碳的浓度对人体有重要的影响，需研究制定高原地区CO_2浓度控制指标。

b. 高海拔。

列车高海拔运行时，空气稀薄，导致人体吸入的氧气量减少，易造成缺氧，给旅客的生理、心理带来较大影响，致使体能和工作效率明显下降。为解决乘客高原缺氧问题，提高高原环境乘坐安全性和舒适性，根据《高原铁道客车供氧系统》（TB/T 3216—2009）标准要求，3000m以上高海拔运行时，列车应设置供氧装置。

②发展方向。

空调系统整体部件配置针对高原线路的特殊环境条件及功能需求进行优化升级。优化系统电气件参数及选型，提高其绝缘性能、爬电距离、介电强度及抗紫外线能力等。考虑高海拔低空气密度对电热器的散热性能的影响，需在客室额外布置电加热器以满足采暖需求，并增加紧急采暖功能。

以高原线路压力波控制要求为基础，反求各车体开孔部件的气密性要求，对气密性指标分解，辅以空调控制系统压力波控制逻辑的优化，实现对整车压力波舒适性的控制要求。

制氧系统可采用轨道车辆上应用较为成熟的膜分离式制氧方案，主要由安装在车下的空压机、储气罐以及车上膜制氧机组成。为降低制氧系统在整车能耗中所占比例，降低紧急情况下对车载电池的能耗压力，研究无电供氧模式方式，以满足紧急情况下的供氧时间要求。

（2）适应高海拔条件下的高压绝缘耐压技术

① 需求分析。

根据《绝缘配合 第1部分：定义、原则和规则》（GB/T 311.1—2012），以海拔4500m为例，绝缘修正系数为1.54。高压系统设备应满足海拔提升后对绝缘性能的要求。

② 发展方向。

为满足高海拔条件下电气绝缘要求，需对高压设备绝缘耐压能力进行海拔修正。

a.受电弓。为满足高海拔条件下电气绝缘要求，采用将受电弓支持绝缘子抬高的方式，增加受电弓绝缘子安装座距离绝缘子法兰固定螺栓的电气间隙，车顶采用平顶安装结构，满足电气间隙要求。

b.真空断路器+接地开关。新设计思路是将上绝缘子断口设计为横置式结构，配套设计转向操作机构，并在高压断口的静端设计支撑绝缘子，以保证整体机械强度。

c.高压隔离开关。高压隔离开关需要将绝缘子加高，同时加大极间距离。

d.电压互感器。电压互感器需把浇注体伞裙进行加高，同时加大爬电距离。

高压系统应同时研究适用于高原环境的外绝缘高压设备和内绝缘高压电气箱，以应对高海拔带来的影响。

（3）满足高海拔大坡道条件下的牵引技术

① 需求分析。

为实现超长大坡道及隧道叠加工况下的达速目标，需提升整车轮周牵引功率，而整车牵引功率提升后，为降低部件工作电流，中间直流回路电压需抬升，牵引变压器变比需提高。列车在高原线路高海拔、连续长大坡道运行时，会对设备温升带来不利影响，同时随着海拔升高空气密度降低散热条件变差，牵引变压器等设备容量增加，需提升设备散热功率，具体散热需求需进一步试验确定。

牵引变压器低压端子电气间隙及附件、牵引变流器的 IGBT/电容/电感/母排等部件、牵引电机起晕电压等都应满足高海拔的高原线路条件，需对牵引变压器、牵引变流器相关器件及零部件进行重新选型，优化改进牵引电机绝缘结构。

② 发展方向。

研究大功率的牵引系统并提升高海拔条件下冷却散热能力。对牵引变压器、牵引变流器和牵引电机的绝缘结构进行优化以适应高海拔要求。

（4）满足高海拔大坡道条件下的制动技术

① 需求分析。

根据《绝缘配合 第1部分：定义、原则和规则》（GB/T 311.1—2012），需校核制动控制装置、主供风单元部分零件的绝缘耐压等级。

随着海拔的升高，空气密度逐渐变小、大气压力逐渐降低，既有动车组主空压机供风特性呈现出压缩空气的排量逐渐减小的特性，存在供风不足的风险。

在持续超长大坡道条件下，尤其是故障状态下，需研究如何进一步提升制动能力，保证制动安全。

② 发展方向。

针对既有制动控制装置、主供风单元绝缘耐压等级不满足要求的问题，需对电子、机械和电机等部件进行重新选型并进行样件试验验证。

以高寒型主供风单元为基础，对润滑油加热和双塔干燥器加热的启动温度进行评估调整；此外，针对高海拔条件下空压机供风能力不足，需对电机进行重新选型以提高空压机排量。

校核在电制动失效、纯空气制动运行时制动热负荷情况，并提出应对方案。

制动系统需同时研究磁轨制动、拖车单轴四制动盘等方案，以应对长大坡道对整车制动性能带来的影响。

（5）满足高海拔复杂条件下转向架技术

① 需求分析。

低温方面，转向架借鉴既有高寒型动车组设计方案可以满足运用需求。

车辆动力学方面，为确保峡谷风条件下车辆安全运行，借鉴兰新高铁运营动车组的大风运用经验，同时融合峡谷风的载荷特点，研究峡谷强风对车辆限速的影响。针对地震，研究不同地震烈度工况对车辆动力学性能的影响，提出车辆安全运行限速需求。

② 发展方向。

基于既有成熟平台主体结构，针对高原铁路特殊环境需求，从材料替换、防冰雪密封性增强、关键部件服役性能提升等方面进行变更设计，必要时对转向架关键橡胶件、悬挂特性进行适应性调整，以提升复杂环境下关键部件耐用性、车线耦合动力学适应性。依托地面峡谷风动态监测系统和信号系统，通过车地数据实时交互，实现车辆自动限速，确保行车安全。增设地震预警系统，实现车辆自动限速或停车，确保行车安全。

三 技术应用典型案例

高速列车良好的运行范围适应性使其能够满足不同地区、不同需求的运输任务，有效缩短了城市间的时空距离，为人们的出行和经济的发展提供了高效的运输保障，极大地提升了铁路运输效率和服务质量。在 CRH5A 平台基础上研制的 CRH5G 型高寒抗风沙动力分散动车组，不仅耐高寒、抗风沙，还能适应高温、高湿、高海拔（最高海拔高度 3600m）

以及强紫外线（最高 5 级）等恶劣天气和环境条件，运行稳定可靠。为了进一步完善我国综合交通运输体系，深入实施"复兴号"品牌战略，针对西藏地区拉日、拉林线沿线高原缺氧、低温低压、强紫外线、雨雪和雷击频繁等恶劣环境条件，以及全线桥隧比高、隧道长、坡道大、救援困难等运用条件特点，开发了复兴号高原双源动力集中动车组。

1. 兰新线动力分散动车组

（1）车辆概述

兰新线动力分散动车组使用 CRH5G 型高寒抗风沙动车组（图 5-13），采用 CRH5A 型动车组成熟技术平台，针对兰新线的运用环境条件，重点在高寒、高温、高海拔、强风沙、强紫外线、长交路六个方面进行适应性改进。动车组采用动力分散式设计，每列 8 辆编组，共 5 辆动车和 3 辆拖车，设计运营速度为 250km/h。

图 5-13 CRH5G 型动车组

（2）技术特点

车辆具有耐高寒、高温、高海拔、强风沙等技术特点，耐高寒：针对兰新线等寒冷地区的特点进行了优化设计，可在零下 40℃ 的高寒条件下正常运营；耐高温：提升材料耐候性和设备散热能力等，满足兰新线高温适应性要求；高海拔：通过提升高压绝缘耐压能力，提升冷却能力，适应海拔 3600m 运用运用需求；抗风沙：车体、电气、制动等部件均进行了防风沙优化，如空调采用防风沙和空气过滤设计等。CRH5G 型动车组能够适应多种复杂气候环境，特别适合在东北、西北等气候条件较为恶劣的地区运行。

（3）运用情况

CRH5G 型动车组于 2014 年 12 月开始在兰新高铁上线运行，突破了自然环境对铁路运输的限制，为高寒、高温、高海拔和强风沙等地区提供了可靠、舒适的高速铁路客运服务，加强了西北地区与外部的联系，推动了我国动力分散动车组在高原适应性方面的技术进步。

2. 拉林线动力集中动车组

（1）车辆概述

随着川藏铁路拉林段、滇藏铁路丽香段、川青铁路等高原铁路相继建成，相关单位在国铁集团的组织下相继研发了复兴号高原双源动力集中动车组（图 5-14）、复兴号时速 160km

高原型动力集中电动车组等产品。运用环境中存在极端复杂的地质条件、空气稀薄、气压低的高海拔环境、大量的长大隧道和隧道群，以及低温、强风、紫外线强烈等极端气候条件。复兴号高原双源动力集中动车组采用"电力动力车＋拖车＋内燃动力车"的编组形式；复兴号时速 160km 高原型动力集中电动车组采用"电力动力车＋拖车＋控制车"的编组形式。

图 5-14 复兴号高原双源动力集中动车组

（2）技术特点

复兴号高原双源动力集中动车组主要解决了内燃和电力一体化设计、内电双控技术、动车组在高海拔、多隧道、跨电气化和非电气化区域运营环境下的复杂组合工况适应性、可靠性及安全性设计等技术难题。

（3）运用情况

复兴号高原双源动力集中动车组于 2021 年 6 月上线运营，担当拉林铁路、拉日铁路客运任务，实现了拉林线、拉日线的贯通运行，达成了"复兴号"动车组中国内陆省份全覆盖的目标。复兴号时速 160km 高原型动力集中电动车组已在滇藏铁路丽香段、川青铁路、青藏铁路西格段等高原铁路投入运用。

随着"一带一路"倡议的深入实施和西部大开发战略的持续推进，高原地区的交通需求日益增长，中国高原铁路建设方兴未艾。针对川藏铁路具有的高海拔、长大坡道、超长及连续隧道、多地震等特点，开展高海拔条件下电气绝缘耐压性能提升、长大密集隧道群环境下车内噪声控制和优化、峡谷风气动载荷对车辆动力学性能影响等技术研究和科技攻关，研发更适合高原铁路应用和环境友好的动车组，对于提升旅客出行获得感和幸福感、保障川藏铁路安全运营、促进西藏经济社会发展有重要意义。

第七节 高速列车货运技术的探索与展望

一 发展需求

1. 快递市场发展

我国快递市场自 21 世纪初开始就始终处于高速发展进程中。如图 5-15 所示，2020 年以前我国快递单量增长率长期保持在 25% 以上，到 2024 年单量已达到惊人的 1745 亿件，连续 11 年居全球第一。

图 5-15　我国快递市场逐年快递量

目前，快递件主要依靠公路运输，高附加值的快递件主要通过航空运输。公路运输速度低，受天气影响大，时效性差；航空货运速度快，但受不良天气影响非常大。铁路货物运输受不良天气影响非常小，但现有铁路快递件货物运输集中在铁路客车中的行李车、特快货物班列及快速货物班列等运行速度不高于 160km/h 的车辆上。我国铁路在快捷运输速度、运输产品市场细分、多式联运、时效性服务、价格机制、全程物流服务等方面与国内其他运输形式都存在一定差距。

2. 高铁货运模式

我国从 2015 年开始进行高铁货运的尝试，先后采用在客运高速动车组上设置行包柜、"动检车"承担快件运输、既有动车组客运车厢改造为货运车厢等方式开展了快递件的高铁运输服务，并进行了高速货运动车组的专项技术研究。

（1）在高速列车上设置行包柜

2015 年及以后生产的统型动车组，在列车上均设置了行包柜，可装载多个"高铁快运专用箱"。

（2）"动检车"承担快件运输

为满足更多的货物运输需求，相关路局使用每天早晨第一班不载客的"动检车"进行快递件运输，这种方式不改变车辆的设置。

（3）既有动车组客运车厢改造为货运车厢

2020 年"双 11"期间，在国铁集团组织下，通过应用货运动车组相关技术，完成了两列和谐号动车组"客改货"工作（图 5-16），两列动车组于同年 11 月 1 日起在北京西至汉口区间进行了"点到点"双向营运。每列载重约 44.5t，载货容积约 400m³。

中铁快运股份有限公司与中国铁路昆明局集团有限公司、中国铁路成都局集团有限公司携手合作，依托沪昆高铁和成贵高铁的强大运力，2023 年 7 月开始，在昆明至成都间利用整列动车组率先试点高铁快运批量运输服务。

图 5-16　CRH2A 型动车组"客改货"

动车组"客改货"的运载方式主要是利用 250km/h 的载客动车组进行改造，为降低改造成本和时间，只拆除易于拆除的客室座椅、行李架等客运设施，对车内卫生间、电气柜不做变动，车内空间无法全部用来装货。目前我国所预研的专用高速货运动车组速度可达 350km/h，车内空间可全部用于装货，还可配置大开度装载门、货运地板、货物信息管理等系统，为集装化货运设计，可有效提高铁路高速货运时效性。

3. 展望

目前规划建设的"八纵八横"高速铁路网几乎覆盖了我国快递量较大的所有大中城市，庞大的高速铁路网为高铁快递运输奠定了良好的基础，依托高速铁路批量开行高速货运动车组成为可能。高铁货作作为一种绿色、环保的运输方式，具有较高的可持续发展性，相比传统的公路和航空运输方式，在减少碳排放、降低能源消耗等方面具有明显优势，能够有效提升铁路运输服务的时效性。发展高铁物流，构建现代物流体系，可以更好地畅通生产、流通、消费链条，推动区域协调发展，激发和释放消费潜能，促进区域产业分工协作和资源配置优化，助推全国统一大市场建设。

二 技术发展要点

高速货运动车组需继承高速动车组的技术优势，并在装载量、装卸便捷性、适应性、安全性和信息化、站场接驳等方面开展充分研究。

在运输速度方面，主要高铁干线的最高运行速度大多为 350km/h，高速货运动车组可以继承高速载客动车组的技术优势，沿用其与速度有关的系统，如牵引、制动、网络、转向架等系统，进行牵引特性、制动特性、车辆动力学和列车空气动力学等各项性能的仿真计算优化。通过采用集装化运输，优化货物装卸速度，确保在一定距离范围内的时效性优于航空运输，增强其市场竞争力。

在装载量方面，需要尽量扩大车内可用空间并满足集装化装卸的需求，如取消贯通道、取消仅与旅客相关的设备，把部分车辆内部设备转移到车下；同时尽可能减轻动车组本身自重，优化集成车下设备，简化内装结构，使得最大装载量与动车组 17t 轴重的限制相匹配。

在货物装卸便捷性方面，应采用集装化运输方式，可借鉴其他行业成熟经验，在既有动车组基础上开发采用大开度侧门、货运地板以及配套的集装器等。

集装器应充分考虑动车组内部轮廓断面，并符合相关标准，同时兼顾厢式公路货车联运；集装器应采用轻量化材料，为满足对环境温度有特殊要求的一些货物的运输需求，开发具有保鲜功能和冷链运输功能的集装器具。

大开度侧门应在满足车体强度基础上，净通过宽度尽可能大，可进行多方案对比，综合考虑技术可行性、安全性等因素，同时采用多重锁闭压紧方式，保证密封性及能够承受±6000Pa气动载荷强度。

货运地板可借鉴航空货运地板结构。为方便集装器在车内的移动，货运动车组门口区域采用万向球地板，两侧为滚柱地板；为方便集装器的固定，货运地板上集成横向止挡、纵向止挡等；为方便安装，货运地板应采用模块化结构。

在适应性方面，我国幅员辽阔，新造高速货运动车组必须要适应所有季节及异常天气的运用环境，同时对温度等有特殊要求的货物提供适宜的运输条件，对普通货物可采用车辆自然通风方案；可设置车辆空调，满足鲜花类等对温度有一定要求货物的运输环境；在车厢内部设置供电插座，方便具备保鲜和冷链功能的集装器使用，满足更低温度要求的货物运输需求。

在防火安全性方面，为提升高铁快运动车组防火性能，考虑起火源为车体自身或货物，采用主动和被动技术加以防范。对于车体自身起火，在每个装载门内侧悬挂灭火器，同时应用结构耐火技术，在车体底架、端墙喷涂水性防火涂料等；对于货物起火，集装器内可配置超细干粉自动灭火装置，该装置在火灾发生时可自动感应、自动启动完成灭火。

货物在途管理方面，可采用精密称重传感器，运用四角称重原理实现集装器称重与重心测量；可采用虚拟配载方法，根据线路、列车、货物的始发站和目的站以及车厢安装位等信息，应用虚拟配载算法对整条线路的遍历法进行集装箱的配载计算，可实现既定线路、列车车次的集装货物配载；可采用无线通信技术，通过集装器上电子标签实现货物精准识别、精确定位功能，应用移动通信网络及北斗卫星导航系统实现货物信息车地交互，实现对货物运输全程的监控。

在站场驳接方面，对于散货的运输，目前主要采用高铁快运专用箱、尼龙袋包装，通过人力搬进动车组车厢。如采用半自动化装载方式，可首先在车辆旁沿车长方向铺设模组带（即带滚轮地板），利用叉车/地牛等辅助装卸设备把集装器从货仓运送到模组带上，操作人员再把集装器推入动车组车厢。

三 前期探索实践案例

根据中国国家铁路集团有限公司立项的重点课题，中车唐山公司针对未来高速货运需求开展了货物快速装卸与安全运输等关键技术前期研究。未来高速货运列车运行速度高、货物运能大，速度有望达到350km/h，600～1500km中/长途距离可在5h之内到达；采用先进货物识别及精准定位技术，提供一种智能化安全保障的运输管理方案，可实现快捷运输的全链条在途管理。重点课题项目研制了高速列车大开度装载门、标准集装器系列产品及模块化货运专用地板等装卸设备，可实现货物快速、便捷装卸/驳接。图5-17为中车唐山公司研制的高铁货运车厢。

所研制的大开度装载门（图5-18）净通过宽度为2900mm，净通过高度为2360mm，采用双开内置塞拉门结构和多重锁闭，能承受6000Pa＋1000N的载荷。

图5-17　高铁货运车厢

图5-18　大开度装载门

所研制的货运地板（图5-19），门口采用万向球，两侧为滚柱，地板集成双爪地锁，单个万向球正常承重250kg，万向球地板单位面积承重800kg，单个滚柱正常承重700kg。

图5-19　货运地板

研制的标准集装器充分考虑了动车组内部轮廓断面，标准集装器长度2700mm，宽度1150mm，高度分2000mm和2300mm两种。目前已完成标准集装器（图5-20）、保鲜/冷链集装器（图5-21）等不同功能产品的样机开发。

图5-20　标准集装器

图5-21　保鲜集装器

第八节 高速磁浮技术的探索与展望

一 国内外发展需求

2019 年 9 月，中共中央、国务院印发《交通强国建设纲要》，指出要强化前沿关键技术研发，合理统筹安排时速 600 km 级高速磁浮系统、低真空管（隧）道高速列车等技术储备研发。2021 年 2 月，中共中央、国务院印发《国家综合立体交通网规划纲要》，进一步提出研究推进超大城市间高速磁浮通道布局和试验线路建设。

研究表明，轮轨黏着、蛇行运动失稳、弓网关系等是制约轮轨交通系统速度进一步提升的关键因素，其安全、经济运行速度在 400km/h 及以下。而磁浮交通系统车辆悬浮于轨道上，采用直线电机牵引，具有车轨无接触、牵引制动不受黏着制约、无弓网接触等特点，具备达到更高速运行的条件，可适用于 400～600km/h 及以上速度域。

我国地域辽阔、人口众多，建立连接主要经济圈、城市群的 600km/h 高速磁浮交通系统通道，对于丰富旅客出行方式、提升出行效率、促进区域经济发展具有重要意义。

2002 年，中国引进德国 TR 系列高速磁浮技术，在上海建成世界上第一条最高运营速度 430km/h、最高试验速度 501km/h 的高速磁浮示范运营线，推动了国内高速磁浮技术的研究与开发。2006 年，"十五" 863 计划成果、同济大学"三个一"试验线工程（一条 1.5km 试验线，一列试验车以及一套牵引供电和运行控制系统）验收，试验列车最高运行速度 70km/h。同年启动"十一五"国家科技支撑计划，消化引进技术，研制一列 4 辆编组 500km/h 的国产化样车并用于上海磁浮示范线。2011 年，国家"十二五"科技支撑计划启动，研制上海磁浮示范线的兼容部件和设备，在同济大学 1.5km 试验线进行了装车试验，研发了替代进口的关键零部件和维护检测设备，为高速磁浮交通系统的国产化和自主化打下了基础。图 5-22 为上海示范线高速磁浮列车。

图 5-22 上海示范线高速磁浮列车

2016 年，国家"十三五"重点研发计划现代轨道交通专项启动 600km/h 高速磁浮交通系统研发。2019 年 5 月，首辆常导高速磁浮试验样车在青岛下线。2020 年 6 月，在同济大学 1.5km 试验线实现低速试跑。2021 年 7 月，研制的 600km/h 高速磁浮列车样车（图 5-23）下线，同时相关单位积极推进关键部件和核心元器件在上海磁浮示范线进行验证和应用考核，突破了车辆悬浮导向及走行等关键技术。2023 年 7 月通过专家评审，我国 600km/h 高速磁浮技术就绪度达到产品级。

图 5-23　600km/h 高速磁浮列车

在国外，自 20 世纪 60 年代至本世纪初，在多年研究与探索基础上，逐渐形成了以德国 TR 系列常导高速磁浮和日本 MDX 系列超导高速磁浮为代表的主流技术路线。

德国 TR 系列常导高速磁浮经历了 50 余年技术迭代历程。1971 年，首辆原理样车在 660m 试验线路投入试验运行；1999 年，蒂森克虏伯公司研制出 TR08，在 TVE 试验线完成 450km/h 高速试验，并通过了由联邦铁路组织的安全认证，标志着该技术成功实现工程突破。

日本自 1962 年开始进行超导高速磁浮技术研究。1972 年，研制出首辆原理样车 ML100；1979 年，研制的 ML500 型列车在长 7km 的宫崎试验线上创造了不载人运行速度 517km/h 的世界纪录；2015 年，研制的新一代 L0 系超导磁浮列车在长 42.8km 的山梨试验线上实现载人 603km/h 运行，创造了地面交通工具运行速度最高世界纪录。

二　技术发展方向

对于更高速运行，轮轨系统和磁浮系统面临的共同问题是地面稠密大气的影响，列车气动噪声、气动阻力将随着速度的提升呈指数级增加，因此，将系统置于低真空管道内、采用磁浮技术，是实现 600km/h、800km/h 乃至 1000km/h 以上超高速运行理论上较优的解决方案。在该速度域，与航空运输系统相比，低真空管道磁浮交通系统具有出行辅助时间短、受外界环境因素影响较小等优势。

西南交通大学在 2003 年成立了超导研究开发中心，将真空管道运输列为研究课题之一；2014 年，研制成功世界首个真空管道高温超导钉扎磁浮环形试验线，磁浮车悬浮高度

10～20mm，载重 1t，最高运行速度 50km/h；2020 年，建成了 140m 长 400km/h 等级真空管道弹射试验台，实现了磁浮模型车最高速度 355km/h 弹射试验，实测了横向偏移、悬浮间隙、超导体温升等参数；2022 年，开始筹划建设多态耦合轨道交通动模试验平台，其主体为一条长 1.6km、内径 3m 的高架钢结构管道，管道内气压最低为 500Pa，在管道内，高温超导钉扎磁浮车辆动模将可达到 1500km/h 的最高试验速度。

中车长客股份公司自 2018 年起开始进行超导电动磁浮制式的研究，建设了 200m 全要素高温超导电动悬浮试验系统，自主研制了可全断电运行的车载高温超导磁体、电动悬浮原理样车、高强度无磁轨道、地面长定子直线同步牵引悬浮线圈、高精度测速定位系统和车地无线通信等系统，突破了多系统耦合动力学、悬浮力匹配、感应供电、电磁热力耦合等多项关键核心技术。2023 年 3 月，完成了高温超导电动悬浮全要素试验系统首次悬浮运行，标志着我国在超导电动磁浮领域实现重要技术突破。面向工程化应用，长客股份公司正在开发全尺寸超导电动磁浮样车，搭载轻量化复合材料车体、多模式铰接悬浮架、车载高温超导磁体、低温制冷机和感应供电等系统。

中国航天科工集团有限公司在 2018 年开始进行超高速超导推进磁悬浮技术研究攻关。2019 年，中国航天科工集团有限公司联合中国中铁，建造了直径 6m 的低真空管道混凝土管梁结构工程样机，实现了百帕级真空度维持能力，突破了大尺寸真空系统集成设计技术、低真空混凝土密封/承载一体化设计技术、低真空管道密封变形控制技术、超导电动磁悬浮高精度轨道板设计制造技术等关键技术；2024 年 7 月，在 2km 长低真空管道内，磁浮车辆按照预定控制曲线受控航行、稳定悬浮并安全停止，试验速度达到了 150km/h。

从技术成熟度来看，低真空管道高速磁浮交通系统投入工程化应用尚需时日，还需突破低真空、超高速环境下车-轨-管-梁等大系统耦合技术及载人相关技术，主要包括低真空管道磁浮列车强地效气动技术、悬浮导向及牵引制动技术、运行控制与通信技术、大尺寸低真空环境建立与维持技术、道岔技术、列车环控和生命保持技术、乘客乘降及应急处置技术等。

三 技术探索实践案例

自 2002 年至今，我国高速磁浮经历了技术引进及国产化研究、自主创新及工程化研究两个阶段，攻克了 600km/h 级高速磁浮关键技术，研发了具有自主知识产权的成套装备，构建了完整的国产化产业链，具备了规划建设高速磁浮示范线的条件。600km/h 高速磁浮交通系统架构及关键技术如下。

1. 系统架构

600km/h 磁浮交通系统包括车辆、线路轨道、牵引供电、运控通信四大系统。系统架构如图 5-24 所示。

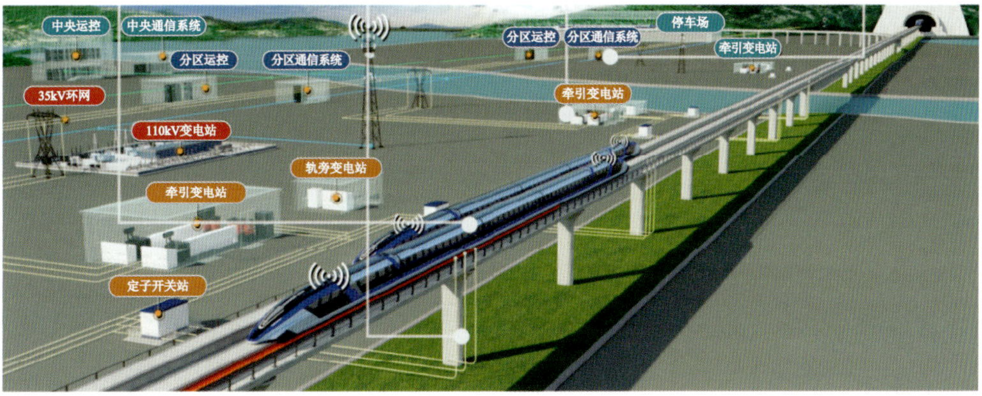

图 5-24 高速磁浮交通系统架构

（1）车辆系统

针对旅客流量、旅行特征、线路长度、站场设置、行车密度等不同特点，可采取干线、区域运营模式；采取灵活编组，应对客流潮汐及季节变化。可实现 2～10 辆灵活编组；电磁模块等设备置于车下夹层，模块化抽屉式安装；每车 4 个悬浮架均布；头尾车运控通信设备冗余；座椅可根据车种按需选配，给水卫生、空调、配电柜及服务设施按运输模式配置。

基于常导高速磁浮列车技术平台，采用多冗余故障导向安全设计理念，安全可靠性高。研发减阻降噪新头型，高精度、大承载、轻量化激光复合焊车体，开发解耦性能优良走行系统、主动控制悬浮导向系统、高精度测速定位系统及大容量涡流制动系统，满足不同运用需求。车辆系统如图 5-25 所示。

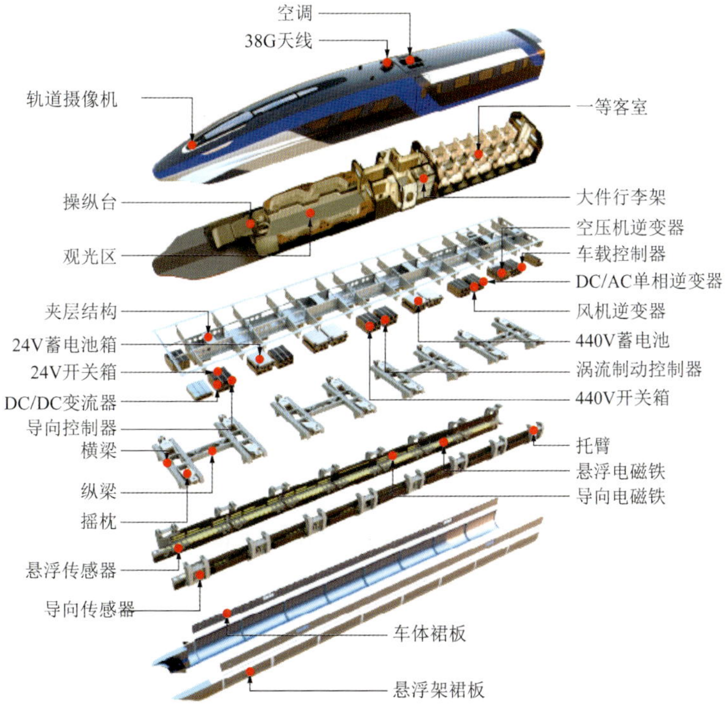

图 5-25 高速磁浮车辆示意图

（2）线路轨道

融合高速铁路和磁浮线路轨道技术，借鉴高速铁路高架桥、隧道、维修疏散等方案，研发了几十种新型轨道梁、道岔、线路轨道安装-检测-调整装置及长大线路、隧道、检修库、站场的配置技术方案，解决了既有复合式轨道加工-安装-调整，以及救援逃生环境适应性等方面的问题。线路轨道如图 5-26 所示。

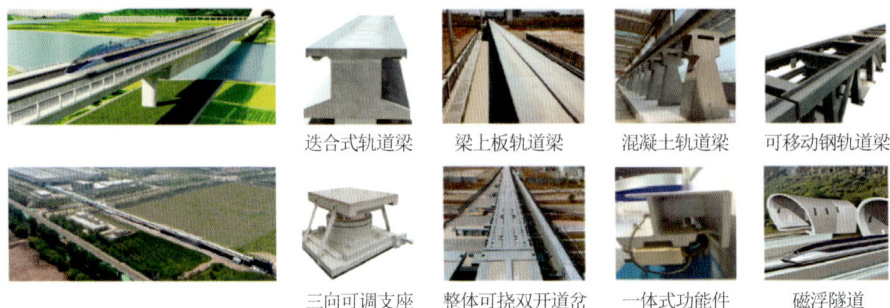

送合式轨道梁　　梁上板轨道梁　　混凝土轨道梁　　可移动钢轨道梁

三向可调支座　　整体可挠双开道岔　　一体式功能件　　磁浮隧道

图 5-26　高速磁浮线路轨道

（3）牵引供电

牵引供电系统为磁浮列车以及所有地面设备提供动力支撑，由变压器、输电线、高压开关、变流器和直线电机构成。针对 600km/h 磁浮列车运行需求，基于国产 IGCT 器件成熟技术，全面提升变流系统功率等级，自主研制了大功率牵引变流装备；采用先进系统软硬件架构，分布式实时控制架构，实现了高速分区信息同步及精准协同控制；采用双端双侧同步牵引供电技术，实现了系统高效运行。牵引供电系统如图 5-27 所示。

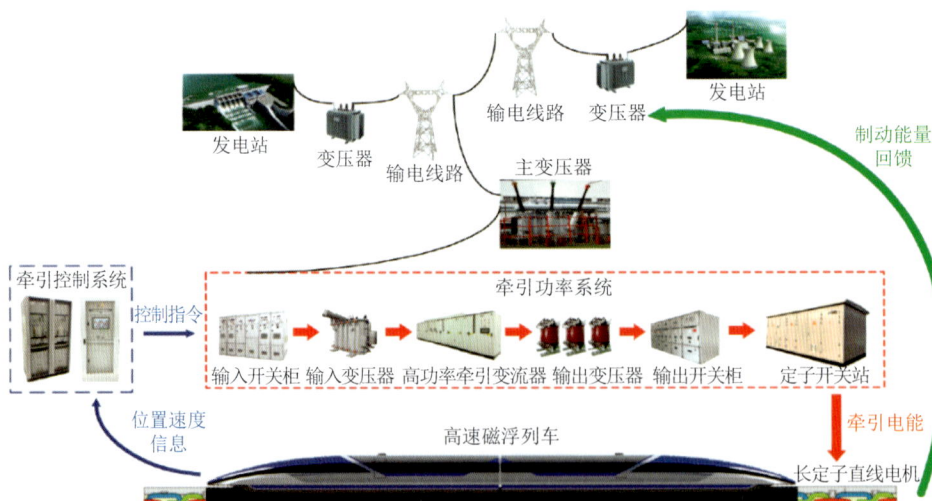

图 5-27　高速磁浮牵引供电系统

（4）运控通信

基于满足 IEC 标准的 SIL4 级安全平台，自主创新实现 600km/h GoA3 级全自动运行。形成调度中心-区域控制-分区控制-车载运控四级管理，满足长大干线组网和运营需求。基于 38G 和 LTE 通信技术，优化硬件架构，实现 600km/h 车地低时延无线通信，满足运控数据可靠、牵引数据实时、诊断数据高承载等传输要求。运控通信系统如图 5-28 所示。

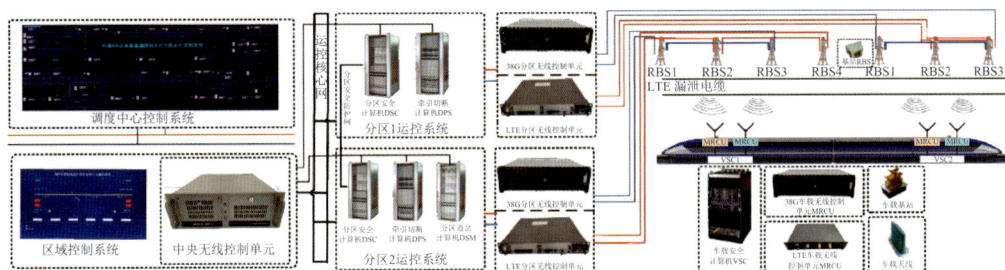

图 5-28　高速磁浮运控通信系统

2. 关键技术

（1）车-轨耦合

高速磁浮车-轨属于高速紧耦合系统，间隙主动控制机理形成自激振动，且受轨道不平顺、挠度、错台接缝、机-电、磁-轨耦合及牵引法向、换步与气动等激扰的影响，随速度的提升而加剧。从悬浮导向、车辆动力学、轨道结构振动协同方向入手，突破 600km/h 速度下电磁铁-悬浮架-车体间有效运动解耦技术，提升悬浮导向跟踪轨道精度及实时性，确保 10mm ± 4mm 的悬浮间隙，提高列车乘坐舒适性。悬浮导向方面通过建立高速磁浮复杂电磁铁物理模型，研究多磁场耦合—解耦方法，从硬件和软件两方面优化电磁能力、系统响应带宽和控制算法，提高间隙控制精度，避免触轨，降低冲击风险；同时，构建系统动力学模型，优化悬浮架悬挂参数，基于线路选型参数与轨道梁刚度分布，研究气动激扰、轨道不平顺、动态间隙波动及电磁振动等复杂环境的动力学响应规律及优化方法。

（2）高速协同

高速磁浮交通系统具有车地分置、多车多分区自动驾驶的技术特点；为实现高精度同步牵引以及自动运行要求，需解决高速运行的精确同步牵引以及车—地系统精确联动控制问题，同时需要优化测速定位系统，提高无线通信实时可靠性，降低时延及抖动，优化高速牵引及自动控制。

① 测速定位。

为实现高速协同运行目标，测速定位系统需重点解决抗干扰能力的问题。相对位置传感器可以通过优化检测线圈、工作频率以及处理电路的方式，有效消除磁场干扰；绝对位置传感器可通过优化线圈布局，异化工作频率消除互扰影响；针对悬浮间隙波动的问题，通过优化间隙补偿算法，消除间隙波动影响；同时在线路轨道梁端部可能存在较大接缝，可优化测速定位主机算法，减轻接缝对磁极相角信号的影响。

② 车地通信。

高速协同关键技术包含超高速条件下高可靠车地通信及定位数据的低时延传输。基于 38G 车地通信技术，打破常规通信流程，兼顾资源利用和传输可靠，可实现集牵引运控、诊断等多数据源的综合承载。

针对高速通信技术要求，采用抗多普勒频移调制技术，以及频偏补偿算法，改善频率跟踪和信道估计能力，大幅减小多普勒效应的影响；针对高实时性技术要求，采用业务分类处理方式，对光纤、RS485 及 TDMA 时分复用等多种协议异构进行网络优化，为磁极相角信号数据构建特殊通道，优化链路各模块代码，满足时延及抖动的高实时传输要求。同时采用多层分集等技术，提高通信系统抗信道衰落性能，实现分区交接、基站切换、隧道、暴雨等各种工况下的可靠无缝通信。

③ 高速牵引。

高速运行对牵引容量-频率-电压/电流输出能力提出挑战，通过搭建高精度仿真模型，开展牵引力-速度-位置的高性能跟踪控制及牵引策略研究，确保实现变流-直线电机系统的高精度同步控制功能。

通过搭建精确电机模型，指导电机控制策略研究，解决漏感等参数随位置变化大、宽频范围非线性变化等问题。同时研究变参数、恒励磁矢量控制理论，优化牵引-悬浮解耦、非线性无位置传感器策略等控制算法，在全频范围内优化分配调试策略，消除谐波，研究基于新拓扑的脉冲宽度调制（Pulse-Width Modulation，PWM）、串并联控制和中点钳位平衡技术。

④ 自动控制。

针对高速磁浮系统耦合度高、地面牵引、多车多分区协同控制及自动运行等特点，基于运行场景分析，解耦系统功能，突破接口制约，实现 GoA3 自动驾驶。

通过分析多车多分区及不同追踪模式等运营场景的运控需求，优化系统架构，提高冗余可靠性、适应性及传输效率，实现整体架构升级；同时为了实现系统功能解耦，优化功能逻辑关系，建立完整的系统-子系统-部件级功能规范，保证系统功能完整、解耦与协同匹配性。针对系统接口，研究系统及其与车辆、牵引、线路等系统的接口逻辑关系，建立接口规范，使系统控制与防护高度融合集成。为实现自动运行控制目标，优化自动调度、追踪防护、高速分区交接等自动运控策略，提高系统效率；针对复杂运行环境，提出灾害、线路异常等的检测—应对策略，以及全局、全过程故障解决方案，实现系统全局-列车运行全过程主动响应，保证运行安全。

（3）噪声控制

高速下气动噪声为主，随速度 6～8 次方增长，600km/h 时气动噪声约占噪声的 95%。通过分析既有数据，预测更高速下源强，建立仿真模型，制定顶层指标并分解；通过等声功率级设计、分频段控制，材料-结构-功能一体化、超材料、声屏障应用等降噪技术措施，控制客室噪声；通过气动优化、牵引优化、隔声屏障、轨道处理、敏感点控制等措施，控制辐射噪声；基于校验的声学模型，完成全速度级的噪声预测，满足车内舒适度及沿线环境要求。

（4）电磁兼容

长定子直线电机车地分置，车辆夹层电源多、电流大、走线密集，运行时面临雷击风险，采取接地屏蔽、车轨间隙放电、源头降噪等技术措施，确保自身设备兼容并实现系统与环境、人员的友好性。通过牵引系统和车辆系统屏蔽设计来控制系统辐射水平。突破车-轨间隙放电技术，解决列车与轨非接触运行时防雷问题；设计车辆静电放电通道，使车体积累电荷的等效能量小于 350mJ，确保人员换乘时静电放电安全。根据防雷等级及防雷分区，研究制定分区设备辐射、抗扰限值；规划雷电流在车身的走流路径并计算电磁场强度，制定邻近设备、线缆的防护方案。

（5）低能耗

高速磁浮采用同步直线电机驱动，相比轮轨高铁，无接触网和机械传动环节，无轮轨、轴承摩擦；同步牵引励磁损耗小，同步直线电机气隙大，磁场谐波致负载杂散损耗较大。针对高速运行以及分区分段供电对运行能效影响，需系统研究高速磁浮供电-牵引传动架构、传输路径（整流-逆变-馈电线缆-长定子直线同步电机）以及系统部件等工作特点，降低路径能量损耗，优化双端供电分配策略及能耗最优运行曲线，降低系统能耗，提高综合效率。

参 考 文 献

[1] 何华武，王同军，田红旗. 中国智能高速铁路关键技术与技术平台[M]. 北京: 中国铁道出版社,2021.

[2] 陆东福，杨宇栋. "复兴号"中国标准动车组[M]. 北京: 中国铁道出版社,2019.

[3] 邓海，张济民. 京张智能高速动车组（列车）[M]. 上海: 上海科学技术文献出版社,2020.

[4] 国家市场监督管理总局（国家标准化管理委员会）. 快递服务 GB/T 27917—2023[S]. 北京: 中国标准出版社. 2024.

[5] 中共中央，国务院. 交通强国建设纲要[Z]. 2019.

[6] 中共中央，国务院. 国家综合立体交通网规划纲要[Z]. 2021.

[7] 国家经贸委，铁道部，交通部，信息产业部，外经贸部，民航总局.关于加快我国现代物流发展的若干意见[Z]. 2001.

[8] 国务院. 关于促进快递业发展的若干意见[Z]. 2015.

[9] 国务院. "十三五"现代综合交通运输体系发展规划[Z]. 2017.

[10] 国家邮政局. 快递业发展"十三五"规划[Z]. 2017.

[11] 国家邮政局. 快递业发展"十四五"规划[Z]. 2022.

[12] 国家铁路集团有限公司. 新时代交通强国铁路先行规划纲要[Z]. 2020.

[13] 许良锋. 数说中国快递[M]. 北京: 人民邮电出版社,2022.

[14] 北京交通大学, 中国铁道科学研究院, 中铁快运公司. K2021X014 规模化开行高铁快运可行性和实施策略研究[R]. 2021.

[15] 田红旗. 中国高速轨道交通空气动力学研究进展及发展思考[J]. 中国工程科学, 2015, 17(4): 30-41.

[16] 卢春房. 中国高铁技术发展展望: 更快、智能、绿色[J]. 科技导报, 2018, 36(6): 1.

[17] 田红旗. 中国列车空气动力学研究进展[J]. 交通运输工程学报, 2006, 6(1): 1-9.

[18] 田睿. 世界高速列车的发展与技术分析（上）[J]. 国外铁道机车与动车. 2020(4): 1-6.

[19] 田睿. 世界高速列车的发展与技术分析（下）[J]. 国外铁道机车与动车, 2020(6): 27-29.

[20] 张健. 国外高速列车最佳头尾部形状的研究[J]. 机车电传动, 2000(2): 16-18, 35.

[21] 马梦林, 邓海, 王东屏. 空调导流罩对列车气动阻影响的研究[J]. 铁道车辆, 2011, 49(3): 5-6, 47.

[22] 何正凯. 动车组空气动力学数值模拟及降阻研究[D]. 大连: 大连交通大学, 2010.

[23] 杨志刚, 毛懋, 陈羽. 高速列车底部结构参数对气动阻力作用规律[J]. 同济大学学报（自然科学版）, 2019, 47(7): 1055-1064.

[24] 刘凤华. 高速列车减阻技术试验研究[J]. 现代城市轨道交通, 2019(5): 35-38.

[25] 马胜全, 何思俊, 支锦亦, 等. 高速列车局部外形气动优化设计研究[J]. 铁道机车车辆, 2020, 40(1): 19-23.

[26] 孙业军, 夏娟, 梅元贵. 高速列车气动噪声及减噪措施介绍[J]. 铁道机车车辆, 2009, 29(3): 25-28.

[27] 杨弘. 高速列车减振降噪技术研究[J]. 铁道车辆, 2006, 44(2): 9-13.

[28] 刘岩, 阿久津胜则. 高速铁道车辆噪声机理解析[J]. 大连铁道学院学报. 2001, 22(1): 5-8.

[29] 董孝卿, 黄欣, 吴宁. 高速铁道车辆辐射噪声特性初步研究[J]. 铁道机车车辆, 2009, 29(4): 42-45.

[30] 刘晓波, 张建润. 电力机车司机室减振降噪设计[J]. 机车电传动, 2009(6): 13-17.

[31] KOCH T, 王渤洪. 机车的直接传动[J]. 变流技术与电力牵引, 2003(1): 9-13.

[32] KLOCKOW T, 王渤洪. 永久磁铁励磁的牵引电动机[J]. 变流技术与电力牵引, 2003(4): 37-39.

[33] JOECKEL A, 王渤洪. 无传动齿轮箱的机车交流传动[J]. 变流技术与电力牵引, 2003(5): 34-38.

[34] 刘可安. 城市轨道交通永磁同步牵引系统[J]. 铁路技术创新, 2011(5): 11-15.

[35] KOERNER O, 丁婷. 市郊列车永磁同步牵引电动机成组驱动的可行性[J]. 变流技术与电力牵引, 2005(4): 17-22.

[36] 冯江华. 城轨车辆用永磁同步电机驱动系统控制策略研究[D]. 长沙: 中南大学, 2008.

[37] 邱存勇, 廖双晴. 电力机车粘着控制现状与展望[J]. 信息与电子工程, 2008, 6(4): 301-306.

[38] 李江红, 马健, 彭辉水. 机车粘着控制的基本原理和方法[J]. 机车电传动, 2002(6): 4-8.

[39] 黄云鹏, 赵坤, 陆峰. 轨道车辆牵引电机负载模拟系统建模及仿真[J]. 微计算机信息, 2010, 26(13): 161-163.

[40] 林文立, 刘志刚, 方攸同. 地铁列车牵引传动再粘着优化控制策略[J]. 西南交通大学学报, 2012, 47(3): 465-470.

[41] 林文立, 刘志刚, 孙大南, 等. 基于最优粘着利用的地铁牵引电机并联控制策略[J]. 电工技术学报, 2010, 25(6): 24-30.

[42] 王辉, 肖建. 小波分析在机车优化粘着控制中的应用[J]. 铁道学报, 2003, 25(5): 32-38.

[43]　陈哲明，曾京，罗仁. 列车牵引粘着控制及其仿真[J]. 现代制造工程, 2009(6): 8-12.

[44]　陈哲明，曾京，罗仁，等. 高速列车电空联合制动控制研究[J]. 电气传动, 2010, 40(5): 3-7.

[45]　吴祥明，常文森，刘万明. 上海高速磁浮列车及磁浮技术发展刍议[J]. 综合运输, 2005(1): 28-31.

[46]　钱清泉，丁荣军，刘友梅，等. 高速磁浮交通技术及产业发展战略研究报告[R]. 2017.

[47]　于青松，李凯，胡浩，等. 超导电动悬浮应用研究与技术展望[J]. 机车电传动, 2023(4): 1-8.

[48]　邓自刚. 超导钉扎磁浮[M]. 北京: 科学出版社, 2024.

[49]　邓自刚，刘宗鑫，李海涛，等. 磁浮列车发展现状与展望[J]. 西南交通大学学报, 2022, 57(3): 455-474, 530.

[50]　王家素，王素玉. 高温超导磁浮列车研究综述[J]. 电气工程学报. 2015, 10(11).

[51]　徐飞，罗世辉，邓自刚. 磁浮轨道交通关键技术及全速度域应用研究[J]. 铁道学报, 2019 年 3 期, 40-49.

[52]　刘士苋，王磊，王路忠，等. 电动悬浮列车及车载超导磁体研究综述[J]. 西南交通大学学报, 2023, 58(4): 734-753.

[53]　马光同，杨文姣，王志涛，等. 超导磁浮交通研究进展[J]. 华南理工大学学报（自然科学版）, 2019, 47(7): 68-74.

[54]　邓自刚. 运动外磁场下高温超导 YBCO 块材的动态悬浮特性实验研究[D]. 成都: 西南交通大学, 2009.

[55]　丁叁叁. 时速 600 公里高速磁浮交通系统[M]. 上海: 上海科学技术出版社, 2022.

[56]　丁叁叁. 高速列车空气动力学设计技术[M]. 北京: 中国铁道出版社, 2023.

[57]　于青松. 超导电动悬浮应用研究与技术展望[J]. 机车电传动, 2023.

[58]　万尚军，钱金根，倪光正，等. 电动悬浮型磁浮列车悬浮与导向技术剖析[J]. 中国电机工程学报, 2000, 20(9): 22-25.

[59]　魏庆朝，孔永健，时瑾. 磁浮铁路系统与技术[M]. 北京: 中国科学技术出版社, 2010.

[60]　冯仲伟. 低真空管道高速磁浮系统技术发展研究[J]. 中国工程科学, 2018(20).

CHAPTER 6

夯实基础

—— 中国高速列车试验设施

撰稿人：黎国清

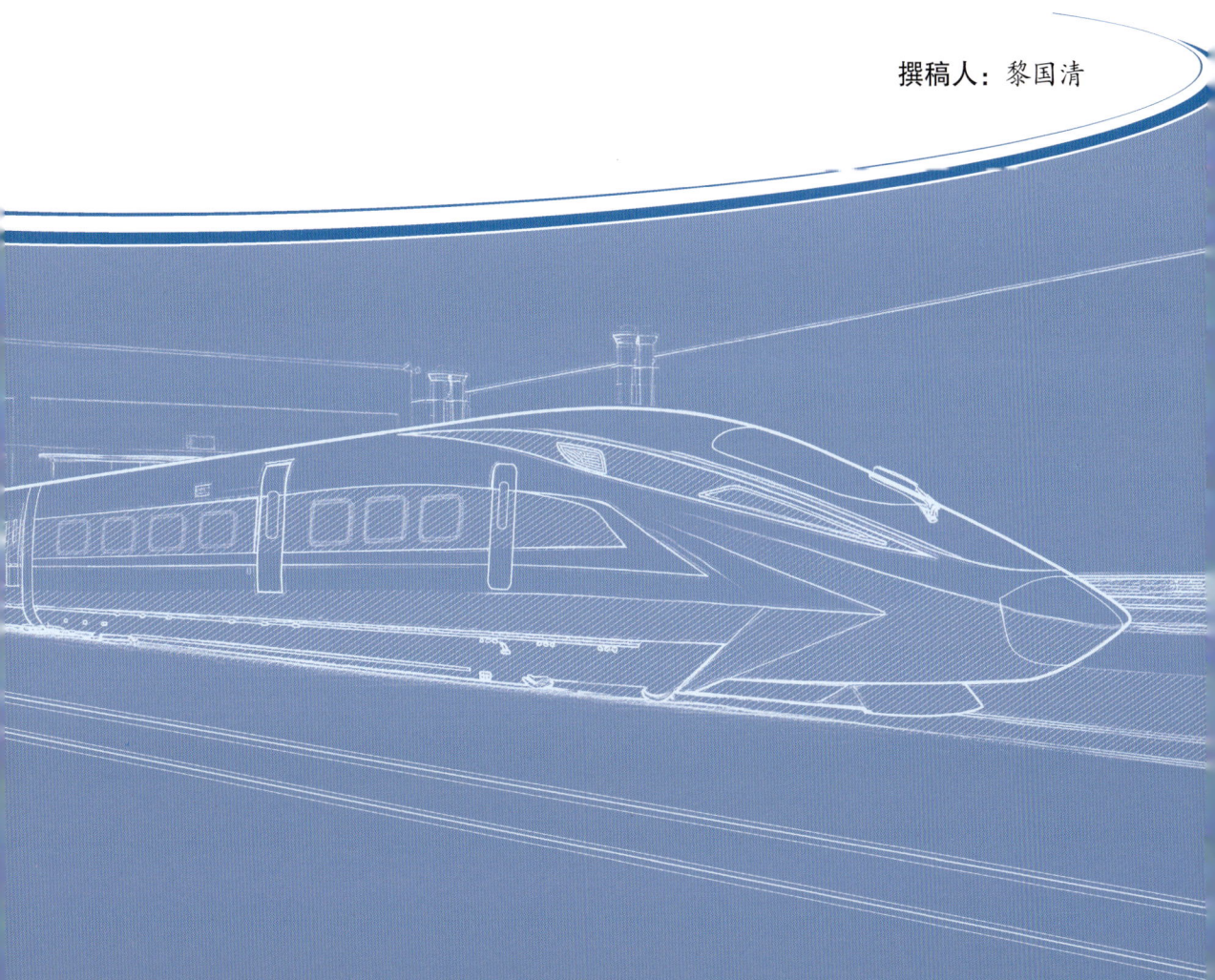

　　试验设施是我国高速列车从无到有、引进消化吸收再创新、自主创新三阶段发展的重要基础。几十年来，我国铁路行业相关企业、科研院所、高等院校等在试验设施的研制、建设、应用等方面与时俱进，支撑了机车车辆、工务工程、通信信号、牵引供电、运输组织等大批高质量重大成果的基础理论、关键技术、工程应用的试验研究，也为中国高速列车关键部件、系统、整车的功能和性能检验以及可靠性评估等提供了完备的试验手段，在我国铁路形成完整的中国技术、中国装备和中国标准体系的过程中发挥了极其重要的作用。

　　我国自 20 世纪 50 年代起开始自主设计、制造铁路机车和客车。经过 70 多年的发展，铁路机车完成了由蒸汽机车向内燃机车和电力机车的转换，为铁路运输快捷化、重载化发展作出了突出贡献；铁路客车也经历了从 21 型、22 型到 25 型的发展历程，速度逐步提升到 160km/h。20 世纪 90 年代，我国铁路在高速列车设计、制造方面进行了初步探索，从迈入高速领域的先锋号和中华之星动车组，到引进消化吸收再创新推出的和谐号动车组，再到自主创新打造的复兴号动车组，直至目前开展"CR450 科技创新工程"，我国高速列车总体技术达到国际领先水平。为适应铁路机车车辆特别是高速列车的发展，我国铁路装备的试验设施和试验技术，随着铁路装备的试验验证需求变化而不断提高并快速发展。

　　1956 年，根据当时苏联专家建议，铁道部在北京东郊建设全长 9km 的环行铁道试验基地。图 6-1 所示是 1959 年 5 月我国自行设计制造的第一台电力机车 6Y1-001 号在环行铁道试验基地进行试验，由此开创了我国机车车辆规范化试验的先河。1990 年 12 月，广深铁路技术改造项目获得国家计划委员会批复，吹响了中国铁路提速的号角。为检验机车车辆提速技术的可行性，1992 年 3~6 月，铁道部在环行铁道试验基地组织开展了两次"广深线准高速科技攻关项目综合试验"，东风 9 型内燃机车牵引新型客车，最高试验速度达到 163km/h，为我国东风 11 型准高速内燃机车的研发奠定了基础。1993 年 1 月东风 11 型机车出厂后，也在环行铁道试验基地开展综合试验，检验了牵引特性、动力学性能和起动加速性能。1994 年 11 月东风 11 型机车在广深线开展了型式试验，完成了大量安全评估和检验试验。1994 年 12 月 22 日广深准高速铁路建成通车，东风 11 型机车牵引 25Z 型客车的准高速列车投入运营，最高运营速度达到 165km/h，标志着我国铁路发展进入了准高速时代。

图 6-1　1959 年 6Y1-001 号电力机车在环行铁道试验基地进行试验

为满足广深线电气化后以 160km/h 速度牵引 14 辆客车编组列车的需要，1991 年铁道部组织研制 SS8 型电力机车。1997 年 1 月 5 日，改进后的 SS8 型电力机车牵引 3 辆 25K 型客车在铁科院环行铁道试验基地展开试验，最高试验速度达到 212.6km/h，这是我国机车车辆首次突破 200km/h 速度大关。

从 1991 年起，我国着手开展高速列车涉及的转向架、车体、空气动力学、牵引及制动系统等核心技术研究和关键部件的研制工作，同步开始研制建设高速列车必需的关键试验设施。

西南交通大学整车滚动振动试验台于 1989 年开始筹建，1993 年落成实现滚动功能（图 6-2），1994 年底安装激振系统实现了滚动与振动结合，成为世界上第二台可实现左右滚轮独立横向、垂向随机振动的机车车辆滚动振动整车试验台。1995 年开始承接机车车辆整车动力学试验任务，先后完成 160km/h 准高速客车、SS8 型电力机车、250km/h 高速客车、中华之星高速动车组、蓝箭动车组、CRH1/2/3/5 型和谐号系列动车组、时速 250km 和时速 350km 中国标准动车组（复兴号）以及时速 400km 可变轨距转向架、CR450 高速动车组转向架等所有新研制的提速机车车辆和高速列车动力学性能测定及优化试验，解决了诸多机车车辆设计参数和结构问题，优化了机车车辆动力学性能，在中国高铁列车发展历程中起到了非常关键的作用，并荣获国家科技进步奖一等奖。经扩建改造，成为世界上为数不多的规模大、功能全、技术先进、唯一可以模拟线路曲线的机车车辆（六轴）滚动振动试验台，最高试验速度可达 700km/h。

图 6-2　西南交通大学滚动试验台调试成功（1993 年）

为开展高速列车空气动力学研究，长沙铁道学院（后合并至中南大学）于 1995 年独立自主开发动模型试验平台，试验速度达 200km/h。为满足更高的试验需求，试验平台经历了多次重要的升级与改造，2009 年平台试验速度可达 500km/h，成为当时国际上开展列车空气动力学研究试验速度最高、试验范围最广，试验能力最强的试验平台。在此期间，开展了 CRH380 动车组、复兴号动车组、CR450 动车组等高速列车空气动力学研究试验，有力支撑了高速列车的车体外形设计。中南大学在 2015 年到 2018 年，还成功研制了时速

600～800km 等级的磁浮列车空气动力学特性试验平台。

在高速列车牵引系统研发过程中，中车株洲电力机车研究所等单位研制的牵引系统检测试验体系、检测装备与试验方法为电力牵引与控制核心技术研究提供了创新平台，为相关电子电气产品的先进性、可靠性、成熟性等提供了完整的体系保障，可以进行从牵引变压器、牵引变流器的部件级，到牵引电传动系统的系统级，再到高速列车牵引系统整车级的试验验证，对牵引系统的更新升级起到了至关重要的支撑作用。

在高速列车制动系统研发过程中，铁科院于 2009 年开始进行高速列车制动系统综合试验平台研究工作，研制出高速列车制动控制单元试验台、制动夹钳试验台、备用制动部件试验台等，搭建了高速列车制动系统综合试验台。上述试验台的研制成功，为和谐号高速动车组国产化制动系统装车运用考核提供了有力的技术保障，也为复兴号动车组、CR450动车组制动系统研制奠定了坚实基础。

同时，为解决环行线试验速度不高、场景单一等难题，我国在高速列车试验验证方面，还建立了一整套在高速铁路正线进行高速试验的机制和技术，测试验证了高速列车的安全性、稳定性、舒适性，以及空气动力学、牵引系统、制动系统、弓网受流性能与参数。典型的正线试验有广深准高速列车综合试验、秦沈客专中华之星和先锋号综合试验、京沪高铁先导段和谐号综合试验、大西高铁郑徐高铁复兴号综合试验、福厦高铁 CR450 综合试验等。

总之，我国相关高速列车制造企业、科研院所和高等院校，建设有不同层次的关键部件级、系统级、整车级试验设施，可全面完成《电动车组整车试验规范》提出的 30 方面 74 个试验项目，具备完成高速列车型式试验和研究性试验的试验能力，建立了符合我国国情的高速列车试验体系，使我国高速列车试验检验能力达到国际领先水平。

第二节 关键部件试验设施

高速列车关键部件包括车体、转向架、牵引变压器、牵引变流器、牵引电机、牵引控制单元、基础制动单元、车钩及缓冲装置、车门和风挡等。部件级试验的主要目的是确保部件的质量和安全性。通过科学的试验检测，可以验证部件的性能是否符合设计要求和国家及行业标准，确保其在实际使用中的可靠性和耐用性。

一 车体试验设施

1. 车体静强度试验台

图 6-3 所示的车体静强度试验台用于轨道车辆车体静强度、气密强度和车体固结强度等静态试验以及部件或车体防撞柱准静态压缩试验。试验台可开展整车承载变形测量、车体挠度试验、扭转刚度试验、静强度试验，评估全寿命周期内或延寿评估补强前后车辆整体力学性能，可通过关键部位应力数据，评估车体强度及寿命。

(a) 轨道车辆车体静强度试验

(b) 防撞柱弹塑性试验

图 6-3　车体静强度试验台

图 6-4 所示的 84m×14m 柔性强度试验平台，采用模块化、标准化、通用化测试平台的建设理念，除可以开展轨道车辆车体静强度试验外，还可对转向架构架、大部件结构及关键部件进行静强度和疲劳试验。其静强度试验具备纵向压缩载荷 5000kN、拉伸载荷 5000kN，最大垂向载荷 1100kN 的综合静强度试验能力，满足高速列车等轨道交通车辆车体强度、车体气密强度等试验需求。

图 6-4　84m×14m 柔性强度试验平台

2. 车体疲劳试验台

西南交通大学车体疲劳试验台（图 6-5）于 2015 年建成，主要开展高速动车组整车车体、端部底架结构的静强度和疲劳强度试验研究，创新实现了整车车体惯性、机械及气动多种载荷耦合的疲劳试验方式，可开展车体底部激振惯性加载主结构疲劳试验、车体上部激振加载主结构疲劳试验、车体纵向加载拉压强度试验、钩缓装置纵向加载拉压强度试验、车体外侧墙拉压强度试验、整车激振或非激振条件下的气动疲劳强度试验等研究，还可开展机车车辆参数试验，测定车体重心、转动惯量和回转系数等参数，为精细化动力学模型建立提供支持。

图 6-5　车体疲劳试验台

该试验台的最大静态纵向载荷 750t、最大动态纵向载荷 200t、最大气压变化幅值 ±10kPa、最大气压疲劳试验循环周期 20s、加载通道数 36 个。该试验台特点：一是综合了纵向、横向和垂向的动态加载，垂向和横向不仅可以实现从车体向下的加载，也可以实现自下而上的加载；二是气动试验也在同一台位上进行，为全方位模拟车体结构的动态服役环境提供可能；三是实现在集中载荷、惯性和气密场载荷一体化加载的复杂耦合载荷作用下的高速列车车体服役模拟疲劳试验。该试验台建成后完成了时速 350km 中国标准动车组（复兴号）车体疲劳试验、时速 400km 高速列车车体端部底架等部件静强度和疲劳试验。

3. 车辆振动模拟试验台

如图 6-6 所示，车辆振动模拟试验台可满足轴重 25t 以下两轴转向架的试验条件，再现车辆在线路运行时的振动状态，评估车辆在曲线线路上的通过能力，校验车辆抵抗大风倾覆的能力、对恶劣不平顺轨道的适应能力，深入研究车辆的振动特征以及相关联的影响因素，还可模拟设置轨道线路的几何状态，评估车辆通过线路限界的能力。

二 转向架试验设施

1. 转向架结构强度试验台

高速列车转向架在其服役期间承受大量的不同程度的动载荷，在转向架结构的关键受力部位，动载荷的影响最为显著。因此，转向架需要通过试验和计算对结构进行强度验证，转向架结构强度试验台是验证其强度的必要手段。

结构强度试验台以转向架结构件的疲劳强度试验为核心，以多通道液压伺服系统进行协调性加载，可以实现给定载荷条件下周期加载试验、随机加载试验，也可进行线路载荷谱模拟再现等。结构强度试验台主要由机械系统、液压系统、协调加载的控制系统、测试系统和辅助系统 5 部分组成。

图 6-7 所示的铁科院转向架结构强度试验台拥有 48 个协调加载控制通道，配备 48 个作动器，最大动载荷 1000kN，可同时开展 6 个协调加载试验。

图 6-6 车辆振动模拟试验台

图 6-7 转向架结构强度试验台

中国中车下属主机企业也不断加强转向架构架、轮轴等疲劳试验台的建设。中车长客股份公司的转向架构架疲劳试验台，可实现 28 个控制通道协调加载，具备开展高速列车等轨道交通车辆转向架构架、摇枕、枕梁、轴箱、转臂、弹簧、拉杆等主要零部件静强度和疲劳强度试验能力，作动器能力范围在 50～500kN 之间。中车四方股份公司的多通道协调加载试验台配备 22 个作动器，最大动载荷为 500kN。图 6-8 所示的中车唐山公司的试验台配备 20 个作动器，最大动载荷为 500kN。

图 6-8　最大动载荷 500kN 的转向架结构强度试验台

西南交通大学轨道交通运载系统全国重点实验室结构疲劳试验台拥有 50～1000kN 不同等级的作动器 51 个，可以进行协调加载，甚至可以进行载荷反演，通过应力再现服役载荷。北京交通大学结构强度试验台，不仅可支持多通道协调加载测试，更具备了实线测试、实验室荷载验证和损伤一致性研究等能力。

2. 空气弹簧试验台

图 6-9 和图 6-10 所示的空气弹簧试验台，是空气弹簧装车前进行保压试验和密封试验的专用设备，可以对各种型号的空气弹簧进行试验。

(a) 空气弹簧扭转疲劳试验台　　　　　　　　(b) 空气弹簧爆破试验箱

图　6-9

(c) 空气弹簧试验台

图 6-9　空气弹簧试验装置

图 6-10　空气弹簧六自由度综合试验台

3. 液压减振器试验台

液压减振器是提供阻尼和刚度的转向架重要部件，其刚度和阻尼会随着激振频率和幅值的变化而改变，需要通过试验测出减振器力-速特性以进行相关研究分析。如图 6-11 所示，西南交通大学的液压减振器试验台可以获取减振器的频变、幅变和温变动态特性。

4. 齿轮箱试验台

高速列车齿轮箱是安装在转向架上的关键部件，其产生的振动、噪声以及温升直接影响牵引传动系统的效率和列车的乘坐舒适性。齿轮箱试验台可根据《动车组齿轮箱组成暂行技术条件》（TJ/CL 277—2014）等对动车组齿轮箱性能试验的要求，模拟齿轮箱在不同温度、载荷及倾角条件下的工作状态，对齿轮箱的性能进行试验，及时发现齿轮箱的设计缺陷，提高齿轮箱产品质量。

图 6-12 所示为中车戚墅堰机车车辆工艺研究所的齿轮箱试验台。该试验台已经完成 CRH380B、CR400 等多个车型齿轮箱的性能试验，为高速列车齿轮箱设计研发和产品认证提供了充足的技术支持。

图 6-11　液压减振器试验台

图 6-12　齿轮箱试验台

5. 轮轴和轴箱轴承试验台

图 6-13 所示为轮轴可靠性试验台，其根据偏心共振原理对轮轴开展可靠性试验，具有疲劳寿命测试、疲劳损伤识别、裂纹产生与扩张智能监测等功能，可满足轮轴疲劳寿命、S-N 曲线、裂纹扩展、不同材料和工艺的比对研究等试验需求。

轴箱轴承是高速列车走行部中的关键旋转部件，在复杂的轮轨相互作用下极易出现由疲劳、过载等原因导致的失效，需要通过轴箱轴承试验台按《机车车辆轴承台架试验方法 第 1 部分：轴箱滚动轴承》（TB/T 3017.1）进行系统试验。我国研制了能够开展 600km/h 及以上速度试验的轴箱轴承试验台，如图 6-14 所示。

图 6-13　轮轴可靠性试验台

图 6-14　轴箱轴承试验台

三　牵引系统关键部件试验设施

1. 交流传动试验台

交流传动试验台如图 6-15 所示，配备单轴功率 1200kW 的 4 轴试验系统，供电电源包括交流 25kV 50Hz 和直流 750V、1500V、3000V，可进行机车、动车组和城轨牵引系统试验，能够为变流器产品的电磁兼容试验及高低温湿热环境试验提供与实际运行条件相同的电源和负载，从而更好地模拟变流器的实际工作状态，为变流器产品的电磁兼容性能及环境可靠性研究提供有力的试验验证手段。

图 6-15 交流传动试验台

2. 牵引电机试验设施

如图 6-16 所示，牵引电机试验设施可满足直流电机、交流电机、主发电机、辅助发电机以及变频装置的研究性试验、型式试验、系统组合试验及例行试验，重点围绕原材料、核心部件、整机系统开展全寿命周期技术研究，为产品可靠性设计与运维决策提供技术支撑。

(a) 电机试验台

(b) 电机系统联调试验台

图 6-16 牵引电机试验设施

3. 牵引变压器型式试验站

针对高速列车牵引系统中的牵引变压器，中车株洲电机公司研制了工频及变频试验机组、中间试验变压器、补偿电容塔、雷电冲击试验系统、局放试验室等，如图 6-17 所示，可满足最大试验容量 15000kVA，用于机车及动车等牵引变压器、辅助变压器、电抗器、高压互感器等产品的型式试验和研究验证。

图 6-17　牵引变压器型式试验站

4. 牵引变流器试验平台

牵引变流器试验平台配备电气传动试验系统、电磁兼容（EMC）试验系统、260m³ 温湿度试验箱、10m 法暗室、60m³ 沙尘试验箱、60m³ 淋雨试验箱、5m³ 盐雾试验箱、20t 推力振动冲击试验系统、噪声实验室等关键设施设备。电气传动试验系统可满足机车、动车、城轨牵引变流器带电机负载的满功率电性能试验，最大单轴负载功率可达 2450kW，试验系统通过背靠背方式实现能量回馈，可实现 80% 的电能回馈电网。EMC 试验系统完整覆盖变流器电磁兼容试验项点，并具备高压端口发射和抗扰度测试能力。260m³ 温湿度试验箱可满足最大 6400kVA 牵引变流器满功率状态温度可靠性试验。20t 振动台具备 2.75 倍冲击力，达到国际先进水平。牵引变流器试验平台关键设施如图 6-18 所示。

(a) 电气传动试验台

(b) 电磁兼容性(EMC)测试室

图　6-18

(c) 温湿度试验箱　　　　　　　　　(d) 力学振动试验区

图 6-18　牵引变流器试验平台关键设施

四　制动系统关键部件试验设施

1. 高速 1∶1 基础制动试验台

图 6-19 为铁科院高速 1∶1 基础制动试验台，其最高试验速度达 530km/h，可 1∶1 模拟实车相同的速度运转和制动，实尺再现实车的能量转化过程。可模拟干燥、潮湿、低温、降雪等气候条件。最大试验惯量约 6000kg·m²，最大试验轴重 58t。该试验台主要应用对象为高速动车组、铁路机客货车辆、城市轨道交通车辆，用于其盘形制动装置和踏面制动装置的摩擦磨损性能、制动性能、耐热性能、振动和噪声特性检测及可靠性试验等。该试验台在 2018 年通过了国际铁路联盟（UIC）的国际认证并取得相关证书。

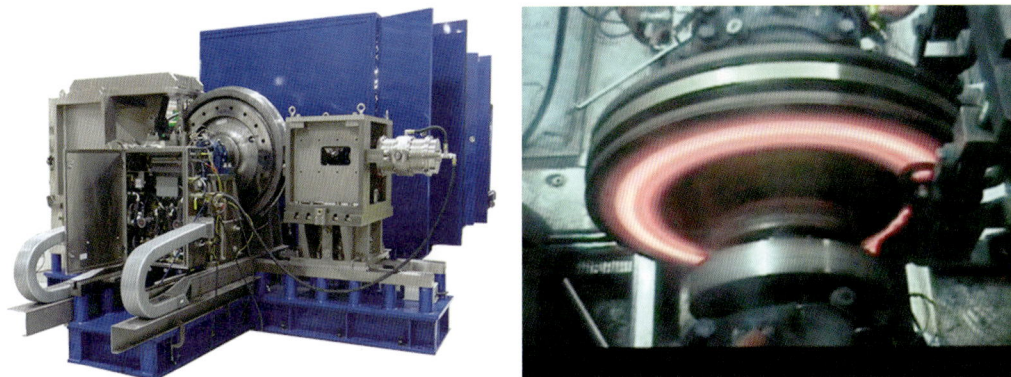

图 6-19　高速 1∶1 基础制动试验台

中车制动系统有限公司（简称中车制动公司）也建有高速 1∶1 基础制动试验台，其最高试验速度达 535km/h，最大试验轴重 55t，最大试验惯量 3600kg·m²，可以模拟风、雨、雪、极寒等气候条件，最低试验温可达−40℃，可用于高速动车组基础制动产品研发和试验验证、现场故障状态模拟分析试验等。

2. 制动夹钳单元试验台

制动夹钳单元是高速列车空气制动系统的执行部件，其性能和可靠性直接关系高速列车的运行安全，因此，制动夹钳单元一直是高速列车制动系统的关键部件。如图 6-20 所示，制动夹钳单元试验台主要由机械系统、气动系统、电气系统和控制系统 4 部分组成，通过内置的力传感器和位移传感器，自动测试并记录被试件的夹紧力、位移量和位移变化量。

3. 防滑试验台

原上海铁道大学设计开发的防滑系统试验台可模拟两个车轴，对两路调速电机分别或同时进行不同速度和减速度的控制，能够对两路风缸进行压力测定。试验台工作过程由工控机控制，能够同时对两路速度、压力、电磁阀排风控制信号进行数据采集。

铁科院研制了满足我国高速列车防滑系统的测试和验证技术要求的防滑仿真试验台，可开展防滑控制系统的功能测试、性能测试及参数优化，以提高防滑系统的安全性和可靠性，同时也为防滑系统

图 6-20　制动夹钳单元试验台

的安全认证提供必要的试验手段和研究基础。如图 6-21 所示，防滑试验台主要由试验台软件、WSP 控制单元、仿真计算单元、轴速单元、气路实物、配电配线单元、仿真模型等组成。

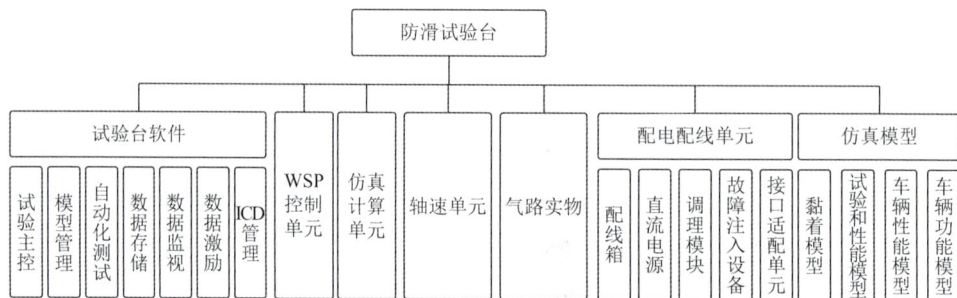

图 6-21　防滑试验台组成

4. 高速轮轨关系试验台

如图 6-22 所示，高速轮轨关系试验台由轨道轮系统、测试轮对系统、液压激振系统、轨道接触界面环境模拟系统、测量和数据采集系统等组成。可进行高速轮轨黏着、蠕滑、磨耗、接触疲劳、振动和噪声等试验，可模拟干燥、潮湿和油润滑条件下的轮轨界面环境，可监测轮轨关系中的各种动力学响应参数。在试验台接入制动控制设备，将制动防滑控制信号和指令传递给试验台控制系统，可进行干燥、喷水和喷防冻液等复杂条件下超低黏着、大滑移率高速制动防滑试验，使高速制动防滑系统的研究和性能评估更加科学、全面。

铁科院研制的高速轮轨关系试验台在国内首次开展了以试验为支撑的制动防滑策略优

化研究，获得了纵向蠕滑率在可控范围（小于30%）内的轮轨黏着特性曲线，为突破时速400km及以上轮轨制动防滑控制及黏着利用等关键核心技术提供了可靠依据。

5. 高度阀试验台

如图 6-23 所示，高度阀试验台用于高度阀的研制、试验验证、调试及出厂验收。试验台采用计算机控制试验操作，实现了试验（检验）执行、数据记录、报告自动化。系统配置高精度压力传感器、数控圆转台。

图 6-22　高速轮轨关系试验台

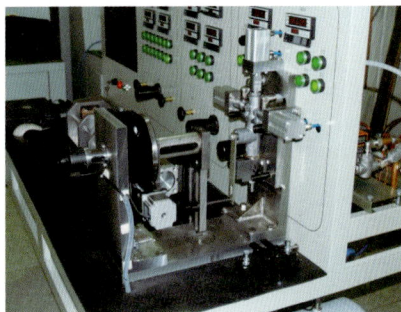

图 6-23　高度阀试验台

五　车钩及缓冲装置试验平台

如图 6-24 所示，中车制动公司建立了完善的车钩及缓冲装置研发与试验平台，可对车钩进行静强度、静破坏载荷试验，对缓冲器进行疲劳、静压、蠕变试验，进行压溃管静压试验、环簧性能试验、拉断螺栓静拉试验、螺栓剪切试验、垂向承载能力试验、车钩缓冲装置静强度试验等，进行钩缓装置的连挂解钩性能试验、钩缓装置结构功能试验、电气车钩性能试验、车钩摆角试验、车钩连挂范围试验、气密性试验、间隙测定、防跳性能检查、三态作用检查等。

(a) 钩缓综合性能试验台(卧式和立式)

图　6-24

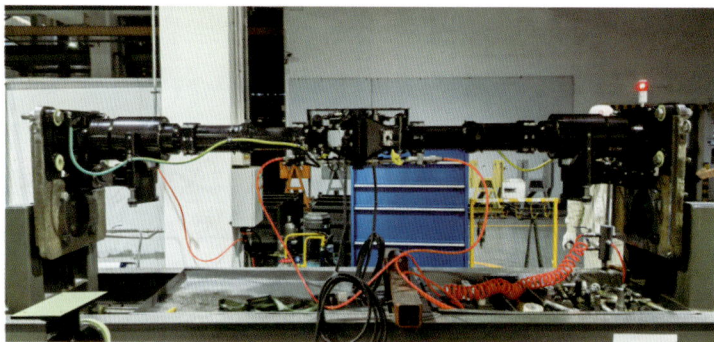

(b) 钩缓装置连挂试验台

图 6-24　车钩及缓冲装置研发与试验平台

六　车门和风挡试验装置

1. 车门试验装置

高速列车的车门一般采用塞拉门，需要经过气密性能、水密性能、低温性能、隔热性能、隔声性能、静强度、疲劳强度、耐冲击和振动性能等试验测试。

车门气密性能试验使用变压法进行试验测试。塞拉门模拟安装在 $8.5m^3 \pm 1.5m^3$ 刚性密闭空腔，测量初始内外压差，对车体加压或者降压，空间内压力由 4kPa 降至 1kPa 的时间应大于 210s。

如图 6-25 所示，车门水密性能试验依照《铁道车辆水密性试验方法》（TB/T 1802—2016）规定的试验方法进行。塞拉门在关闭状态下（塞拉门为关闭且辅助锁非压紧密封状态）进行固定喷水试验，喷水时间不小于 5min，停止喷水后 10min 内门的非淋水侧应无水流和水滴痕迹。

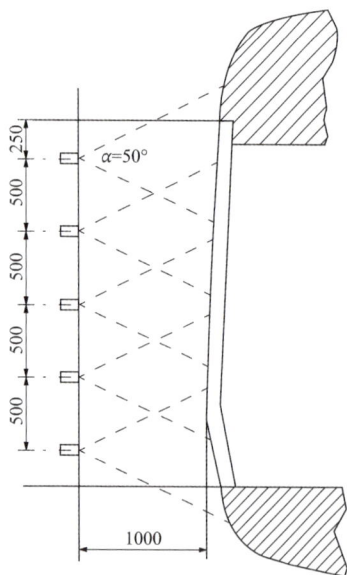

(a) 喷水装置数量和排布示意图(尺寸单位：mm)　　(b) 水密性能试验

图 6-25　车门水密性能试验

如图 6-26 所示，车门低温性能试验是在车外环境温度为−25℃（特殊使用环境时为−40℃），车内环境温度不高于 10℃，车内相对湿度不低于 85% 的条件下，保存 2h 后，对塞拉门进行开闭检测。

车门隔热性能试验依照《建筑外门窗保温性能检测方法》（GB/T 8484）进行。试件一侧为热箱，另一侧为冷箱。在对试件缝隙进行密封处理，试件两侧各自保持稳定的空气温度、气流速度和热辐射的条件下，测量热箱中加热装置单位时间内的发热量，减去通过热箱壁、试件框、填充板、试件和填充板边缘的热损失，再除以试件面积与两侧空气温差的乘积，即可得到试件的传热系数 K 值。

图 6-26　车门低温性能试验

如图 6-27 所示，车门隔声性能试验依照《建筑门窗空气声隔声性能分级及检测方法》（GB/T 8485）进行。将测得的塞拉门空气隔声量频率特性曲线与《建筑隔声评价标准》（GB/T 50121）规定的空气声隔声基准曲线，按照规定的方法相比较获得单位评价量，即为计权隔声量 Rw，单位为分贝（dB）。

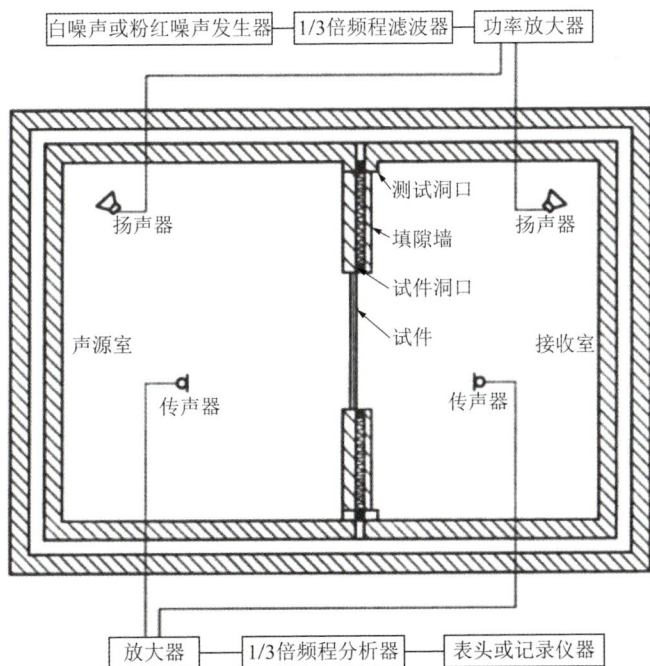

(a) 隔声性能试验装置示意图

图　6-27

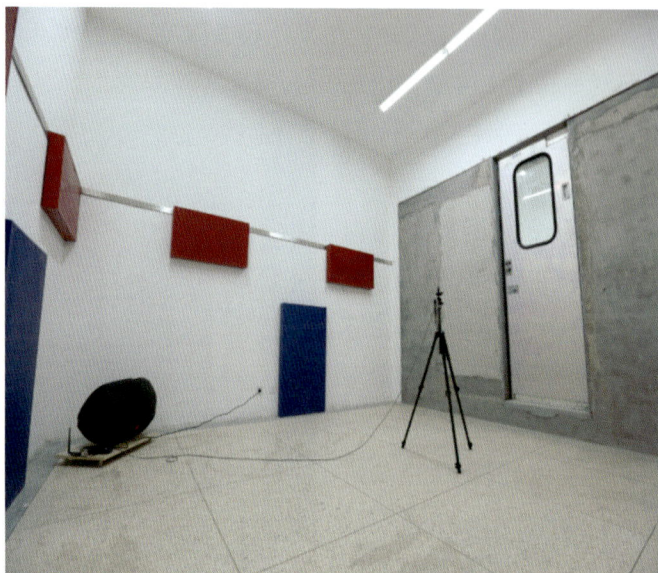

(b) 隔声性能试验

图 6-27　车门隔声性能试验

如图 6-28 所示，车门静强度试验是模拟高速会车时压力波对门系统的影响。塞拉门正常关闭且锁紧后，按照列车的运行速度等级，应具有相应的强度要求，如门扇各处无破坏，不应出现开裂、鼓包、脱空等缺陷。

车门疲劳强度试验机由机体、密封舱及其外框、控制台组成。采用疲劳试验机模拟高速列车在实际运行中出现会车或进出隧道时交变动载荷作用下车门受力情况，用于高速列车车门在风压动载荷作用下抗疲劳作用能力的试验。

如图 6-29 所示，车门耐冲击和振动性能试验依照《轨道交通　机车车辆设备　冲击和振动试验》（GB/T 21563）规定的 I 类 A 级工况，对塞拉门进行功能性随机振动试验、模拟长寿命振动试验及冲击试验，塞拉门功能应正常，结构应无开焊、开裂和永久变形。

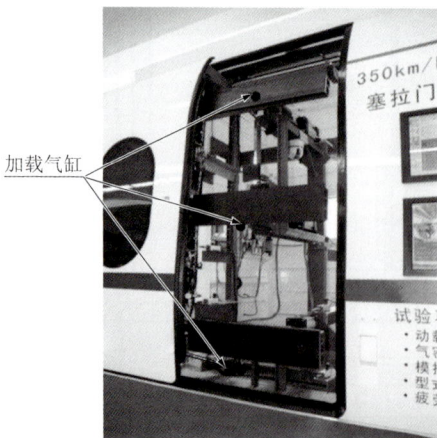

图 6-28　车门静强度试验

图 6-29　车门耐冲击和振动性能试验

2. 风挡试验装置

图 6-30 为风挡位移模拟试验台，其用于进行风挡曲线通过能力试验和疲劳试验。将风挡安装在试验台上，可以模拟两个车辆相对运动和列车运行中的各种车辆位置（弯道行驶、横向侧滚和纵向俯仰角、高度差或运动组合）。

风挡气密试验台用于进行气密压降、气密强度、气密泄漏面积的试验；风挡淋雨试验台用于进行水密性测试试验。

图 6-30　风挡位移模拟试验台

七　挡风玻璃试验装置

挡风玻璃是高速列车的重要安全部件。国内前挡风玻璃供应商江苏铁锚科技股份有限公司，建立了鸟撞测试系统、飞弹冲击测试系统、抗砾石冲击测试系统等研发试验装置，如图 6-31 所示。

(a) 鸟撞测试系统

(b) 飞弹冲击测试系统

(c) 抗砾石冲击测试系统

图 6-31　挡风玻璃试验装置

八　关键部件的环境试验设施

1. 振动冲击试验台

振动冲击试验台依照《轨道交通　机车车辆设备　冲击和振动试验》（GB/T 21563）或

者《铁路应用 铁路车辆设备 冲击和振动测试》（IEC 61373）进行车辆关键部件振动冲击试验，结合线路环境测试数据，编制实测频域载荷谱，通过试验台再现线路复杂振动环境，验证系统、关键部件的振动环境疲劳可靠性，评估部件剩余寿命。

图 6-32 所示的 6t 电振动试验台最大推力 64kN，最大负载 800kg，最大扩展台面 1m×1m，振动频率 5～1000Hz；20t 振动试验台最大推力 200kN，最大负载 1500kg，最大扩展台面 3m×3m，振动频率 5～2000Hz。可开展部件随机振动、冲击试验、扫频试验、驻留试验等。

图 6-32　振动冲击试验台

2. 温湿度试验箱

高速列车设备在运行过程中会受到各种环境因素的影响，温度是其中之一。高温和低温环境会对设备的性能和使用寿命产生影响。因此，为确保轨道交通设备的正常运行，提高其安全性和可靠性，进行高低温环境可靠性测试是非常必要的。如图 6-33 所示，温湿度试验箱的主要试验对象为电工、电子产品，以及其元器件和其他材料。在不同温度、湿度条件下，对产品的物理以及其他相关特性进行贮存、运输、使用等适应性试验和环境模拟测试，以判断产品的性能是否仍然能够符合预定要求。

图 6-33　温湿度试验箱

对高速列车设备中的电子产品进行循环湿热试验是为了确保这些设备能够长期稳定地工作，同时评估其在高温高湿环境下的性能和可靠性。通过这种试验，可以及时发现并解决可能影响产品性能的问题，从而提高产品的可靠性和安全性。

图 6-34 是将振动冲击和温湿度试验综合在一起建立的环境可靠性实验室，具备轨道交通牵引、网络、安全、制动产品的力学与气候环境模拟能力，同时具备电子、电气、机电等各类产品的高加速试验和应力筛选试验能力。

3. 电磁兼容测试平台

电磁兼容（EMC）是指高速列车的电子设备既不干扰其他设备，同时也不受其他设备的影响，是评价产品质量最重要的指标之一。如图 6-35 所示，电磁兼容测试平台主要用于车载电子设备的电磁兼容测试，具备对车辆用电子部件开展符合《轨道交通 电磁兼容 第3-2 部分：机车车辆 设备》（GB/T 24338.4）标准的电磁兼容性能力验证测试。

图 6-34 综合振动冲击和温湿度试验的环境可靠性实验室

图 6-35 电磁兼容测试平台

图 6-36 为具备牵引变流器电磁兼容测试能力的实验室，除满足常规电磁兼容试验要求外，还可同时配套交流传动系统调试试验台，为牵引变流器电磁兼容试验提供与实际运行相同的电源和负载，从而更好地模拟牵引变流器的实际工作状态。同时，该实验室具备 25kV 50Hz 高压供电能力，可满足未来集成式牵引变流器新产品的电磁干扰（EMI）和电磁敏感度（EMS）的测试条件。

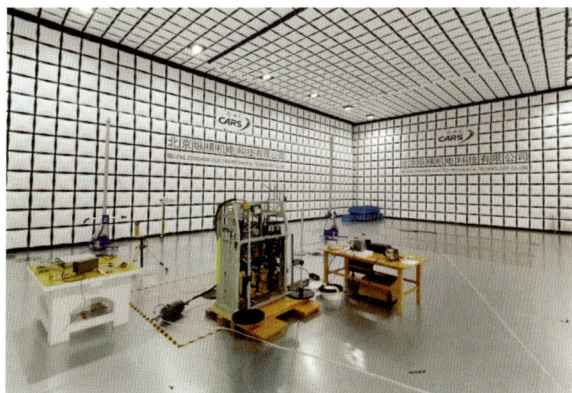

图 6-36 具备牵引变流器电磁兼容测试能力的实验室

九　高低压试验台

图 6-37 为低压电器试验台，其采用先进的开关电源和国际铁路行业智能负载模拟系统方案，实现了测试电源系统、负载系统输出的快速变化调整，可按标准和非标准开展高速列车车用断路器、继电器、接触器等低压电器产品的动作特性、接通分断能力、寿命及可靠性的测试研究。

图 6-37　低压电器试验台

图 6-38 为高压系统试验台，其应用于高速列车高压系统整车及部件绝缘性能参数测定和可靠性研究，可独立开展常规和复合淋雨环境工况下的 400kV 及以下雷电冲击试验、150kV 及以下工频耐压、回路电阻、介质损耗、绝缘电阻等试验，为动车组高压系统的研发、设计、选型、故障排查及质量监控等提供了重要依据。

图 6-38　高压系统试验台

第三节　系统试验设施

系统试验是针对高速列车的主要系统，如车辆动力学、空气动力学以及牵引、制动系统等在地面进行的各种试验验证，其主要目的是研究高速列车动力参数、振动特性、外型参数等，指导高速列车的设计及改进，同时在装车之前验证牵引、制动等系统性能的完整性和可靠性。

一　车辆滚动振动试验台和模态试验台

1. 车辆滚动振动试验台

随着列车运行速度的提高和服役环境的复杂化，对高速列车动力学品质提出了更高的要求，而车辆滚动振动试验台可进行高速列车动态服役环境模拟试验，其对于高速列车基础理论研究和新产品研发具有非常重要的作用。

以西南交通大学轨道交通运载系统全国重点实验室为例，其构建了从转向架零部件到大部件再到整车的成套系服役模拟平台，可满足服役模拟的一体化、全息化、高频化和仿真化要求。1993年建成的机车车辆滚动振动试验台，经历了六轴和提速升级改造，目前已成为全世界试验速度最高、功能最全的滚动振动试验台（图6-39），可以实现左右滚轮横向和垂向独立激振，最高试验速度可达700km/h，利用该试验台完成了我国几乎所有高速动车组的转向架动力学性能试验，为高速动车组的创新发展提供了强有力的支持。

滚动振动试验台主要用于测定蛇行失稳临界速度，进行滚动部件的磨合以及牵引和制动特性试验等。振动台直接从车轮上输入激扰，用以研究轴箱以上振动系统的动力特性，或者当作激振平台使用，开展车体和转向架的模态分析和参数识别。滚振台将滚动和振动结合起来，能够实现机车车辆线路运行模拟，更真实地再现机车车辆的动态运行性能。

近二三十年来，中国中车的主机厂也大力开展机车车辆滚动振动试验台的建设，以加强对高速转向架及整车的研发、改进试验并弥补线路试验的不足。例如，中车长客股份公司、中车四方股份公司和中车唐山公司都建有滚动试验台，最高试验速度为600km/h；中车株机公司建造了三轴滚振的转向架滚振试验台，最高试验速度为300km/h。

2. 车辆模态试验台

如图6-40所示，车辆模态试验台用于车体、构架、部件等在自由状态或约束状态下的振动模态测试及分析。

图6-39　滚动振动试验台

图6-40　车辆模态试验台

二 车辆碰撞试验系统

当列车发生意外碰撞时，通过车辆吸能装置耗散撞击能量，以最大限度降低乘员的碰撞损伤，有效保护乘员安全，即车辆设计时应考虑的被动安全防护。车辆碰撞试验系统可验证车辆被动安全防护设计参数和防护效果。我国拥有全尺寸单车级碰撞试验台和列车等效缩比模型试验台、列车级碰撞试验台等车辆碰撞试验系统，具备轨道车辆全场景碰撞试验能力。

1. 全尺寸单车级碰撞试验台和列车碰撞等效缩比模型试验台

长沙铁道学院（后合并至中南大学）于1998年建成了部件撞击试验台，如图6-41（a）所示。试验线总长度为170m，使用电机牵引试验车，最大试验质量为2.25t，最高试验速度为120km/h，主要用以研究车辆部件的吸能特性和吸能机理。

2012年，中南大学建成单车级碰撞试验台，如图6-41（b）所示。试验线总长度为88m，使用空气炮驱动。配重为100t（最大试验质量）时，碰撞速度可达60km/h；配重为15t时，最高试验速度可达120km/h。该试验台完成了时速350km中国标准动车组（复兴号）撞击刚性墙和对撞等多项碰撞试验。

由于全尺寸实车试验费用昂贵，采用列车多体碰撞小尺度等效模型是一种新的研究手段。中南大学研发了小尺度多编组列车模型碰撞试验技术，采用空气炮气动发射驱动等效缩比模型车，真实再现全尺寸列车碰撞及碰撞后演化规律。列车碰撞等效缩比模型试验台如图6-41（c）所示。

(a) 部件碰撞试验台

(b) 单车级碰撞试验台

(c) 列车碰撞等效缩比模型试验台

图6-41 部件、单车级碰撞试验台和列车碰撞等效缩比模型试验台

2. 列车级碰撞试验系统

如图 6-42 所示，中车四方股份公司轨道车辆碰撞试验台建成于 2017 年，具备轨道车辆吸能元部件和整车车辆碰撞试验验证能力。碰撞试验台线路长度为 290m，可实现最大碰撞能量约为 13MJ。

2019 年 9 月，该试验台完成了高速列车以 76km/h 速度运行的前端吸能系统对撞试验。

(a) 6t 电振动试验台　　　　　　　　　　(b) 20t 振动试验台

图 6-42　轨道车辆碰撞试验台

如图 6-43 所示，中车长客股份公司的轨道车辆碰撞测试中心建有轨道车辆碰撞仿真分析、列车刚性墙及列车线路碰撞、准静态试验测试、乘员损伤测试、高速拉伸测试等技术验证平台，具备集碰撞试验研究、试验评估及事故还原于一体的科研能力，可实现国际碰撞标准全覆盖。

头车碰撞试验

图 6-43　轨道车辆碰撞测试中心

三　空气动力学试验系统

1. 风洞和特种风洞

如图 6-44 所示，风洞模型试验是研究高速列车气动特性的重要手段之一，被广泛应用于列车的绕流流场特性、列车尾部绕流特性、列车气动外形设计、列车横向稳定性和速度限值等研究。

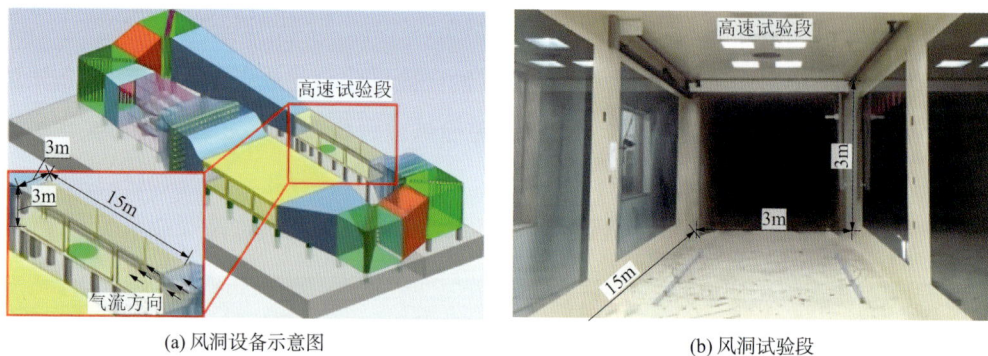

(a) 风洞设备示意图   (b) 风洞试验段

图 6-44 高速列车风洞实验室

风、沙、雨、雪环境特种风洞，用于降雨、降雪、风沙模拟和强风考核试验，为高速列车在恶劣环境中安全运行提供了基础支撑。主要包括风、沙、雨、雪等恶劣环境模拟试验，风环境下列车气动性能试验，风速、风向传感器鉴定试验，空调等车辆部件环境适应性试验，风沙对列车气动性能影响、沙砾对列车空调系统的影响、风沙对橡胶部件的危害研究等。

常见特种风洞还包括冰雪风洞，如图 6-45 所示，可进行车辆转向架/设备舱的积雪结冰试验及评估，验证防积雪结冰技术的可行性。

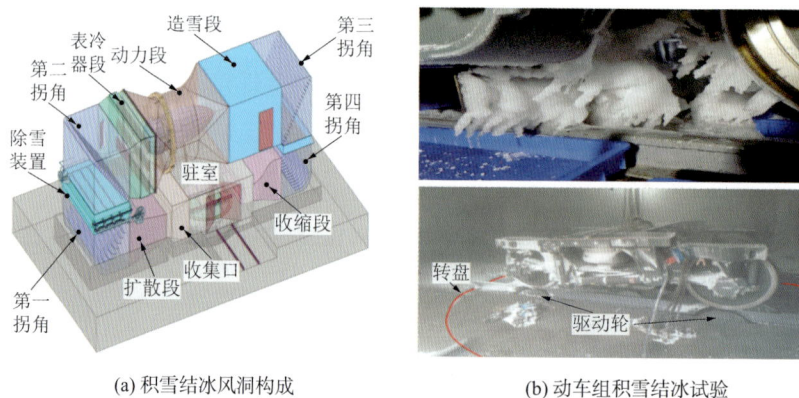

(a) 积雪结冰风洞构成   (b) 动车组积雪结冰试验

图 6-45 轨道车辆转向架冰雪风洞试验

2. 动模型试验系统

动模型试验是利用相对运动的原理进行模拟试验，基于列车空气动力学，有列车、空气、地面之间的相对运动，还有列车和列车、列车和隧道、空气和隧道等多种相对运动，与仅能模拟列车和空气相对运动的风洞试验相比，动模型试验是用模型列车高速运动的方法改变其周围流场而完成的空气动力试验。动模型试验能够模拟两交会列车之间、列车与周围环境之间的相对运动，能真实地反映地面效应。同时动模型试验能模拟各种相对运动，因此，动模型试验是列车气动特性研究最重要的技术手段之一。

（1）时速 500km 等级高速列车气动特性动模型试验系统

如图 6-46 所示，长沙铁道学院于 1998 年自主研建了一套动模型试验系统。该系统是国内第一套、世界第二套大型动模型试验系统，采用橡筋绳作为动力发射系统，经改造后最高试验速度为 500km/h。我国铁路六次大提速相关列车、城际列车和所有典型高速列车均在该系统上开展气动特性研究和安全评估试验，其为我国高速列车的气动特性改进和安全运行提供了科学支撑。

(a) 列车交会试验　　　　　　　　　　　　　(b) 单车过隧道试验

图 6-46　时速 500km 等级高速列车气动特性动模型试验系统

（2）时速 600km 等级高速轮轨、磁浮列车气动特性动模型试验系统

如图 6-47 所示，为研究更高速度列车和高速磁浮列车的气动特性，中南大学于 2018 年自主研建了高速轮轨、磁浮列车气动特性动模型试验系统。该系统以压缩空气为动力，试验速度可达 600～800km/h。该系统开展了高速磁浮列车气动特性研究、高速磁浮列车气动安全评估等相关研究，并为线间距和隧道断面等线路顶层设计参数提供科学依据，是目前世界上试验速度最高、范围最广、能力最强的动模型试验系统。

图 6-47　时速 600km 等级高速轮轨、磁浮列车气动特性动模型试验系统

（3）高速列车 1∶8 动模型试验系统

模型试验要考虑相似准则数（如雷诺数）相等，较大模型的缩比可以减少相关测量结果误差，保证模型试验数据可靠。如图 6-48 所示，中国科学院力学研究所于 2012 年建成了模型缩比 1∶8 的双向动模型试验系统，全长 264m。该系统首次提出采用高压空气间接加速技术，可将重达 200kg 的模型列车在 50m 内加速至 500km/h；采用磁涡流减速技术使列车模型的减速距离不超过 100m。试验系统通过控制列车模型的发射，使列车速度具有高度重复性，满足试验重复性要求，可实现列车明线运行时稳态气动阻力和升力的测量以及瞬态表面压力测量，同时可以实现轨道旁列车风的测试；借助高响应频率的压力传感器，

可以实现对高速列车交会压力波和隧道压力波的测试研究。

图 6-48　高速列车 1∶8 动模型试验系统

四　牵引性能系统地面试验测试平台

为了适应并满足铁路交流传动技术的飞速发展，中车株洲电力机车研究所于 2007 年启动了大规模试验体系建设工作，陆续建成牵引系统的机车试验台、动车试验台、城轨试验台、动态试验台、大型振动试验系统、电气设备可靠性与环境工程实验室、大功率半导体器件实验室、变流技术综合实验室、电磁兼容性实验室等试验平台。

试验测试平台可按《轨道交通　机车车辆　牵引系统组合试验方法》（GB/T 25117）等系列标准对轨道交通电传动系统（包括牵引变压器、牵引变流器、牵引电动机及控制系统等）开展组合试验研究，满足我国高速列车、城轨车辆、电力机车、内燃机车及工业传动等应用领域的变流器、牵引电机及其控制系统的组合试验需求，具备适应轴控、架控和车控牵引系统等多种试验控制模式。其中机车试验平台单轴最大功率 2450kW，高速列车动车试验平台单轴最大功率 1250kW，最高转速 7000r/min，是国内最早开展线路运行曲线下的温升试验、线路运行曲线下的能耗试验、牵引-制动转换试验、反向起动试验、微制动试验等项目的试验平台。四轴牵引系统地面试验平台如图 6-49 所示。

铁科院的高速列车牵引性能系统试验测试平台具备大容量交流传动系统试验设备，能够对高速列车、城轨车辆、电力机车等进行包括变压器、变流器和电机在内的牵引系统联调试验及各关键部件的相关性能试验和研究性试验，从根本上保证了牵引系统产品的性能和品质。牵引性能地面试验测试平台如图 6-50 所示。

图 6-49　四轴牵引系统地面试验平台　　　　图 6-50　牵引性能地面试验测试平台

五 制动系统地面试验测试平台

制动系统地面试验测试平台可完成高速列车制动系统各种编组试验，模拟列车实际运行工况，1:1模拟现车8辆编组的实际制动管路，负载部分采用装车的基础制动单元和等容积风缸进行模拟。试验测试平台能够模拟高速列车救援回送装置完成救援时制动试验，还可模拟进行耐雪制动试验、电空演算试验等制动性能试验及库内静态制动试验相关项目。

试验测试平台通过网络设备模拟两列车重联试验，重联后，在主控端能够监测所有车辆制动系统的状态信息和故障信息。在主从控制模式下，重联后主控端车承担整列车制动力管理的功能，实现16辆编组的制动功能。

如图6-51所示，铁科院研制的制动系统地面试验测试平台采用与复兴号高速动车组相同的技术标准，可模拟高速列车制动系统的工作环境，通过读取网络传输的过程数据、消息数据和监控数据，以检查、检验制动系统的各种功能和性能。

图 6-51　制动系统地面试验测试平台

如图6-52所示，中车制动公司的制动系统地面试验台按照一列车8辆编组设计，可完成标准动车组制动系统各种编组试验，用于研究确定动车组制动系统性能参数及控制策略。

图 6-52　制动系统试验台

六 弓网试验台

1. 高速弓网关系试验台

高速弓网关系试验台用于开展高速下弓网关系的系统研究，最高试验速度达到

530km/h，可以模拟在不同电压、电流、速度、接触力、车辆振动、拉出值、温度等条件下，受电弓滑板与接触线的磨耗、接触力、燃弧率等性能参数的测试，主要用于弓网受流、磨耗、动态特性试验研究，并从事弓网系统特性检测以及系统安全性评估。

如图 6-53 所示，该试验台位于铁科院国家铁道试验中心，主要开展高速铁路、重载铁路以及城市轨道交通的弓网关系基础性、前瞻性应用技术研究。此外，北京交通大学建有全尺寸弓网关系试验台，最高试验速度达 500km/h。

图 6-53　高速弓网关系试验台

2. 弓网动力学试验台

如图 6-54 所示，弓网动力学试验台主要采用半实物半虚拟的试验方式，受电弓为实物，接触网为虚拟数学模型。受电弓安装在振动台上，可以模拟车辆对受电弓的激励；接触网采用虚拟方式，作动器模拟接触网的垂向振动和横向移动，将弓网之间的接触力-时间曲线通过仿真载荷谱或实测载荷谱加载在作动器上，测试弓网之间的接触力的变化，通过专业软件分析评价弓网之间的动力学匹配性能。

图 6-54　弓网动力学试验台

3. 受电弓疲劳试验台

图 6-55 为受电弓疲劳试验台，可以模拟车辆对受电弓的振动和接触网对受电弓的垂向、纵向和横向的载荷谱，进行疲劳试验，测试受电弓在各种载荷条件下的疲劳性能。

4. 弓网电弧试验平台

图 6-56 为弓网电弧试验平台，其主要由弓网电弧发生装置和测试系统构成。可模拟弓网运动状态，接触网导线最高运动速度可达 565km/h，能够实现对弓网相对运动过程中电弧的发生、发展状态的模拟和测试，并可模拟弓网不同接触压力的工况。

图 6-55　受电弓疲劳试验台

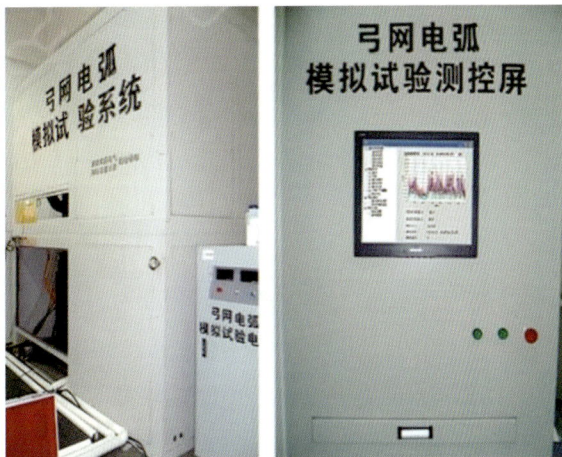

图 6-56　弓网电弧试验平台

七　车辆声学实验室

为满足高速列车噪声控制与隔声材料、部件的研发，中车长客股份公司、中车四方股份公司、中车唐山公司以及相关车门、风挡生产企业均建立了车辆声学实验室，可进行车辆及部件的噪声试验。

如图 6-57 所示，声学实验室由控制室、半消声室、全消声室、隔声室、混响室、测试系统和声源模拟系统组成。其中半消声室可以为整车提供声学研究的自由场，声源模拟系统可以复现线路、高速动车组运行车外噪声声源，并且覆盖相关行业标准要求。

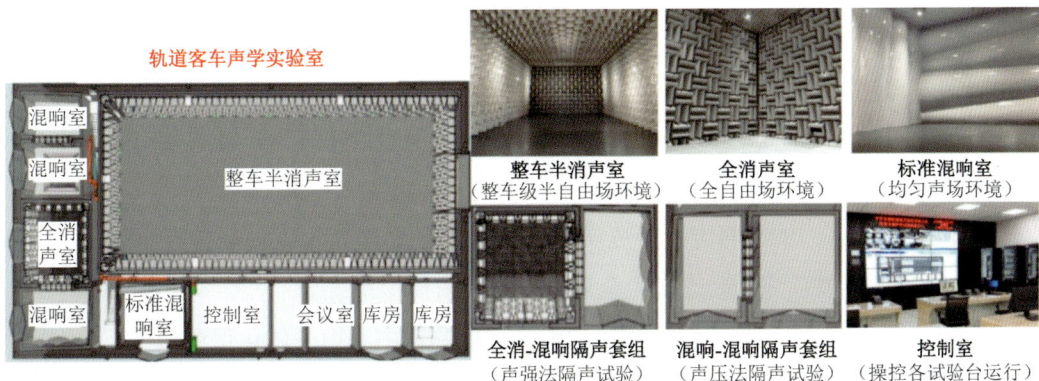

图 6-57　声学实验室

如图 6-58 所示，声学实验室可以开展整车声学性能试验，包括整辆车的噪声源识别试验、吸声性能试验、隔声性能试验、声振传递路径试验、声泄漏试验，材料吸声性能试验、材料阻尼性能试验、结构隔声性能试验，设备声功率性能试验和轨道粗糙度、衰减率性能试验等。

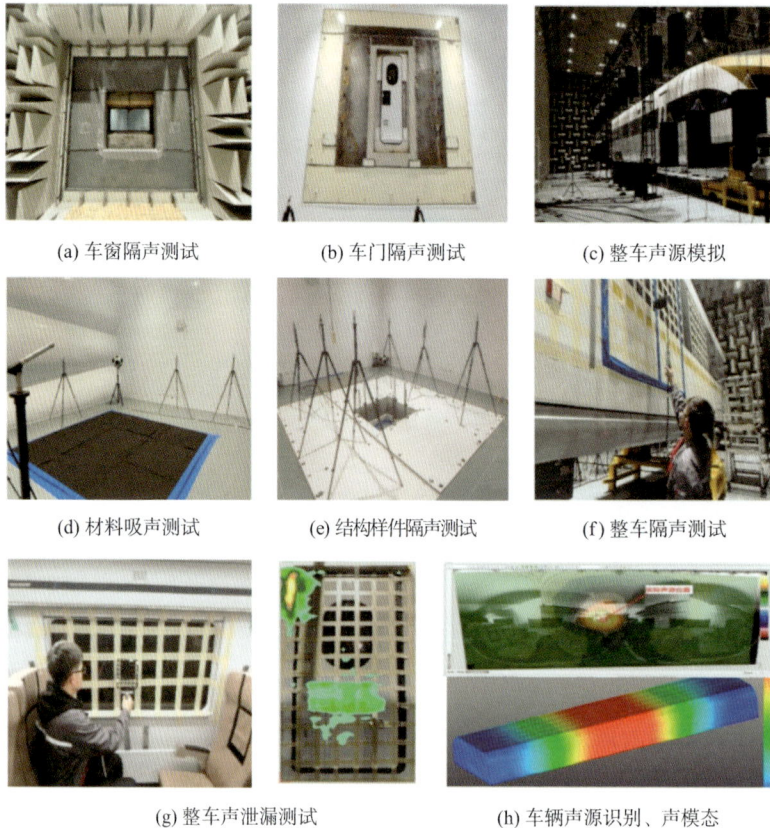

(a) 车窗隔声测试　　　　(b) 车门隔声测试　　　　(c) 整车声源模拟

(d) 材料吸声测试　　　　(e) 结构样件隔声测试　　　　(f) 整车隔声测试

(g) 整车声泄漏测试　　　　(h) 车辆声源识别、声模态

图 6-58　声学实验室的试验能力

八　车辆环境实验室

随着轨道交通技术的发展，我国车辆环境领域的实验能力有了长足的进步和发展。车辆环境实验室能够提供全面的测试环境和专业的测试能力，可以开展整车通风、空调、采暖静止试验，整车隔热性静止试验，高低温环境下整车气密性静止试验，高低温、高湿度环境下电气、机械系统的可靠性试验，非金属材料的辐照老化试验，低温冰雪环境下车辆及零部件的可靠性试验（局部造雪）。

如图 6-59 所示，中车四方所环境实验室为了满足高速列车车辆静置整车热工试验要求，将太阳辐射模拟系统升级改造为全光谱太阳辐射模拟系统。

如图 6-60 所示，中车长客股份公司的整车环境测试中心由一体化保温箱体、太阳辐射系统、新风系统、制冷加热系统等八大系统组成，测试温度范围为 $-55 \sim 60\,^{\circ}\mathrm{C}$，太阳辐射强度范围为 $200 \sim 1200\mathrm{W/m^2}$，可综合模拟各类自然环境气候，开展整辆车的热工性能试验研究，实现了轨道车辆空调性能测试的行业标准全覆盖。

图 6-59　全光谱太阳辐射模拟系统　　　　图 6-60　整车环境测试中心

依据《铁道设施-铁道车辆-车辆组装后和运行前的整车试验》（IEC 61133）和《铁道车辆水密性试验方法》（TB/T 1802）中有关车辆喷（浇）水试验的标准要求，我国建立了满足1435mm、1000mm、1067mm 等多种轨距的喷（浇）水试验装置，如图 6-61 所示。该装置为可移动式喷浇设备，可满足车辆静止不动，喷淋系统沿车辆纵向移动进行整车喷（浇）水试验；同时也可满足喷淋系统固定一个位置不动，车辆以一定的速度移动进行喷（浇）水试验。

图 6-61　高速列车喷（浇）水试验装置

第四节　整车试验条件

整车级试验是指高速动车组按整列编组形式进行的试验。我国对高速列车进行整车试验一般分两个阶段,第一阶段是在铁科院环行铁道试验基地进行速度 200km/h 以下的试验,第二阶段是在满足高速列车最高试验速度的正线进行高速试验。

一　国外铁路试验基地概况

铁路试验基地出现于 19 世纪末,最初形态为机车车辆企业的小规模产品测试线。进入 20 世纪后,美、德、法、俄等诸多国家相继建设了不同类型的、满足各种轨道技术应用研究需求的环行铁路试验基地,为各国铁路技术的发展创造了良好的试验环境和条件。以环行试验线为核心的试验基地虽然在整车试验中起到了重要作用,但并不能够承担整车试验所有的任务。随着列车速度的不断提高,线路长度和曲线半径受到限制的环行试验线已不能满足高速试验的需求。因此,世界各国高速列车的高速试验一般选择在某段运营正线进行。法国 1989—1990 年间进行的高速试验是在当时尚未投入运营的 TGV 大西洋线的区段(长度约 100km)上进行的,日本 1993 年的高速试验是在上越新干线(运营线)上完成的。

国外具备环行铁路试验线的轨道交通试验基地主要为美国国家运输技术中心(TTC)、德国西门子韦格贝格—维尔登拉特铁路车辆试验中心(PCW)、法国瓦朗西铁路试验中心(CEF)、俄罗斯铁道运输科学研究院谢尔宾卡环行试验基地等,上述各试验基地的技术指标见表 6-1。

国外主要铁路试验基地技术指标　　　　　　　　　　　表 6-1

试验基地	试验线总长(km)	最高速度(km/h)	最小曲线半径(m)	最大坡度(‰)	最大轴重(t)
美国 TTC	77.28	267	250	—	39
德国 PCW	22.00	160	50	70.0	26
法国 CEF	20.00	100	150	10.0	22.5
俄罗斯谢尔宾卡环行试验基地	42.00	250	390	9.3	—

1. 美国国家铁路运输技术中心(TTC)

TTC 位于美国科罗拉多州普韦布洛,该中心于 1971 年建成,试验线路总长 77.28km,可对各种机车车辆的稳定性、安全性、耐久性、可靠舒适性等指标进行评价,可对电动车辆、双模式高速旅客列车、快速交通轨道车辆、通勤车辆以及铁路货车进行试验,最高试验速度可达 267km/h。

TTC 试验线路及设施配置如图 6-62 所示，建有城轨试验线、铁路试验环线、重载试验线、轮轨机理试验线、精准试验线、冲击试验线、提速试验线等不同用途的试验线路。

除试验线外，TTC 还建有配套实验室用以测试车辆动力学、结构特性和制动性能，以及轨道部件安全性、稳定性和耐久性等。

2. 德国西门子韦格贝格—维尔登拉特铁路车辆试验中心（PCW）

韦格贝格—维尔登拉特铁路车辆试验中心位于德国门兴格拉德巴赫市，由西门子公司自建，是欧洲最现代化的铁路车辆试验中心，PCW 试验线路及设施配置如图 6-63 所示。

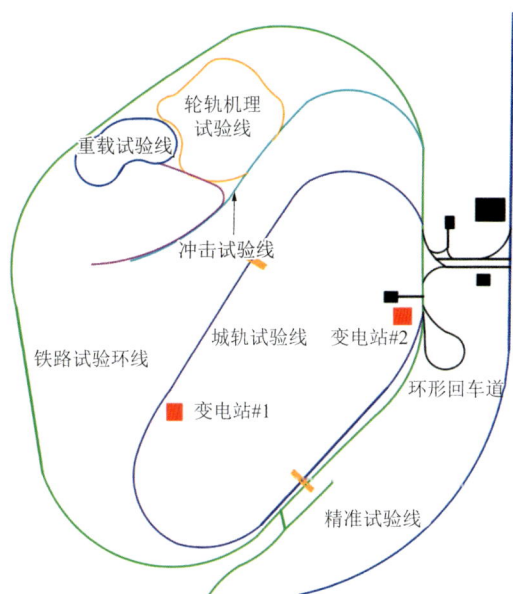

图 6-62　美国 TTC 试验线路示意图　　　图 6-63　德国 PCW 试验线路示意图

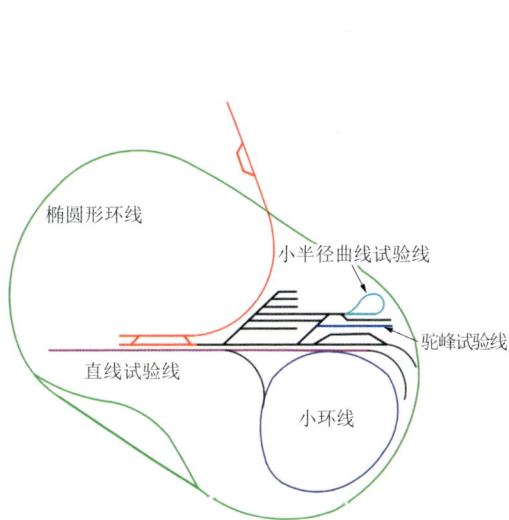

PCW 占地面积 20 公顷（1 公顷 = 10000m²），铺设有 5 条试验线，线路总长为 22km。主要包括：①6.1km 的标准轨距椭圆形环行试验线，最高试验速度 160km/h，允许轴重 26t；②2.5km 的小环线，设有标准轨和米轨 2 种轨距及第三轨，主要对机车车辆开展试验整备；③1.4km 的直线试验线，主要进行列车的起动及制动试验；④553m 的小半径曲线试验线，可测试列车通过曲线时的性能；⑤驼峰试验线，测试列车在竖曲线走行特性及在大坡道地段起动性能。此外，PCW 还配备了各专业子系统试验室，具备各专业系统及关键部件技术检测的能力，以满足西门子公司高速列车以及其他铁路装备的试验需求。PCW 可进行定型试验、质量认证试验、部件开发试验 3 种类型试验。

3. 法国瓦朗西铁路试验中心（CEF）和高速试验线

（1）法国瓦朗西铁路试验中心（CEF）

CEF 位于法国雷斯姆地区，自 2000 年 3 月正式投入运营以来，其对法国高速铁路的技术创新及系统集成发挥了巨大作用，CEF 试验线路及设施配置如图 6-64 所示。

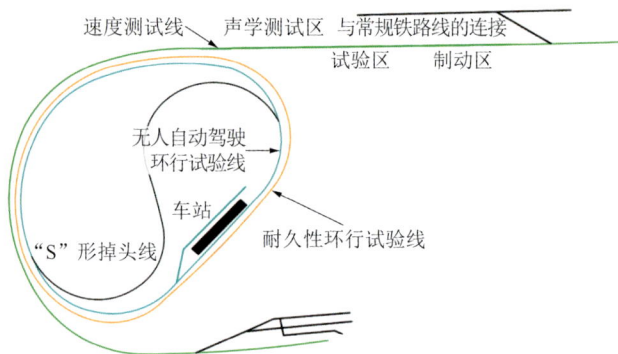

图 6-64　法国 CEF 试验线路示意图

试验中心设有 4 条试验线：①速度测试线，全长 2.75km，直线段最高测试速度达100km/h，可进行列车的牵引、制动试验；②耐久性环行试验线，全长 1.83km，最高测试速度 70km/h，主要进行机车车辆及固定设备的耐久性试验；③无人自动驾驶环行试验线，全长 1.8km，最高测试速度 80km/h；④"S"形掉头线，全长 1.2km，最高测试速度 30km/h。

（2）法国高铁线路上的高速试验

法国曾在尚未开通运营的大西洋西南支线上进行了 TGV-A 高速列车综合试验，试验目的在于探索高速列车 400km/h 以上运行速度（400～500km/h）的可行性。试验期间，记录到速度有 9 次超过 500km/h，44 次超过 450km/h，400km/h 以上运行里程累计 1991km。TGV-A 型高速列车于 1990 年 5 月 18 日创造了 515.3km/h 的试验速度纪录。

2007 年 4 月 3 日，法国最新型的 AGV-V150 试验型高速列车在尚未开通运营的法国LGV 东欧线上，创造了 574.8km/h 的轮轨交通运输系统世界最高试验速度纪录。

4. 俄罗斯铁道运输科学研究院试验基地

（1）谢尔宾卡环行试验基地

如图 6-65 所示，谢尔宾卡环行试验基地位于莫斯科近郊的谢尔宾卡车站地区，始建于1932 年，是世界上最早建成的铁路综合试验基地。该基地建有半径为 956m、长度为 6007m 的外环线，长度为 5600m 的中环线和长度为 5360m 的内环线。

谢尔宾卡环行试验基地可以进行涵盖铁路运输各种类型技术设备的试验，包括机车车辆、线路结构、通信信号、牵引供电、桥梁跨构以及其他技术设备。

（2）白列奇卡—迈科普高速试验段

由于受谢尔宾卡铁路试验基地技术装备和试验条件的限制，苏联为了进行列车提速和高速试验，在白列奇卡—迈科普区间修建了一条高速

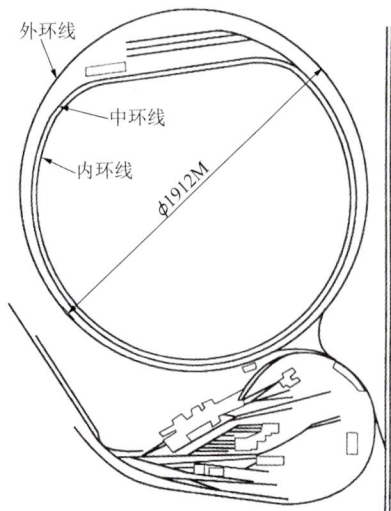

图 6-65　俄罗斯谢尔宾卡试验基地线路示意图

试验段线路。高速试验段全长 24km，可进行最高速度达 250km/h 的高速试验。

5. 日本铁路试验线

日本铁路较为发达，试验条件较为完善，其先后修建了狩胜试验线（普通轮轨试验线）、宫崎和山梨试验线（超导磁浮试验线）以及大江试验线（常导磁悬浮试验线）等，但没有建造以试验线为核心的综合试验基地。

（1）日本铁路狩胜试验线

狩胜试验线位于北海道，主要用于开展货车脱轨、铁路车辆火灾的试验以及电力机车、桥梁挠曲等试验，该试验线于 1979 年停止使用。

（2）日本铁路既有线高速试验区段

日本铁路的高速试验多在既有营业线上进行，例如有以下试验区段。

小山综合试验区段：在日本东北新干线开通之前，日本铁路将其中的小山段作为综合试验段。这段线路全长 42.8km，最高试验速度达 319km/h。试验研究对象为轨道、高速列车、供电系统和通信信号等。

STAR21 试验列车试验区段：1993 年 12 月，JR 东日本铁道公司在上越新干线的长冈—新泻段进行了一系列高速试验，并创造 425km/h 的 STAR21 试验列车最高速度纪录。

300 系高速列车试验区段：从 1995 年 5 月开始，在东海道新干线京都至米原间的 70km 区段上进行了上百次试验。1996 年 7 月，300 系高速列车创下了 443km/h 的日本铁路试验速度纪录。

（3）山梨高速磁浮试验线

山梨高速磁浮试验线位于日本山梨县大月市与都留市之间，全线总长度为 42.8km，最高速度可达 550km/h。山梨试验线同时也是日本计划修建的东京至大阪的中央新干线的一部分。

山梨高速磁浮试验线于 1997 年开始开展运行试验，1997 年 11 月突破了时速 500km，1999 年 4 月达到时速 552km，2003 年 12 月将最高运行速度纪录改写为时速 581km。2015 年 4 月 21 日，L0 型磁浮列车在山梨线创造了 603km/h 的地面轨道交通系统新的世界最高速度纪录。

6. 奥地利亚森纳尔铁路技术试验中心

国际铁路联盟（UIC）于 1957 年在奥地利维也纳亚森纳尔区建立了一个车辆地面热工试验站，打造了国际化的车辆热工试验中心，可进行列车空调通风、制冷与采暖性能试验。

2003 年初，世界上最大的铁路机车车辆气候-风洞实验室在此投入使用。该实验室可为机车车辆及其部件进行舒适性、安全性和可靠性试验提供种类丰富的气候试验设施，还可为空气动力学研究提供试验平台。

除上述铁路试验基地外，捷克、波兰、罗马尼亚等国家也建有自己的铁道试验研究中心。

二 我国铁路试验基地概况

1. 国家铁道试验中心

（1）国家铁道试验中心概况

国家铁道试验中心（简称试验中心）始建于 1956 年，是我国集铁路机车车辆、铁道建筑、铁道电气化、通信信号、客货运输、特种运输、行车安全、城轨车辆等多学科的综合性科研试验检验中心。

试验中心试验线路图和鸟瞰图分别如图 6-66、图 6-67 所示。试验中心的试验线路长度为 61.1km，由重载试验线、综合试验线、城轨试验线、标定试验线等组成。其中，综合试验线含大、小环线，大环线长 9km，小环线长 8.5km，最高试验速度 220km/h，具备各专业综合试验能力；重载试验线长 14.1km，设计最大轴重 35t、最大坡度 13‰，最高试验速度 110km/h；城轨试验线全长 8.6km，最高试验速度 140km/h，最小曲线半径 300m，最大坡度 35‰；标定试验线全长 3.8km，最高试验速度 100km/h，具备轨道和接触网几何动态检测系统的量值溯源能力。

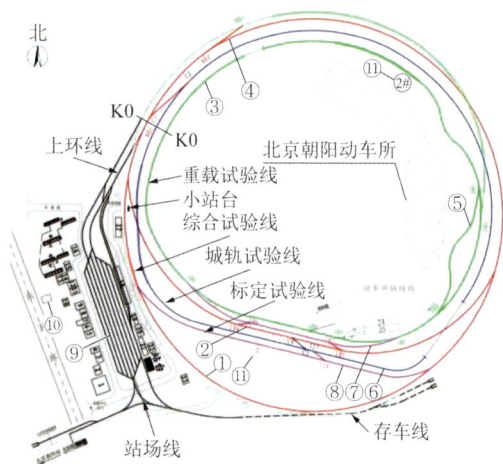

图 6-66 国家铁道试验中心线路图

图 6-67 国家铁道试验中心鸟瞰图

①-大环线；②-小环线；③-重载Ⅰ线；④-重载Ⅱ线；⑤-重载测试线；⑥-城轨试验线；⑦-轨道弓网检定试验线；⑧-钢轨伤损标定试验线；⑨-站场线；⑩-中心变电站；⑪-直流变电站

（2）典型试验

试验中心建成以来，先后完成旅客列车扩大编组试验、货物列车万吨牵引试验、广深线准高速试验、客车提速试验、青藏高原铁路客车试验、全路六次大提速试验，以及各型高速动车组调试试验等诸多重大综合试验项目，为我国铁路科研试验、型式试验、认证检测等提供了系统试验环境，为形成我国铁道技术标准体系提供了技术支撑。在国家铁路试验中心完成的具有代表性的试验列出如下。

1959 年 5 月，试验中心对我国自主设计制造的首台电力机车韶山 0001 号开展相关试验，中国铁路规模化试验研究、科技创新从此起步。

1994 年 3～6 月，试验中心对东风 11 型 0001 号机车开展"广深准高速铁路科技攻关综合试验"，创下 184km/h 的最高速度纪录，成为当时的"中国铁路第一速"，我国铁路大提速迈出坚实一步。

1996—2007 年，中国铁路实施六次大提速。自 1996 年 12 月起，试验中心先后多次开展 200km/h 及以上列车高速运行综合试验。1997 年 1 月，SS8 型电力机车牵引试验速度达到 212.6km/h，刷新了"中国铁路第一速"。

故事

在北京环行线上首次进行 200km/h 以上高速运行试验

1996 年下半年，铁道部策划在环行铁道试验基地进行国产机车车辆速度 200km/h 以上的运行试验，这种高速试验在我国铁路尚属首次。

由于试验线路的曲线半径较小，只有 1432m，要进行 200km/h 以上高速试验，必须调整外轨高度。环行线的超高应该设置为多少呢？过超高或欠超高过大是否会引起列车运行的不安全？其次轨道平顺度又应如何控制，才能保证 200km/h 以上高速试验的安全运行？

针对以上这些问题，铁道部科学研究院机车车辆研究所技术人员，利用车辆动力学分析软件对参加试验的由 SS8 型电力机车以及一等客车、二等客车、餐车和发电车等组成的试验列车进行动力学性能分析。在研究过程中，技术人员尝试采用了与线路养护标准直接对应的线路不平顺输入方法，即线路不平顺输入的敏感波长组合不平顺方法，进行超高设置分析。分析结果表明，对比 5km/h 与 210km/h 速度时试验列车的动力学性能，将曲线超高设置在 180～200mm 是比较合理的；若考虑高速区段动态作用，从有利于动力学性能的角度看，曲线超高可设置为 190mm 或 200mm。综合考虑各方面因素，最终将环行线曲线超高设置为 190mm。

关于轨道不平顺的控制，技术人员研究分析了高低、轨向、水平及复合不平顺对试验列车以 200km/h 和 210km/h 速度运行于 190mm 超高、半径 1432m 曲线上时的动力学性能，提出了不平顺幅值限制值，要求环行线高低不平顺幅值控制在 8mm 内、轨向不平顺和水平偏差幅值控制在 6mm 内，且当水平偏差幅值达 6mm 时，轨向不平顺幅值应低于 5mm。

在上述条件下，试验列车各项动力学指标不超出安全限值。技术人员在进行试验之前将分析结果提交给了铁道部主管部门，为技术决策提供了科学依据。1997 年 1 月，试验列车在按上述参数改造后的环行线上成功进行了高速运行试验，最高试验速度达到 212.6km/h，创造了当时我国铁路运行速度的新纪录。

实测到的机车车辆动力学性能参数与试验前的分析基本吻合，验证了动力学仿真分析结论的准确性，表明机车车辆动力学仿真方法可以进一步应用于我国铁路的提速和高速实践，也为既有机车车辆的改造和新型机车车辆的设计提供了指导。

SS8 型在环行铁道试验基地
试验速度达到 212.6km/h

2007 年 2 月，CRH5 高速列车进入试验中心，进行综合性能试验，此项试验是我国铁路第六次大提速重大试验的一部分。

2010 年 4 月，和谐号 CRH380A 和 CRH380B 分别进入试验中心，开展静态调试和时速 160km 以下动态试验。

2015 年 6 月，时速 350km 中国标准高速列车（复兴号）在试验中心开展了 160km/h 速度以下的静态试验、动态调试试验。

2017 年 6 月，时速 160km 动力集中动车组抵达试验中心开展型式试验，至 2018 年底，相继完成短编组、长编组、混合编组等不同编组型式的动力集中高速列车试验。

2018 年，试验中心陆续完成了时速 350km 中国标准高速列车（复兴号）16 辆编组高速列车、17 辆编组高速列车试验以及时速 250km 高速列车相关试验，夯实了复兴号高速列车技术平台体系。

2022 年，试验中心顺利完成了 CR400AF-J 和 CR400BF-J 高速列车新技术部件换装第一阶段试验任务，为 CR450 高速列车研制提供了重要的技术支撑。

2023 年 6 月，试验中心圆满完成 CR450 高速列车新技术部件换装（第二批次）科学研究试验，为 CR450 科技创新工程的顺利实施打下坚实基础。

2. 高速铁路与城轨交通系统技术国家工程研究中心

2007 年 11 月，国家发展改革委批复建设高速铁路系统试验国家工程实验室。2021 年 12 月，国家发展改革委批准将高速铁路系统试验国家工程实验室、轨道交通系统测试国家工程实验室、城市轨道交通系统安全保障技术国家工程实验室优化整合为高速铁路与城轨交通系统技术国家工程研究中心（简称工程研究中心）。如图 6-68 所示为工程研究中心关于高速铁路系统试验部分的构成。

工程研究中心是固定设备和移动设备相结合、试验基地和线路试验相结合、试验仿真和实车试验相结合的具有国际先进水平的国家科技创新平台，拥有中国合格评定国家认可委员会颁发的实验室认可证书、检验机构认可证书和国家认证认可监督管理委员会颁发的检验检测机构资质认定（CAM）3 项资质证书，实现了试验检测能力的国际互认，系统试验与评估技术整体达到国际领先水平。工程研究中心拥有亚洲最大的环行铁道试验基地（图 6-66），具备开展 200km/h 速度等级铁路、140km/h 速度等级城市轨道交通、最大轴重 35t 等级重载铁路等相关试验能力；拥有 350km/h 高速综合检测列车、250km/h 高速综合检测列车、160km/h 高速综合巡检车、移动式线路动态加载试验车、城市轨道交通车辆关键零部件试验检验认证车，城市轨道交通综合检测车等十多列检测试验列车；拥有高速1：1基础制动试验台、高速轮轨关系试验台、高速弓网关系试验台、交流传动系统试验台等世界一流水平的试验装备。

图 6-68　高速铁路与城轨交通系统技术国家工程研究中心（高速铁路部分）构成

多年来，工程研究中心通过试验研究与实践，建立了科学合理、系统完善的高速铁路试验技术体系，先后承担并完成了京沪高铁先导段、大西高铁、郑徐高铁、京沈高铁、济郑高铁、福厦高铁等高速综合试验，对高速铁路新技术、新装备、新结构等进行了充分的试验验证，推动了我国高速铁路（含高速列车）技术水平不断提升。

三　高速试验时的关键测试和检测技术

1. 高速列车车上测试关键技术

高速列车车上测试技术是研制高速列车的关键技术之一，测试项目主要内容包括：牵引性能、制动性能、动力学性能、弓网受流性能、空气动力学性能、噪声、列车信息系统及网络、电磁兼容及高压等方面。下面分别介绍高速列车动力学性能测试技术、牵引性能测试技术、制动性能测试技术、弓网动态参数检测技术以及空气动力学测试技术。

（1）动力学性能测试技术

动力学性能试验主要包括车辆的运行稳定性（如脱轨系数、轮重减载率、轮轴横向力、横向稳定性等），运行平稳性（如车体振动加速度、舒适度指标、平稳性等），弹簧动挠度，主要悬挂部件的振动加速度等，从而对高速列车的整体动力学性能进行综合评价。

测力轮对是动力学性能测试最关键的设备。在国内外现行轨道车辆运行安全性标准和规范中，脱轨系数、轮重减载率和轮轴横向力是确定列车运行安全的重要指标，其均是通过测量轮轨横向力和垂向力获得。由于列车运行过程中轮对为滚动体，车轮与钢轨之间的接触位置不断发生变化，很难准确并连续测试轮轨间作用力。因此，高精度、高速连续测量轮轨间作用力成为动力学性能试验的关键技术。

测力轮对主要通过测试车轮上应变以获得轮对受到的轮轨力。当粘贴在不同位置的应变片随轮对产生微小形变时，通过测量其电阻值的变化从而得出轮对所受作用力的大小和方向。为此，制作连续测力轮对基本流程为：按照连续测量法的原理对测力轮对建立有限元模型，优化设计应变片粘贴位置和组桥方式，并进行贴片和组桥、引线；采用台架标定进行精度校准；开发数据处理和计算分析软件实现轮轨垂向力、横向力及作用点的连续测量；应用新技术、新工艺、新方法提高检测精度和运用可靠性。

目前，我国已完全掌握高精度、高速连续测量测力轮对技术，并制定了国家标准，可以对所有型号高速列车进行动力学测试。

（2）牵引性能测试技术

高速列车牵引性能试验项目主要包括起动加速、牵引特性、电制动、防空转/电制防滑性能、牵引温升、运行阻力、网压波动、网压突变、网压中断等。

高速列车牵引性能测试主要通过测量高速列车牵引传动系统中的各电参量（电流、电压、频率、功率和功率因数等）、速度、温度、牵引控制单元（TCU）信号等来评估高速列车起动加速、牵引特性、电制动等与牵引传动系统相关的性能。牵引性能测试系统测量的对象复杂，包含众多机械参数、电气参数以及试验过程中列车地理位置信息等。

如图 6-69 所示，牵引性能测试系统的硬件部分主要由三部分组成，分为传感器部分、信号调理部分和数据采集器部分。系统的软件部分由基于功率分析仪的测试软件和基于数据采集器的测试软件组成，二者通过网络协议有机结合在一起，数据互通、优势互补，具备冗余备份功能，形成统一的牵引测试系统软件。

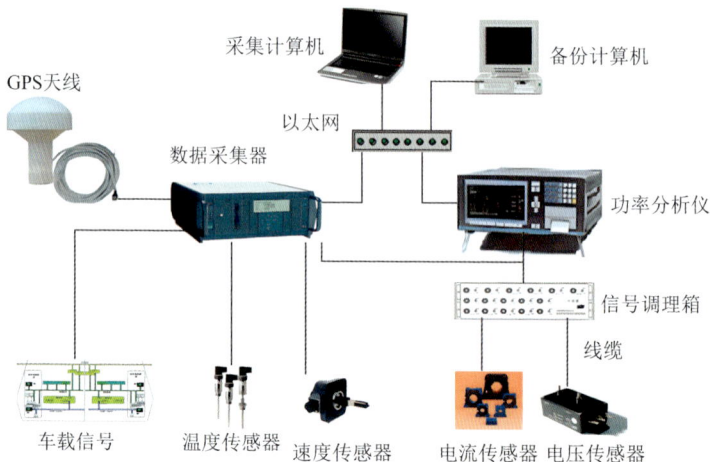

图 6-69　牵引性能测试系统示意图

（3）制动性能测试技术

针对高速列车整车和运行制动性能测试检验要求，以及测试点多、测点分散、测试参数复杂、运行速度高、电磁干扰大等特点，铁科院研制的高速列车制动性能测试系统可通过局域网进行分布式测量，实现多台仪器联网同步测试，或连接 CAN 总线扩展。具有采集通道可扩展、分布式数据采集、远距离数据传输、可测试信号种类多样化、采样频率高等特点。

如图 6-70 所示，测试系统可进行空电联合制动电空时序、减速度、防滑试验时的速度及防滑阀动作状态分析。能够对制动性能所有关键参数进行采集，如空气压力、再生制动、基础制动装置及制动热负荷等。可直接获取制动速度、制动距离、制动时间、平均减速度等信息。界面模拟高速列车司机室压力表显示主要参数值，并可生成数据实时曲线图，还可显示动态运行线路图。

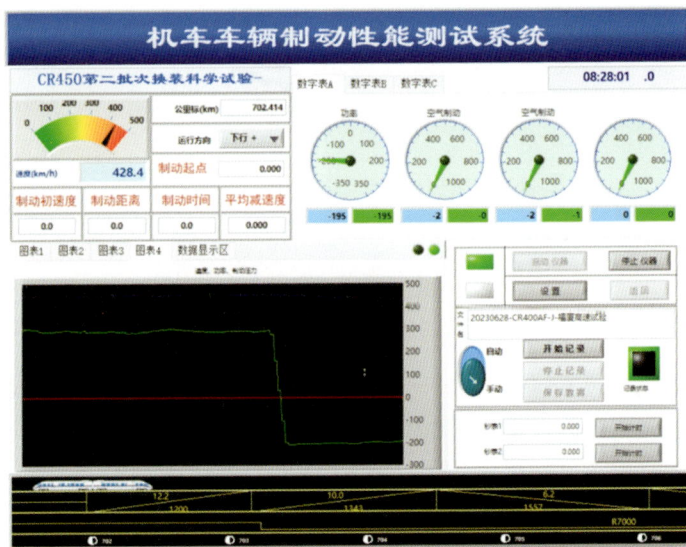

图 6-70　制动性能测试系统软件界面

（4）弓网动态参数检测技术

弓网动态参数检测装置安装在高速列车上，随着高速列车的运行实时检测接触网和受电弓的参数，包括硬点、冲击、接触线高度、弓网接触力、离线火花、拉出值、接触线高度、高速列车网侧电压和支柱定位等。

检测装置包括接触线几何参数的非接触测量装置、接触网的安全及受流参数（硬点、冲击、弓网接触力、离线火花）接触测量装置，以及定位定标系统、高压侧电源装置、高低压侧信号传输系统、数据分析系统等。涉及电学、材料学、力学、测量与控制、信号与处理、机器学习与人工智能、计算机编程等诸多专业，试验的对象与内容也各不相同，是一项复杂的多学科测试技术。

我国自主研制的弓网动态参数检测装置已用于各类高速列车与接触网的动态参数

的检测和评判。

（5）空气动力学测试技术

如图 6-71 所示，高速列车空气动力学性能测试主要是从空气动力学角度检验高速列车是否满足列车安全运行及旅客乘坐舒适性要求。掌握高速列车以不同的速度运行和交会试验过程中列车表面及车厢内部空气压力变化；验证空气动力效应是否满足列车安全运行的强度和动力学性能要求；评价高速列车在明线区段和声屏障区段、风屏障区域交会时，以及通过隧道、声屏障和风屏障过程中，车厢内空气压力变化是否满足旅客乘坐舒适性要求；开展列车空气动力学气动载荷测试，包括车体、裙板、底板及其他关键部位的局部瞬态压力载荷，为结构及设备疲劳振动分析及研究提供相关气动载荷数据。

图 6-71　高速列车空气动力学性能测试

列车空气动力学测试系统通过瞬态压力传感器、加速度计、位移传感器和应变片等，测量并采集列车在运行和交会过程中车内外空气压力变化以及车体的结构振动情况。测试系统由传感器、集成测控数采系统（IMC）、全球导航卫星系统（GNSS）以及计算机等部分组成。各类传感器将测得的压力信息经 IMC 放大、模数/数模转换（AD/DA）后记录在计算机中进行处理，GNSS 用于确定标准时间。除部分传感器外，测试系统的其他装置全部放置在列车内进行数据采集和处理。

2. 地面测试关键技术

（1）轨道结构动力测试技术

高速铁路轨道结构和道岔是线路基础设施中直接接触高速轮对的设备设施，应具备足够的轮轨作用承载特性，并且结构自身需具备足够的刚度和横向稳定性，以支撑高速列车安全、平稳运行。因此，对轨道结构和高速道岔中的典型区域开展动力性能测试确保其工作状态，是保障高速列车整车试验顺利进行的重要基础。

高速铁路轨道结构动力性能测试内容主要包含列车运行稳定性指标、轨道结构部件受力情况、轨道结构刚度和横向稳定性、轨道结构部件振动加速度等（图 6-72），测试依据《轮轨横向力和垂向力地面测试方法》（TB/T 2489—2016）标准，计算脱轨系数、轮重减载率及轮轴横向力。

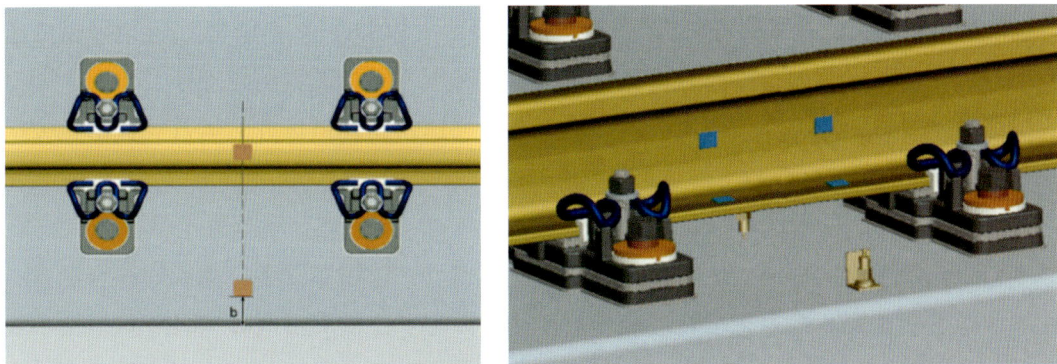

图 6-72　轨道振动加速度传感器安装示意图

（2）桥梁动力测试技术

高速铁路桥梁多为几千米以上连续布置的长大桥梁，在跨越山谷、河流、公路等时多采用大跨度桥梁。为保障高速铁路快速、安全、平稳运行，高速铁路桥梁必须具有足够的强度、刚度、稳定性和耐久性，除了在建设过程中严格把关外，高速列车整车试验时需开展桥梁动力性能测试，掌握在列车运行条件下桥梁结构及性能变化。

铁路桥梁在列车运行过程中动力响应影响因素复杂，为准确掌握桥梁结构状态，需采用理论分析和现场实测相结合的方式。通过桥梁动力性能试验了解结构自振特性、竖向和横向刚度以及在列车作用下的动力响应，综合判断桥梁结构的运营状态，确定其运用条件。

（3）路基状况和动力性能测试技术

高速铁路路基基床结构采用优质填料分层压实而成，具有足够的强度和刚度，牢固且高平顺性路基结构及通畅的排水是保持高速铁路长期安全稳定运营的基础。高速列车整车试验时，一般开展路基状况和路基动力性能两个方面的测试。路基状况主要测试正线代表性路基地段基床表层厚度和基床含水状况，以确定代表性区段线路基床表层厚度是否满足设计要求；路基动力性能则通过实车运行测试，分析在试验列车运行条件下路基的动力特性，评价路基动力性能的工程适应性。

路基动力性能的测试内容包括路基动变形、振动加速度和有砟轨道路基动应力。在基床表面布置动态位移传感器、加速度传感器及动态土压力传感器，实现对路堤、路堑、路桥过渡段等不同路基结构的动力性能测试。

（4）隧道气动效应测试技术

当高速列车进入隧道时，由于隧道边壁大大限制了空气的侧向流动和向上流动，列车与周围空气之间的作用明显加剧，一方面气动力对列车本身和列车运行产生作用，另一方面列车高速运行引起的气动现象对周围环境产生影响。这势必会对高速列车运行安全、旅客乘车舒适度、隧道口附近环境保护、洞内附属设施安全等问题产生一定的影响。通过测试列车高速通过隧道或在隧道内交会时的车内外瞬变压力、隧道内瞬变压力、洞口微气压波、附属设施气动力，评价气压变化环境下人体舒适性、列车气密性以及微气压波对周边环境影响程度，同时验证隧道断面参数和缓冲结构设置的合理性，研究不同型式缓冲结构对瞬变压力和微气压波的影响，并对高速铁路隧道设计、运营等提出相关措施和建议。

（5）噪声测试技术

结合铁路六次大提速，通过组织开展秦沈客专、京津城际、武广高铁等综合试验，我国掌握了高速列车噪声源强特性和传播规律，制定了《铁路沿线环境噪声测量技术规定》（TB/T 3050—2002），并在 2022 年修订发布《铁路环境测量 环境噪声测量》（TB/T 3050—2022）。

2010 年在京沪高铁先导段综合试验中，基于声阵列技术实现了最高速度为 486.1km/h 的噪声源识别分析，明确了主要噪声源的位置、相对贡献量以及变化规律。2012—2015 年，利用基于去多普勒效应和解卷积算法的运动声源识别成套技术，满足了宽频噪声及多运动声源特性分析的实际需求，动态范围拓宽至 10dB 以上，有效分析频率下限拓展至 200Hz，并应用于复兴号高速动车组列车噪声源控制指标分解以及验证试验，如图 6-73 所示。

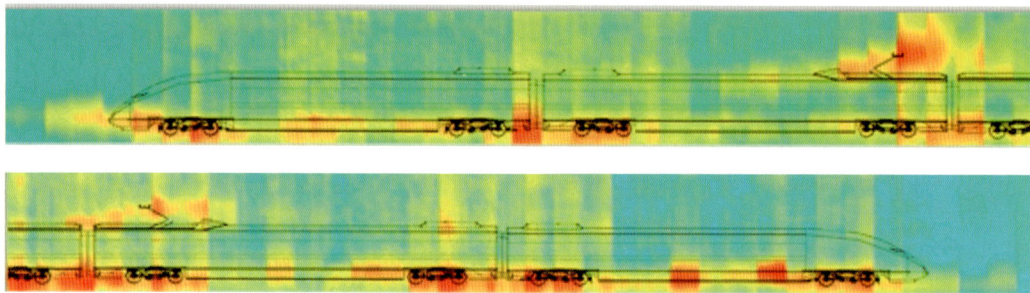

图 6-73　京沪高铁先导段综合试验中的高速列车噪声源识别云图

针对高速列车速度快、通过时间短、噪声强度大、噪声受轮轨状态影响大等特点，集轮轨状态和噪声同步监测于一体的多功能高速铁路噪声监测系统，可对列车通过声信号进行快速捕捉、精准定位、全寿命周期测量，实现了长周期、高度自动化、稳定可靠的高速铁路噪声远程连续跟踪测试。

3. 高速铁路基础设施动态检测与保持技术

（1）高速铁路基础设施动态检测技术

如图 6-74 所示，在高速铁路线路上进行高速列车整车试验，需采用高速综合检测列车或专业检测列车对轨道几何状态、加速度、轮轨力、接触网几何参数、弓网动态作用、供电参数、通信、应答器、轨道电路等进行同步、动态、等速检测。而后通过综合数据分析，对高速铁路基础设施状态变化规律作出评价，为指导养护维修提供技术支撑，其对保障高速列车整车试验具有十分重要的作用。目前，我国高速铁路基础设施动态检测与评估技术已达到国际领先水平。

图 6-74　高速综合检测列车在京沪高铁线路进行检测

高速综合检测列车检测系统主要包括轨道、弓网、轮轨动力学、通信、信号等检测系统，其是具备空间同步、时空校准、数据网络与集中监控、视频监测、数据综合处理等功能的综合系统。高速综合检测列车检测系统技术架构如图 6-75 所示。

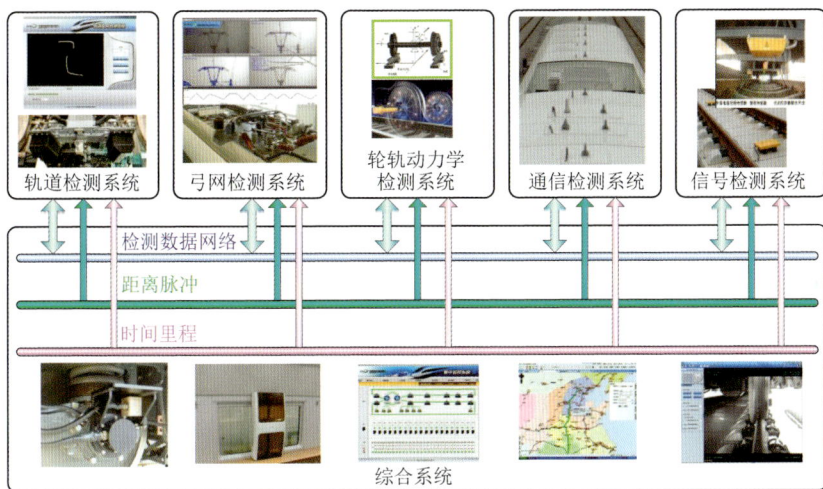

图 6-75　高速综合检测列车检测系统技术架构

高速综合检测列车、轨检车、接触网检查车、电务检测车等专业检测车，参与了自广深准高速综合试验以来所有高速列车整车试验的基础设施检测工作，很好地保证了高速列车整车线路试验的顺利进行。

（2）高速铁路综合巡检技术

由于高速铁路基础设施基数大、分布地区范围广、所处环境复杂，随着运营时间的增长，钢轨、扣件、接触网、通信设施等专业设备可能发生磨损、异常形变等问题。传统的人工检查巡道作业方式存在工作量大、任务重、检查不全面等缺点，不能满足高速铁路检查维修高精度、高标准的要求。我国已研制出巡检速度 160km/h 的高速铁路综合巡检车，能够对工务、电务、供电设备进行综合检测和智能分析，实现了高速铁路基础设施维护高标准、设备高质量、专业协调高效率的目标，为高速铁路安全运营提供了强有力的技术支撑。

（3）线路保障与加固等试验条件保障技术

轨道的高平顺性是保证高速列车安全、平稳运行的重要前提，然而受列车荷载、环境变化等因素影响，轨道几何形位不可避免地会发生劣化，这会严重影响列车运行安全。针对上述问题，可应用基于北斗系统高精度位置基准服务的快速测量技术，精确采集轨道绝对位置和内部平顺性参数，结合线路原始设计线形参数，综合考虑单次调整量大小、组合弦平顺性控制、精测精捣作业特性、建筑限界、线间距、桥梁偏心等因素，通过优化组合得到满足单次作业要求的目标线形，指导现场精测精捣作业，实现轨道绝对位置及内部平顺性的同步、有效控制，有效改善轨道几何服役品质，保证列车运行安全。

曲线地段的欠超高允许值主要取决于旅客乘坐舒适度要求，同时考虑到过大欠超高可能增加线路养护维修工作量。为在线路上进行列车的高速试验，可通过调超高扣件对高速综合试验段中无砟轨道曲线进行超高调节，将限速区段的曲线超高临时调整到与高速列车最高试验速度相匹配，以确保列车高速试验的安全性要求。

（4）桥梁基础沉降或变位整治

桥梁基础沉降或变位会造成轨面变形、协调性下降，不仅会影响行车性能，也会影响轨道结构的受力状态甚至轨道稳定性，某些情况下可能还会影响构筑物自身的应力和变形，需要针对不同情况确定相应的沉降限值，进行沉降整治。

当桥梁基础沉降或变位处于扣件允许调整范围内时，可采用 W300-1/WJ-8 大调整量扣件对沉降或变位区段进行轨道精调。当超出扣件允许调整范围时，需对桥梁梁体进行抬升整治，在支座上、下底板加塞钢板来解决桥梁沉降问题。

（5）路基沉降与上拱整治

路基沉降病害可能发生的部位有基床、基床以下的路基和地基，其中地基比较容易发生沉降病害，尤其是软土、黄土等特殊土路基及过渡段，以及区域沉降地段。主要整治措施为注浆加固与轨道抬升修复等。路基上拱在路堤、路堑、过渡段等区段均有发生，主要包括由膨胀土（岩）蒙脱石类亲水性矿物吸水膨胀引起上拱、改良土发生化学反应以及填料中含有硫化物等特殊物质引起上拱，主要整治措施为防排水、暗挖置换和桩板等。

四 我国具有代表性的提速和高速线路综合试验

以环行试验线为核心的试验基地虽然在整车试验中起到了重要作用，但并不能够承担整车试验所有的任务。随着列车速度的不断提高，线路长度和曲线半径受到限制的环行试验线已不能满足高速试验的需求。因此，第二阶段整车试验需要在满足准高速和高速列车最高试验速度条件的高速铁路线路上进行。

1. 广深准高速综合试验

1994 年 9 月，为了验证列车在 160km/h 运行条件下的适应性，为我国第一条准高速线路的开通提供支撑试验依据，相关单位在当时新建的广深准高速铁路开展综合试验，线路全长147km。广深准高速试验的主要内容包括：东风11型内燃机车动力学试验和牵引性能试验，准高速客车动力学试验，广深准高速全线安全综合评估试验和广深线160km/h列车区间运行评估（含低速货车）试验等。地面试验主要围绕轨道状态及动力性能、道岔动力性能、线路动力参数、桥上无缝线路状态、路基动力性能和桥梁动力性能等方面展开测试，系统获取了准高速条件下基础设施各结构振动、道床阻力、轮轨作用荷载、桥梁强度及刚度、路基应力等关键指标的变化规律。通过上述试验，全面了解了广深线准高速列车运行性能，为广深线在当年年底以160km/h速度正式开通运营打下了坚实的基础。

广深准高速铁路是一项涉及方面广泛的综合性系统工程，该项目的成功投产运营意味着我国在铁路工程、通信信号、机车车辆、牵引供电以及调度指挥等方面的科技水平实现大幅度提升，是我国铁路现代化进程中的一个重要标志。

广深准高速综合试验

2. 郑武线提速试验

1998年6月，铁道部在京广铁路郑武段许昌站至小商桥站，首次成功组织进行了正线200km/h旅客列车综合性能试验。试验目的是对新型电力机车性能、客车性能、牵引供电系统和工务设施进行测试。

试验采用株机厂制造的SS8型0001号机车和长客厂、四方厂、浦镇厂生产的客车，经零部件及系统试验、设计改进优化试验、整车滚振动台试验、环行线试验、正线试验等一系列严密试验程序，最终圆满完成了各项提速试验任务。

研究人员还结合此次提速试验，对20m上承式钢板梁、32m下承式钢板梁动力性能开展了测试，测试内容主要包括梁体强度、梁体横向竖向刚度、桥墩横向振幅，同时测试了桥上轨道结构轮轨作用荷载、轨道部件动态变形量和结构振动分布特征，试验结果为后续桥梁提速及加固提供了依据。

此次提速试验，不仅速度达到240km/h，创造了当时"中国铁路第一速度"，同时检验了中国铁路的整体技术水平，为后续修建时速200公里的客运专线奠定了技术基础。

3. 秦沈客运专线综合试验

秦沈客运专线（简称秦沈客专）是我国修建的第一条高速铁路，旅客列车最高运行速度可达250km/h。线路修建采用了当时最新的设计标准和大量的新技术、新材料、新结构、新工艺，路基基层表床首次采用级配碎石，路桥过渡段采用了梯形体级配碎石，软土路基和松散土路基采用排水固结法和复合地基法等处理措施，在提高路基承载力的同时，控制了路基工后沉降。轨道首次采用了一次性铺设跨区间无缝线路，38号大号码道岔，提高了轨道结构的连续性、均匀性，保证了道岔的平整度和工电设备的配合精度。桥梁大多采用结构受力性好、整体性强的预应力简支箱形梁。

秦沈客专先期修建了山（海关）绥（中北）试验段，长度66.8km，布置了线路、道岔、路基、路桥过渡段以及不同类型桥梁、不同基床表层结构等测试工点。为检验试验段的工程质量和新研制动车组的高速性能，铁道部于2001年11月~2002年12月在秦沈客专组织了三次大规模的综合试验。2002年11月27日，中华之星高速动车组成功创造了321.5km/h的当时中国铁路最高试验速度纪录。

综合试验的结果表明，在不同类型的高速列车以200km/h及以上的速度运行情况下，秦沈客专试验段的路基、轨道、桥梁和接触网等动力性能良好，达到设计要求，高速列车的运行品质和动力性能完全符合高速运行的安全性和平稳性指标要求。

4. 京沪高铁先导段综合试验

京沪高铁纵贯北京、天津、上海三大直辖市和河北、山东、安徽、江苏四省，线路始发站为北京南站，终到站为上海虹桥站，线路全长1318km。枣庄至蚌埠段是京沪高铁建设先导段，承担着示范引导全线建设的重要任务，该段全长约220km。2010年11月10日，先导段开展联调联试和综合试验，包括380型高速列车、无砟轨道结构、地面气动效应等10项试验内容，以系统验证时速350km及以上运行条件下固定设施和移动装备的安全性、匹配性和适用性。

京沪高铁先导段综合试验

2010年12月，在京沪高铁枣庄至蚌埠间的先导段综合试验中（图6-76），CHR380A、CHR380B高速动车组最高速度分别达到486.1km/h、487.3km/h。京沪高铁先导段综合试验全面开展了高速列车牵引、制动、空气动力学、弓网受流、噪声振动、电磁兼容、无砟轨道结构、高速道岔、路基动力特性、桥梁动力性能等试验，为我国建立与完善350km/h及以上高速铁路技术体系提供了技术支撑，为350km/h及以上高速铁路建设和运营奠定了技术基础，为制定350km/h及以上高速铁路评价标准提供了可靠依据。

图6-76　京沪高铁先导段进行综合试验的CRH380高速动车组

京沪高铁先导段综合试验，是我国首次系统进行的 350km/h 及以上高速铁路的探索实践和科学研究，试验项目多，研究内容全面，实现了高速铁路理论和试验研究的新突破。

5. 大西高铁和郑徐高铁综合试验

为贯彻落实国家创新驱动发展战略，深入推进高速铁路关键核心技术自主研发、装备现代化建设，中国铁路总公司于 2015 年 8 月在大西高铁原平西至太原试验段组织开展了高速综合试验，最高试验速度达 385km/h，圆满完成了中国标准高速动车组（复兴号）列车自主化列控系统、地震预警系统、聚氨酯固化道床、刚度优化及减振性能无砟轨道、道岔安全监测系统、接触网参数和性能优化、牵引网供电状态测控系统、综合巡检系统、铁路减振降噪设备设施、高速铁路自然灾害及异物侵限监测系统等项目的科学试验。

如图 6-77 所示，大西高铁综合试验段起自原平西站，经忻州西站、阳曲西站至歇子寨大桥台尾，均为新建工程，正线长度 86km。

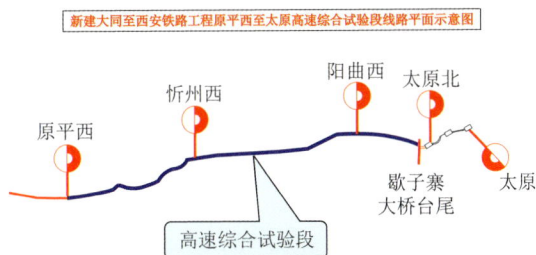

(a) 大西高铁综合试验段示意图

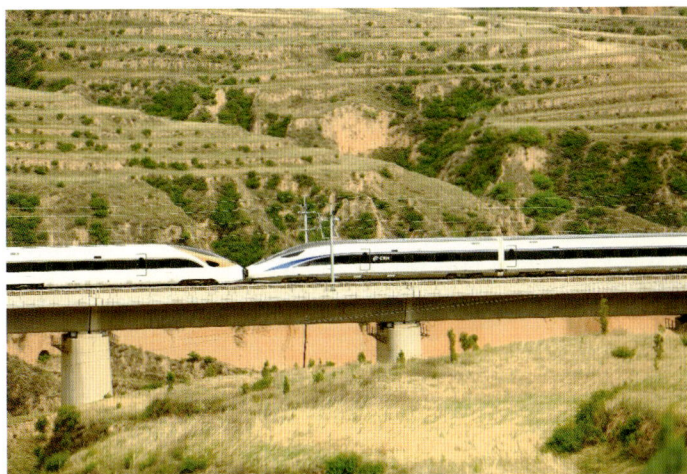

(b) 大西高铁两列复兴号动车组互联互通试验

图 6-77　大西高铁综合试验

受限于大西高铁综合试验段的线路条件，难以开展速度 385km/h 以上的高速综合试验，为了探索更高运行速度条件下中国标准高速动车组（复兴号）列车关键技术参数的变化规律，论证经济适用的高速铁路运营速度，验证中国标准高速动车组（复兴号）列车在更高速度下的安全性和稳定性，有必要进一步开展中国标准高速动车组（复兴号）列车高速综合试验。2016 年 7 月 1 日至 15 日，中国铁路总公司在郑徐高铁组织开展了综合试验。试验区段为郑徐高铁开封北站至萧县北站区间，均为新建工程，正线长度 266km。

郑徐高速铁路综合试验采用两列我国自行设计研制、拥有完全自主知识产权的中国标准高速动车组（复兴号）"金凤凰"和"蓝海豚"列车，在世界上首次成功实现时速 420km 两车交会及重联运行的目标，进一步验证了中国标准高速动车组（复兴号）列车整体技术性能。

大西高铁、郑徐
高铁综合试验

6. 福厦高铁 CR450 新技术部件换装试验

2023 年 6 月，为了加快"CR450 科技创新工程"实施，深化时速 400km 高速列车核心技术攻关，国铁集团在福厦高铁福清至泉州区段组织开展了 CR450 新型高速动车组新技术部件在更高运行速度条件下的性能验证试验，试验段正线长度 135km。

福厦高铁综合试验的目的是基于 CR450 高速动车组轻量化构架和轨道结构关键部件的振动模态特征、振动响应及其传递特性的相关试验，验证 CR450 高速动车组新技术部件的技术可行性和性能稳定性，系统掌握轨道、道岔、路基、桥梁等基础设施在更高速度下的动力响应以及隧道、跨线人行天桥在更高速度下的气动效应，解决轮轨系统的模态匹配问题，探明车辆-轨道-基础振动传递特性规律，为确保高速列车在更高速度条件下安全、平稳运营积累宝贵试验数据。

福厦高铁 CR450
换装高速试验

2023 年 6 月 28 日，试验列车在湄洲湾跨海大桥实现单列最高时速 453km（图 6-78）、双向两列相对交会最高时速 891km 运行（图 6-79）；6 月 29 日在海尾隧道，试验列车实现单列最高时速 420km、双向两列相对交会最高时速 840km 运行，对新技术部件进行了有效的性能验证，各项性能指标表现良好，为"CR450 科技创新工程"的顺利实施打下了坚实基础。性能验证试验表明，运用新技术实现了高速列车相关重要指标的新提升，进一步巩固扩大了中国高铁技术世界领跑优势，为研制更高速度、更安全、更环保、更智能的 CR450 高速动车组提供了有力支撑，对于实现中国铁路高水平科技自立自强具有重要意义。

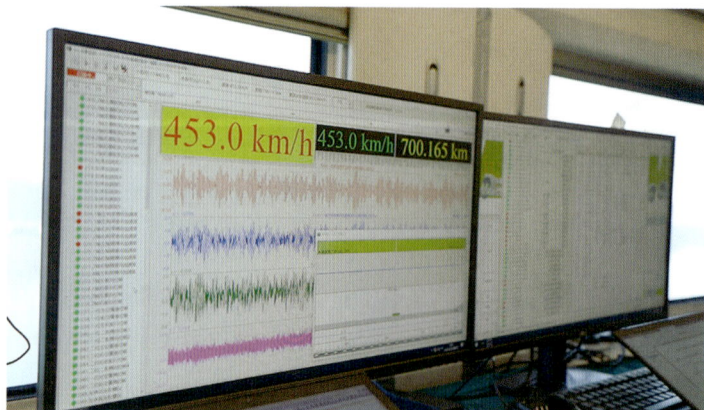

图 6-78　单列试验列车最高运行速度达 453km/h

图 6-79　两列试验列车交会运行

参考文献

[1]　康熊. 铁路试验检验评估技术[M]. 北京: 中国铁道出版社, 2012.

[2]　刘洋, 曹玉峰, 蔡小培, 等. 国内外轨道交通综合试验基地现状与发展趋势[J]. 中国铁路, 2023(9): 47-56.

[3]　侯卫星, 王卫东, 曾宇清. 高精度高速连续测量轮轨动态作用力的研究[J]. 铁道学报, 2010, 32(1): 24-29.

[4]　国家铁路局. 机车车辆动力学性能评定及试验鉴定规范: GB/T 5599—2019[S]. 北京: 中国标准出版社, 2019.

[5]　伍向阳, 刘兰华, 何财松, 等. 高速铁路联调联试噪声测试技术发展与展望[J]. 中国铁路, 2019(7): 91-97.

[6]　康熊, 王卫东, 李海良. 高速综合检测列车关键技术研究[J]. 中国铁路, 2012(10): 3-7.

[7]　葛闻安. 广深准高速铁路中国铁路高速化的起点[J]. 铁道知识, 1995(3): 8-9.

[8]　傅小日. 我国郑武线首次 200km/h 旅客列车正线综合性能试验总结[J]. 铁道车辆, 1998, 36(10): 5-9.

[9]　肖彦君. 秦沈客运专线综合试验研究[J]. 中国铁道科学, 2003, 24(5): 137-144.

[10]　王同军, 周黎. 大西高铁高速综合试验科技创新[J]. 中国铁路, 2021(6): 1-8.

1988 / KDZ1

为满足城市间中距离高速运行需要、增强客运能力，长春客车厂、株洲所、铁科院等合作研制了中国首列交流供电动车组 KDZ1。该动车组采用 2 动 2 拖 4 辆编组，最高运营速度 140km/h，于 1988 年 8 月组装完成，1989 年 3 月在北京环行铁道试验基地开展相关试验。此车型只生产了 1 列样车，未实现商业运营。

1998 / 庐山号 NZJ

为满足全国铁路大规模提速需求，1998 年 5 月唐山机车车辆厂与南昌铁路局合作研制了中国首列双层内燃动车组"庐山号"。该动车组采用 2 动 2 拖 4 辆编组，最高运营速度 140km/h，于 1999 年 2 月在南昌—九江间投入运营。此车型共生产 2 列，2011 年底退役。

九江号 NYJ1

按照铁道部科技发展计划，四方机车车辆厂与南昌铁路局合作开发了 NYJ1 型液力传动单层内燃动车组"九江号"，于 1998 年 12 月竣工。该动车组采用 2 动 4 拖 6 辆编组，最高运营速度 140km/h，1999 年 2 月开始在南昌—九江、南昌—赣州间运营。此车型共生产 2 列，2013 年 6 月退役。

1999 / 春城号 KDZ1A

为迎接 1999 年昆明世界园艺博览会，1999 年 3 月长春客车厂、株洲所与昆明铁路局联合研制了我国首列投入商业运营的电动车组"春城号"。该动车组采用 3 动 3 拖 6 辆编组，最高运营速度 120km/h，于 1999 年 4 月在昆明—石林间投入运营，2009 年退役。

大白鲨 DDJ1

根据国家"九五"重点科技攻关计划，1999 年 5 月株洲电力机车厂、长春客车厂、四方机车车辆厂、唐山机车车辆厂、南京浦镇车辆厂及株洲所等单位联合研制 DDJ1 型电动车组，俗称"大白鲨"。该动车组为动力集中式的单端动力推挽式列车组，采用交－直流电传动技术，最高运营速度 200km/h，于 1999 年 9 月 27 日在广深铁路以 180km/h 最高运营速度载客运营。此车型只生产了 1 列样车，2002 年退役。

新曙光 NZJ1

为满足我国铁路提速和客运量大的需求，1999 年 8 月戚墅堰机车车辆厂、南京浦镇车辆厂和上海铁路局联合研制了准高速双层内燃机动车组"新曙光"号。该动车组采用 2 动 9 拖 11 辆编组，最高运营速度 180km/h，于 1999 年 10 月 10 日投入沪杭铁路、沪宁铁路运行，至 2007 年 4 月改配属哈尔滨铁路局，2010 年底退役。

2000 / 神州号 NZJ2

由大连机车车辆厂、长春客车厂、四方机车车辆厂与北京铁路局共同研制的 NZJ2 型动力集中式双层内燃动车组"神州号"于 2000 年 7 月落成。该动车组采用 2 动 10 拖 12 辆编组，最高运营速度 180km/h，曾在 2000 年 10 月至 2007 年间作为京津城际特快旅客列车运营，2007 年"和谐号"动车组在京津城际铁路投入运营后，"神州号"动车组分别被调配到武汉铁路局和柳州铁路局担当管内特快列车，2013 年 4 月退役。

蓝箭 DJJ1

为满足广深线旅客运输需要，2000 年 12 月株洲电力机车厂、长春客车厂及株洲所联合研制了推挽式动力集中电力动车组"蓝箭"号。该动车组采用交－直－交流电传动技术，采用 1 动 5 拖 1 控制车 7 辆编组，最高运营速度 200km/h。所生产的 8 列"蓝箭"动车组均由广州中车公司拥有，2001 年起租赁给广深铁路股份有限公司在广深线运营；2008 年起提供给成都铁路局在成都—重庆、成都—达州间运行，2012 年 11 月退役。

2001 / 先锋号 DJF2

国家"九五"计划重点科技攻关项目。2001 年 5 月"先锋号"动车组由南京浦镇厂、长客厂、大同厂、永济厂、铁科院、上海铁道大学（2000 年并入同济大学）、株洲所、长沙铁道学院（2000 年与其他高校合并组建中南大学）等联合研发完成。这是我国第一列交流传动动力分散高速电动车组，填补了我国动力分散高速列车多项核心技术的空白。该动车组采用 4 动 2 拖 6 辆编组，国家项目要求最高运营速度 200km/h，实际上按 250km/h 设计。2001 年底至 2004 年底分别在广深线和秦沈客运专线进行试验和运用考核，在秦沈客运专线最高试验速度达 292km/h。2005 年 3 月"先锋号"动车组回厂检修，2014 年 7 月退役。

金轮

为适应中国西部地区的高海拔、大风沙环境，2001 年 5 月大连机车车辆厂、四方机车车辆厂和兰州铁路局联合研制了内燃动车组"金轮"号。该动车组采用交-直流电传动技术，推挽重联牵引的运行方式。编组分为单层拖车和双层拖车两种形式，单层 2 动 10 拖 12 辆编组（后扩编为 2 动 11 拖），双层 2 动 5 拖 7 辆编组（后扩编为 2 动 7 拖和 2 动 8 拖），最高运营速度 160km/h。2001 年 7 月 26 日在兰州—西宁、兰州—嘉峪关等区间投入运营，动力车 2010 年 4 月退役，双层车 2019 年 4 月退役。

中原之星 DJF1

为满足中原地区中短途快速旅客运输，2001 年 9 月株洲电力机车厂、株洲电力机车研究所、四方机车车辆厂与郑州铁路局联合研制了动力分散型电动车组"中原之星"。该动车组采用交-直-交电传动技术，4 动 2 拖 6 辆编组，后经改造扩编为 8 动 6 拖 14 辆编组，最高运营速度 160km/h，是我国首列拥有自主知识产权采用 IGBT 器件牵引变流器的动力分散型交流传动动车组。2001 年 11 月投入运营，2006 年 6 月退役。

2002 / 中华之星 DJJ2

"中华之星"是由国家计委立项，铁道部主持的国家高技术产业发展项目，2002 年 9 月由大同机车车辆厂、长春客车厂、株洲电力机车厂、四方机车车辆厂以及铁科院、株洲所、四方所、戚墅堰厂、西南交通大学、中南大学等单位共同研制，是拥有自主知识产权的动力集中型高速电动车组。该动车组采用交流牵引传动技术，2 动 9 拖 11 辆编组，总定员 726 人，最高运营速度 270km/h。2002 年 11 月 27 日"中华之星"高速动车组在秦沈客运专线的冲刺试验中创造了当时"中国铁路第一速"321.5km/h。"中华之星"高速动车组曾在沈阳—山海关间运行，2006 年 8 月停运退役。

2003 / 长白山 DJF3

为满足中国铁路提速需求，2003 年"长白山"号动力分散交流传动电动车组由长春轨道客车股份有限公司自主研制，其牵引与控制系统、机械驱动系统等采用了庞巴迪公司产品。该动车组采用 6 动 3 拖 9 辆编组，最高运营速度 210km/h。"长白山"号于 2005 年 4 月参加了"京秦线提速 200km/h 列车交会综合试验"，2005 年 5 月参加了"遂渝线 200km/h 提速综合试验"，2007 年 2 月在沈阳铁路局沈大线投入运营，2008 年 9 月停运退役。

2006 / CRH2A

CRH2A 是由四方机车车辆股份有限公司引进消化吸收日本川崎重工 E2-1000 型动车组技术制造的电动车组，国内制造首列动车组落成时间为 2006 年 7 月。该动车组为 4 动 4 拖 8 辆编组，最高运营速度 250km/h。首批 10 组 CRH2A 型动车组于 2007 年春运期间在沪杭线和沪宁线投入载客运营。该车型共生产 491 列。

CRH1A

CRH1A 是由青岛四方-庞巴迪-鲍尔铁路运输设备有限公司（BSP）公司引进庞巴迪运输公司为瑞

典国家铁路提供的 Regina 型动车组技术而制造的 CRH 系列电动车组，国内制造首列动车组落成时间为 2006 年 8 月。该动车组采用 5 动 3 拖 8 辆编组，最高运营速度 250km/h，于 2007 年 2 月正式开始在广深线投入载客试运营。该车型共生产 128 列。

2007 / CRH5A

CRH5A 是由长春轨道客车股份有限公司引进消化吸收法国阿尔斯通 SM3 型动车组技术制造的动力分散电动车组，国内制造首列动车组落成时间为 2007 年 4 月。该动车组为 5 动 3 拖 8 辆编组，最高运营速度 250km/h，于 2007 年 4 月中旬投入运营。该车型共生产 140 列。

CRH2C

为提高国产化率，四方机车车辆股份有限公司于 2008 年主导研发 CRH2C 动力分散型动车组，该动车组最高运营速度 300～350km/h。动车组的研制分为两个阶段。第一阶段首列样车于 2007 年 12 月下线，动力配置由 CRH2A 的 4 动 4 拖调整为 6 动 2 拖，牵引功率增加至 7200kW；第二阶段首列样车于 2010 年 1 月落成，总功率提升至 8760kW，在降低阻力、减振降噪以及高速转向架方面进行了改进。2008 年 8 月，第一阶段制造的 CRH2C 动车组在北京奥运会召开前夕投入京津城际铁路运营，其后在武广高速铁路、郑西高速铁路投入运营。该车型在第一阶段共生产 60 列。

2008 / CRH3C

CRH3C 是由唐山轨道客车有限责任公司通过引进消化吸收德国西门子 Velaro E 型动车组技术而生产制造的动力分散型动车组，国内制造首列动车组落成时间为 2008 年 4 月。该动车组为 4 动 4 拖 8 辆编组，最高运营速度 300～350km/h。2008 年 8 月，CRH3C 动车组在北京奥运会开幕前夕投入京津城际铁路运营。该车型共生产 80 列。

CRH2B

CRH2B 是由四方机车车辆股份有限公司于 2008 年 6 月在 CRH2A 型动车组基础上研制竣工的长编组动车组。该动车组 8 动 8 拖 16 辆编组，最高运营速度 250km/h。2008 年 8 月开始在合宁铁路投入运营，这是中国高速铁路首次开展 16 节长大编组高速列车运营。该车型共生产 27 列。

CRH5J

CRH5J 是由长春轨道客车股份有限公司于 2008 年 6 月在 CRH5A 动车组基础上研制的高速综合检测动车组，其检测范围包括了轨道、轮轨力、接触网、通信和信号系统等。该检测动车组采用 5 动 3 拖 8 辆编组，最高运行速度 250km/h。2008 年 7 月开始在京津城际铁路投入使用。该车型共生产 1 列。

CRH2E

为适应中国铁路旅客列车长距离运营的应用需求，四方机车车辆股份有限公司于 2008 年 9 月在 CRH2B 动车组基础上研制了 CRH2E 长编组卧铺动车组。该动车组为 8 动 8 拖 16 辆编组，最高运营速度 250km/h。2008 年 12 月在京沪线投入运营。该车型共生产 24 列。

CRH1B

为适应中国铁路运力提升需求，青岛四方–庞巴迪–鲍尔铁路运输设备有限公司（BSP）公司于 2008 年 10 月在 CRH1A 型动车组基础上研制了长编动车组 CRH1B。该动车组为 10 动 6 拖 16 辆编组，最高运营速度 250km/h。2009 年 4 月起逐步交付上海铁路局，在上海—南京、上海—杭州运行。该车型共生产 24 列。

2009 / CRH1E

为适应中国铁路旅客列车长距离运用需求，青岛四方庞巴迪铁路运输设备有限公司（BST）于 2009 年 8 月基于庞巴迪运输 ZEFIRO 250 动车组研制了长编组卧铺动车组 CRH1E。该动车组为 10 动 6 拖 16 辆编组，最高运营速度 250km/h。2009 年 11 月在京沪线投入运营。该车型共生产 20 列。

2010 / CRH380A

针对京沪高铁的运营需求，四方机车车辆股份有限公司于 2010 年 5 月通过引进消化吸收再创新研制了新一代高速动车组 CRH380A。该动车组采用 6 动 2 拖 8 辆编组，最高运营速度 300～350km/h。2010 年 9 月 28 日，在沪杭客运专线创造了 416.6km/h 的最高试验速度；同年 9 月，在沪宁城际高速铁路首次投入载客运营。该车型共生产 319 列。

CRH380BL

为满足京沪高铁对高速动车组的需求，唐山轨道客车有限责任公司和长春轨道客车股份有限公司于 2010 年 9 月通过引进消化吸收再创新联合研制了新一代长编组高速动车组 CRH380BL。该动车组为 8 动 8 拖 16 辆编组，最高运营速度 300～350km/h。2011 年 1 月 9 日，以 CRH380BL 型动车组为基础的试验列车创造了 487.3km/h 的最高试验速度。2011 年 6 月在京沪高铁正式投入商业运营。该车型共生产 149 列。

CRH2J

四方机车车辆股份有限公司于 2010 年 9 月研制了综合检测车 CRH2J。该检测车采用 4 动 4 拖 8 辆编组，集成了轨道、轮轨力、弓网、通信、信号等检测功能，最高运行速度 250km/h。2018 年 9 月投入应用。该车型仅生产了 1 列。

CRH380AL

针对京沪高铁的运营需求，四方机车车辆股份有限公司于 2010 年 10 月在 CRH380A 新一代高速动车组基础上研制了长编组动车组 CRH380AL。该动车组为 14 动 2 拖 16 辆编组，最高运营速度 300～350km/h。2010 年 12 月 3 日，该型动车组在京沪高铁创造了运营列车 486.1km/h 的最高试验速度。2011 年 6 月正式投入京沪高铁运营。该车型共生产 113 列。

2011 / CRH380AJ

四方机车车辆股份有限公司于 2011 年 1 月在 CRH380A 型动车组的基础上研制了 CRH380AJ 型高速综合检测动车组。该检测动车组有 7 动 1 拖 8 辆编组和 6 动 2 拖 8 辆编组两种编组形式，具备弓网、轨道、信号、通信等高精度同步检测功能，最高运行速度 350km/h。首列动车组于 2011 年 2 月投入应用。该车型共研制 3 列。一列 2014 年 10 月用于贵广高铁，另两列 2015 年用于赣瑞龙铁路和京沪高铁。

CRH380BJ

作为"十一五"国家 863 计划项目，唐山轨道客车有限公司于 2011 年 3 月在 CRH380BL 动车组的基础上研制了 CRH380BJ 型高速综合检测动车组。该检测动车组采用 6 动 2 拖 8 辆编组，主要满足对高铁线路的信号与通信、线路与轮轨、接触网弓网关系等方面的健康状态检测需求，最高运行速度 350km/h。该车型共生产 1 列。

CRH380CL

长春轨道客车股份有限公司于 2011 年 5 月在 CRH3C 型和 CRH380BL 型动车组基础上研制了高速动车组 CRH380CL。该动车组采用了全新设计头型以降低列车高速运行时的气动阻力，采用基于日立技术的牵引系统及网络控制系统。该动车组采用 8 动 8 拖 16 辆编组，最高运营速度 300～350km/h。2013 年 4 月首次上线运营。该车型共生产 25 列。

CRH380BG

为适应北方高寒地区运用环境，长春轨道客车股份有限公司于 2011 年 12 月在 CRH380BL 动车组的基础上研制了 CRH380BG 抗高寒高速动车组。该动车组可适应-40～+40℃运用环境，采用 4 动 4 拖 8 辆编组，最高运营速度 300～350km/h。这是世界上首列能在高寒地区运营速度超过 300km/h 的高速动车组。2012 年 12 月在哈大高铁正式投入运营。该车型共生产 157 列。

CRH380AM

在科技部和铁道部的部署下，四方股份公司为主体开发研制了试验型高速动车组 CRH380AM。该动车组采用全动车 6 辆编组，最高运行速度 385km/h，于 2011 年 12 月在青岛下线，并改名为"更高速度试验列车"。2014 年，该动车组由铁科院改为综合检测车，2015 年 3 月投入应用。

2012 / CRH380D

CRH380D 是由青岛四方庞巴迪铁路运输设备有限公司（BST）于 2012 年 6 月基于庞巴迪 ZEFIRO 平台研制的动车组。该动车组采用 4 动 4 拖 8 辆编组，最高运营速度 300～350km/h。2015 年 5 月正式上线运营。该车型共生产 85 列。

CRH6A

为满足中短途城市之间、区域城郊之间的通勤和商务旅客运输需求，四方机车车辆股份有限公司于 2012 年 11 月研制了我国首款城际动车组 CRH6A。该动车组采用 4 动 4 拖 8 辆编组，最高运营速度 200km/h。2016 年 3 月在佛肇城际铁路正式投入商业运营。该车型分别由四方股份公司、浦镇公司以及中车广东轨道交通车辆有限公司批量生产，截至 2024 年 12 月共生产 84 列。

2013 / CRH3A

CRH3A 是以 CRH380BL 技术平台为基础衍生的车型，其中，2 列 CJ1 是 CRH3A 的原型车。首列样车由长客股份公司 2013 年 6 月完成制造。该动车组采用 4 动 4 拖 8 辆编组，最高运营速度 250km/h，分别由长客股份公司、唐山公司进行批量生产。2017 年 12 月在西成高铁投入运营。该车型共生产 61 列。

CRH6F

为满足中国区域经济快速发展和城市群崛起对城际轨道交通的需求，四方机车车辆股份有限公司和浦镇公司于 2013 年 7 月联合研制了动力分散动车组 CRH6F。该动车组采用 4 动 4 拖 8 辆编组，最高运营速度 160km/h。2013 年 12 月在长株潭城际铁路投入商业运营。该车型分别由四方股份公司、浦镇公司以及中车广东轨道交通车辆有限公司批量生产。

香港动感号动车组

为满足香港与内地跨境高铁运输需求，四方股份公司于 2013 年 11 月在 CRH380A 型动车组基础上为广深港高铁香港段量身定制了香港动感号高速动车组。该动车组采用 6 动 2 拖 8 辆编组，最高运营速度 300～350km/h。2018 年 9 月在广深港区间投入运营。截至 2024 年 12 月，该车型共生产 9 列。

CRH380B

CRH380B 型动车组是 CRH380BL 的短编型式，由长春轨道客车股份有限公司和唐山轨道客车有限责任公司于 2013 年 12 月分别完成首列动车组试制。该动车组为 4 动 4 拖 8 辆编组，最高运营速度 300～350km/h。2014 年正式上线运营。该车型共生产 353 列。

2014 / CRH5G

为适应高寒、大风沙的线路环境，长春轨道客车股份有限公司于 2014 年 8 月在 CRH5A 型动车组的基础上研制了高寒动车组 CRH5G。该动车组 5 动 3 拖 8 辆编组，最高运营速度 250km/h。2014 年 12 月在兰新线投入运营。该车型共生产 84 列。

CRH2G

针对高寒风沙环境，四方机车车辆股份有限公司于 2014 年 9 月研制了 CRH2G 型高寒抗风沙动车组，重点攻克了-40～+40℃、3600m 海拔、高紫外线老化等严酷运用环境的技术难题。该动车组采用 4 动 4 拖 8 辆编组，最高运营速度 250km/h。2015 年 12 月在兰州中川城际铁路开始载客运营，并于 2016 年春运前开始在兰新高铁运营。该车型四方股份公司生产 28 列，浦镇公司生产 1 列。

CRH1A-A

CRH1A-A 是由青岛四方庞巴迪铁路运输设备有限公司（BST）于 2014 年 12 月研制的城际动车

组。该动车组采用 5 动 3 拖 8 辆编组，铝合金车体，最高运营速度 250km/h。2016 年 11 月在广珠城际铁路投入商业运营。截至 2024 年 12 月，该车型共生产 87 列。

2015 / 中国标准动车组样车

为实现核心技术完全自主化、跨平台统型及互联互通功能，中国铁路总公司牵头，铁科院、中国中车、科研院所、配套企业、运用路局等单位共同研制，构建中国高速动车组标准体系，创建中国品牌，研制了时速 350km 复兴号高速动车组。该动车组采用 4 动 4 拖 8 辆编组，最高运营速度 350km/h。中车四方股份公司、中车长客股份公司分别研制 1 列中国标准动车组样车，样车于 2015 年 6 月下线；2016 年 7 月 15 日，在世界上首次实现了时速 420km 两车交会及重联运行；2017 年 1 月，样车完成整车型式试验、运用考核，获得型号合格证，分别定型为 CR400AF 和 CR400BF。2017 年 6 月 25 日，中国标准动车组被正式命名为"复兴号"，随后复兴号动车组以时速 300km 投入京沪高铁运营，同年 9 月，复兴号动车组在京沪高铁实现 350km/h 达速运营。

CR400AF

CR400AF 是由中车四方股份公司作为主机企业于 2015 年 6 月研制的标准配置复兴号动车组，分别由中车四方股份公司、四方阿尔斯通公司批量生产，截至 2024 年 12 月共生产 188 列。

CR400BF

CR400BF 是由中车长客股份公司作为主机企业于 2015 年 6 月研制的标准配置复兴号动车组，分别由中车长客股份公司、中车唐山公司进行批量生产，截至 2024 年 12 月共生产 145 列。

CRH380BJ-A

为满足高铁线路进行信号与通信、线路与轮轨、接触网弓网关系等方面的健康状态检测需求，中车长客股份公司 2015 年 8 月研制了高速综合检测动车组 CRH380BJ-A。该检测动车组采用 4 动 4 拖 8 辆编组，最高运行速度 350km/h，于 2016 年 5 月投入应用，执行哈大高铁检测任务。截至 2024 年 12 月，该车型共生产 1 列。

CRH5E

为满足高寒、风沙环境开行卧铺动车组需求，中车长客股份公司 2015 年 12 月在 CRH5G 型动车组基础上研制了卧铺动车组 CRH5E。采用 10 动 6 拖 16 辆编组，最高运营速度 250km/h，可在 −40～+40℃环境下运行。该动车组 2019 年 1 月在北京—青岛北间试运行，2021 年 6 月在兰新高铁正式投入运营。截至 2024 年 12 月，该车型共生产 2 列。

2016 / CJ6

为满足城际铁路的客运需求，中车株机公司研制了城际动车组 CJ6，样车于 2016 年 9 月制造完成。该动车组采用 2 动 2 拖 4 辆编组，可重联为 8 辆编组。最高运营速度 160km/h，14t 轴重。2019 年 12 月在长株潭城际铁路投入载客运营。截至 2024 年 12 月，该车型共生产 15 列。

2017 / CRH2E（新）

由于既有 CRH2E 型卧铺动车组无法满足定员需求，2017 年 3 月中国铁路总公司组织中车四方股份公司研制了 8 动 8 拖 16 辆编组、采用纵向交错布置的 250km/h 卧铺动车组 CRH2E（新）。该动车组 2017 年 7 月开始投入京沪高铁夜间运行。截至 2024 年 12 月，该车型共生产 3 列。

CRH5G（提升）

CRH5G（提升）是由中车长客股份公司 2017 年 6 月在原有 CRH5G 基础上迭代提升研制的高寒动车组。该动车组采用 5 动 3 拖 8 辆编组，最高运营速度 250km/h。2017 年 7 月在宝兰高铁投入运营。

CR200J-A

CR200J-A 是由中车株机公司、中车大连公司、中车唐山公司、中车浦镇公司等单位联合研制的动力集中动车组。该动车组有两种编组形式，一种是短编组，1 动 7 拖 1 控 9 辆编组；另一种是长编组，2 动 16 拖 18 辆编组。短编动车组样车于 2017 年 6 月出厂，长编动车组样车于 2018 年 7 月出厂。中车大同公司、中车长客股份公司、中车四方股份公司等也拥有该动车组的制造许可。该动车组最高运营速度 160km/h。2019 年 1 月正式投入运营。截至目前，已在京沪线、京九线、沪昆线、成昆线、兰渝线、京广线等多条普速铁路干线上投入运营。

CRH6F-A

为适应不同客流密度运输需求，中车四方股份公司 2017 年 9 月研制了城际动车组 CRH6F-A。该动车组采用 2 动 2 拖 4 辆编组，最高运营速度 160km/h。2018 年 3 月在绍兴风情新干线投入商业试运行。由中车四方股份公司、中车广东轨道交通车辆有限公司批量生产。截至 2024 年 12 月，该车型共生产 40 列。

CRH6A-A

为满足城际铁路、市域（郊）快速铁路运输需求，中车四方股份公司 2017 年 9 月研制了城际动车组 CRH6A-A。该动车组采用 2 动 2 拖 4 辆编组，最高运营速度 200km/h。2018 年 12 月在成灌线投入商业运营。该车型分别由中车四方股份公司、中车广东轨道交通车辆有限公司批量生产。截至 2024 年 12 月，共生产 57 列。

2018 / CR400BF-A

CR400BF-A 是为满足长大交路运输需求，由中车长客股份公司 2018 年 2 月研制的 CR400BF 型长编组复兴号动车组。该动车组采用 8 动 8 拖 16 辆编组，最高运营速度 350km/h，分别由中车长客股份公司、中车唐山公司进行批量生产。2018 年 7 月开始在京沪高铁上运营，以后逐步运营于其他高铁线路，成为我国主型高速列车之一。截至 2024 年 12 月，该车型共生产 75 列。

CR400AF-A

CR400AF-A 是为满足长大交路运输需求，由中车四方股份公司于 2018 年 3 月研制的 CR400AF 型长编组复兴号动车组。该动车组采用 8 动 8 拖 16 辆编组，最高运营速度 350km/h。2018 年 7 月正式投入运营。截至 2024 年 12 月，该车型共生产 77 列。

CR400AF-B

为满足中国高铁运能提升需求，中车四方股份公司 2018 年 9 月在 CR400AF 型动车组基础上研制了 17 辆长编组复兴号动车组 CR400AF-B。该动车组采用 8 动 9 拖 17 辆编组，最高运营速度 350km/h，通过在 16 辆编组尾车前增加一辆拖车实现运能提升。2019 年 1 月在京沪高铁正式载客运营。截至 2024 年 12 月，该车型共生产 13 列。

CR400BF-B

为满足中国高铁运能提升需求，中车长客股份公司 2018 年 9 月在 CR400BF 型动车组基础上研制了 17 辆长编组复兴号动车组 CR400BF-B。该动车组采用 8 动 9 拖 17 辆编组，最高运营速度 350km/h，通过在 16 辆编组尾车前增加一辆拖车实现运能提升。2019 年 1 月在京沪高铁正式投入运营。截至 2024 年 12 月，该车型共生产 14 列。

CR300AF

针对时速 200～250km 等级的线路条件、运维特点，中车四方股份公司于 2018 年 10 月研制了时速 250km 复兴号动车组 CR300AF。该车型分别由中车四方股份公司、四方庞巴迪公司（AST）和中车浦镇公司进行批量生产，并于 2020 年 12 月开始在成贵高铁、胶济高铁、海南环岛高铁等线路上运用。截至 2024 年 12 月，该车型共计生产 67 列。

CR300BF

针对时速 200～250km 等级的线路条件、运维特点，中车长客股份公司 2018 年 10 月研制了时速 250km 复兴号动车组 CR300BF。该车型分别由中车长客股份公司、中车唐山公司进行批量生产。2020 年 12 月开始在银西高铁、连镇高铁、贵广高铁等线路上投入运营。截至 2024 年 12 月，该车型共生产 70 列。

2019 / CR400BF-C

为满足 2022 年北京冬奥会运输需求，中车长客股份公司 2019 年 4 月研制了新一代 CR400BF-C 型智能高速动车组。该动车组采用 4 动 4 拖 8 辆编组，最高运营速度 350km/h；在智能化方面，采用以太网、ATO、变频空调、PHM 等新技术。2019 年 12 月随着京张高铁开通投入运营，其中有一动车组返厂进行冬奥会改造，并于 2022 年 1 月北京冬奥会开幕前投入运营。截至 2024 年 12 月，该车型共生产 3 列。

CR400BF-G

为满足高寒适应性技术提升需求，中车长客股份公司 2019 年 5 月在 CR400BF 型动车组基础上研制了高寒配置复兴号动车组 CR400BF-G，分别由中车长客股份公司、中车唐山公司生产。2019 年开始在京沈高铁、京张高铁、哈大高铁等线路上陆续投入使用。截至 2024 年 12 月，该车型共生产 84 列。

CR400BF-J

CR400BF-J 是为满足高速铁路多专业同步综合检测需求，由中车长客股份公司于 2019 年 6 月研制的 CR400BF 型复兴号高速综合检测动车组。检测系统由铁科院自主研发，最高运行速度 350km/h。2021 年 6 月投入运用。

2020 / CR400AF-C

为了提升动车组智能化、舒适性和节能环保性能，中车四方股份公司于 2020 年 4 月在 CR400AF 型动车组基础上研制了时速 350km 京雄智能动车组样车 CR400AF-C。该动车组样车采用 4 动 4 拖 8 辆编组，最高运营速度 350km/h；在智能化方面，开发了"C3＋ATO"智能驾驶、HUD 显示器、便携式智能终端、智能整备以及以太网、变频空调等新技术，为后续智能配置动车组研制奠定了基础。该样车于 2021 年 7 月首次投运于北京—雄安城际高铁。截至 2024 年 12 月，仅制造了 1 列。

CR200J-B

CR200J-B 是由中车唐山公司、中车大连公司、中车株机公司、中车浦镇公司联合研制的鼓形车体动力集中动车组。中车大同公司、中车长客股份公司、中车四方股份公司等也拥有该动车组的制造许可。该型动车组样车于 2020 年 4 月出厂开展试验研究，2021 年 6 月首次投入运营。基于该平台，中车四方股份公司与中车大连公司联合研制了中老铁路出口老挝"澜沧号"动车组和昆明铁路局跨国运营的"复兴号"动车组。2021 年 12 月上线运营。

CRH3A-A

为满足市郊铁路和城际铁路客运需求，中车长客股份公司于 2020 年 5 月研制了 CRH3A-A 新一代智能城际动车组样车。该动车组采用 2 动 2 拖 4 辆编组，最高运营速度 200km/h。之后结合贵阳的自然人文特色和市域交通需要批量生产，并于 2022 年 3 月投入运营。

CR400AF-G

CR400AF-G 是由中车四方股份公司于 2020 年 12 月研制的 CR400AF 型高寒配置复兴号动车组，可在−40℃的极寒环境运行。该动车组于 2021 年 1 月正式投入运营。截至 2024 年 12 月，该车型共生产 4 列。

2021 / CR200JS-G

CR200JS-G 是由中车株机公司、中车大连公司、中车浦镇公司联合研制的高原双源动力集中动车组。动力车包括 2 辆内燃动力车，1 辆电力动力车，一般采用 3 动 9 拖固定编组，列车具体编组可根据实际运营需求有所不同，最高运营速度 160km/h。首列动车组 2021 年 3 月出厂，正式投入运营时间为 2021 年 6 月，主要运行在高海拔、地形复杂的地区，比如拉林铁路、拉日铁路等。

CR400AF-Z

CR400AF-Z 是由中车四方股份公司于 2021 年 5 月研制的 CR400AF 型智能配置复兴号动车组，采用 4 动 4 拖 8 辆编组，最高运营速度 350km/h。分别由中车四方股份公司、四方阿尔斯通公司进行批量生产。该动车组于 2021 年 6 月正式投入运营。截至 2024 年 12 月，该车型共生产 118 列。

CR400BF-Z

CR400BF-Z 是由中车长客股份公司于 2021 年 5 月研制的 CR400BF 型智能配置复兴号动车组，采用 4 动 4 拖 8 辆编组，最高运营速度 350km/h。分别由中车长客股份公司、中车唐山公司进行批量生产。2021 年 6 月正式投入运营。截至 2024 年 12 月，该车型共生产 99 列。

CR400BF-BZ

CR400BF-BZ 是由中车长客股份公司于 2021 年 5 月研制的 CR400BF 型智能配置超长编组复兴号动车组，采用 8 动 9 拖 17 辆编组，最高运营速度 350km/h。2021 年 6 月正式投入运营。截至 2024 年 12 月，该车型共生产 2 列。

CR400BF-GZ

CR400BF-GZ 是由中车长客股份公司于 2021 年 5 月研制的 CR400BF 型高寒智能配置复兴号动车组，采用 4 动 4 拖 8 辆编组，最高运营速度 350km/h。2021 年 6 月正式投入运营。截至 2024 年 12 月，该车型共生产 19 列。

CR400AF-BZ

CR400AF-BZ 是由中车四方股份公司于 2021 年 5 月研制的 CR400AF 型智能配置超长编组复兴号动车组，采用 8 动 9 拖 17 辆编组，最高运营速度 350km/h。2021 年 6 月正式投入运营。截至 2024 年 12 月，该车型共生产 2 列。

2022 / CR400BF-AZ

CR400BF-AZ 是由中车长客股份公司于 2022 年 8 月研制的 CR400BF 型智能配置长编组复兴号动车组，采用 8 动 8 拖 16 辆编组，最高运营速度 350km/h。2022 年 9 月投入运营。截至 2024 年 12 月，该车型共生产 10 列。

雅万 KCIC400AF

中车四方股份公司于 2022 年 8 月在 CR400AF 动车组的基础上，针对印度尼西亚当地运行环境和线路条件研制了 KCIC400AF 型动车组。该动车组全部采用中国高铁技术和装备，是中国高铁标准走出去的第一单，标志着中国铁路装备从"产品＋技术＋服务"走出去，进一步升级到"产品＋技术＋服务＋标准"走出去。该动车组采用 4 动 4 拖 8 辆编组，最高运营速度 350km/h。2023 年 10 月在印度尼西亚雅万（雅加达—万隆）高铁正式投入商业运营。截至 2024 年 12 月，该车型共生产 11 列，并生产有 1 列综合检测动车组。

CR200J-C

CR200J-C 是由中车株机公司、中车唐山公司、中车大连公司、中车浦镇公司于 2022 年 12 月研制的第三代 CR200J 复兴号动力集中动车组。该动车组有两种编组形式，一是短编组，1 动 7 拖 1 控 9 辆编组；二是长编组，2 动 16 拖 18 辆编组。2023 年 11 月投入运营。

CR200J-D

CR200J-D 是为满足高海拔、大坡度等线路特点，由中车株机公司、中车浦镇公司于 2022 年 12 月研制的 CR200J 高原配置动力集中动车组。该动车组采用 1 动 7 拖 1 控 9 辆编组，最高运营速度 160km/h。2023 年 12 月首次投入滇藏铁路丽香段运营，后陆续投入青藏铁路西格段、川青铁路运用。

2023 / CR400AF-AZ

CR400AF-AZ 是为了适应高速铁路大客流需求、提升运行品质，由中车四方股份公司于 2023 年 11 月研制的 CR400AF 型长编智能配置复兴动车组。该动车组采用 8 动 8 拖 16 辆编组，最高运营速度 350km/h。2024 年 1 月投入运营。截至 2024 年 12 月，该车型共生产 5 列。

CR400AF-J

CR400AF-J 是为实现"等速同型号"检测，由中车四方股份公司 2023 年 12 月研制的 CR400AF

型高速综合检测动车组。该检测动车组采用 4 动 4 拖 8 辆编组，最高运行速度 350km/h，具有弓网、轨道、轮轨力、信号、通信等双向检测功能。2024 年 1 月投入运用。截至 2024 年 12 月，共生产 1 列。

○ **2024** / CR400AF-S

CR400AF-S 是为满足定员及技术提升需求，由中车四方股份公司于 2024 年 5 月研制的 CR400AF 型智能配置复兴号技术提升动车组。该动车组采用 4 动 4 拖 8 辆编组，最高运营速度 350km/h。动车组分别由中车四方股份公司、四方阿尔斯通公司生产。2024 年 6 月投入运营。

CR400AF-BS

CR400AF-BS 是为进一步提升京沪高铁运营服务品质，由中车四方股份公司于 2024 年 5 月研制的 CR400AF 型智能配置超长编组复兴号技术提升动车组。该动车组采用 8 动 9 拖 17 辆编组，最高运营速度 350km/h。2024 年 6 月投入运营。

CR400BF-S

CR400BF-S 是为满足定员及技术提升需求，由中车长客股份公司于 2024 年 6 月研制的 CR400BF 型智能配置复兴号技术提升动车组。该动车组采用 4 动 4 拖 8 辆编组，最高运营速度 350km/h。动车组分别由中车长客股份公司、中车唐山公司生产。2024 年 6 月投入运营。

CR400BF-BS

CR400BF-BS 是为进一步提升京沪高铁运营服务品质，由中车长客股份公司于 2024 年 6 月研制的 CR400BF 型智能配置超长编组复兴号技术提升动车组。该动车组采用 8 动 9 拖 17 辆编组，最高运营速度 350km/h。2024 年 6 月投入运营。

CR400BF-GS

CR400BF-GS 是由中车长客股份公司于 2024 年 6 月研制的 CR400BF 型高寒配置复兴号技术提升动车组。该动车组采用 4 动 4 拖 8 辆编组，设计速度 350km/h。2024 年 6 月投入运营。

CR400AF-AE

CR400AF-AE 是为进一步提升进港卧铺动车组品质，由中车四方股份公司于 2024 年 9 月研制的 CR400AF 型复兴号卧铺动车组。该动车组采用 8 动 8 拖 16 辆编组，最高运营速度 350km/h。2024 年 10 月投入运营。

CR450

为持续提升我国铁路科技创新水平和科技自立自强能力，进一步巩固扩大我国高铁技术世界领跑优势，国铁集团、中国中车共同打造了 CR450 动车组。2024 年 12 月两列分别由中车长客股份公司和中车四方股份公司牵头研制的 CR450 动车组样车正式竣工下线。该动车组样车采用 4 动 4 拖 8 辆编组，最高运营速度 450km/h。这两列 CR450 动车组样车在北京铁道环行试验基地完成相关试验后，2025—2026 年将利用渝黔高铁、武宜高铁、沈白高铁开通前进行 60 万 km 高速运行试验验证。